读懂巴菲特的投资逻辑

马红漫 ◎ 编著

文汇出版社

目 录

前言 \ 我们到底要向巴菲特学习什么

第一章　影响巴菲特一生的四件事

一、童工"送报郎"——巴菲特的第一桶金 / 002

二、让沃顿商学院尴尬的著名校友 / 007

三、卖棉花还是买股票 / 012

四、投资什么就用什么 / 016

五、天赋和努力，谁更重要 / 021

第二章　巴菲特的投资法则——管住自己的手

一、确定个人能力的边界 / 028

二、学会如何规避风险 / 032

三、告别沉没成本 / 037

四、直觉偏见导致损失 / 042

粉丝答疑互动 / 047

第三章 巴菲特的投资法则——寻找好公司

一、持续盈利才是硬道理(上) / 052
二、持续盈利才是硬道理(下) / 055
三、发掘高成长公司,获得超额利润(上) / 060
四、发掘高成长公司,获得超额利润(下) / 064
五、巴菲特投资法则在中国的适用性(1) / 068
粉丝答疑互动 / 071

第四章 巴菲特的投资法则——规避风险

一、千万不要想一夜暴富 / 074
二、风险不可测时,赶紧离开(上) / 079
三、风险不可测时,赶紧离开(下) / 084
四、确保安全边际是价值投资的根本(上) / 089
五、确保安全边际是价值投资的根本(下) / 093
六、巴菲特投资法则在中国的适用性(2) / 097
粉丝答疑互动 / 102

第五章 巴菲特的投资法则——读懂财务报表

一、从损益表看公司的长期盈利能力(上) / 108
二、从损益表看公司的长期盈利能力(下) / 114
三、从资产负债表看公司风险 / 118
四、从资产负债表看公司收益 / 124
五、从现金流量表看公司的真面目(上) / 129

六、从现金流量表看公司的真面目（下）/ 133

七、巴菲特投资法则在中国的适用性（3）/ 138

粉丝答疑互动 / 142

第六章　巴菲特的投资法则——如何做交易

一、判断买入时机（上）/ 146

二、判断买入时机（下）/ 150

三、判断卖出时机（上）/ 155

四、判断卖出时机（下）/ 159

五、长期持有的标准（上）/ 163

六、长期持有的标准（下）/ 168

七、偶尔也可以做做套利 / 172

粉丝答疑互动 / 176

第七章　巴菲特的投资法则——看懂人

一、公司管理层要足够优秀 / 180

二、管理层是否经历过难关考验 / 184

三、评估管理层的人品指标 / 188

四、企业必须有高效的内控架构 / 191

五、巴菲特投资法则在中国的适用性（4）/ 196

粉丝答疑互动 / 201

第八章 巴菲特的财富观

一、巴菲特是财迷吗 / 208

二、巴菲特的钱都去了哪里 / 212

三、身家百亿的普通人 / 215

四、钱多一定快乐吗 / 219

五、巴菲特和中国富豪 / 222

第九章 巴菲特的投资失误

一、巴菲特的投资失误：康菲石油 / 228

二、所罗门兄弟危机 / 231

三、巴菲特的投资失误：HK 百货公司 / 236

四、巴菲特错失的投资 / 240

五、如果巴菲特在中国会犯什么错 / 243

粉丝答疑互动 / 246

第十章 巴菲特的竞争对手索罗斯

一、奇人索罗斯 / 252

二、趋势投资的交易方式 / 256

三、交易方式不同的背后是人生方式的不同 / 260

四、A 股投资人究竟该仰慕谁 / 264

粉丝答疑互动 / 267

第十一章 成就巴菲特的美国市场

一、美国证券市场概况 / 274

二、信息披露与股民利益 / 278

三、美国多层次资本市场 / 282

四、美国证券市场交易成本 / 285

五、如何买卖美股 / 290

第十二章 中国与美国资本市场的不同

一、政策调控的重大影响 / 296

二、经济走势趋于平缓 / 299

三、互联网时代的股市 / 302

四、教你几招识别A股上市公司财务造假 / 307

粉丝答疑互动 / 312

第十三章 巴菲特的成功标的与A股的对标比较

一、贵州茅台是A股的可口可乐吗 / 318

二、A股银行股到底值不值得投资者关注 / 322

三、中美航空股谁更吸引人 / 327

四、医药股还值得价值投资者关注吗 / 331

粉丝答疑互动 / 336

第十四章　巴菲特 A 股生存法则——入门级

一、投资你能够看懂的行业和公司 / 342

二、读懂基本的财务报表，避免最基本的风险 / 346

三、怎么看企业主业是否突出 / 351

四、怎么判断买入价格低于价值 / 355

五、要把股价波动看作是好事 / 359

第十五章　巴菲特 A 股生存法则——进阶级

一、长期持股，耐心等待 / 366

二、做一个基本面的信徒 / 368

三、耐心等待买入价格出现 / 372

粉丝答疑互动 / 375

第十六章　巴菲特 A 股生存法则——大师级

一、判断失误就要果断止损 / 380

二、股市"小道消息"怎么分辨真假 / 383

三、投资是为了什么 / 386

粉丝答疑互动 / 389

结束语 \ 我们距离巴菲特究竟有多远 / 393

前 言
我们到底要向巴菲特学习什么

本书源自一档《读懂巴菲特的投资逻辑》的音频节目。这档节目2017年5月正式在喜马拉雅APP上线。节目原本预计100期内容，后来加上增加的几期特别节目，总数在110期左右，2018年3月收官完成。从喜马拉雅反馈的相关数据看，这档节目是最受欢迎的财经类付费音频课程之一，一直占据喜马拉雅付费节目畅销榜的前列。从我个人的直接感受上来讲，多次遇到过我们的听众朋友当面表达对节目的谢意，因为他们认真收听了课程，并努力践行了学习到的价值投资逻辑，使得自己的投资结果发生了积极变化。这样的反馈，让我感到庆幸与压力。

"庆幸"在于，经过前前后后近两年的努力，这些付出总算没有白费，至少能够影响和改变一些朋友，而且这种改变是积极的、有益的。"压力"则在于，如果期待只通过一个音频节目就能够让大家发自内心地去"读懂巴菲特"，说句实在话，这是有点讲大话了。即便是我自己，也难免依然会在现实投资世界的贪婪与恐惧中不断地挣扎，更遑论各位听众朋友了。

至少一点，对当代的价值投资人而言，很难能够真正坚定地做到"主动地拒绝信息"。各位可能会纳闷，现在是信息时代，信息充分、丰富是时代的福利，我们为什么要拒绝信息？事实的确如此，在智能手机普及、各种传媒形态铺天盖地的背景下，信息充分给我们带来了极大的便利，但这种便利对于价值投资者来说，其实反而是一件极度负面的事情。事实上，价值投资人在本质上是不应该关心股价涨跌状况的，他们应该只关心企业持续创造财富的能力。换言之，真正的价值投资者只要找到一家"好公司"，他所期待的回报来自公司通过努力经营而为股东赚来的钱。至于股价的上涨，其实只不过是这种赚钱能力的副产品而已。在信息充分泛滥的背景下，关于任何一家上市公司，我们每天都可以获取非常多的碎片信息，这些信息又会对短期股价涨跌产生直接影响。即便是一个真正的价值投资者，如果每天阅读，哪怕只是被动阅读这些碎片信息，也难免会动摇长期投资判断的决策，最终变成一个追随趋势的人。

巴菲特做得最绝的地方，就是一直不使用电脑（除了打桥牌之外），一直不使用智能手机。但作为一个现代中国人，这几乎是不可能的。如果你身边某个朋友说他不用智能手机，没有微信号，不用移动支付，不订阅各种财经APP，我们一定会觉得他是一个史前动物吧。当然，这些信息服务技术的优化是现代社会发展带来的便利，但显然这对于长期投资思路的搅扰也是很难避免的。从这个意义上讲，现代信息时代的人要想坚守价值投资理念会变得越来越难。市场信息越来越繁杂，交易机会越来越多样，交易行为越来越便捷，这些所谓的"进步"恰恰都在挑战着价值投资者的耐心。

耐心才是价值投资者的朋友，冲动则是价值投资者的敌人。所以，当各位在阅读本书的时候，可能会有点意外的发现，那就是书中有很多内容是在讲一些心理学的知识和应用。其原因就在于，学会价值投资的理念和技巧其实并不难，难的是能够管控住自己的内心，继而管控住自己的行为，拥有耐心而不冲动，这才是价值投资中最难做到的事。

说句实在话，市面上关于巴菲特的书并不少，各位可能已经看过很多，如果说本书在通常逻辑体系基础上能够有所突破的话，最大的看点应该是对巴菲特逻辑在A股市场上应用的探讨。迄今为止，A股市场依然是一个以散户为主的市场，依然不是一个有效市场，投机跟风、消息炒作依然可以赚到钱，甚至可能在短期赚到很多钱。所以，在A股市场上能够坚持巴菲特投资逻辑的人并不算多,甚至还经常成为市场投机者的嘲笑对象。本书对于这个问题的思考就是,第一,价值投资理念并不会因为市场有效性差而失灵,恰恰相反,放在长期看,价值投资者的收益要远胜于在暴涨暴跌中寻找趋势机会的投机者;第二,中国经济进入"新常态"的一个重要含义就是,短期暴富的机会变得越来越少,告别"一夜暴富"可能会有波折但方向不会改变。所以,没有或者拒绝价值投资理念的投资人,最终的结果只能是黯然离场。这是A股市场发展的历史必然趋势,也是一个合格投资者必须要接受的现实!

如果你从没看过有关巴菲特投资逻辑的读物,这本书可以作为一个系统学习相关知识的启蒙读物;如果你已经看过很多和巴菲特相关的书,这本书所探讨的一些心理学话题、A股市场应用的话题应该还是相当有吸引力的。还有,欢迎大家关注我在喜马拉雅APP的同名音频节目。总之,在价值投资的道路上,让我与各位同行,与时间同行!

马红漫

2019年6月于上海

第一章
影响巴菲特一生的四件事

一、童工"送报郎"——巴菲特的第一桶金

巴菲特出生在 1930 年的 8 月底。但是"1930 年 8 月 30 日"这个日子,所有熟悉全球金融史的人都知道,它不是一个好日子,甚至可以说是一个极度灾难性的日子。我们现在的投资人大多都经历过 1998 年的东南亚金融危机,经历过现在还处在其影响中的 2008 年美国次贷危机。但其实无论是 1998 年还是 2008 年的危机,比起当年的 1929 年、1930 年的真正大危机来说都算不了什么。就拿 2008 年的金融危机来说,其实主要是金融市场的暴跌、经济出现衰退而已,还不至于影响到百姓的吃饭穿衣,并未引发世界金融、政治、经济的动荡。

而 1929 年、1930 年美国的危机却对整个社会稳定造成了颠覆式冲击,当时百分之七八十的人都处于失业状态,人们已经到了食不果腹的境地。纽约市民需要排几个小时的长队去领政府救济的硬面包,即使领到也没办法填饱肚子。所以那个时候的危机才是真正意义上的大危机。

从这个意义上讲,巴菲特的出生时间是一个很倒霉的日子。如果说 1929 年危机开始爆发,巴菲特是 1930 年出生,换句话说他在娘胎里就经历了这次经济危机,巴菲特后来自己笑谈,他从出生开始就对市场危机"充满了感情"。巴菲特有一句名言:"股市的暴跌和股灾,从来都是我们投资人的朋友,而不是敌人。"对绝大多数人来说,危机就是敌人,很可怕,但巴菲特却不这么认为。这个倒是跟笔者的经历有点相似:我是 1976 年出生的,出生没多久就赶上唐山大地震,所以我一直认为唐山大地震跟我的一生关系非常密切。每到唐山大地震纪念日的时候,我都要认真回顾一下我这辈子是怎么走过来的,巴菲特可能也有这样的一个情结。

巴菲特家里的经济状况不是特别好,更可怕的是,在金融危机爆发的时候,他老爸的职业居然是赫赫有名的证券从业人员。可以想象,在股市暴跌的时候他父亲的经济收入是什么样的状况,所以说,巴菲特其实是一个苦出身,并非像贾宝玉一样含着金汤匙出生。我阅读了大量从他出生一直到他16岁时期的资料,很多资料我觉得不太可信。这其实可以理解,但凡成就了大事业的人,他身边的人回忆起他的童年,总会有意无意地编造一些好像和他后来事业有关的故事。巴菲特童年的一些传言,我个人认为可信度是很低的。可信度很低的原因,主要是这些大多是他身边亲戚朋友的口述,巴菲特自己很少讲。下面我会把他的这段经历分成两部分说:一是别人眼中的小巴菲特,属于名人传记式的周边亲戚访谈,虽然可信度不高,甚至看后可能会觉得有点滑稽,但也算是一个可供参考的角度;另一部分是需要重点拎出来讲的,对于未来巴菲特成为股神真正具有影响力的故事。

首先讲讲在我看来一些不太靠谱的故事。

据他家里人说,巴菲特从小最喜欢的玩具就是一个计算货币兑换的小玩具。我没见过也没听说过这个玩具,但感觉是比较机械化的一个玩具,就像中国的算盘。说小巴菲特最喜欢这样的玩具,我觉得很不靠谱。还有说巴菲特在四五岁的时候,常常站在门口看马路上的车,并且会把车牌号码都记下来。他会研究这些数字,看看哪些数字出现的概率比较高。这个我也觉得不可靠。大家都知道,巴菲特生活的小镇是美国的奥马哈①,奥马哈大概在巴菲特大学毕业之后才慢慢繁荣起来,但即便是在今天,也是一座地地道道的小城市。当年在"世纪"金融危机的背景下,奥马哈能有多少车经过呢?而且他那么无聊去计算车牌数字出现的频率,这到底有什么意义?

这些故事,大家姑妄听之。

还有说他在四五岁的时候喜欢做一件事情,就是计算复利②,别人给他零钱的话他会计算复利。所有人都知道巴菲特在投资当中对复利这个理念

---

① 奥马哈,美国内布拉斯加州工业城市,根据美国人口调查局2000年统计,共有人口390 007人。
② 复利的计算是对本金及其产生的利息一并计算,也就是利上有利。

非常崇拜，认为这是人类的一个重大发明，但是那么小的年纪，在金额那么小的时候就开始计算复利好像也没有必要，所以也姑妄听之吧。

下面一些故事，才真的需要我们认真去学习和研究。因为这些故事，巴菲特自己在他人生的各种场合，比如他给股东的信函和他在日常交流中都经常提起，所以每一个故事都值得我们认真地去深思。

比如，巴菲特五六岁就做了他人生中第一笔小小的生意。生意很简单，就是卖一家公司的产品，这家公司的名字叫可口可乐。巴菲特爷爷开了一家小杂货铺，他从爷爷那里批发可口可乐，老爷子也有点儿抠，孙子要做生意也不送点儿，还要付钱。我们来算一笔账，25美分买六瓶，他拿到了这六瓶可口可乐之后会拆分成单瓶去卖，每瓶5美分，这样会从25美分六瓶卖到30美分六瓶。这一单生意巴菲特的投资收益利润率达到了20%，这个数字非常神奇地和巴菲特后来常年的年度平均投资收益率非常吻合。

这个故事我相信读过巴菲特传记的人都知道，但是大家没有探求故事背后的重要信息与深意：为什么利润高达20%的生意，巴菲特能做别人却都没有去做呢？这让我想起一个比较有趣的理论，最近我和品牌策划大师叶茂中先生聊天，他有一个"冲突理论"。什么叫"冲突理论"呢？当你觉得这个世界上供求之间会出现矛盾的时候，这就是一个冲突，当有冲突的时候就会有商机，而巴菲特掌握的这个商机是什么呢？就是当时他所处的区域和环境。

20世纪30年代的美国并没有像我们现在这么多的便利店和超市。即便到今天，美国边远地区的中小型城市商业也没有那么发达。在这种情况下就会出现购物很不方便的问题。喜欢喝可乐的美国人，如果为了一瓶饮料专门开车到一个商店去购买，对于当时奥马哈人来说，是一件非常不划算的事情。所以这个冲突的要点就在于：谁愿意将平常大家最喜欢、最需要的日常用品，送到需要它的人手上，谁就解决了这个冲突。

巴菲特所做的事，或者说这个20%的利润来源，就是因为他愿意去跑腿，愿意把你需要的商品送到你家里去，节省了购买者开着车跑到杂货店去买一瓶汽水的成本,所以这是他重要的一个商机来源。再把这个商机进一步剖析一下,如果把这个事儿当作巴菲特的第一笔生意的话,那这个商机来自谁呢?来自巴菲特的爷爷。所以身边人就有可能是你生意的来源,人生处处有机遇,关键看你自己留意不留意。像我们现在很多创业者第一笔资金来自"天使"基金,来自自己家里人、朋友,这非常相似。这是我要说的第一个故事。

接下来跟大家分享的是巴菲特童年的第二个故事。在他12岁的时候,小巴同学爱上了股票,巴菲特在自己的回忆录或者讲稿当中也多次提到此事:12岁的他和姐姐一起买股票(姐姐其实是被他忽悠的,因为投资决策都是巴菲特做的),两人总共买了3股的股票,不到120美元,投资了他们人生中第一家上市公司,这家公司叫城市服务。没想到买了之后这家公司股票就一直下跌,从40美元一直跌到30美元以下。姐姐很不满意这样的亏损,每天在上学的路上总是抱怨弟弟,说得巴菲特心里也不好受,但是他坚持不放弃,直到后来股票价格终于翻上来了,还略有盈利。其实,炒过股的人都尝过股票被套牢之苦,当终于有一天你的亏损变成了打平或者盈利的时候,就会特别冲动把它卖掉,然后发誓一辈子都不再碰股票。这种心理我身边很多的A股投资人,包括我自己,都亲身经历和感受过,所以有一个叫"解套盘"的名词。

所谓解套盘,就是指资本市场从活跃的密集成交区跌落又涨回的过程,一旦到了前期的套牢价格区域,就可能遇到股票的集中抛售。12岁的小巴菲特也没有逃脱解套的冲动,当股票重新回到成本之上,还没赚什么钱,就赶紧抛掉,一辈子都不想再碰了。但后来这只股票竟然涨到了200多美元,这让小巴菲特后悔不已。

让我们仔细想想这件事情中比较有启发的信息:第一就是少年时候的巴菲特并不是一个保守主义者,姐弟俩能拿出自己小小的积蓄,凑120美元去做有风险的投资;第二就是小小年纪就经历了套牢的痛苦。套牢是一个多么可怕、多么难受的事情,更可怕的是你身边还有重要的人因为你的推荐而遭受了损失,而这个人天天盯着你抱怨。这种感觉,我估计很多A股投资者都有体会。比如你推荐一只股票给你同事,这同事就坐你对面,然后这股票天天下跌,他总是有意无意地跟你提起这件事,你真是恨不得找条地缝钻进去,一辈子都不想再买股票。说白了,这就是套牢给人造成的经济、心理、社会压力,小巴菲特都已经体验过了。

也许因为这件事情,导致日后巴菲特投资逻辑当中总会提到的一条重要原则,那就是:投资绝对不能亏损。如果有第二条那就是参照第一条。我觉得可能跟他小时候的经历是密切相关的。

第三个故事非常有名。巴菲特13—16岁的时候,他拿出了三年时间,去市区各个高档公寓送报纸,每天大概几百份。这个事情有很多资料说巴菲特如何聪明,现在听下来有这么一些细节:比如他会统计他要送报纸的公寓的地理位置,然后画出来一条效率最高的送报路线图;他还研究出一些技巧,比如一栋楼有八层,巴菲特觉得自己不需要拎着所有的报纸从一楼到八楼,于是他就想出一个办法:先拎到四楼,放下一半,拎着剩下一半爬到八楼,从八楼送到四楼,再从四楼送到一楼。据说这样效率就很高。

很多崇拜巴菲特的人就说这个小巴菲特很厉害,从小就会做统计测算。但我个人觉得这不算什么,我们身边如果有邮政局送报,或者送快递的朋友,你可以跟他聊聊,其实这对有经验的送报员来说并不算什么,只是经验积累,稍微动一动脑子而已。真正让我吃惊的是,巴菲特从小就愿意认真地去做如此辛苦的工作,还愿意在这些小事上开动脑筋。他为了送500份报纸,每天早上四五点钟坐头班公交车去上岗,很多时候为了赶上头班车,早餐都来不及吃——大家想想几百份报纸啊,很重的,特别是对一个小朋友来说。

所以我觉得这个经历有两个非常重要的关键点:一个是家庭经济环境,因为金融危机家里经济并不是特别理想,在这样环境中长大的巴菲特养成了吃苦耐劳的习惯,愿意为了实现内心当中的每一个小目标付出艰辛努力。这种吃苦耐劳的精神,到今天也是巴菲特的重要标志,如此富有的他,依然在物质上没有太多的诉求,甚至为人做事极为小气;第二个关键点在于,他一旦确定一个目标之后,愿意为这个目标付出超过常人的努力。对于一个孩子来说,早上睡懒觉要远比其他事情重要,克服人性深处的意愿,逆着人性去做，恰恰就是从早起送报纸开始的。所以，尽管送报看上去赚不了钱，但它的确为巴菲特创造了人生的第一桶金。

这里给大家算一笔账。有据可查，巴菲特送了三年报纸，整整获得了2 000多美元。在1943—1946年的2 000多美元，相当于今天的多少钱呢？有一个非常好的衡量方法，那个时候美国还在承担着布雷顿森林体系的责任（关于这个体系有兴趣的朋友可以自己去查查），这个体系有一个重要的点就是：35美元兑换1盎司黄金。黄金是经济中的硬通货，小巴菲特一共赚了差不多57盎司的黄金，也就是1 620克，以我们现在最新的黄金市场价，每克黄金大概是270元人民币，就是说16岁的巴菲特已经赚到了相当于43万元人民币的资金。巴菲特有了这么多钱之后，办的第一件事是买了一个农场，做了一个固定资产的投资。关于这个故事我们后面再讲。

> **总结**：巴菲特在他童年少年时期就已经有意无意地在实践未来被他奉为瑰宝的一些投资铁律了。我们不知道这到底有多少是天生的，但是从这些故事当中可以看出，他确实是一个朴实却又不同寻常的孩子。

二、让沃顿商学院尴尬的著名校友

扫码免费收听最新解读

今天的内容，我起了一个标题，叫作《让沃顿商学院尴尬的著名校友》。

本节将主要讲述巴菲特青壮年时期，重点在他的大学和研究生时期，他所经历的人生变化。这个时期对于任何一个人来说，都是人生的黄金时段，无忧无虑，非常阳光，你可以选择你喜欢的东西去学习，但是年轻的巴菲特所经历的过程却极其波折。在这个波折背后，我们能看到一些非常有趣的东西，值得我们学习和借鉴，特别是我们的读者当中，如果有在读的学生的话，我觉得这个故事将会对你有着非常特别的意义。当然，也有些急性子网友留言给我们，说你能不能早一点讲巴菲特的干货，讲他的投资法则，这些会给大家讲的，就在后面的篇章。但是，我觉得所谓"投资就是投人"，如果你去学投资的话，首先要学习做人。认真了解巴菲特的这些故事，我相信你会发现，作为一个职业投资人，或者做一个优秀的投资人，他需要经历的人生起伏，需要思考的人生社会问题，这些对他后来确定自己的投资法则非常重要。所以我建议大家，一定要非常耐心地研读这一章。

言归正传。为什么我起的标题叫《让沃顿商学院尴尬的著名校友》？

宾夕法尼亚大学沃顿商学院有没有知名的校友呢？当然有了，宾夕法尼亚大学建校的校长就是本杰明·富兰克林，他是美国创国的先贤之一。大名鼎鼎的美国现任总统特朗普先生，他是房产商＋沃顿商学院毕业的校友。但是比较尴尬的是，沃顿人在讲述自己著名校友时，大都不太愿意提及巴菲特的名字。为什么呢？因为巴菲特在沃顿商学院待了两年后就离开了，去到了一个非常不知名的学校，这个学校的名字叫内布拉斯加大学，论排名的话，后者不管是在美国还是在全世界的名校排名当中，基本上都是排不上号的。为什么巴菲特会选择离开沃顿到内布拉斯加大学呢？它唯一的一个好处就在于，后者离他家非常近。

在内布拉斯加大学，巴菲特完成了他的本科学习，然后他离开内布拉斯加大学，申请进入哈佛大学商学院，很遗憾，他被哈佛拒绝了。我觉得在哈佛大学商学院的历史当中，这也会是比较尴尬的一次。被哈佛拒绝之后，年轻的巴菲特最终选择去哥伦比亚大学进修。在哥伦比亚大学，他人生中第一个重要的，可以写到教科书上的人物出现了，他就是格雷厄姆。格雷厄姆有一本非常重要的著作，叫《证券分析》，这本书一直被认为是引领全世界证券市场价值投资理念的先驱著作。

以上巴菲特的求学经历，只是一个粗略的脉络，可能你会觉得非常好奇：第一，既然沃顿商学院这么有名，它在全美也排名靠前，巴菲特为什么会离开它？我也曾经在沃顿商学院做过一个比较短的进修，学校的校园，包括教学氛围，甚至包括整个宾大校园，确实让我很是敬仰，特别是宾大的博物馆。作为一个大学来说，能够建成这么漂亮的博物馆，里面还有专门的中国馆，绝对值得大家去看一看。李世民昭陵六骏当中的两骏，就在宾大博物馆里。这么好的一个学校，巴菲特为什么要离开？这确实听起来像是个谜。

这个谜题，有各种各样的解释。一个说法是巴菲特特别聪明，16岁时就已经赚到了巨额的资金，成为有钱人之后的巴菲特，经历过一段叛逆期。普通人叛逆期一般会干吗呢？我们小时候一般也就是跟人打打架，最多就是离家出走。但巴菲特的叛逆期非常极致，他的方式是尝试去造假币，他要造的是硬币的假币，幸亏没成功，否则他这一辈子估计都在监狱里。巴菲特还去赌过马，输了很多钱。穷的时候，他甚至去偷高尔夫装备。所以有人说，巴菲特之所以在宾大的沃顿商学院没有待下去，原因就是他已经赚了足够多的钱，他的心稳不下来。也有一个更加光彩的说法，是说巴菲特特别聪明，在进入沃顿商学院之前，就已经熟读了各种金融、证券、财务、商科的书和杂志，所以他到了沃顿之后，发现这里的教授水平不怎么样，还不如自己，所以他走了。

第一个说法，就是说他是一个问题少年。但我觉得这个很不靠谱。巴菲特热爱学习是世所公认的，直到现在，他仍读书不断。第二种说法，说他已经熟读了天下的财经投资书，所以不屑于去跟沃顿商学院教授交流学习——我觉得这个说法也不靠谱。因为从后面的经历来看，他从内布拉斯加本科毕业后，选择了继续深造，还申请了哈佛商学院和哥大商学院，那都是他要继续学习的明证。如果一定要比较教学质量，沃顿并不比哈佛差，也不比哥大差，那么这个理由也不成立。所以我自己研究下来，巴菲特之所以离开沃顿商学院，其实最主要的原因，还是一个钱的问题。为什么这样讲呢？

巴菲特虽然通过送报纸之类的，赚到了对一个年轻人来说不少的钱，但是他们家的财务状况并没有因此解决，他老爸当时依然是证券公司的一个普通经纪人，每天要非常辛苦地四处去推销股票。巴菲特读的沃顿商学院是名校，这也意味着这个学校的花费会非常高。于是他做了一个比较详细的对比。第一沃顿学费很贵，第二沃顿的课程很紧，第三离家远，由此导致的结果就是，巴菲特不得不交高昂的学费，然后又没有时间去家附近打工，这样会影响到他的收入，让他无法给家里赚到足够多的补贴。如果去了普通的内布拉斯加大学，则一切都非常方便。内布拉斯加大学课程轻松，有时间兼职。更为重要的是，内布拉斯加的林肯分校，离他家非常近，他可以照顾家里。

所以，在他回到了内布拉斯加大学林肯分校之后，他做了一个非常有趣的生意。他雇了好几十个跟他当年一样的报童去送报纸，送一份叫作《林肯日报》的报纸。这个生意做得非常成功，成功的原因很简单，就是因为他干过。所以这些送报的孩子想玩一些猫腻来蒙一下巴菲特，很难，而且他还能指导这些孩子如何高效地送报。他每天盯着这帮小朋友干活，赚了很多钱。当然，他自己也没有闲着，他在大学的校园里，在社区的图书馆里，阅读了大量的和投资相关的材料。

回到老家之后，他的人生沿着两条线高速地发展。一方面继续做生意，继续赚钱——这是他人生的唯一乐趣所在；另一方面就是大量阅读，在这个过程当中，他读到了影响他至少二三十年的一本书，这本书叫《做一个聪明的投资人》，作者就是格雷厄姆。可能你要问了：这个格雷厄姆，你刚才不是提了吗？他有一本经典的、跟价值投资有关的书，叫作《证券分析》，这怎么又冒出来一本新书呢？实际上这两本书是同一本书，只是《证券分析》是给大学当教科书的，写得比较严谨、规范，有点深奥，而《做一个聪明的投资人》则是写给普通老百姓看的，是一个比较普及的版本。巴菲特读了这本书之后，一下子被其中所提到的"价值投资"理念大大地震撼到了。

巴菲特从内布拉斯加大学毕业之后，并没有选择直接去工作，而是一边兼职做生意,一边申请哈佛商学院的硕士研究生。这时他的送报生意已经走上了正轨,不需要他花太多力气和精力。然而哈佛面试并不成功,面试官劝他说:年轻人,过两年再来吧。为此巴菲特很生气,他去哈佛是觉得哈佛名气够大,人脉够广。被哈佛拒绝之后,巴菲特一度有点情绪低迷,但是后来他想明白了,他要去找到那个改变他投资理念的人——格雷厄姆,拜他为师,向他请教。所以他申请了哥伦比亚大学商学院的硕士研究生,这一次他成功了。从此,巴菲特终于可以向他年轻时崇拜的偶像格雷厄姆求教了。其后很长时间,"格雷厄姆门徒"的头衔也给巴菲特的人生发展带来了很多帮助。

当格雷厄姆开始给他的这些学生们,包括巴菲特,上课的时候,有同学做了这样一个记载:一旦巴菲特来上格雷厄姆的课,所有其他学生都成了配角。课堂的现场就是属于格雷厄姆和巴菲特两个人的,大家就饶有兴趣地看他们两人做一些非常高端的对答——就像武林中的两大高手在那儿过招,其他学生则只有干瞪眼的份儿。师从格雷厄姆,直接影响、成就了巴菲特最初的价值投资的理念。

格雷厄姆确实是全球证券投资市场当中第一个提出价值投资理念的人。举一个简单的例子,就是在格雷厄姆这个理论建立之前,在证券市场当中,对于投资和投机的区别标准是混乱的。当然,这个区别并不是福建口音和普通话的区别。在格雷厄姆之前,一般认为,你如果买债券,你就是投资,你如果买股票,就是投机。格雷厄姆把这个观念做了一个彻底的扭转。他说不管你是买股票还是买债券,你的任何出资行为,只要是以谋取短期的获利为目标,那你就是投机;如果你是中长期的,愿意长期持有它的话,你就是投资。长期投资持有的一个重要标准就是,你买的价格一定要足够低,这就是格雷厄姆的一个著名的、经常被人们称之为"捡烟头"的理论。

什么叫"捡烟头"理论呢?就是你在马路上,跟着前面一个吸烟的人,那个哥们吸烟吸到最后,只剩下一个烟屁股了,他把那个烟头扔到路边,然后你赶紧扑上去,把那个剩下的烟头捡起来,吸两口。听起来这事特别恶心,但这个确实是格雷厄姆投资理论当中的一个精华所在：一定要到最便宜的时候，大家都觉得不值钱的时候，介入投资。

格雷厄姆的投资理念，一般可以归结为四个重要的、相互关联的要点：第一个点叫作"足够便宜"理论。就是价格一定要低，如果把一个公司的净资产设为1美元，那么就要在它跌破到2/3以下，即7毛钱以下，再投资。在"足够便宜"理论的基础上，我们就可以引申出第二个要点：你需要有不同于常人的逆向思维——什么时候上市公司的股价才会跌破净资产，甚至比净资产还要低呢？那肯定是所有的投资人都在恐慌当中时，大家都觉得不想买股票的时候，甚至急着割肉离场的时候。这就是巴菲特常说的：别人贪婪我恐惧，别人恐惧我贪婪。这个说法其实就是来自格雷厄姆证券投资分析的一个基本逻辑。

做到这两个要点之后，还要做什么呢？面对一堆便宜的烟屁股，但不知道哪个烟屁股好抽；在一堆便宜的股票当中，极有可能很多都是有陷阱。那怎么办呢？格雷厄姆的答案就是：那我就做一个投资组合，把一堆烟屁股放在一起，这样风险就会最小化。所以他的第三个投资要点就是，一定要做投资组合，要集中买大量的上市公司的股票。然后由这第三点，引发出第四个点：由于你持有大量的上市公司股票，所以你没有时间去做每个公司的基本面分析。所以，格雷厄姆是不做每个单个上市公司的深入投资价值分析的。

最后大家想想看，上面讲到的这四个格雷厄姆的投资要点，哪些被巴菲特使用了一辈子？哪些则被巴菲特修正了呢？

三、卖棉花还是买股票

在前面我们讲到，在巴菲特人生当中有两个比较重要的时间节点：一个是少年时代的送报生涯；第二个是他在青年时代，如何在读书、进修的过程当中去建立自己基本的投资逻辑。这一节要讲的是30岁出头时的巴菲特。除了他本人以外，还涉及伯克希尔·哈撒韦公司。

伯克希尔·哈撒韦公司，最早巴菲特在收购它的时候，并非是像今天这样，而是一家以保险业务为主的对外投资型的公司。那时的伯克希尔·哈撒韦公司是一家纺织企业，是一家棉花生产加工企业。我们这节的标题叫《卖棉花还是买股票》，其实卖棉花就是指早年伯克希尔·哈撒韦公司所干的事情，也可以说卖服装、卖纺织品，但是我觉得说卖棉花更清楚一点；买股票就是现在的伯克希尔·哈撒韦公司在干的事情。

这中间的转折，到底发生了些什么事情呢？

在讲述这场转折之前，让我们先做一道趣味选择题吧。网络时代我们经常会生造出一些成语，其中有一个就叫"有钱任性"。我们的选择题就是，这个"有钱任性"的词，究竟是因为什么样的典故而来的？我们有三个选择：

A. 来自王思聪。因为王思聪曾经说过："我跟人交朋友，从来不在乎对方有没有钱，因为反正他也没有我有钱。"

B. 来自刘益谦。因为刘益谦花了2.8亿元人民币，拍了一个鸡缸杯。然后他拿这么贵的一个鸡缸杯，居然真的泡茶喝，还被媒体给拍下来了。

C. 来自一个普通老百姓。一个让人惊诧的故事，这个故事据说和电信诈骗有关。某人被电信诈骗了，然后一直主动地给诈骗方汇钱，直到对方害怕为止。

请问，你觉得"有钱任性"这个词来自谁？答案我们下节再公布。

今天要聊的就是，如果当年"有钱任性"这词能够造出来的话，那么它可能会是属于1963年，只有33岁的巴菲特。为什么这样说呢？因为巴菲特收购伯克希尔·哈撒韦时，绝对可以称得上是有钱人。巴菲特在大学毕业之后经历了一段波折，后来终于到了格雷厄姆的投资公司，做了一个成功的投资人。然后他还发起成立了一个合伙制的投资公司，并且他通过这家公司对外收购，实践着他视为金科玉律的格雷厄姆投资理论。

为什么巴菲特会收购伯克希尔·哈撒韦公司呢？因为它完全符合格雷厄姆的投资原则。格雷厄姆原则当中最重要的一点，其实非要拎出来的话，就是安全边际。就是我买的这家公司，哪怕它真的已经破产了，我买的价格仍然是没有风险的,这是格雷厄姆最重要的一个投资原则。所以按照这个原则,巴菲特就买了伯克希尔·哈撒韦公司的一部分股票,购买的价格比公司的净资产还要便宜,真的是比 2/3 还要低。然后,他期待这家公司能够回购他的股票。什么叫回购呢？大多数的投资人都知道,就是当公司的股票价格特别低的时候,上市公司的股东,愿意把这家公司发行在外的股票,用高于市场价位的价格买回来,进行缩股的交易。原因就是他认为现在交易的股票市场价格太便宜了。

所以巴菲特赌的就是,我大量超低价收购之后,原公司会发起回购,回购的价格肯定比我买的价格要高。一开始,巴菲特所有的预期都是对的,他在买入了伯克希尔公司一部分股票之后,就跟公司的 CEO,包括公司的股东做了沟通,对方给了他一个口头承诺,当时给出的回购价格是 11.5 美元。一年之后,伯克希尔公司的 CEO 突然翻脸了,只愿意开出 11.38 的回购价。结果巴菲特一下子就有钱任性了——你小子居然敢玩我？！0.12 美元的差价让巴菲特很气愤,他不仅没有出售手中的股票,还疯狂购买了伯克希尔·哈撒韦公司剩余的股票,成为公司的大股东,并把公司的 CEO 炒掉了。也许这就是年轻人的倔强吧。

虽然在收购之初,巴菲特的确遵循了格雷厄姆投资四大原则的前面两个：价格绝对便宜、逆向思维,但是却因为任性胡来,没有遵循四大原则的后面两个原则,于是出了大问题。什么问题呢？大量购买股份,然后对被投资的对象不求甚解,导致他出现了一个重大的失误,这个失误就是美国的整体纺织行业在 20 世纪 60 年代其实已经开始走下坡路了,而且是一个大势所趋的下坡路,根本没有办法阻拦它。巴菲特固然关注到它价格足够低的优势,但是没有对这个行业做认真的研究。其次作为投资人,在任何时候都应该保持冷静的头脑,绝对不能意气用事,而巴菲特为了逞一时之快,全盘吃进,居然还把原公司的 CEO 炒掉了,而这一切只是为了出口恶气。这两大错误加在一起,把格雷厄姆投资原则当中最大的一个隐患无限度地放大了。这件事,后来巴菲特自己也承认,是他一生当中"最大的一个投资失误"。

这个最大的投资失误就是：只注重了价格便宜而忽略了基本面，甚至还加上自己情绪上的失控，最终导致严重的误判。那这个故事再往下延续会是一种什么样的状况？大家可以想想看，假如你是巴菲特，现在是买了一家行业趋势已经是日渐衰落的纺织企业，这家纺织企业做了一个基本上的财务测算，它的织布机都是旧设备，如果要去更换新的设备，需要花5 000万美元，巴菲特能拿出这么多钱吗？那是20世纪60年代，怎么可能拿得出这些钱！而他要把这些设备卖掉，只能得到16万美元的收入。这个时候工厂里面还有400多名工人，巴菲特亲自去见了他的员工，差点就哭出来。因为这些员工大多数是葡萄牙人的后裔，年龄已经五六十岁了，英文也很差。巴菲特想来想去只能是把公司设备卖了，换了16万美元，给工人一点遣散费，把他们打发掉。

一通折腾，最后工厂关门，员工遣散。对巴菲特来说，这是一个非常痛心的失败。然而在过程中，巴菲特遇到了他后面一生当中最重要的合作伙伴，就是大家都非常熟悉的那一位，今年已经90好几的芒格同志。

好，在上一节中，我们曾经留了一个思考题，各位觉得在格雷厄姆的四个原则当中，巴菲特最后留下哪个原则，放弃了哪个原则？其实，最后我们讲的格雷厄姆四大原则：第一个，价格要足够低；第二个，要有逆向思维；第三个，要大量购入投资公司；第四个，不求甚解，对上市公司基本面不做深入的了解。这四个原则，其实从巴菲特见到芒格之后，就只剩下了一个，即逆向思维的原则，其他三个原则统统都被他放弃了。

现实中，第一个被巴菲特修正的原则就是：价格足够低原则。今天，大家去参加伯克希尔·哈撒韦公司的股东大会时，都会在现场看到一个糖果销售企业——喜诗糖果。当初巴菲特收购喜诗糖果，就出了一个比较高的价格，这个价格几乎是当时喜诗糖果净资产价格的3倍。巴菲特在出这个价格的时候，非常犹豫，但是芒格跟他说，你应该买这家公司。我发现，芒格和巴菲特两个人如果发生争议的话，芒格又非常坚持，巴菲特一般都会听芒格的，包括后来投资的比亚迪公司（巴菲特投资的中国两家企业，一个是中石油，一个是比亚迪）。巴菲特也曾经说过，他说如果他跟芒格在一起，芒格多次给他建议，让他去买比亚迪，最后他就会决定听芒格的。

此外，巴菲特不再去大量地投资企业，而是把自己重仓投资的企业基本上控制在10家以内。其实以他的资金量，把全世界的所有上市公司股票都买一点点，都是可以做得到的，但是，他把自己重仓的上市公司的数量一直控制在10个以内。然后，每家公司绝对不再秉持格雷厄姆所讲的不求甚解，而是把每个公司的基本面，都做了全面、深入的研究。所以，唯一留下来的格雷厄姆的投资原则，就是所谓逆向思维。

> **总结**：让我们和当下的A股市场做一个对比。对于A股市场来说，我觉得有两个原则可以借鉴。第一个原则就是，对于投资市场来说，叫作"便宜没好货，好货不便宜"，身处下跌周期中的A股市场，其实也非常的明显，具有价值投资基本支持的相关的上市公司的股价，在调整当中，基本上岿然不动。另外一类就是所谓题材炒作类的公司，看起来价格已经很便宜了，但是对不起，它跌起来依然不见底。
>
> 第二个给大家的重要启示就是，在投资当中，千万不要意气用事。我身边经常会有一些散户投资人告诉我说，这个股票被套牢了，而且还拼命地跌，它越跌，我就越买。为什么呢？我就不信，它能够把我给套死。当这种话一说出来的时候，往往你已经带了很大的赌气成分。当赌气的成分占据你的头脑的时候，你不仅会输，而且会大输特输。当年的巴菲特也是如此，就是为了炒掉公司的CEO，非要把伯克希尔·哈撒韦公司的控股权拿在手里，最终的结果是大亏特亏。

四、投资什么就用什么

投资什么就用什么，比如巴菲特投资了吉利公司，他就每天用吉列剃须刀剃胡子；投资了可口可乐公司，就每天坚持喝3—5罐的可口可乐。但到底是用什么在前，还是投什么在前，我觉得对巴菲特而言，可能是用什么是因，投什么是果。

在前面几节我们曾经讲过，巴菲特师从了本杰明·格雷厄姆之后，接受了格雷厄姆的四大投资原则，并且把这四个原则用到了投资伯克希尔·哈撒韦公司的商业行动中。当年这是一家纺织品公司，然而市场已经无法提供这样的企业看得见的美好前景，在经历了最初的失败之后，巴菲特也在反思老师的理论：这四个原则好像不太对呀。想来想去，他把三个要素都给去掉了。

第一要素——价格足够低，被他修正为"价格要足够合理"；第三要素——分散资金多元投资，他修正为"集中重仓去投资看中的项目"；第四要素——只注重投资行为，而不去研究企业的具体情况，巴菲特认为这显然也是行不通的，对每一个投资的标的，每一家投资的公司，都要做全面、深入的研究，这是巴菲特的一个重要改变。四原则中，他只留下了"逆向投资"原则，但这并不意味着对老师理论的全盘抛弃，其实巴菲特是做了一个过滤。把那三条投资原则删除掉之后，他得出来另外一个原则，那就是"用什么就投什么"。

问题是，从严格意义上来讲，巴菲特并没有做到自己说的"用什么就投什么"。比如他日常生活中也会用餐巾纸、牙刷牙膏、矿泉水、电视机等，但是好像没有听说过他投什么纸业公司、牙膏公司、电视机企业。对这个原则的理解，更准确地说，应该是"不熟不投""读不懂不投"。所以现在我们要探讨的就是：巴菲特如何来界定"不熟不投"。

很多人对巴菲特的"不熟不投"这个原则的理解过于表面化。就是说这家公司，如果你不熟悉，你不懂，你就不要投。当然，这是一个非常明显的商业逻辑，即中国人所谓的"见门生意"。但事实上，巴菲特有着自己更深入的考量。

"不熟不投"的第一个要素就是，一定要对公司的产品、业务线有深入的了解。大家说巴菲特之所以买可口可乐公司的股票，是因为他很熟悉这个产品，他喝了好几十年。其实不然，巴菲特从读书开始，最爱的是百事可乐。有人查过他当年在沃顿商学院读书时的餐谱，那个餐谱基本上是百年不变，就是一份土豆泥配蔬菜，一份牛排，还有一份百事可乐。所以，论对产品的熟悉，巴菲特对百事可乐的熟悉程度绝对不亚于可口可乐。那他为什么最终选择了可口可乐而没有选择百事可乐呢？这其实涉及对两家公司的一个深入对比。所以说，什么叫作对公司熟悉？并不是说你熟悉公司的某一个产品，而是你能够看懂这个公司如何去做事，又做了些什么事，这里的差别就比较大了。百事可乐跟可口可乐最大的区别在于什么呢？可口可乐就是一家专职做汽水的公司，旗下有各种各样的汽水，以可口可乐为主。百事可乐就不同，百事除了做饮料之外，还做很多连锁快餐企业，比如说我们大家非常熟悉的必胜客、肯德基、塔克钟。塔克钟在中国国内比较少，但是必胜客和肯德基，各位都已经非常熟悉了。所以百事公司的产品线，相对于可口可乐来说要复杂得多。

大家可以这样来理解，假如可口可乐要想聘请一个CEO的话，他只需要做一件事情，那就是寻找一个了解汽水或者碳酸饮料的人就可以。但是百事要招一个CEO那可就难了，他必须得懂碳酸饮料，也得懂连锁快餐，各种各样的业务他都要懂点，这就变得非常复杂。所以，即使你经常喝百事可乐，也不一定了解这家企业的复杂的运作。

比如我们常说的"护城河原则"，你产业链链条的业务布置比较简单、清晰，我才能比较清楚地去评估你的护城河。然后，我才能够比较清晰地去评估你的市场规模，去评估消费者对你企业产品的忠诚度有多高。在巴菲特的眼中，一家公司的业务线简单、清晰、不重复，是很重要的，这也是他了解一个企业的前提。所以，我们按照这个标准去评估可口可乐和百事可乐，显然复杂的百事可乐让人摸不着头脑。所以巴菲特所说的熟悉，并不是对它的产品，喝过、吃过、天天见，而是它的业务线简单明了。

此外，除了可以准确评估，巴菲特所说的"熟悉"，还包括对公司管理层的熟悉。巴菲特之所以选择在1988年这个时间点去投资可口可乐，跟可口可乐当时新上任的首席运营官唐·基奥有关，他们两人私交本来就非常密切，据说两人小时候住的地方只隔了一条街。巴菲特在建仓可口可乐的时候，由于买入规模比较大，被唐·基奥发现了，但唐·基奥答应了巴菲特，没有立刻对外公布。1993年的时候，唐·基奥已经退休了，但在2004年可口可乐董事会进行改选的时候，当时巴菲特已经是可口可乐长期的董事了，他推荐了七十多岁的唐·基奥重新回到可口可乐董事会。

当时，此事引起了国际上的很多关注，密集发布了很多观点和猜测，其中一个重要的议论焦点就是：可口可乐公司幕后的老板到底是谁？是不是就是巴菲特？他为什么要把唐·基奥重新拉回到董事会？很多文章都有意无意地暗示，巴菲特才是可口可乐公司幕后的真正老板。这种说法当然有欠公正，但也由此可见他们两人关系有多熟。所以从这个意义上来讲，巴菲特所说的"不熟不投"，一定是包含熟悉这家公司的管理层，最好还能跟这个管理层建立深厚的友谊，最好这个友谊的持续时间还要非常长。这背后其实隐含着很多很多的含义。

第一层含义，由于对管理层很熟，所以对管理者的人品、能力才可能放心，这是最基本的一层。第二层就是，由于与管理层很熟，所以管理层所做的很多战略布局会提前和类似巴菲特这样的有特殊交情的股东做一些事先通报，甚至是商榷，由此让他可以更容易、更清晰地去判断他所投资的公司未来的战略走向。第三层就是，如果没有好的投资标的，千万不要投资，一定要控制住自己的手，控制住自己的欲望。第四层，如果真的是很多公司发展到了一个新的时代，它们的商业模式很难去读透、读熟的话，该怎么办呢？这我倒觉得，之前在巴菲特的股东大会上，巴菲特在一些提问的回答当中，其实解答了这个问题。他说他的方法是把一些看不懂的商业模式、不太了解的一些公司的运营方式，按照他所熟悉的模式去把它理解透。这个我觉得也是"不熟不投"的第四个重要的含义。

比如，巴菲特说，他们在投资中有一个重大的失误，就是漏掉了谷歌公司——他们应该投谷歌。当时他们觉得谷歌是一家高科技公司，他们读不懂。后来想想看，其实它也不是高科技公司，它的商业模式很简单，它就是一个卖广告的公司，甚至伯克希尔·哈撒韦公司也在它上面投过广告。所以，应该早一点想清楚，不应该把它归入到科技公司当中，而是应该从广告销售公司的角度去理解谷歌，这样就会发现它是一个非常好的投资标的。当然很遗憾，他没有投。巴菲特说的这个案例，其实告诉我们一个非常重要的逻辑，就是虽然是看不懂的商业模式，但你要想的是，我有没有可能把我看不懂的这个商业模式归入到我能够看懂的商业模式当中去理解。

巴菲特投的企业，大多数都是消费品企业，针对消费端，针对C端的，然后一定要有具体的产品，有比较清晰的业务模式。谷歌，作为一个高科技的搜索引擎公司，其实不符合他这个逻辑。但是它的商业盈利模式，其实就是个卖广告的，是针对C端的，是能够让公众去知晓的。虽然是问B端去要钱，但是它的产品发布是给C端的，一家广告公司的商业模式就变得非常清晰了。

所以巴菲特这个所谓"不熟不投"的原则，大体上可以归为四个重要的要素。第一，产品线要简单，产品读不懂坚决不投；第二，管理层要熟悉，人不熟，我也不投；第三，要控制住自己的欲望；第四，遇到不懂的商业模式，一定要把它尝试着放到自己懂的模式当中去理解，这样的话，才有可能实现理解的突破。

总结：在这里，我想引用巴菲特投资另外一家消费品公司的案例，那就是吉列公司，吉列剃须刀。巴菲特曾经说过这样的话，他说，每当我入睡前，想到每天会有25亿男士不得不剃须的时候，我的心头就会涌出一丝的喜悦，然后安然地入睡。

五、天赋和努力，谁更重要

大家都知道巴菲特是一个很有天赋的人，从小就有各种神话般的、关于投资的传奇和故事。但这种天赋和他后天努力之间到底有什么样的关系呢？比如巴菲特在面对股灾时如何活下来，如何做得更好？在这当中，究竟有多少属于天赋，有多少又属于他的努力？

首先，笼统给大家介绍一下巴菲特一生当中经历过多少次股灾。其实从他生活时间的角度来讲，他经历了美国几乎所有的大的股灾。第一次大的股灾就是巴菲特还在他妈肚子里的时候。他是1930年8月出生的，所以1929—1930年这场史无前例的股灾，在他刚出生的时候，就在经历了。巴菲特自己经常会用这个话题来开玩笑，他经常说，我出生的时候就经历了股灾，所以熊市、股灾对我来说，从来都是朋友。但是他第一次真正经历的股灾，实际上是1969—1974年的这次。

在1969—1974年的这波股灾中，巴菲特也显示出了他"股神"投资人的神奇之处。1968年，在股灾开始之前他基本上把自己持有的股票全部清掉了。这是一次长股灾，被他非常成功地提前规避了。我们可以发现，巴菲特在大多数的情况下，都能够在股灾前提前脱离市场风险，至少能够把大部分的仓位清空，包括1987年的美国股灾。乃至于最近的一次，就是2008年的次贷危机，巴菲特也提前做了仓位上的调整。所以，巴菲特在每次大的金融危机和经济危机爆发前，总能提前清仓，这一点我觉得确实是他的能力。

但是，除了这种规律性的大股灾，股市中还有非常多的突发事件，老巴总不能未卜先知吧，这样的风险他又是怎么规避的呢？所谓天有不测风云，人有旦夕祸福，巴菲特有一个非常经典的案例：就是2001年的"9·11"事件，这个事件绝对属于纯意外的小概率事件吧，没有人能够预期到。当时全球股票市场都是暴跌的。巴菲特自己的公司，伯克希尔·哈撒韦公司，旗下的主要的经营业务是保险业务，当这种事情发生的时候，保险公司是首当其冲的倒霉蛋。所以2001年,伯克希尔·哈撒韦公司的业绩是负增长的。于是大家可能会说:巴菲特不是股神吗,这次终于不了神了吧?

所以在这两类事件当中,巴菲特究竟是如何去面对的,其中的关键要害是什么?

我仔细研究了巴菲特的成长历史,重点给大家解读的是20世纪60年代末到70年代中期这一段时间,就是我刚才提到的,他人生当中第一次真正的大股灾(出生那次不算),他是如何应对的。在1968年美国股市开始调整之前,巴菲特毫无征兆地告诉他的合伙人他要清盘了!因为他成立了一家新的合伙公司来解决他的募资问题,相当于一个投资基金。这批人跟着他干了很多年,收益非常好,但是到1968年,整个市场还是在欣欣向荣的上涨过程当中,巴菲特却告诉大伙说:对不起了,我决定把我旧的公司关掉。别人都很奇怪,说公司收益率这么好为什么要关。他说,我觉得现在风险很大。这个事情当中巴菲特到底因为什么样的神话因素,让他能够提前预估到牛市即将终结呢?

我仔细查了资料,觉得有两点可以和大家分享。第一点,可能真的是来自巴菲特的一个天赋,那就是当市场越涨越高的时候,当大多数投资人开始欣喜若狂的时候,巴菲特却出现了睡不踏实的状况,甚至有一段时间,巴菲特得了类似于神经质的病。比如他自己的办公楼对面还有一座办公楼,巴菲特曾经一度怀疑,有人在对面的办公楼装了一个高倍望远镜在偷看他,甚至他很担心自己晚上说梦话的时候,会把自己投资的一些想法和秘密泄露出去。为此,他多次跟他太太确认他晚上到底说不说梦话。直到他太太跟他确认了很多回他晚上并没有说梦话,他才放心。他甚至还请了私家侦探,去调查有没有人跟踪他,有没有人要窃取他的信息等等。所以说如果按照现代医学观点来看的话,当时巴菲特极有可能出现了抑郁症(这个病其实很多成功人士都会得)。

为什么成功人士容易得抑郁症呢?大家想想看,越是成功的人士,他们给自己定的人生目标越高,所以总有一天他会觉得,我的目标达不到,实现不了,这时候他的内心会备受打击,情绪也会陷入低谷,严重的就会得抑郁症了。

在面对不断上涨的市场时,巴菲特内心出现了极大的焦虑和犹豫,甚至是矛盾。这个焦虑、犹豫和矛盾就在于:股市在不断地涨,你想不想继续赚钱,想不想赚更多的钱?任何一个投资人都喜欢上涨,但巴菲特坚信的投资理念却在提醒他,当市场涨到这么高的时候,已经找不到合适的可以投资的股票了,而且自己投资的股票价格已经被严重高估了。一方面他希望能够继续,赚更多的钱,但另外一方面,他又知道风险即将来临,在这两个巨大的矛盾和压力之下,巴菲特患上了轻度的抑郁症。所以,我觉得这个可以说是一个天赋。因为,绝大多数处于牛市当中的投资人是不大会去考虑和关心风险的。不仅如此,大多数投资人只会疯狂地享受市场上涨带来的快感。

巴菲特正是凭借他这个天赋,在1968年提前抛空了所有股票。到1969年,乃至于到1974年这个过程当中,巴菲特整整等待了接近5年的时间,来选择下面的重要的投资标的,而后面这一块,我们可以称之为他的努力。这中间过程再给大家剖析一下,1968年抛出股票,1969年市场才下跌,这一年过程当中,巴菲特的脊梁骨肯定也被别人戳烂了。大家说,别看你年轻,你之前的投资业绩还是不错的,但是你居然误判了牛市,所有人都觉得他抛出股票非常傻。

1969—1974年,在这漫长的5年时间中,据当时见到巴菲特的人说,他的生活非常惬意。那个时候巴菲特甚至一度心想,我赚的钱已经不少了,我是不是可以考虑退休了呢?他每天都干些什么呢?喝咖啡,打牌,参加各种聚会。其实,这只是一个表征。在这个天赋的基础之上,巴菲特在这段时间里,他其实在大量思考,我未来要投资的领域会是什么?他的最终选择是报纸。这样一说,大家可能就知道了,那就是著名的《华盛顿邮报》。巴菲特是从1973年开始参与收购《华盛顿邮报》的,从1968年退出,他整整等了5年才开始出手。那么,他为什么最终投资《华盛顿邮报》并一直持股到现在呢?

第一,不熟不做。巴菲特喜欢读报纸,不喜欢看电脑,不喜欢玩手机,直到现在，他仍然喜欢读报纸；第二，他认为像《华盛顿邮报》这样知名的报纸品牌，依然在不断地建立它的护城河。美国的报业竞争比中国要激烈。在《华盛顿邮报》盛行的过程当中，美国其他报纸很多都在倒闭，所以按照巴菲特所谓护城河理论来讲：《华盛顿邮报》已经建立起了它强大的竞争优势。第三，就是它的商业模式。巴菲特的一个基本逻辑就是，我要投资的公司，它的商业模式我一定要读得懂，而且一定要简单，容易测算。报纸的经营方法就是卖广告，只要你的产品足够好，别人愿意投广告就行。他要想实现所谓产品足够好、能够吸引广告商来投广告的方法很简单，只要有三个要素：第一，有一流的人来做编辑和记者；第二，需要有一排办公桌；第三，需要给这些桌子再配一支笔，这样他觉得就OK了。所以，按照这三个要素，他觉得报纸行业是可以投资的。到了1973年，市场调整到非常低的时候，巴菲特买了《华盛顿邮报》，成为它当时的第二大股东。

到此，我们剖析了巴菲特，他遇到人生中第一次重要的股灾是1969—1974年美国市场的一个长期的衰退。这个衰退过程当中，要稍微加一些我自己的重要的评论。那个时间点，其实是美国，或者是西方世界，遇到了一个经济调控当中的"癌症"问题，就是经济增长的"滞胀"。"滞"就是经济停滞，经济增长速度在下滑；"胀"就是通货膨胀。这个问题对于之前西方经济学理论当中的凯恩斯理论形成了巨大的挑战。因为以前只会出现或热与或冷这两种状况，经济过热则通货膨胀，经济过冷则通货紧缩。经济又衰退，物价又在上涨，在传统经济学理论看来是不可能同时出现的，由此导致政策调控部门束手无策。在那种情况下，全球的企业家也是极度悲观的，大家都不知道如何去解决这个问题。在这个最悲观的时候，巴菲特出手，买下了现在看起来非常成功的投资对象，就是《华盛顿邮报》。这就是巴菲特人生当中第一次真正的股灾。他准确的预判能力，在之后的历次股灾当中都比较明确地显现出来了。

我刚才讲过了，1987年的股灾，巴菲特提前做了大幅度的减仓。而1987年股灾之后，巴菲特大量买入了可口可乐。还有就是在2008年的次贷危机发生时，巴菲特也是提前做了减仓。接下来我要讲一下他人生当中一次重大的打击，就是2001年的"9·11"事件。事件发生之后，作为保险公司的伯克希尔·哈撒韦公司受到了重大的冲击。他们要付出巨额的、完全超出之前各种数学模型测算的天价赔款。而且，人们当时对于国际政治经济环境产生了极大的动摇感。但就在这个状况当中，巴菲特毅然决然地在电视上做了一个非常重要的表态。他的表达大概有两方面意思，第一，他觉得美国依然会从这次危机当中走出来；第二，从操作层面，巴菲特对全美国，或者说全世界的投资人说，他会坚定不移地继续买入美国公司的股票。

这个表述，我觉得非常重要。巴菲特一直在讲，说他不关心宏观经济，他觉得宏观经济对于微观投资来说是没有意义的。但是我个人对于巴菲特这样一个口头上的表达并不认可。换句话说，在他的投资研判理论体系中，表面看起来确实可能没有宏观经济这样一个要素，但是，巴菲特在骨子里面，绝对是看好美国宏观经济趋势的。他在任何一次美国出现重大危机和波动的时候，包括2000年美国网络科技公司股票泡沫崩裂的时候，包括2008年次贷危机爆发，但凡美国出现股灾，巴菲特都会说，我看好美国经济，我看好美国未来。请问这样的表达，难道不是对于宏观经济的解读和判断吗？这个解读，我觉得对于我们A股市场投资人的参照意义就非常大了，当然A股市场受到宏观经济和政策影响会更为明显。关于这个话题，我们后面还会专题来探讨。

总之，我们必须要认真地去解读宏观经济趋势和政策。当然了，美国因为市场化程度比较高，而且是全球第一大经济体，所以在每次金融危机之后，它能够率先复苏，而且它的微观实体的自我修复能力也非常强。因此我们也可以这样来推论，假如巴菲特不是在美国，假如他是在欧洲、在日本、在中国，那么如果他所投资的标的必须要依赖宏观经济大的背景，他继续按照他原来的投资方法不变的话，那巴菲特的收益率也不会如此神奇。换句话说，这么多年来，巴菲特所获得的重大投资收益，跟美国宏观经济不断向好是存在着必然联系的。我们对A股投资人提的一个重要的建议，就是我们在进行A股市场研判的时候，必须把巴菲特认为不太重要的宏观经济要素，作为我们研判市场的一个非常重要的要素。

> **总结**：一个重要的启示就是，当市场出现快速上涨，特别是人心开始膨胀，开始不断提出更高的上涨目标时，作为一个价值投资人，要开始询问自己的内心：你觉得你当年买入这个股票所依据的这些条件和要素是不是已经发生改变了？你觉得这个股票的价格是不是已经远远超过了你当初按照价值投资所给它的估值标准了呢？这两个标准如果确实存在的话，你必须要问一下自己的内心，我究竟是相信我的天赋，还是相信我后天的努力？我是不是必须要做一个决断，是不是要远离这个市场？

第二章
巴菲特的投资法则
——管住自己的手

一、确定个人能力的边界

从本章开始,我们就切入巴菲特的投资原则部分,也就是读者最想看到的所谓"干货"部分。但我估计,读者在阅读完第二章到第七章的内容之后,会出现两种不同的结果:其一,恍然大悟,乃至于醍醐灌顶;其二,看完了,但是没有任何感觉,"股神"不过如此尔尔。在你阅读巴菲特的这些"干货"之前我要跟你说的是,A股市场的确存在完全不依赖价值投资理念而赚钱的人,但那总是属于某些人和某些时间,如果对于任意一个普通投资者,又想在长时间的投资中获得稳定有价值的回报,唯一的途径只有是"价值投资"。这个结论从来都不会错!记住这句话,然后开始认真阅读下文吧。

确定个人能力的边界,这在整个投资行为里面是非常重要的一环。

首先,我们讲一下"能力"。在1996年的时候,巴菲特曾经说过这么一段话,他说投资人真正需要具备的是对于所选择的企业进行正确评估的能力。请特别注意"所选择"这个词,它意味着你并不需要成为一个通晓每一家上市公司的专家,你只需要能够评估你能力圈范围之内的几家公司,这就足够了。所以,能力圈范围的大小并不重要,重要的是你要很清楚自己的能力圈范围。

能力圈?这听起来感觉像是一个吃的东西。巴菲特说得那么复杂的一段话是什么含义呢?其实翻译成我们日常聊天的话,特别简单,那就是:人要有自知之明,而不要过于自信,不要高估自己的能力范围。可能大家会觉得这算什么事呢,这不就是一碗心灵鸡汤吗?我怎么可能不知道自己的能力范围呢?但事实上也许真的如此,你并不了解你自己。

我们回头看看股神巴菲特吧。在2014年的股东大会上,巴菲特再次被问及能力圈的问题。一位听众问巴菲特一个人怎么计算出自己的能力圈。巴菲特说，他非常了解自己能力圈的边界，但是对其他人，他实在是没有什么建议。

就是说巴菲特并不能给大家一个特别准确的建议。事实上，股神在他的投资生涯中，也是有高估自己能力圈边界的事情发生的。所以我想，干脆就举一些反例，来告诉大家巴菲特曾经跌到过哪些坑里。

1989年，伯克希尔公司在美国航空公司年利率为9.25%的特别股上投入了3.58亿美元，他当时满以为有足够的胜算把握，却没想到犯了一个大错误。这之后，美国航空业出现了混乱并购以及自杀性的价格竞争，最终导致所有的航空业者都面临一个残酷竞争、不赚钱的市场问题。

巴菲特承认，他非常喜欢并且崇拜美国航空CEO卡罗迪。但是由于自己对美国航空业的分析研究过于肤浅，没有充分看清这项投资所要注入的成本，并且又过分相信该公司的盈利能力，结果陷入了困境。

即使巴菲特出现了上述的原则性失误，但从总体上看，伯克希尔公司从1989年到1996年间，还是从美航公司身上陆续得到了2.4亿美元的股息，与3.58亿美元的初始投资相比，已经是旱涝保收了。

但这样的成果，显然跟巴菲特的江湖地位是不符的。2007年，巴菲特在给股东的信上说，最糟糕的企业是那种发展迅速，需要注入大量资金来拉动增长，但盈利能力又非常差的企业。航空公司，其实就是一个很好的例子。他甚至说，自莱特兄弟以来，航空公司就没有过持久的竞争优势。

当然，我们必须承认，航空公司实际上还是挣钱的，只不过当年巴菲特在航空公司投入了过于巨大的资金体量，而他又缺乏对这个行业的了解。他发现了一个事实，就是在这种巨大的经济体量推动的情况下，哪怕自己做得再好，跟做得不好的那些人的差距，实际上是微乎其微的。这也是他把投资美航作为自己一个相对比较失败案例的原因。

巴菲特另外一个超出他能力圈边界的案例，是大家非常熟悉的投资IBM。在投资IBM之前，巴菲特曾经在不同的场合多次申明，他不会投资科技公司。

他当年是这么说的："我很崇拜安迪·格鲁夫，英特尔的前CEO和比尔·盖茨。我也希望能够通过投资他们，将这种崇拜转化为行动。但是当涉及微软跟英特尔的股票时，我实在不知道10年后世界会是什么样子，我不想玩这种别人拥有优势的游戏。我可以用所有的时间思考下一年的科技发展，但不会成为分析这类企业的优秀专家，第100位、第1 000位、第10 000位专家都轮不到我。许多人都会分析科技公司，但我不行。"然而在2011年，巴菲特还是手痒了，他投资了他并不熟悉的科技行业——IBM。不熟悉的结果是什么呢？这次投资没有给巴菲特带来理想的回报。

按照2015年3月12日的收盘价，IBM的股价是每股157美元，相比巴菲特的平均购入价格171美元，每股已经跌去了14美元，巴菲特浮亏10.8亿美元。虽然凭借IBM这四年的股息，可以挽回7亿—8亿美元的损失，但是如果再考虑时间成本的话，这并不能说是一笔成功的投资。大家都把巴菲特看作股神，巴菲特也说过，他对于所投资企业的期望是至少要长期超越标普500指数的涨幅，否则不如推荐伯克希尔·哈撒韦的股东去买标普500指数基金。在2011—2015年，标普500指数总涨幅是60%，年均增长12.5%，IBM显然在这四年里并没有达到这个指标。即使与标普指数长期年均8%的增幅比较，这笔投资也让巴菲特少挣了30亿美元。

2014年伯克希尔·哈撒韦股东大会之后，巴菲特接受了媒体采访。在谈到对亚马逊的看法时他说，亚马逊的商业模式，是他一生中见过的最强大的商业模式之一。而且，掌管亚马逊的杰夫·贝索斯，有着清晰的公司愿景，每天都在朝着这个方向努力，不被外界声音所阻碍。应该说巴菲特是给亚马逊戴了顶很人的高帽子。像巴菲特这样的投资大师公开称赞亚马逊，毫无疑问，他应该是做过非常细致的研究的。可是他可能没有想到，在过去几年里，对IBM冲击最大的，正是正在崛起的，以亚马逊、AWS为代表的云计算服务。即便做过研究，他还是没有想到云计算对IBM产生的冲击。这说明什么呢？说明了科技行业，其实不属于巴菲特的能力范围。从这两个案例来看，纵使是有股神之称的巴菲特，也有高估自己能力、出现能力幻觉的时候。

不过，巴菲特能够成为股神的另一个原因就在于，虽然他做出了超出自己能力边界的投资，但他并没有一味地否决自己和矫枉过正。过去，他总认为航空业是个笑话，但是现在却持有价值数十亿美元的航空股。他通常都不会对科技股进行投资，但时至今日，他持有了价值高达70亿美元以上的苹果公司股票。在今年（2019年），他的好友芒格就曾经解释说，随着年龄的增长，他和巴菲特都已经改变了。

芒格说："随着时间的推移，沃伦（巴菲特）和我也学到了更多。就我们参与其中的游戏而言，很好的一件事情就是，你总能够学到新东西，而我们仍在这样去做。沃伦买入航空股是一种改变，买入苹果股票也是一种改变。我们买入了苹果和一批航空股，但我不觉得我们疯了。我们认为，答案是我们正在适应已经变得困难了许多的投资行当。"

如何找到自己的能力圈呢？这个问题很多朋友都会问。说句实在话，这个问题并没有什么标准答案，因为一个行业、一个公司，什么叫读懂了，什么叫一知半解，其实并没有客观标准。一个普通投资者，在密集、大量地看一家公司的资料、研报后，完全可能讲得头头是道，那他到底达到能力圈了没有？其实没人知道。我这里想讲一个真实的案例，告诉大家什么叫判断能力圈。这个例子是一个真实的投资人的故事。这位投资人很喜欢一家家用电器公司，也一直阅读这家公司的资料和研报。但在这个所有普通投资者做的事情基础上，他还做了两件事情。第一件事，他到这家上市公司门口，用一段时间做了专车司机（那个时候对于专车司机的管理要求还没有那么严格）。由于他只在这家公司门口拉活，所以上车的都是公司的员工。众所周知，在一个私密的场合，面对一个没有什么风险的陌生人，这些员工会讲出他们对于公司最真实的看法和信息。第二件事，他只要出差到全国任何一个地方，都会去家用电器的销售门店走访，问销售员某款具体的产品卖得如何。比如，这家公司正在推一个洗碗机的新产品，他就会重点问这款产品卖得好不好之类的问题，并据此来判断公司给出的业绩增长预测到底靠不靠谱。

> **总结**：这个例子很真实，因为一切你能看到的资料和研报，都可能有撰写人的主观意愿。客观的真实情况是什么，你能不能寻找到真正客观真实的信息，并据此形成投资决策，这就是"能力圈"。

二、学会如何规避风险

经济学的一个重要的前提就是：承认人是一个所谓的理性人。什么叫理性人呢？就是你做任何事情，都应该是以自己的价值和利益最大化为前提。由此所做的任何事情，都是符合你的个人利益判断的。当然这个假设前提，其实本身是一个心理学的判断，并因此在近些年遭到了行为经济学派的猛烈攻击。为什么呢？因为每个人喜欢什么东西，或者对于一个东西的心理评价高还是低，应该是把我心理上是否满足、满足了多少作为判断依据的。有人就喜欢吃香蕉，有人就喜欢吃苹果。你拉了一车香蕉，给一个喜欢吃苹果的人，那你等于是失败。所以，经济学和投资学，甚至人的任何一个行为，不管是交易行为、消费行为，还是投资行为，都是要从心理学出发的。

行为经济学的看法在于，这种所谓的"理性行为"是没有办法真正做到理性化，甚至是量化的，因为当事人自己都不知道到底如何评价自己的行为所带来的福利大小。非理性反而是常态。比如说，我们看了一个诱人的广告就会冲动出手购买，这其实就是一个非理性的行为。

也正因此，当你在心理学判断当中出现一定的误差，出现一定的不理性的时候，那就会导致你的投资行为不理性。下面我们要讲如何规避风险。大家都知道巴菲特有一个重要的逻辑，叫作第一不要亏损，第二就是请回看第一个原则，死都不要亏损。为什么？这个在心理学当中是可以解释的。

有心理学家做过这样一个实验。老师准备了两批印有本校的校名和校徽的杯子，选择了同学校、同年级的两个班级来做实验。他首先拿着这个杯子到一个班级，然后问大家：我这个杯子卖10块钱，有纪念意义，请问你们买不买？学生们都嫌贵，这么贵的杯子，我们不买，这个学校，我们也没那么大感情。结果没人买。然后老师又拿着同样的杯子到了第二个教室，但是方法不一样。他跟大家说，我把这个杯子送给大家。同学们都很高兴，看到有一个杯子上还印有学校的校徽，这个标识让人看着很开心。过了一会，老师又回到第二个教室说，刚才那个杯子，我愿意用12块钱买回去，你们可以卖给我。结果非常出人意料。

这个刚刚10块钱没人愿意买的杯子，现在老师愿意以12块钱买回去，居然没有什么学生愿意卖给他。想想看这中间的差别，其实不只是这2块钱的差别。差别在什么地方呢？就是第二个教室的学生，拿这个杯子是免费的，等于说白拿了一个杯子，现在又可以用12块钱卖掉，但居然没有人肯卖。这两个实验放在一起，告诉我们什么道理呢？其实心理学上一个比较重大的问题：同样一个杯子，同一批学生，理论上来讲，是同一批的消费者，对同一个产品，他们的评价是买和卖应该是比较一致的。但之所以买卖双方的价格认知出现了巨大差距，其原因就是一般人在失去一件东西的时候，他的痛苦程度比得到一样东西所获得的高兴程度要大得多。这个逻辑在心理学当中叫作禀赋效应。

什么意思呢？就是同样一件东西，你得到它的时候，你获得的高兴程度，绝对比你失去它的时候，所导致的痛苦要小得多。痛苦要远远大于这种高兴的程度，这是一个非常重要的损失规律的心理。所以从这个意义上来讲，大家可以自己去想想看，如果有人给了你100块钱，和你丢了100块钱，你会更加在意什么？100块钱给了你之后，你可能立马把它花掉了，觉得很开心，买了小零食，薯片、花生米之类，你很开心，但是吃完之后你很快就忘掉了这100块钱。但是，如果你自己的100块钱突然丢掉了，你那个急啊！这就是我们心理学上的一个问题。这种心理学上的问题，会使损失的影响过分放大，从而严重影响你的投资心态和心理。我身边有很多朋友就是这样的。

大家记得最深刻的一只股票，往往是自己被套牢最深、割肉损失最大的那只股票。一说起来就心塞，买某某股票亏了多少，我真是恨它一辈子。但是你当年买这个股票的时候赚的钱，你怎么不提呢？这是一个心理伤害。这种心理伤害更重要的影响是，一旦出现亏损的话，你的投资心态和投资行为都可能会变形。

一旦被套牢之后，或者是麻木不仁，或者是急于补仓，或者怨天尤人，甚至影响自己的正常生活。巴菲特为什么一直强调"学会规避风险"，正是因为巴菲特理解了这样一种道理和逻辑，所以他一直在强调，我们千万不要套牢，千万不要亏损。巴菲特一直认为安全是投资的第一要务，有没有钱都要注意投资的安全。巴菲特在2004年给股东大会的一封信中说，如果他要立一个遗嘱的话，90%的现金让托管人去购买指数基金。他死之后，他拥有的每一股，都将会被分配到五个基金会里去，超过10年之久。他要告诉受托人，不出售任何伯克希尔·哈撒韦的股票，他们必须这样做。如果将来他的遗言真的是这样的话，我倒认为他这是不信任人，凭什么这个钱必须要投到指数基金当中去，而且必须要一直持有伯克希尔·哈撒韦公司的股票？

巴菲特这样解释，他说他这个遗嘱其实是给他的妻子的。他说其实对于他太太来说，她的钱已经足够多了，现在必须要解决的问题就是规避风险，保住本金。千万不要让公司的任何行动，陷入巨大的灾难性风险之中。将来我巴菲特不在了，我最担心的事还是我们公司会陷入具体的风险当中去。巴菲特自己也说：高回报的投资往往伴随着高风险。如果你钱不多，那么你就需要更加谨慎，因为你还指望着这钱过日子呢。所以，千万千万要记住，不要亏损，而且你要相信，亏损给你带来的巨大痛苦，会彻底磨灭掉你投资盈利所带来的那点快乐。这是巴菲特关于规避风险的一个基本原则。

接下来给大家讲一个案例，这个案例是一个反面的案例，讲的是股神巴菲特的姐姐。巴菲特这个姐姐，叫多丽丝。她其实不是一个特别善于投资的人，她一生当中主要的工作是慈善事业，而不是一线的投资人。上天给巴菲特他们家打开了一扇创造股神的窗户，同时把其他人赚钱机会的门关掉了。多丽丝非常有意思，在 1987 年 10 月 19 日，就是著名的黑色星期一，美国股市大崩盘，她已经知道巴菲特提醒市场风险了，但还是架不住，她更相信其他的投资人。（这种状况在我们身边也经常出现，就是自己的家人是专家，但家里人往往更听信别人说的。股神的亲戚朋友不听他的，特别是直系亲属不听他的，多丽丝就是这样。）她说虽然巴菲特一直提醒她市场风险，但是她根本就不相信。所以在 1987 年股市暴跌之前，多丽丝一直在扩大自己的投资，而且是用加杠杆的形式去买衍生品的金融商品。什么意思呢？就像是咱们 2015 年市场暴跌之前，很多人加了杠杆，然后买的是投资品，还有人是买股指期货，这就是衍生品。所以，如果你放 5 倍的杠杆，稍微一个涨跌，你的本金就被吃掉了。多丽丝也喜欢干这样的事，在股市崩盘之前，华尔街是一派牛市的景象，而且，由于当时的巴菲特已经有很大的名声了，所以多丽丝的操作还影响了很多人。多丽丝身边的很多亲戚朋友看见她在这样买，所以也觉得没问题，跟着买。结果他们都亏了，多丽丝亏得很惨，几乎破产，连房子都保不住了。

接下来巴菲特就非常有意思。按照中国人的惯例，亲姐姐遇到这样的问题，你总得帮帮她吧。巴菲特还真是没帮忙，虽然他当时已经是腰缠万贯了。在这儿我想讲一点，就是中国人跟西方人有一个非常大的区别。中国人一般私德特别好，对自己的亲戚朋友一般都特别好，但是对于陌生人，比如说在马路上、公交车上、地铁站里遇到的，往往容易有一些敌视。这当然是比较而言。西方人会跟完全不认识的人见面打招呼，Hi, Hello, 露出一个灿烂的笑脸，但直系亲属之间的这种感情表达却没有中国人那么多。巴菲特尤其如此。

多丽丝怕巴菲特骂她，不敢直接找巴菲特帮忙，她又没办法，因为确实亏损很严重，她就想办法找到巴菲特的太太苏珊，请苏珊帮她去说点好话，请巴菲特帮她还债。结果完全在她预料当中，巴菲特断然拒绝帮忙。他拒绝的理由是什么呢？他说：我帮你付钱，不是帮你，而是帮了那些债主。那些债主都不是什么好人，明明知道行情不好了，还要借钱给你，还要放杠杆给你，这些人太坏了。所以我不能因为要帮你而帮到了那些坏人。还把他姐姐给损了一顿。后来这事被记者发现了,甚至于还上了媒体,包括巴菲特投资的《华盛顿邮报》也登出来了。于是这事就有点尴尬了,一个家族的成员是投资大师,家族成员居然严重亏损,然后还互相不帮忙,这在外人看起来像一个丑闻。家族成员之间关系变得非常敏感,多丽丝跟巴菲特关系闹得很僵,巴菲特后来跟其他家族成员关系也闹得比较僵。更重要的是,整个家族的名声也受到了负面影响。

后来这事怎么样呢?巴菲特左思右想,还是不能对姐姐这么冷漠无情,最后还是帮了一下。但帮的方法居然是做了一个金融方面的投资,而不是直接帮她还债。巴菲特能成为股神,显然不止是在投资方面有他自己的原则,在人生方面也有他的原则。没有直接帮多丽丝还债,干吗呢?他安排每个月1万块钱给自己的姐姐,只是这些钱多丽丝未来才会收到,是所谓的遗产收益。巴菲特只是做了提前的财务处理。什么意思?就是巴菲特,我不是有钱吗?将来我死之后,我的这些钱要分给我的直系亲属。理论上来讲,对姐姐我是没有付钱的义务的,但是因为我要帮你,所以我将来会在我的遗产当中留出来一部分资产,明确给多丽丝姐姐。那现在我不是还活着吗,那怎么办呢?我的遗产,这部分的遗嘱已经确定下来了,所以我就把这个所谓遗产当中的一部分,预支出来给姐姐。这样一个做法,不是说我要解决姐姐当前的债务问题,我也不是要帮那些放债务给姐姐的坏人,我只是把我将来的预期收益,要给姐姐的预期收益,以折现的方式给了姐姐。就是在财务上做了这样一个处理,所谓又有面子又有里子了。面子在了,我没有帮助那个投资失败的人,没有帮助那些坏的债权人,里子也在了,我又帮到了我姐姐。

几乎每一次在熊市到来之前,巴菲特都会采取行动,这个我们就要来做一个总结了。这不仅仅是来自他对股票领域多年的一个专业积累,我觉得更重要的是,他内心深处、骨子里面有一种强烈的规避风险的投资意识。在他的投资意识当中,一旦发现市场情况有一些异常,不管当时具体的交易行情是不是很火爆,其他投资人是不是还很坚定地看好,是不是还有人在砸锅卖铁地买股票,是不是都借了钱、放了杠杆去买股票,他都会坚守自己的投资原则,卖出股票。在大多数人看来,他的做法完全不能被理解。当然,也不能说这样一种做法是不是就对,至少他会少赚钱,毕竟很多次,在巴菲特减仓之后,市场还是在上涨。但是问题就来了,谁也不知道这个市场的顶在哪里,你没有办法准确地预测这个顶点的位置,在这种情况下,你做的只能是,当你觉得有风险的时候就离场,这样才能够保证安全的收益。

我并不确定巴菲特是否真的在严格意义上学习过关于人类心理学的著作,但是他对于人性心理的把控是非常准确的。梳理巴菲特的一生,很多人都会觉得他就是一个市场的幸运儿。不管市场的好坏,他总会得到一些特殊的照顾,市场好像是提前给他透露了信息。而事实也许并不是这样。总体来讲,我觉得他首先是一个风险厌恶型的人,并且深深地知道亏损会给自己心理带来的巨大伤害。在这种情况下,他看起来总是拥有能够规避风险的这样一种能力。

> **总结**:本节并没有讲具体规避风险的方法,具体的方法我们后面会详细讲解。但是规避风险的意识要远比方法本身更重要。以我自己的经验而言,所谓是否真的规避了风险,最好的判断方法就是,你设想一下,假如今天在股市收盘之后出了一个重大的利空消息,明天股市注定会大跌,当然你重仓持有的股票也会跟着调整。请问,你今天晚上能睡得安稳吗?如果能,那你就已经做到了风险规避,否则,就请慢慢继续学习吧。

三、告别沉没成本

我们将在本章探讨一个话题,这个话题的名字叫"沉没成本"。

为了让大家能够理解沉没成本到底是什么概念,如何影响我们的投资行为，我们首先提出两个问题。第一个问题是，假如单位给了你一张非常棒的音乐会的门票，这张门票非常抢手，价格也非常高，价格接近1500元。这属于很贵的VIP价格。可是到了那天，天气特别差，狂风暴雨，强台风来了，这时你就有点犹豫去还是不去。你会想，单位发的这张票，1500元，挺贵的，我也非常想去看，但是狂风暴雨，开车也不方便，停车也不好停，坐地铁、公交的话，肯定会被淋成落汤鸡。请问你最终的选择，到底是去还是不去？

第二个问题，刚才所讲的所有客观的假设都存在，但是唯一一点不同：这张票不是单位送的，是你自己花钱买的，你掏了1500块钱，花钱买了这张票。请问你选择去还是不去呢？

我们做了一个有趣的调查，结果显示：两者差别还是比较大的。大多数人在这张门票是别人赠送的情况下，会选择放弃，因为天气实在是太恶劣了。但如果这张门票是自己花钱买的，那绝大多数人都会选择坚持去听这个音乐会。

好，现在问题来了。因为自己已经花了大价钱买了音乐会门票，你所遇到的问题，就是所谓沉没成本。沉没成本，指的是过去的决策已经发生了，而且不能够因为现在或者将来的任何决策所能改变的成本。这个怎么来理解？沉没成本，实际上就是你已经付出去的这部分成本，不管你将来做什么样的抉择，它已经不可能收回来了，它经常会影响，甚至是干扰人们的投资行为。

最典型的一种行为就是，买入某只股票你就被套牢了，然后你就跟这股票杠上了。为什么呢？凭什么我一买你，你就把我给套住了？那我一定要在这只股票身上把这个钱翻回来，最起码得够本。怎么办呢？越低我就越买，你跌得越狠，我买得越多，然后你跌了50%，我就补仓4倍。这样一种行为在散户投资者当中是非常普遍的，我们叫作"加仓摊平"。"加仓摊平"这个说法在操作当中是有一个专业指向的，就是股价虽然跌了，但是你通过不断地补仓来摊低自己的成本，然后将来这个股价如果能反弹的话，那你就能够赚钱了。

我们讲的倒不是"加仓摊平"这事本身,如果这个公司真的具有投资价值,那真的是要越跌越买,这倒就是巴菲特的逻辑。但问题是,你在决定是不是要加仓去摊平成本的时候,有没有考虑沉没成本的问题?换句话说,在你决定是不是要加仓、继续不断地买入这个股票的时候,有没有想过这股票下跌的原因到底是什么?两种选择。一种选择,由于这只股票,确实有它的投资价值;另外一个选择就是,这只股票把我给套住了,我必须在这只股票当中翻身。如果你选择是第一种,那你是一个与巴菲特类似的投资者,如果是第二种的话,那你就陷入了沉没成本的误区中了。

我们的文章非常有趣,是在讲巴菲特的投资逻辑,但是也经常会举一些巴菲特在投资过程中犯的一些小错误。这样讲的目的,不是说要贬低巴菲特的投资能力,他依然是我们心中的股神,只是要告诉大家,在某些特殊情况下,人的心理问题是比较难克服的。即便是股神,在他大量的操作中,也会在一两个案例陷入心理困境,他也很难去做有效的突破。

下面讲的这个案例也非常有意思。这个案例讲的是巴菲特投资特易购。特易购是什么公司你可能并不清楚,但如果翻译成中文,你就清楚了。这公司在美国叫特易购,在中国叫乐购。我们做了一个研究非常有意思。巴菲特是在2007年,用接近17亿美元购买了特易购3.7%的股份,到2014年10月,投资的收益是多少呢?是亏损了8亿美元。那段时间当中,巴菲特总共持股15家公司。我们一直在讲,巴菲特重点投资的公司数量一般在8家以内,然后会有一些分散出去的投资,但是总数为十几家。当时,他总共投了15家公司,而在这15家公司当中,这个特易购是唯一一个赔了本的。

巴菲特有一个名言,说投资的第一要务是不要亏损,第二条是永远不要忘记第一条。但是为什么会亏损呢?这其中有一些重要的原因。他投资的时间是2007年,那个时候电商已经开始活跃了,电子商务已经开始对乐购这种以线下大卖场为主的经营模式产生了影响。所以一直到他2014

年全部退出投资的过程当中，行业大的趋势已经发生了很大的变化。这其实是巴菲特的一个问题所在。他比较擅长关注消费品，而对电子商务这种科技概念产生的影响，他往往后知后觉。这些姑且不论，这是我的一个判断，但当时的巴菲特并不这么认为。他认为公司经营不好，主要是这家公司的管理层不靠谱。巴菲特喜欢看人，他不大喜欢看这个行业的一些技术性的东西，或者是趋势性的东西，他更注重于看微观上的人，所谓"投资就是投人"。

总之，这公司经营不好主要就是两个原因：第一是受到电商的影响，第二是公司的管理层存在一定的问题。但是，问题来了。在2014年1月巴菲特正式退出这家公司之前，巴菲特居然在自己不看好这家公司的情况下，还增持了特易购的股票，但是时间很短，又减持了。这个过程，就很有意思了。你已经不看好这家公司了，那你为什么还要突然增持它？增持之后又很快做了减持，为什么呢？原因是在2014年年初，特易购在一个半月时间当中出现了两次盈利预警。公司对业绩风险的状况做了两次提醒，为此还专门更换了管理层（巴菲特不太满意的那个管理层）。什么意思呢？在巴菲特看来，这家公司虽然业绩看起来不是特别好，但是管理层换了，可能还有机会让我咸鱼翻身。这种情况下，就出现了一个比较重要的沉没成本的问题。

大家可以想想看，投入17亿美元，对于巴菲特来说也不是一个小的数字，出现这么大的亏损，对于巴菲特来说也是很心痛的。但是公司换了管理层，就突然有了业绩回升的希望。其实，按照严格意义上的价值投资理念，由于这家公司的基本面已经出现了恶化的迹象，应该断然从这家公司退出，但是，巴菲特考虑到十几亿的美元投资在里面，而且公司管理层又发生变化，所以他虽然发现了错误，但依然希望从错误中翻身，所以进行了股票增持。结果到最后，没有希望了，他才痛下决心说：这事我不玩了，公司不好就是不好，不应该增持。后来巴菲特在给股东的信中专门提到了这事，他说我对特易购的投资本身就是一个错误，现在错上加错，我犯了一个"吸拇指"的错误。

什么叫"吸拇指"呢？就是吃手指头、咬手指头。什么人会咬手指头呢？那是婴儿才会犯的错误。巴菲特的意思是——我犯的错误，就像是一个婴儿犯的错误，幼稚可笑。当初这么干的原因是什么呢？就是沉没成本造成的心理压力，当你觉得很多钱已经亏到里面，你很想翻本来挽回损失。

如果你投了很多钱在一只股票当中，投进去后这个公司的股票价格下跌了，你投资的钱亏损了。现在你有两个选择，第一，断然地割掉股票，离场，然后认输出局；第二就是我们说的，你还要继续加仓来摊平成本。两种模式。究竟能不能逃脱掉这个沉没成本的制约呢？

当你买的股票亏损很严重，按照惯例来说，因为心疼自己亏损的钱，所以要不断地补仓。现在我们的建议是，你先不要补仓，你自己假设这种状况，假如你在目前的价位当中已经把钱都亏进去了，而且你已经把它都卖掉了，亏损已经变成现实，请问，你还要不要再按现在下跌的价格把它买回来？如果你觉得依然要把它买回来的话，那你就坚定不移地加仓，摊平成本。如果你觉得你这辈子都不想再碰这个股票，这个股票绝对是一个垃圾股票，那你就千万不要再补仓了。换句话说，解决沉没成本最好的方法，就是换位思考。

总结：很多人在做买卖股票决策的时候很容易受到已有盈亏状况的影响，这是投资人必须要克服的心理障碍。最简单的方法就是"换位思考"。再回到我们开头说的那个难题：假如你自己花了1 500元买了音乐会门票，你会觉得舍不得，必须要冒着大风大雨去。这时你就换位思考一下，假如这1 500元不是自己掏的，是单位发的，或者朋友送的，你是否还要去？如果是后一种情况，你觉得不去看音乐会的话，你可以止损，不要让自己被沉没成本所纠结和控制。投资需要控制的不只是自己的交易行为，还包括自己的心魔。

四、直觉偏见导致损失

扫码免费收听最新解读

下面继续给大家讲心理因素对股票投资的影响。首先克服心理问题，才能够解决投资的问题。

大家做投资决策的时候，经常会有很多的疑惑。比如说判断一个投资会分析很多要素。但哪个要素管用哪个不管用，最后拍定下来到底做还是不做，买还是卖，那一瞬间是如何决定的？我问过很多投资人，其实百分百有把握是不可能存在的，很多人在做这个艰难的决策时靠的就是所谓的直觉。确实有人凭着自己感觉能够做出正确的决定；但大多数人，在大多数情况下，直觉跟事实是有出入的，甚至这个所谓的"出入"，往往还是比较大的。

还是先给大家做一个测试题，这个测试题听起来比较简单。一个项目，完成它需要十个步骤，每个步骤都成功，你就能够完成这个项目，而且能够得到 10 万元的奖金。更重要的是这十个步骤的完成，对你来说也不是什么难事。因为我们做过测算，每一步成功的概率高达 90%。这事交给你来做，你干不干呢？直觉告诉你，这事应该干。我给身边的朋友做了一下测试，他们第一反应就是肯定干，成功概率这么高，那不是送钱吗？但是实际上，你稍微测算一下，虽然每一步成功概率很高，但整体成功的概率却很低。统计学告诉我们，90% 的 10 次方，折合下来最后只剩下 30% 多的成功概率，这意味着你有六七成的概率会失败。所以仅看到这个数字的利好，马上拍板决定，这就是直觉上的偏见。你怀疑这个结论的推论过程，会问有没有数据分析？显然是有的。

有数据、有事实、有算法，但是依然会出现错误的判断。这个问题从心理学角度来讲，称之为定位效应。用老百姓的话说，就是先入为主。那么问题来了，对于巴菲特这样的股神来说，他会不会也出现类似于直觉偏见所导致的错误呢？好，接下来我们就来聊先入为主和直觉偏见，就是人的心理上的问题到底会对投资决策产生什么样的影响。给大家举个例子。

比如说你从小习惯了某种口味，很多人说这个是乡愁。什么叫乡愁呢？就是家里小时候吃的东西，在外地生活了很多年，回了家之后，一闻那个味，就想吃。这就是人们的一个消费行为，这种行为的背后，其实意味着你心理上的一个问题，对于消费和投资来说，就带来一个风险。

大家想想：为什么肯德基跟麦当劳，经常会搞各种各样的活动来吸引小朋友呢？原因很简单，就是当你第一印象使用了某个东西，比如说你第一次使用了某个邮箱，你可能就不太愿意换其他邮箱了。因为大量的信息和资源，已经通过这个邮箱来进行传输，若你再去转移，成本就会很高，这是从操作层面来说的。你从小就已经吃惯了大饼油条，从小就吃惯了麦当劳、肯德基，从小就吃惯了辣椒酱之类的，后面可能就很难换了。

所以对于商家来说，抓住这个直觉偏见，抓住你的第一印象就非常重要。所以一定要第一时间去抢消费者，这是消费层面。回到投资层面也是如此。很多投资人看到这个上市公司，甚至喜欢它的名字，说这个名字我一看就喜欢。既然喜欢它，我就一直要买它，然后就失去了价值投资的基本理念。在真实的市场中，这种状况经常会出现。很多投资人说，我看这个名字就喜欢，这个公司老总的长相我喜欢，还有人说这个公司老总跟我是一个学校毕业的或一个地方的，所以我就喜欢。我身边就有这样的投资人。所以，才会有很多上市公司不断地改名字，把自己的名字改得迎合市场趋势的发展，迎合投资人的喜好。这是利用你的直觉偏见。所以这个直觉偏见，对于我们投资的影响还是比较大的。

那么如何去克服它？就算是股神巴菲特，在直觉偏见方面，也会出现一些问题，虽然不会像我们普通人那么严重。再给大家举一个例子，我们要讲的是巴菲特和蓝带印花公司的一件事。这家公司之前给巴菲特带来比较好的收益,但巴菲特投资这家公司时的问题在于,他最后减仓出手的速度偏慢了。巴菲特在 20 世纪 60 年代的时候,选择投资了蓝带印花公司。什么叫蓝带印花?印花就相当于今天零售超市的折扣卡,你买了一定商品之后,这个商家送你一个印花的小贴片。现在还有一些超市、便利店,会送这种小东西,但这些小片用起来其实特别不方便。真拿去兑换,还得按照小片上的复杂规定使用。但当年在美国特别流行这种促销方法。

蓝带印花 20 世纪 60 年代开始推这项业务,它的方法就是,你买了商品之后,商家会送你一点印花品,就是这个印花,也就是"小邮票"。你集满一定数量之后,就可以到商店里去兑换商品。我们说巴菲特投资这家公司一开始是非常聪明的,因为他发现几个点:第一,这个公司当时有一个垄断的诉讼,因为它占据了相当大的市场份额。诉讼导致这家公司的股价大幅走低。巴菲特与芒格都觉得捡便宜的时间到了。

早期,巴菲特特别喜欢买便宜货,这是买入的一个重要理由。另外一个就是,他们发现蓝带印花的业务是有市场需求的,毕竟消费者永远喜欢打折优惠,这是他的第二个理由。更重要的是第三个理由,我觉得也成立,而且是一个非常棒的理由。蓝带印花其实有"浮游金"的特征:得到印花的前提是你先付了款,当你积累到足够的印花之后,才能够兑换商品。这相当于先把钱存到这里,比如说你到理发店办一张卡,美容院办一张卡,健身房办一张卡,你先把钱打进去了,这钱理发店、健身房、美容院已经拿去用了,至于你办卡后来不来消费,就不关他们的事了。他们当然巴不得你不来,反正这钱他已经拿去用了,这在资金管理方面叫作浮游现金(或浮存现金)。就是把未来应该收到的钱先收走了,这对于企业来说,是一个重大的利好。包括后来巴菲特的伯克希尔·哈撒韦公司去投资保险公司,也是为了能够调动保险公司的浮游现金,这是商业运作当中一个非常重要的秘诀。就是用别人的钱,而且是提前拿到手的钱,去做自己的事。这个钱拿到手之后,就可以再用它去做投资,这些投资又可能带来回报,像滚雪球一样。这个我觉得是巴菲特当年投资蓝带印花的重要的理由。

所以1968年,巴菲特趁蓝带印花公司陷入垄断诉讼、股价大幅走低时,开始买入它的股票。一年之后,巴菲特就卖出了这家公司,一年获利3倍(早期巴菲特持股时间有的时候也不是特别长)。一年对于巴菲特来说绝对属于短线交易,这样的收益已经非常高了,可以称为教科书式的经典投资案例。但问题是,他第二年卖出蓝带印花公司股票后,后续又跟进了,而且不断地大量地买入。为什么?因为巴菲特后来总结,他说:"我特别看好这家公司,我对它的经营状况非常满意,对它的前景充满了信心,而且期待着蓝带印花公司成为伯克希尔·哈撒韦公司持续盈利能力超强业务中的一分子。"这像是什么事呢?这就像你小时候吃过一次大饼油条、吃过妈妈给你做的炸酱面和蒸包子之后,过了很多年突然又闻到那个味道,这就是乡愁啊,这就是情怀啊,这种感情还在。已经清了仓的股票,再买进去的话,有些是因为价值投资,真的认为它有投资价值,有些其实是因为有感情在。

我身边这样的朋友也非常多,有的朋友就跟我说,这只股票我以前买过,所以当有朋友给我推荐的时候,我就坚定不移地买了它,根本就不做相关的分析。甚至有些股票,我以前买过,也亏过,现在有朋友给我推荐,依然喜欢它,就买入。这其实就是一个直觉,或者是因为过去产生的一个偏见所导致的一个投资上的误判。

巴菲特其实也陷入过这样一种困境当中。后来果不其然,从巴菲特第二次买蓝带印花公司股票开始,这家公司业绩就开始下滑了。其实从严格意义上来讲,公司业绩下滑倒不是这家公司的经营有什么问题,而是因为技术的进步淘汰了这家公司的盈利模式。前文讲了,最早的印花品,要拿"小邮票"、小贴片,多麻烦,你还得像宝贝一样把它存起来、夹起来,然后到用的时候,还得算,看看可以兑换什么商品。当然,在物资紧俏、比较缺钱的时候,大家会算计得比较细,但是随着时代变化,人们可能对这些折扣不再感兴趣,更重要的是,数字电子技术发展了,有了会员卡,真正意义上的电子化的会员卡。现在去超市消费,如果用会员卡或者是积分卡的话,满了一定的金额，就会有积分到你卡里，将来这个积分到一定数量之后可以直接去换钱，或者直接去换购商品。这种状况一出现，对类似于贴印花的商业促销模式产生了技术上的重大颠覆。由此，巴菲特在这个投资项目中的两个问题就显现出来了。

第一是太执着、太喜欢，由于喜欢这家公司，所以忽视了技术方面的问题；第二是巴菲特确实对于技术方面不太在意，所以他在以后的几年依然大量购进，没有及时止损。

所以巴菲特价值投资理念当中很强调对个别企业的适度研究，这当然是非常对的，但是他有一个小小的短板，就是有时候容易忽视行业分析，特别是很多优质的企业会因为行业的技术变化而产生变化。巴菲特在投资上的直觉偏见并不一定是非理性的、盲目地去跟着感觉走的那种偏见，而是鉴于他前期对企业大量的研究和市场调查，做出相关分析之后得出来的结论。所以，因为他前期做了很多的调研，他就认为他对这家企业已经了如指掌了，这种自鸣得意，反而容易让他在之后忽视外部因素的不断变化。其实，即便再优秀的企业、再优秀的公司，也难免会受到外部环境的冲击和影响，所以当你第一眼喜欢、爱上这家公司的时候，一定要考虑一下你是否有直觉偏见，也许现在是对的，但是将来会不会出现错误？要不断地去调整和修正自己的观点和判断，这才是最重要的。

总结： 给大家一个建议，叫作兼听则明，偏信则暗。还好，巴菲特身边有个芒格在不断地提醒他。据说巴菲特每次要做某项投资的时候，芒格都会浇一盆冷水，说这也不行、那也不行！当然了，如果巴菲特把芒格提醒的问题都想明白了，还要去投资，往往芒格的最后说法就是"那我也入一股吧"。可惜的是，因为我们身边没有芒格，所以就要靠自我不断地去修正了。哪个能做，哪个不能做；哪个要买，哪个要卖，在决策前，你必须要克服自己心理上的偏见。

粉丝答疑互动

提问

"沉没成本"到底该怎么去理解它？它如何影响人们投资行为？沉没成本听上去好像是正好相反的东西。有网友说："我觉得，沉没成本更像是一种心理上的成本。我们太过于执着已经发生的事情，在实际投资当中，我们要把沉没成本记入到总成本吗？"

回答

沉没成本，它是已经发生的成本。在决策你下一步的行为，不管是投资行为还是消费行为的时候，必须要把它忽视掉的这部分成本，就叫作沉没成本。举一个消费类的例子吧。比如说你买了一筐容易坏的水果，比如水蜜桃。买回家之后才发现，原来你被这个商贩给忽悠了。他把这个水果放了两层，第一层是漂漂亮亮的大水蜜桃，第二层的桃子全是烂的。你发现，你付出了比原想中更多的成本。对下层烂桃子该如何处理呢？这个问题其实就是一个关于沉没成本的问题。

那么按照老一辈人的习惯，可能是赶紧先把这个开始烂的桃子吃掉，比如说一个烂了一半的桃子，把这个烂的部分先挖掉，然后把好的那一半赶紧吃掉。但是，你因为桃子比较多，所以吃完一半烂的之后，原来那一层好的桃子也变烂了。这就是一个典型的没有放弃沉没成本，对沉没成本理解不全所导致的一个消费行为上的误区。正确的做法是，坚定不移地认为，我这次消费已经亏了，商贩我也找不着了，我把那些烂桃子全部都扔掉，从好桃子吃起。这样其实你获得的收益更大，而不像第一种选择，就是你可能要吃十天半个月，全是烂桃子。这就是沉没成本的逻辑，这个在消费行为中是一个重要的原则。

在投资当中也是一样的。换句话说，当时你做出一个重要的投资决策，但结果已经产生了亏损，那你接下去需要做的事情，是要去思考当时购买这只股票的判断和逻辑到了今天有没有发生什么变化,从而采取正确的对应处置,这个才是重点。

再举一个简单的例子,这个我再结合另外一位网友的提问。有网友提问,他说马博士,你讲这么多,那么你觉得按照巴菲特的投资逻辑来讲,怎么来理解亏损,我们账面的浮亏到底算不算浮亏。他说作为一个价值投资人来说,似乎账面的亏损应该不理解为一种亏损。现在我把两个问题放在一起,这是个沉没成本和亏损的问题,这是作为一个价值投资人必须要考虑的一个问题。

这样来理解。作为一个价值投资人,或者作为一个理性的投资人,要秉承两个重要的原则。第一个重要原则,过去发生的亏损,对于我未来的投资抉择,没有任何影响。换句话说,就是过去你是盈利的,过去已经实现的盈利,不管是账面的还是实际的盈利;或者过去发生的亏损,不管是账面的还是实际的亏损,对于你未来下一步的投资决策,都不要产生任何影响,这其实才是一个理性的投资人,或者克服了心理中的沉没成本的影响的正确行为。以往的事情和现在的决策没有任何关系,这是第一条,各位一定要记住。

第二条,我们判断未来投资时,就要不断地评估当年决定买入或者卖出这只股票的决策要素今天是否发生了变化。这两条就是克服心理障碍、克服沉没成本、克服亏损所造成的心理伤害所需要注意的两条重要原则。

再给大家详细解释一下,就是综合回答大家的问题。过去发生的问题,过去出现的状况,对于我们未来投资不要有任何影响,这就是所谓沉没成本的概念。买了一筐烂水果,这个决策已经做出来了,改变不了,你就要想接下来如何去做。在目前只有一半好水果、一半烂水果的现实格局情况下,你先吃哪个水果,最优的选择,显然是先吃好水果,以防止它变烂,而不是因为要止损,所以先吃烂水果。这对于投资来说,是同样的逻辑和道理。

第二点,作为一个理性的投资人,并不是说不关注之前的亏损,不关注之前的沉没成本,不是的。我不关心的只是发生亏损和沉没成本那部分的具体账户的资金状况,而必须要关注的是,我当年做出买入这只股票的决策的依据、标准现在是不是依然还存在,是否发生了变化。这是理性投资者必须要做的事情。

什么意思?简单说,巴菲特判断一家公司是否值得投资,大概就这三方面的要素:第一方面,这家公司价格是否被低估?越便宜越好,出现股灾的时候,市场暴跌的时候,我要买入;第二方面,这家公司的股价未来是否拥有上行趋势的可能?也就是说有没有利好,将来这个公司有没有价值;第三方面,巴菲特考察比较多的,是要投资的这家公司,它的管理层执行能力究竟如何?投资就是投人。我们之前讲过很多案例,比如说他投资可口可乐,是因为他觉得可口可乐的这一任 CEO 比较靠谱。

回到我刚才讲的这个核心上,我们不应重点关注当初投资是否亏损,而是关注当初买入这只股票的理由现在是否发生了变化。巴菲特自己也不停地去再评估自己的每一项投资。他说,看起来我是每天不看电脑,只看报纸的老土,但是我在看报纸关心相关信息的同时,每天都在评估自己手里的这些股票,当初决定投资它们的理由是不是发生了变化。如果是变得更好了,可能会让我决定加仓;如果是往坏的方向变化,那我可能就要减仓,就要止损。

第三章
巴菲特的投资法则
——寻找好公司

一、持续盈利才是硬道理（上）

扫码免费收听最新解读

这章讲巴菲特是如何看待盈利的。盈利对于投资人来说很重要。尽管这个观点，自从有了类似于创业板、风险投资之后，在业界有点争议。有很多大名鼎鼎的公司，比如京东、滴滴、摩拜单车，等等，这些公司都一直没有盈利，但却吸引了大量的投资资金。所以有人说，这个观点太老旧，现在是个新的投资时代，公司的盈利能力已经不再是非常重要的问题了，即使没有盈利，也并不会影响投资。关于这种观点，我觉得有必要在本章一开始就给大家解释分析一下。

第一，没有投资人不期待自己投资的公司获得盈利，而且应该是必须要盈利，只是时间早晚的问题。投资人对于被投资企业是否盈利是有一个规划路线图的。比如你现在首先解决基本收入问题，就先得有现金流收入进来，哪怕很少一点，也需要看到可能让现金流平衡，由负转正。然后看，你的收入什么时候能够覆盖你的流动性成本和费用。最后，当你的收入能够覆盖固定成本消耗的时候，从财务意义上来讲，这家公司就已经是一家盈利公司了。换句话说，投资人虽然现在能够容忍你亏损，但是他们对于你缩减亏损还是有一个目标愿望的。总而言之，投资人不是傻帽，不可能完全不考虑盈利问题。

第二，我们来讲讲巴菲特的逻辑。巴菲特自己是不投创业型企业的，所以对于他来说，盈利就是一个天然的前提。如果一家公司现在不盈利，他根本就不会考虑投资。而且不仅仅是现在盈利，还需要持续盈利，这不仅仅是像赚钱这么简单。巴菲特多次在他的年度报告中提出：衡量上市公司是否值得投资，最基本的标准就是持续稳定的盈利能力，赚钱才是硬道理。他进一步解释说，他看中的公司盈利能力，是指他在深入研究、了解其逻辑之后，被他认可，并相信能够保持的盈利能力。这句话多少有点绕，如果以简单的方式来理解，巴菲特的投资逻辑就是：能赚钱，能持续赚钱，而且未来还能一直不断地持续赚钱。

当然在具体衡量一家公司的盈利能力时并没有那么简单，否则人人都是股神了。巴菲特所理解的盈利至少包括三方面：第一叫作产品盈利能力，第二叫作权益资本的盈利能力，第三叫作留存收益的盈利能力。下面先重点讲讲产品的盈利。

产品的盈利能力，首先就是这个公司的产品和服务有没有充分的市场潜力，未来几年，它的营业额是否能大幅增长。其次就是当你拥有了这个增长的背景之后，管理层是否有决心继续开发新的产品，来吸引更多的消费者促进消费增长。若只是现在的产品线很有吸引力，对巴菲特来说是绝对不够的。因为当这个产品线有一天遇到衰竭的时候，你又如何避免势不可挡的盈利下滑？护城河不仅要宽，而且要不断地拓宽。

举一个例子，这个例子就是巴菲特对吉列剃须刀的投资。在他投资时，吉列剃须刀在市场的同行竞争中已经拥有了绝对的竞争优势，多年来一直统治着全球的剃须刀市场。巴菲特曾说，世界上每年剃须刀刀片的消费量是200亿到210亿片左右，其中30%是吉列生产的。如果按照市场销售份额来计算，吉列在全球刀片销售额中更是占据了60%的销售额。换句话说，巴菲特刚才讲的这个所谓的刀片使用数量，是已经发生的，但这并不能完全保证未来还会延续。当时巴菲特在考虑，现在用刀片剃须刀的时候，它固然竞争力很强，那将来会不会有一些新的竞争状况出现呢？或者发生产品迭代的状况，吉列是否为这个做好了准备？此外，吉列现在虽然拥有强大的竞争优势，但是吉列公司的管理层是不是有决心、有能力去继续开发、升级新的产品，来维持这种竞争力呢？这就是产品盈利能力和持续盈利能力的一个重要的表现。

吉列公司的产品始终在不断地创新，这才是巴菲特认可吉列、看中吉列的最大要素。巴菲特曾经多次讲过，尽管吉列的产品已经是市场经典，但吉列公司仍不断地推出新产品，而且每次推出来的产品都是引领行业的先锋。比如说最早的剃须刀架，到后面双道的剃须刀，旋转刀头的剃须刀，感应剃须刀，以及大家都比较熟的——风速3剃须刀，这已经从传统的剃须刀跨入了电动时代，传统的刀片已经不存在了。虽然吉列的产品价格普遍比同行高出20%到30%，但由于品牌的溢价存在，顾客并不是非常在意价格的高低。不断地创新、不断地去开创新的蓝海，让吉列尽享高利润和高增长。这是一个比较典型的关于产品盈利能力的重要判断。

在开始下一节有关盈利的深入探讨之前，先给大家讲一个比较有趣的故事。这个故事就是大名鼎鼎的费雪的故事。巴菲特自己说过，我这个投资人的血液当中，85%流的是格雷厄姆的血，剩下的15%流淌的就是费雪的血。费雪是谁呢？这是一位被投资界公认为教父级的投资前辈。

现在大家在炒股当中经常会遇到这样一个词，叫作成长股，比如说相比于白马股、绩优股、蓝筹股，未来业绩有成长潜力的股票称之为成长股。成长股这个词就是费雪创造的。他在1958年写了一本书叫《怎样选择成长股》，提出了这样一个概念。所以从那个时候开始，成长股就成了投资人非常关注的概念。费雪在1958年出版这本书时，巴菲特还不到30岁，正好处于投资理念逐步形成、完善的阶段，他已经学完了格雷厄姆那一套投资理论，现在他需要进一步学习。当他读完费雪的书，非常激动，亲自去拜访了费雪本人。然后他身体力行地将费雪的投资理念应用到了自己实际的投资实践中，特别是如何去衡量判断一家公司的开拓创新能力，巴菲特在实践中应用了很多费雪提出的方法。

巴菲特曾经讲过自己的恩师格雷厄姆与费雪的区别。他说大家都喜欢去赌马，赌马的关键就是分析哪匹马跑得快，能够胜出，这里包含了两大逻辑和方法。第一个方法就是，简单地量化和评估一匹马的各种数据。比如说它以前的战绩如何，最快速度，在什么天气中状态最好，适合于热天跑、冷天跑,还是上午跑、下午跑。把不同维度的数据凑在一起,然后通过数学量化去评估本场比赛这匹马获胜的概率有多大。如何处理评估这些历史数据,他依据的就是格雷厄姆的计算方法。

第二个方法,则跟原来的计算方法不太一样。他算的是一个血统和级别。什么叫血统和级别呢?大家知道每匹马都有血统,这匹马的渊源,祖上是谁,一代一代传到它这里状况如何,在各种比赛中的表现如何。换句话说,你的出身变得非常重要。他说这个血统是可以对抗数据的。这两种测算方法,其实在实际操作过程当中有一些相似的地方。比如说做量化的人也会考虑定性的问题,做定性分析的人也会考虑过去的一些数量结果。只是侧重点各不相同,这两种方法,对比于我们现在,就是资本市场操作当中的定量分析和定性分析。就这么简单。只是后者更多一点,或者前者更多一点的问题。而巴菲特说,费雪的分析方法有点像定性分析,他更注重如何从实际的眼光中看到投资的机会和战略。费雪在1931年大股灾的时候创立了费雪公司,开始职业从事投资。他最经典的投资案例是1955年投资摩托罗拉,后来摩托罗拉的发展给了费雪巨大的回报。

> **总结**:同样,当你判断公司的业绩增长,按照既有的财务报表,你得到一个定量的分析结果。但是,这个是远远不够的。它更多说明的是过去,而不是未来。在费雪看来,你作为一个投资人,不能只靠定量分析,也必须要有定性分析,要用你的眼睛去看,要用你的耳朵去听。所以,费雪给巴菲特的投资建议就是,一定要对公司进行走访,要跟公司的老板、公司的管理层,去做直接的沟通。这一点很重要。

二、持续盈利才是硬道理(下)

前面我们提到持续盈利的第一个要素是产品的盈利能力。其实这个概念,简单来说就是巴菲特讲的——这家企业必须在它提供的产品和服务中拥有所谓护城河效应,也就是我们常说的竞争优势。本节要讲的是另外两个要素,第二个要素叫权益资本的盈利能力,第三个叫留存收益的盈利能力。

权益资本的盈利能力,也叫作净资产收益率。

什么是净资产呢?一个公司的财务报表当中,总资产减去总负债,就是这个公司的净资产。净资产收益率,是第二个重要的盈利指标。

平时大家看一家公司,会首先看这个公司的股价,看完股价再问每股收益。但今天我们要打破这个常规。作为一个聪明的价值投资者,首先要关注的是这家公司的净资产收益率,这词的英文表示是"ROE"。

我曾出过一个题目和网友探讨:有两家公司,一家公司有1 000万美元的收入,15%的收益率,另外一家公司是1亿美元的收入,5%的收益率,这两家公司如果选择投资的话,你会选择哪家?第一家公司的利润总额是150万,第二家公司的利润总额高达500万。这就是比较有趣的一个问题。结果,我们看了很多网友后台给我们留言,他们大多选择第一家公司,虽然它的收入看起来很小。但是收益率达到了15%。这个选择是对的。巴菲特选择的也是第一家公司。这之中的核心理由就是净资产收益率。

巴菲特在投资中考核的第一个指标就是净资产收益率。他给自己的投资定了一个目标,就是:我投资的所有企业,平均净资产收益率每年不能低于15%。我们固然会看中这家公司的绝对业绩,但这不是最重要的。重要的是中长期(至少5年)的平均净资产收益率水平。按照这个标准,巴菲特在1988年选择了一只股票,他的重要分析依据就是这家公司过去20年始终保持着20%以上的净资产收益率。这家公司给巴菲特带来极高的投资回报,那就是大名鼎鼎的可口可乐公司。

其实还有另外一家公司,就是我们中国的公司——比亚迪。据说巴菲特一开始是不太想投比亚迪的,因为他对中国企业不了解。但是芒格不断地给他推荐,理由就是净资产收益率。巴菲特也发现比亚迪公司的净资产收益率很高。虽然中间有个别年份低于巴菲特定下的15％的目标,但平均来讲还是达到了他的投资标准。为了确保投资,他还跟比亚迪的王传福见了面,他发现王传福这个人和团队,管理能力很强。

相反,假如一家公司的净资产收益率长期达不到15％以上,那巴菲特连看都不会看一眼,更不要说去和公司的领导人接触。由此可见这个指标的重要性。在这节,我们就给大家做一个详细的分析,让大家对这个净资产收益率有一个更深的理解。

接下来要讨论的是,净资产收益率(ROE)为什么这样重要。如果我们中间做一个财务公式拆解的话,就会有非常有价值的发现。我们划一个大等号吧,等号的左边就是净资产收益率,在等号的右边,我们加上三个非常重要的财务指标,这三个指标是相辅相成的。

净资产收益率＝销售净利润率×总资产周转率×杠杆率

第一个指标叫作净利润率,就是净利润除以总销售额。

总销售额就是公司销售产品的能力,销售产品能力强,获得的利润就越高,销售净利润率也就越高。你卖一个产品,同行赚5块钱,你赚10块钱,那就是本事。所以,这个比率越高,表示公司的产品利润更大,也表明公司的管理效率高。

第二个指标是总资产周转率,分子是总销售额,分母是总资产。

它说明了公司资产的周转速度,资产利用率越高,这个指标就越好。将两个数据加一起,如果这个公司的资产周转速度非常快,且利润率又很高的话,那这个公司的造富能力就很强。所以,净利润率乘以总资产周转率,就已经告诉我们,这个公司整个获得利润的效率高低。

第三个是杠杆率,就是总资产除以所有者权益。

公司的总资产当中究竟有多少是属于股东权益？它的比率越高,表明公司的债务水平越高,相当于股东权益越高,股本的杠杆回报率就越大。杠杆率的意思就是,公司的老板投多少钱,他可以去借钱,借的钱就是这个公司总负债了。杠杆率越高,就意味着公司利用外部资产的能力越强。然后你利用了大量的外部资产,加上你内部非常高效的管理能力,再加上你生产出来的产品又有非常高的利润空间,再加上产品销售速度、循环周转速度又特别快。

被分解了的三个指标,其实代表了三种不同的赚钱方式:分别是靠品牌赚钱、靠管理赚钱和靠借钱赚钱。第一种模式是品牌赚钱,同样的东西,你能卖得比别人贵,一般来说就是因为公司拥有独一无二的资源,比如品牌、专利、垄断优势,等等。第二种模式,大家都没什么品牌优势,但是我管理能力强,可以提高效率,高效管控成本,薄利多销,同样可以活得不错。第三种模式,靠的是放大公司融资杠杆,小投入大产出,公司财技高超,这也是赚钱的本事。

所以,净资产收益率包含了非常多的内涵,是非常重要的综合财务指标。为什么巴菲特如此重视净资产收益率也就显而易见了。对于具体个案而言,首先把净资产收益率高的公司遴选出来,然后分解成上述三个指标,就可以判断公司能赚钱的方式究竟是哪种,或者是哪几种。后面要做的事就是推断这些既有的赚钱方式未来的持续性怎么样。这样一个简单工作做完,你对一家公司的认知水平就足以超过80%只看每股收益的投资人了。

还有一个指标要和ROE结合起来看,那就是市净率。市净率指的是每股股价与每股净资产的比率。理论上来讲,从安全边际角度考察的话,市净率最低应该是在1倍甚至更低,就是我用跟你这个净资产价格完全一样的股价,或者更低的投入来买你的净资产。这样的话,我是没有任何风险的,因为我买了1块钱甚至更低,就是买你的净资产。但是,到了二级市场,因为你有活跃的流动性,再加上未来盈利预期等,一般来说市净率都会高于1倍,甚至更高,2倍、3倍的都有。所以市净率其实就是评判一家公司的市场价格和净资产之间的一个关联指标。

净资产收益率是判断一家公司盈利能力的第一重要的指标。当净资产收益率快速增长的时候,它往往会带给投资人一个阶段性的爆发性的盈利机会。但是大家只知其一不知其二。往往在净资产收益率快速增长的时候,也是这个公司股价上涨最快的阶段。其中有一点就是市净率在其中发挥的作用。什么意思?当一家公司净资产收益率不断地攀升,也就意味着这家公司的股本回报能力也在不断地提高,这种不断提升的股本回报能力往往会给这家公司的市净率带来比较大的提升。

换句话说,当大家发现一家公司的盈利能力特别强的时候,往往愿意给它一个更高的市净率评价。比如原来只给你 1.2 倍,现在可以给到你 1.5 倍,甚至 1.7 倍,那么这两个指标之间会形成一种循环往复的共同推动作用,这个净资产收益率越高,市净率也是不断地提升,产生的结果就是这家公司的股价会在短期出现倍增式的增长。

举一个简单的例子。如果一家公司净资产收益率是 20%,大家往往愿意给它的市净率是 1.5 倍,如果这家公司净资产收益率只有 10%,那么大家给它的净资产收益率可能只有 1.1 倍。那这样的话,前者 1.5 乘以它的每股净资产,然后由于净资产收益率不断地提升,它的净资产积累也是不断地在增加,更高比例的市净率乘以净资产的快速增长,所以第一家公司的股价会迅速地把第二家公司抛开。

所以大家可以发现,为什么有时候大家会觉得,这个公司是白马股,每年的业绩都在增长,确实是一家好公司,但是价格已经很高了,已经透支了它未来发展的所有一切,我干吗要买它呢?这就是不懂价值投资的一个重要误区。就是当你看到价格高的时候,如果它的净资产收益率提升速度依然在进行的话,那么市场可能会给它更高的市净率来进行评价。所以,你现在看起来比较高的价格,经过这两个指标在幕后的运作之后,它的价格将来还会变得更高。这就像很多人说的,真正的白马股,一旦错过了,就只能眼睁睁地看着它越涨越高,越高就越不敢买。

总结一下,净资产收益率不断提升的过程当中,往往意味着它的市净率,也就是市场对它的认可也在不断提高,往往意味着它的股价会倍增式地快速提高,这是我们获得快速收益的一个重要的时间。当然从中长期来讲,一家公司净资产收益率往往在达到一个高峰之后,就开始出现一个振荡,甚至回落。

当处于第二个阶段时,净资产收益率开始回落,市净率也会快速地回落,这个时候即便是白马股,它的风险也会比较大。

第三个阶段,其实就可以作为一个中长期的稳健配置的品种。它净资产收益率保持比较稳定的状况,市净率又保持在一个比较稳定的状况。这个时候如果你愿意的话,可以拿它一辈子,当然它的前提是收益率指标不要弱化。

第三个重要的盈利指标,我们称之为留存收益的盈利能力。

这个指标我觉得对于大多数投资人来说,暂时还不需要学。它主要是针对一些公司,如果有高额的未分配利润的话,究竟如何处理。如果它的未分配利润进入到再投资当中,依然能够获得更高的回报的话,这样的公司依然是好公司。举个简单例子,伯克希尔·哈撒韦公司,就是巴菲特的公司,从来都不分红,但是它的股价一直在涨,因为他把本来要给你分红的钱,继续去扩大投资,而扩大投资所带来的收益率,比原来的资产带来的收益率还要高,这种情况那你就不要苛求分红了。

> **总结**:如果你对财务分析一点也不懂的话,那就牢牢记住,对于长期价值投资来讲,最重要的财务指标就是净资产收益率。一家烂公司,它的净资产收益率肯定不会好,所以一家公司净资产收益率如果不理想,那肯定不是我们要投资的对象。当然了,净资产收益率指标良好只是我们决定投资与否迈出的第一步,并非是最终的决定因素。

三、发掘高成长公司,获得超额利润(上)

接下来我们将用两节来为大家讲述如何发掘高成长公司。前面两期内容讲述的可能是一个常规的收益,或者是比较稳健的回报。但是我们很多人做投资,都希望获得"暴利"。那么这个"暴利"的机会究竟从哪里来呢?

我觉得首先有两个原则：第一，这家公司的盈利能力是靠谱的；第二，想获得超额利润，必须要在最重要的时间节点介入。这个时间节点，就成了投资人获得暴利回报的一个重要前提。这个时间节点往往是逆势而行的，就是你想获得暴利的话，首先你得选择在这家公司可能被大家不看好的时候，这个时候的价格才会偏低，你选择在这个时候介入，才会有更多的获利机会。

本节将会讲一个跟巴菲特有关的正面案例。在下一节，将会讲一个负面案例。

首先来讲正面的案例。美国运通公司，也有翻译成美国捷运，其实是一家公司。但是翻译成捷运的时候，我要特别提醒一下，这个美国捷运，跟我们中国台湾的捷运是不一样的。中国台湾的捷运公司，是做地铁运营的，而美国的捷运不是。

美国运通公司是干什么的呢？简单来说就相当于现在的支付宝或微信支付，当然技术上没有这么高端，但原理是相似的。在20世纪60年代，西方国家包括欧洲和美国，都迎来了经济快速发展的时期，特别是美国。随着美国的工业发展，航空技术的发展，美国财富阶层开始形成。这些人有钱之后喜欢干什么呢？环球旅行。以前要81天才能够坐船环游的旅行，现在有了飞机，全世界想去哪儿去哪儿。但是这带来一个问题，你如果出国旅行的话，你不带钱肯定是不行的。但是如果你带钱的话，就会有两大麻烦。第一个麻烦是你带很多的现金，显然是很不安全的。现在很多中国人到国外去，成为被打劫的对象，就是因为中国人喜欢带现金；第二个麻烦，就是货币兑换的问题。你到了各地之后，你得换成当地的货币。这两大问题的出现，其实是运通公司产生的一个重要原因。它开发出一个新的产品，这个产品叫作旅行支票。

当你准备出去玩的时候，你把现金抵押给美国运通公司，然后获得它的旅行支票。你出门只要拿这张支票就可以了，不管是订购飞机票，订购酒店，哪怕到目的地兑换货币，一张简单的纸就能搞定。更重要的是，这张支票一旦丢失,对方没有办法兑付,因为它有一个特殊的保密功能。你丢了支票之后,可以马上去挂失,不用担心被人拿去用。

所以,运通公司把我刚才讲的两个问题都给解决掉了,一个是方便携带,一个是安全兑付。在当年,光是使用运通卡和旅行支票,在美国就达到了 1 000 万人。巴菲特对这家公司一直是垂涎三尺,老早就觉得这个公司不错,应该投资。但是,他一直在担心什么呢?就是价格太高了,而且他还担心它未来的发展方向,未来的增长机会还大不大。带着这些问题,巴菲特在 20 世纪 60 年代一直是犹犹豫豫,要不要去投它。没成想当巴菲特还在犹豫的时候,上天给了他这样一次机会。就在运通公司一片大好的情况下,这家公司出现了一个丑闻——它被人给诈骗了。

怎么回事呢?1963 年,一家做菜籽油的供货商,把一批货放在了运通公司的仓库里。这个交易商把自己的油作为担保物,从银行去贷款,希望能够借到更多的钱。但是他在这些担保物上做了手脚,就是在油罐的底部,装的都是海水,只是在油罐口的小管子处,装的才是油。美国运通公司的一家子公司,负责签发了仓库的收据,作为菜籽油存量的凭证。这个收据又被这家供货商作为抵押物,拿去贷款。然后又把借来的钱,拿去做豆油的期货投资。结果,豆油价格崩盘了,这个商人没办法还款,最后只能申请破产。于是按照章程,银行就去找运通公司,要把存放的油赶紧变现。结果运通公司一检查,完蛋了,发现这个油罐除了上面一层是油,底下全是海水,自己上当受骗了。就在这条消息爆出来之后,美国运通股价开始暴跌。屋漏偏遭连夜雨,两天之后,美国总统约翰·肯尼迪被暗杀身亡,美国股指瞬间狂跌。所以运通公司的股价雪上加霜,在很短的时间内,被腰斩了一半以上。面对这样的环境和状况,整个美国投资人的信心都遭到了巨大的打击。然而,巴菲特却欣喜若狂,这正是他苦等不得的出手机会。

电视在报道运通公司被人诈骗的新闻时,巴菲特正好在奥马哈的一家牛排馆里吃晚餐,他听到这事之后,连吃饭都心不在焉了。巴菲特东张西望,发现牛排馆里的人都注意到了这条突发新闻,毕竟运通的服务和大家的生活关系密切。他还发现虽然出现了重大的负面新闻,大家在支付货款的时候,还在使用运通的支票或者运通卡。为了证实这一点,他花了几天时间在他居住的奥马哈四处调查,发现负面新闻对运通支票和运通卡的使用并没有造成任何影响。这说明什么呢?公司虽然出了丑闻,但是公众好像并没有对运通的服务信用产生怀疑和动摇。

这给巴菲特一个重要的启示:一家公司核心的价值,并不会因为丑闻而发生改变。巴菲特投资运通,前后共动用了自己总资产的四分之一买入运通公司的股票。我觉得这其中有两点,值得特别分析一下。

第一,巴菲特以前投资的企业多是实体型企业,看得见摸得着,比如可口可乐、喜诗糖果等。美国运通实际上是他投资的第一家做虚拟产品的公司,这次投资是巴菲特整个投资理念的一个改变。运通公司本身并没有实际可以测量的厂房、设备、资产,它可以测量到的就是这样一个品牌,一个无形的资产,在市场当中拥有绝对的市场占有率。这是巴菲特第一次投资以无形资产为主要价值的一家公司。我觉得这在巴菲特整个投资历史当中,是一次比较颠覆性的改变。

第二,对于投资人来说,要想获得暴利的机会,其实需要你先做好一切准备,那就是要关注这些基本面良好的上市公司。比如它是不是有"护城河",行业当中是不是有权威性,优秀的经营能力是否保持了很长时间,是否有稳健的财务状况、较高的营收,等等。当你确认这一切,接下来你要做的事情就是耐心地等待。等待这家公司出现负面消息,出现意外的暴跌,这时就是你介入的最佳时机。这是获得所谓暴利的一个非常珍贵的规律。

当时运通最低跌到了大概 30 多美元,巴菲特大举建仓。然后大概过了不到 3 年的时间,运通公司的股票价格就从 30 多美元涨到了 180 多美元的高位,可巴菲特觉得,这样的股票值得继续持有。所以巴菲特一直长期持有运通公司的股票。从某种程度上来讲,这就是一个暴利,30 美元,然后大概用了三四年时间,整整涨到 180 美元,意味着翻了 6 倍,这是不是各位所渴求的暴利呢?

> **总结**：一般人期待的暴利获取方式是希望自己手中的"黑马股"突然变成了"白马股"，但其实这样的梦想实现无异于买彩票。真正靠谱的"暴利"机会只能来自"白马股"的暴跌。但巴菲特的超人之处就在于：其一，白马股暴跌的时候你敢不敢买？巴菲特敢；其二，如果白马股永远不暴跌，你可能一辈子都失去了投资它的机会，这样的风险也的确存在。如果出现了你也得认命吧。

四、发掘高成长公司，获得超额利润（下）

下面我们要说一个跟巴菲特相关的失败案例。这个案例就是巴菲特投资德克斯特鞋业公司。

巴菲特在20世纪90年代初，非常喜欢投资美国生产鞋子的企业。从1991年开始，巴菲特就首先买入了一家鞋业公司，这家鞋业公司的名字叫布朗鞋业。它是在北美地区生产工作鞋和工作靴的制造商。巴菲特在投资布朗鞋业的时候，按照他一贯的分析方法，考察了这家公司的销售利润率、资产收益率，然后决定投资。1992年，巴菲特又收购了一家叫Lowell的鞋业公司，这家公司主要生产的是女鞋、护士鞋，表现也非常让人满意。这两家公司收购之后，巴菲特觉得挺好，两家鞋业公司都让他尝到了甜头。

1993年11月，巴菲特又收购了缅因州的一家鞋业公司，这家鞋业公司的名字叫德克斯特鞋业公司，主要是生产高级男女鞋。这家企业在巴菲特收购的时候应该说确实非常厉害，当时年产量已经达到750万双，而且它线下的门店也非常多，大概有77家零售门店，集中在美国的西北部地区。它生产的一个细分领域，高尔夫球鞋，市场占有率达到15%，应该是当时市场当中最有影响力的高尔夫鞋品牌。巴菲特收购了德克斯特公司之后，非常得意。他在给股东信中说，德克斯特这家公司管理层非常厉害，拥有非常强的竞争力，足以抵抗外来的入侵者。

从当时的财务数据来讲，德克斯特公司的业绩确实不错，而且如果按照90年代初的数据继续增长的话，1993年、1994年、1995年将会迎来大发展，巴菲特做了一个非常美好的梦，觉得这家公司能够不断地快速增长。只有一点，当时巴菲特收购这家公司的价格一点都不便宜，他当时的收购价格大概是4.3亿美元，按照德克斯特1994年的利润来算的话，收购时的市盈率已经达到16倍了。这么高的市盈率，在巴菲特的投资历史当中，应该是不多的。而且当时收购的市净率，就是股价对净资产的比率，也达到了1.9倍，接近2倍，不管是市盈率还是市净率，都偏高，这就意味着风险很大。从这样的大手笔可以看出，巴菲特确实非常看好这家公司的前景。

据后来巴菲特总结，在收购这家公司时，其实有人提醒他要当心，美国以外的廉价劳动力有可能会生产出更多的鞋制品，这些鞋制品的价格会比美国公司的便宜很多。但是对于这样的提醒，巴菲特并没有采纳。最后时间证明了一切，当初提醒巴菲特的人被证实是对的。从1994年到1999年，在这四五年的时间里，美国消费的鞋子当中，有90%以上是从国外进口的。再直白点来说，主要就是从中国进口。

我记得之前有一位美国人曾经想做一次实验，实验内容就是，在不使用中国产品的情况下，我到底能不能活下去。他之所以想做这样一个实验，是因为他总觉得中国制造不靠谱，虽然价格便宜，但是内心深处还是不信任。他的实验方法是：从某年某月某日开始，这个哥们吃喝拉撒睡，所有的用品，统统都不用中国生产的，最好首选是美国生产。美国生产没有，选欧洲生产，就是坚决不用中国生产的东西。实验的结果各位知道吗？他撑了大概一个礼拜之后，就彻底放弃了。因为他发现，完全离开中国制造几乎是不可能的。特别是在很多生活消费品当中，你想全部用美国产品，或者欧洲产品，只会导致两个结果：第一个结果就是开销过高，收入不够用；第二个结果就是，你要消费的产品根本就买不着，有些领域当中，美国自己的企业已经不生产了。这个实验我记得大概是在四五年前。实验的结果，当然被中国制造业认为是一件既好又坏的事情。好的方面当然是中国产品已经横扫美国,坏的方面就是中国产品价格太低了。这是另外一层思考。

巴菲特投资的这个德克斯特鞋业公司,他没有想到变化会这么快。从1995年开始,整个美国制鞋产业利润就开始大幅下滑。到了1999年的时候,德克斯特的税后利润只有1 100万美元,2001年的时候甚至开始亏损了,亏损达到了4 500万美元。事后总结,巴菲特犯的第一个错误就是,简单地按照历史当中的超额利润来测算未来的增长空间;第二个错误就是,购买的价格过高,选择的投资时间节点不合适。

第二个问题,巴菲特曾经讲,我们做投资就是做投资,我们永远不要去做大股东。所谓不做大股东背后的真实含义是不去干预这家公司的具体经营管理。这其实也是巴菲特经常会提到的投资原则。但是在德克斯特这家公司身上,巴菲特再次犯了错误。

首先,当他意识到这个投资失败或者错误的时候,没有及时止损,反而坚信自己当初的判断是正确的,认为美国的鞋业企业最终可以抵抗中国低价产品的冲击。而且,他认为美国鞋业企业的亏损并不是一个行业的问题,而是管理层应对能力不足的问题。所以,他产生了一个想法,就是更换亏损的德克斯特公司的经营团队。他手头有三家鞋业公司,第一家就是他收购的布朗鞋业。布朗鞋业的管理层两个高管,一个叫弗兰克,一个叫吉姆,这两人的表现一直不错,所以他就把德克斯特的经营重任交给了弗兰克和吉姆。这个做法,其实又犯了一个很大的错误——一个优秀的经理人之所以能够取得优秀的成绩,和他参与了某家公司的创始、经营和发展,对某家公司的品牌理解深入,甚至一些老员工愿意跟着他拼命是有直接关系的,换一个企业,哪怕是同行,也未必能够成功。这是管理学当中一个非常重要的定律。

巴菲特让布朗鞋业的高管去管理德克斯特公司,首先违背了他自己的基本原则——不要干预公司的具体经营管理;其次,一个行业的问题,并不能依靠一两个管理者就能改变;再者,让一家公司的主管去管理另一家他们不熟悉的公司,反而让公司本来就艰难的运营变得更加艰难。不仅仅是这三个错误,巴菲特还犯了一个非常让人后悔的错误!

就是在收购这家公司的时候,被收购方德克斯特原来的股东要求用股票互换的方式进行收购,所以他们拿了很多巴菲特的伯克希尔·哈撒韦公司的股票。最后的结果是,随着时间的推移,原德克斯特公司的股东持有的巴菲特伯克希尔·哈撒韦公司的股票价格暴涨。你现在还可以看到,统计说有哪些家族是因为投资了伯克希尔·哈撒韦公司实现暴富的,其中有一个家族就是德克斯特公司的股东团队,而德克斯特自己公司的股票,到后来基本上变成废纸了。巴菲特曾说,我用一家优秀公司的1%股票,现在的市值2 210亿美元,换了一个毫无价值的烂公司。

这件事情,我给大家总结一下。巴菲特当初关注这家公司的时候,发现它已经保持了很多年的良好盈利,公司管理者也很优秀,工人的技能也很过硬,于是他觉得这是一家具备良好成长前景的公司,但是最终还是遭到了失败。这说明几个问题:

第一,过去的成长不能代表未来的成长。投资人在选择某家企业的时候,一般习惯用公司过去的股价、利润的增长状况去评估它的未来,当然这是最简单的测算方法,但你一定要考虑到一些正在变化的因素。比如说这家公司所处的行业,是朝阳行业还是夕阳行业?这家企业在行业当中所处的地位,到底具不具有权威性?它的业务是不是具有比较好的发展势头?特别是它的主营业务。

第二,很多人在选择投资标的时候,容易看中那些成长过快的企业,在这里要提醒大家,如果它之前成长速度过快的话,反而可能风险更大。这种高速成长,可能正在透支它未来的一些业绩回报。而且你必须考虑,这样一个高速增长的状况究竟能够持续多久?当增长过快、利润率非常高的时候,也意味着有更多的潜在竞争者正准备进入这块高增长的领域,取代它的位置。你增长得过快,就像是在告诉大家——我这儿有好生意做,你们赶紧来抢。这样的企业与行业,反而存在更多的风险与不确定性。

第三，巴菲特所犯的一些投资失误，其实很多都与他过去熟悉了解，或者自以为熟悉了解的美国经济状况有关。当然，我们依然认为巴菲特确实是非常了解和熟悉美国经济。历史当中，每次美国出现经济和金融危机的时候，他都坚定地去抄底，每次都抄赢了就是明证。但是这次鞋业投资的失败，其实是全球制造业大分工变革的结果。巴菲特对于美国以外的其他经济体，特别对于像中国这样的新兴经济体，其实是缺乏深入了解的。

> **总结：** 巴菲特经常说，我不用去研究宏观经济。然而这一点并不值得特别炫耀，这其实是他的一个弱点。对于中国A股投资人来说，你必须要研究宏观经济。因为，我们现在所面对的经济形势政策，包括世界形势和政策的变化，都比巴菲特当年要快得多。当年巴菲特选择一家制造业的企业，标杆企业，可能能够持续10年、15年、20年的竞争优势，但是现在，谁还记得当年在中国非常有名的一些制造业品牌呢？这就是我们现在强调特别要关注宏观经济的一个重要原因。

五、巴菲特投资法则在中国的适用性(1)

前面几节的核心话题是如何去寻找好公司，核心内容就是盈利，持续盈利，这些规则在中国A股市场也适用吗？

我们来探讨一个中国A股市场上盈利很好的案例——片仔癀。

片仔癀这家公司，完全符合对于很多盈利方面的预期。片仔癀之所以这么牛，显然跟它的中国特色有关。据说这家公司已经有400多年历史，它那方子，据说是明朝宫廷秘方，用的原材料也全部都是中药中的名贵药材，比如说麝香、牛黄、蛇胆、田七，等等。其中最大的悬念就是麝香了。麝香分为两种，一种叫天然麝香。麝是一种动物，麝香是这个动物在肚脐眼分泌的一种分泌物，麝香就是那个分泌物的提取物。另一种就是人工麝香。跟人工牛黄是一样的,是通过工业手段合成出来的产品。片仔癀之所以牛,这四种原材料中,牛黄、蛇胆、田七,都是可以大批量采购到的,是可以人工合成的,都比较常见,但是这个麝香,天然麝香产量很低,而人工麝香,合成的秘方是片仔癀公司独家拥有的,是不对外公布的。

说到独家秘方,很容易联想到美国的一家公司,就是可口可乐。可口可乐的配方,原材料大家都知道,在它的外包装上都印着呢。可口可乐最重要的原材料是什么呢?是水。那么片仔癀,它的这个原材料配方也是被高度保密的。结合巴菲特的投资逻辑,片仔癀符合一个最重要的特征,就是它形成了一个高端的护城河效应。

这个护城河,它有很多的要素,不是其他人能够做对比的。这种独特性才保证了后面的盈利。其实盈利等财务指标,是上市公司的竞争优势得到的结果,而不是过程。片仔癀本身就物以稀为贵,特别是由于天然麝香的采用,导致了一个坏事和一个好事。坏事就是片仔癀这家公司的产品的产量会受到限制。麝是国家保护动物,它的繁育、养殖比较困难,要想提供足够的原材料,得有足够的麝这种动物,这就构成了片仔癀这家公司生产产量上的重大局限。

好的方面,因为原材料的独家性,其实是一种垄断,导致没有竞争对手,虽然之前似乎有一家传说中的竞争对手,但是完全没有做起来。实际上我觉得在片仔癀这个领域,是没有竞争对手的。

按照这个逻辑,全中国只有它一家这样的公司。虽然产量有限,但是好处来了。2007年的时候,片仔癀内销的出厂价格,每粒150元,现在的每粒价格是500多元。它是一个非常典型的"护城河"效应,我可以涨价,而且可以随意涨价,涨价后销量不仅没有减,消费者还要继续抢产品。这就是片仔癀之所以被称为神药的一个重要标志,由此才导致了它的财务数据的发展逻辑会不断地提升。这样一个现象其实还反映出另外一个问题,就是它的消费群体是相当固定、明确的一个群体。

有调查显示,片仔癀的消费群体主要是年收入在50万元以上的高端人群。这部分高端人群，他们对价格的敏感度是比较低的，但是他们对于健康的诉求是很高的，而且这部分人群，再给他们一个画像，比如说他们喜欢喝酒，应酬比较多。由于喜欢喝酒，所以他们的肝出现问题的可能性就会比较大。这就产生了一个刚性需求，支撑起片仔癀的利润。

让我们来梳理一下，这家公司符不符合巴菲特投资的逻辑呢？

第一点，它是一个消费品。作为普通人来说，你可能觉得片仔癀每粒500元确实贵了点。但是，你说要去尝试使用一下，这500块钱就完全花不起吗？其实也花得起。哪怕你买不起它的药片，你也可以用一下片仔癀的日化用品，比如片仔癀牙膏，虽然那个牙膏比普通牙膏也贵多了。所以你是可以感受、触摸到它的产品的。

第二，独特的产品定位，独一无二的市场优势。在这里可以跟大家做一个对比，就是片仔癀跟东阿阿胶的对比。阿胶，其实是属于一个行业当中的龙头企业，但是它是有竞争对手的，至少在山东东阿这个地方，出产阿胶的企业数量不少，只是它是龙头而已。但是片仔癀是没有竞争对手的，是唯一的。所以第二点就是，它的市场竞争的优势是非常明显的。

第三，这种优势是可以不断地持续和延续下去的。前面两块都讲到盈利的问题，然后是持续盈利。持续盈利的方法是涨价。虽然片仔癀的产量受到制约，但是它可以不断地去通过提高销售的价格，在刚性市场需求支撑下，提高盈利水平。我们之前讲过盈利的三个要素——第一得赚钱，第二得不断地赚钱，第三个能够获得持续暴利的环境。那暴利的环境来自什么呢？片仔癀公司也做了一个尝试，除了它的药片之外，它还做了很多新产品。比如片仔癀的擦手油、擦脸油，以及片仔癀牙膏，等等，它又拓展出了新的领域，让那些认可这个品牌的，原来属于外延产品需求的这部分人，就是年收入没到50万元以上这部分消费者，也有机会去获得这个产品的使用。

所以总的来讲，今天给大家讲的这个片仔癀的案例，其实是想告诉大家，在中国A股市场当中，也会有很多符合巴菲特投资逻辑的项目，关键看大家的发掘与研究能力。

粉丝答疑互动

提问

巴菲特讲过,净资产收益率超过15%才有价值。那么这个15%的标准也适合于中国吗?

回答

首先,净资产超过15%的标准同样也适合于A股市场,这是其一。

其次,在中国A股市场要做一个更加细化的分析,要考虑企业规模。巴菲特讲,他说我宁愿要一家收益率15%,资产规模在1000万美元的中小企业,也不愿意要一家收益率为5%,资产规模在1亿美元的大企业。巴菲特似乎完全不考虑规模,但是我觉得A股市场还是要适当地考虑规模。考虑规模的原因就是,中国各个行业企业竞争更加激烈,规模大小和企业的稳定程度相关。当然,规模因素是要放到后面考虑。

第三,在中国A股市场当中,有大量的公司会利用这样一些指标或者利用各种手段去人为地调高自己的收益率,由此导致净资产收益率的波动极大。所以第三点我要告诉大家的是,净资产收益率不要看短期的,而要看中长期的。

这三个标准我觉得是要跟大家分享的。有些你要学巴菲特,有些必须要结合中国A股市场的具体情况。

提问

银行股的市净率都跌破1了,但是净资产收益率还是挺高的。这个如何解释?

回答

净资产收益率就是衡量企业用净资产,也就是自有资本去获利的能力高低。市净率越低的股票投资价值越高,市净率已经跌破1了,说明其短期的价格已经比其价值还要低了。

另外一个重要的问题是,市净率跌破1之后,它绝对下跌的空间是有限的。

银行板块有时候会跌得比较多，比如说银行板块在最低的时候，市净率可能 0.6、0.7 都会有的。但是跌破 0.6 的概率基本上没有的，所以市净率快速杀破 1 之后，往往市场处于弱势，但是当它杀到了一个市净率历史低点的时候，往往意味着市净率的下跌趋势已经止住了。这个时候如果它的净资产收益率还在提升，就是意味着一只股票的投资权益回报见底了，这显然暗示着一个投资机会的出现。

提问

巴菲特或者费雪，他们选择高成长企业有一种说法，就是要优选新兴产业，而非周期性行业。能结合中国市场具体分析吗？

回答

周期性行业是指跟宏观经济关系比较密切的行业，比如钢铁、煤炭、电解铝、有色金属等。非周期性行业是指不受宏观经济影响的行业，一般是指日用消费品。在中国一般讲得比较多的日用消费品比如矿泉水，比如我们一般列入抵抗风险性的行业，像医药行业等等。

我个人觉得，巴菲特个人其实并没有对周期性行业或者非周期性行业提出过特别明确的建议。在他投资的案例当中，比如投资过纺织企业，投资过美国的航空企业，这两家公司最终都投资失败了。这两家公司投资失败的一个重要原因就是它们是周期性行业。

费雪在怎么选择成长股当中特别提到过周期性行业、非周期性行业怎样区分。他认为对于非周期性行业，就是应该考虑合适的买入时机。所以在中国，其实周期性行业、非周期性行业提得不是特别多，我们一般的划分是传统行业和新兴行业。总的来说，巴菲特是比较喜欢传统行业，而成长概念当中，费雪可能喜欢的是所谓的新兴行业。

我觉得严格意义上来讲，按照巴菲特的投资逻辑，在 A 股市场当中的适用性可能范围会很窄。这些传统行业在中国，过去几年的投资回报也没有特别高，而且如果长期持有的话，也会有一定的风险，品牌的变化是比较大的。比如彩电行业中的长虹，在 1998、1999 年，21 世纪初的时候是多么的牛，现在呢？所以还是要辩证地分析。

第四章
巴菲特的投资法则
——规避风险

一、千万不要想一夜暴富

本章我们要关注风险问题。我觉得，回避风险其实比盈利更重要，因为盈利决定了你能够赚多少钱，但赚钱同时意味着风险。而风险管控决定了你能够活多久。所以股市中有一句经典名言：在股市中投资的第一要务，不是比你赚了多少钱，而是比谁能够活得更长。

巴菲特就是这样。大家知道巴菲特那句名言吗？投资的第一要务就是保住本金，第二要务还是保住本金，第三要务就是记住前两条。为什么要防范风险呢？其实绝大多数人的心理都是有赌博倾向的。这种赌博的意愿在投资人群体当中非常普遍。有人说我不好赌，但是举个简单的例子，你身边的人，买过彩票或者喜欢偶尔打牌小娱乐一下的人多不多呢？其实这个比例一点都不少。大家都知道，买彩票中奖的可能，跟被雷劈中的概率差不多，甚至比被雷劈中的概率还要小，但是即便如此，很多人还要去买彩票，大家明明知道这种概率非常低，但是为什么还要做呢？

因为大家觉得，说不定下一次这个彩票的奖金就会砸到我头上，虽然我不知道是不是下一次，但是未来毕竟有这种可能性。认为可能性的存在并且觉得可能性会落到自己头上，其实就是一种赌博心理。

给大家讲一个心理学上的实验，它的名字叫作斯金纳箱实验，这是用行为主义心理学家斯金纳的名字命名的实验。这个实验告诉我们赌博心理究竟如何去改变人们行为的。有两个空箱子，里面稍微做了一点设置，还有个按钮，这个按钮一按，到了某些符合条件的情况下，就会有食物掉到箱子里。第一个箱子，只要你连续按30次按钮，会掉进一次食物。第二个箱子，掉不掉食物跟按按钮的次数没关系，是随机的，不确定。然后将两只小白鼠放进去，看看这两只小白鼠的反应。

实验一：第一只小白鼠很快就发现，原来我连续按按钮大概多少次或者多长时间，就会有一个食物出现，它发现这中间是有规律的。所以这只小老鼠得到食物之后，它会休息一会儿，等过一会儿再去继续按剩下的 30 次，这是实验一的效果。

但是到了第二个箱子，没有任何规律，这个老鼠就会不断地按按钮，而且不会轻易停止，找不到规律之后，它反而会更加不断努力地一直按，100 次、1 000 次，不停地按，也许已经不会有食物掉下来了，小老鼠终于要放弃的时候，你给它放一次食物，它好激动，然后又继续地拼命按。

这个实验说明什么呢？说明概率确定的时候，计算模式确定的时候，小老鼠的心态是比较平静的。但是如果概率不确定或者风险不确定的时候，往往这只老鼠会陷入一种类似于痴迷的状况当中，它会不断地去努力，不断地去拼，不断地去搏，甚至已经疲惫不堪了，但是还拼命去按这个按钮。说明什么呢？说明当成功概率很难测算，已经有了赌博的意愿的时候，反而会激发个人心理上求赢的愿望。心理上的那种刺激感，反而会觉得很过瘾、很爽，所以拼了老命去做，这就是所谓的赌博心理。

所以当市场上存在很大的不确定性的时候，人们的赌博心态反而会被激发出来，这个实验最重要的就是告诉我们这一点。在投资领域中，股票市场显然就是一个不确定性最强的市场，没有一个人能够去准确预测和决定市场的走向。哪怕你觉得我已经盘算了很长时间，哪怕是资金量很大的人，甚至觉得自己已经可以影响、干预这个市场的股票运行，都不可能获得决定权，也许有一天他也会遇到一些不确定性。所以即便你已经罗列了无数条，认为这家公司的股票必须要涨或者是必须要跌，但它仍然存在很大的概率没有涨或者没有跌，甚至永远不涨、永远不跌。但遗憾的是，这反而会激发你的赌博心态。所以在一个不确定性市场当中，这种赌博心态很容易刺激人的行为。在投资市场当中，总体来说，就是这种会把你隐藏在内心深处的赌博心态，或者说投机心态，无限放大。

斯金纳箱实验其实非常有意思。除了我们刚才讲的这个比较简单的实验之外，心理学家还做了更多的实验，发现了一些有意思的现象。就是小白鼠真的很像人，慢慢地这个小白鼠在一个不太规律往下掉食物的箱子中，会培养出一些很奇怪的行为习惯，比如它会撞箱子，比如它会转圈，比如它会咬自己尾巴。为什么呢？因为小白鼠也会自己总结规律，它发现我按半天都没有掉下食物来，但是突然掉下来了，小白鼠会想每次掉下食物之前我都干了些啥呢？会跟我的哪些动作有关呢？于是它撞了一下箱子，咬了一下尾巴，肚子碰了一下地或者怎么样，总之它会把这些无意识的动作跟掉下食物关联到一块。各位看到这儿，是不是觉得有点好笑？确实是这样，我们身边炒股的人就特别讲究，比如一出门碰到一个穿红衣服的人，估摸着今天自己的股票能涨。如果股票跌了，然后就满世界找原因：我这桌子上放了一盒中药，这中药的包装是绿色的，怪不得我的股票今天会跌呢。这其实跟刚才讲的斯金纳箱实验非常相似。其实两者之间没有任何逻辑联系，稍微理性一点你就会知道，碰到一个穿红衣服的还是碰到一个绿色的中药包装，跟你没有任何的投资方面的关联，但是你却要把它强行关联在一起，为什么呢？越是不确定性当中，你越是希望能够找到所谓的确定性规律，最后导致的结果就是，你的赌博心态会进一步放大，你的理性思维会被进一步地抛到一边。

这都是我们身边出现的客观状况，透过心理学上的实验已经非常明确了。它给我们的一个结论就是：参与投资的人，内心深处的赌博心态会因为投资市场的不确定性而剧烈波动，并且被放大，所以我们要警惕比你日常生活当中更加严重的魔鬼心理，这是任何一个投资人都要警醒自己的。也许你在日常生活当中是一个很理性的人，但到了股票市场当中，你有可能变得非常不理性。这其实要警惕，你要提醒自己，我到了股票市场当中，能不能像平时一样理性呢？需要不断地提醒自己。

接下来再给大家讲一个案例，这个人其实也非常有名。美国市场的一个基金经理，他的名字叫比尔·米勒，他曾经有过非常辉煌的投资履历——

从 1991 年到 2005 年,在长达 15 年时间当中,他带领的基金连续 15 年战胜了标准普尔指数,成为有史以来最辉煌的基金经理。但是这样一个投资神话,在 2008 年次贷危机的时候破灭了,他的荣誉彻底毁掉了。2008 年次贷危机爆发的时候,一些非常优秀的公司股价连续大幅度下跌,很多人意识到这是一个百年不遇的大危机。所有人都在逃跑的时候,比尔·米勒认为,我应该逆向而行。他认为下跌只是短暂的,他最大的投资特征就是喜欢人弃我取。当然他的人弃我取和巴菲特有所不同。

2008 年次贷危机当中,比尔·米勒大量买进自己看中的股票,而且都是基本面、业绩面非常棒的股票,比如花旗银行、贝尔斯登。最终,比尔·米勒买的这些股票全盘皆输,没有一个股票买入的决定是对的。然后米勒就从资本市场当中消失了。有人问,他当年盈利为什么那么高呢?在这里我们要讲一个非常重要的投资氛围,就是比尔·米勒奉行的投资原则。他的一个叫戴维斯的同事曾经回忆说:我跟米勒做过探讨,我说我的投资理念就是,我带领的基金公司要保证,我做的投资正确的次数要超过犯错的次数,这样的话才能够保证获得一个比较稳健的投资收益。

米勒认为这很愚蠢,他说真正意义的赢利,不是你正确的时候能赚多少,哪怕你投资了十次有九次是错的,但是如果第十次能够上涨 20 倍,你前面九次的错误就值得了。这段话其实就非常清晰地告诉我们——比尔·米勒虽然精于逆向投资操作,但是他的操作思维和逻辑与巴菲特完全不同。巴菲特的投资逻辑是注重于长期基本面向好,股价的下跌只是短期、暂时的,这些公司的未来中长期的趋势肯定是上涨的。而比尔·米勒的做法却是——我博的就是那些超跌的股票会出现大幅度的反弹,他并不是很在意基本面是不是已经发生了比较大的变化。所以每次的投资,按照他的说法,十次当中会错九次,但只要有一次能够胜利就好了,所以他每次都会放大杠杆去做有巨大风险的投资,博的就是那次的盈利。这样一种状况,总归有一天你会遇到一个沉重的打击,当第十次你期望的暴利没有出现的话,你就会亏得一塌糊涂,甚至是彻底出局。

这个事情我觉得对Ａ股市场非常有启示。我做投资二十多年,见证太多这样的事情。我给大家举一个非常极端但是非常真实的例子,现实状况基本上都是如此的。很多人在股票市场当中认识所谓的大师,这个大师有可能是真的技术分析、基本面分析很强,有可能就是他的消息非常准。据我了解,很多朋友喜欢的大师,绝大多数都是因为他的消息非常准。经常有人跟我说,某某告诉我一个消息,太准了,买了之后立马就涨,涨到多少,然后他又告诉我卖,我就卖掉了,赚了好多钱。这样的故事你也听说过吧,导致的结果是什么呢?一只股票准,然后第二只你会不会跟?会跟,第三只你会不会跟?肯定还会跟,如果前面三只都很准的话,第四只、第五只他又告诉你了,你还会不会跟他呢?答案显然是肯定要跟的,前面很多只股票,你跟下来都是非常准的话,那么到后面你不仅会跟着继续做,还会加大杠杆,把之前所有赚的钱再押上去买股票,对不对?也许大家认为这是一个正常的投资行为,但在我们看来,这就和小白鼠的实验一样,问题就在这里。

总归有一天你会遇到问题。因为你过度地相信某一个所谓的规律或者逻辑的话,就会使你的赌博心态越来越强,最终的结果往往是,哪怕十只股票当中九只都做对了,第十只没有做对,结果呢?你会把之前九只所赚到的钱统统都押到了这第十只股票当中,然后让你所有之前赚的钱一毛钱都没剩全部都亏了进去,这就是赌性在资本市场最可怕的一件事情。千万不要抱着侥幸心理:万一我也能够一样的幸运,毕竟我曾经赢过。这种话千万不要说,曾经赢过不保证未来会赢。

我们经常会讲一个最简单的例子,就讲概率的事情。两个人去赌场玩,喜欢玩赌大小,就是骰子赌大小。好多人看着以往的记录,连续出了七个小或者八个小,就开始去押大,或者会延续地去押大,因为他觉得这是一个规律。但其实呢?真正理性的做法是,当你下一次去翻一个硬币的正反面的时候,它仍然是50％的概率上,50％的概率下,和之前出现的正面和反面的次数没有任何的关系。到了赌场当中,你就会忘记这些基本的规律和逻辑,只相信我的规律能赢,马上我就要翻本了。

> **总结**:很多看似理性的人,一旦进入资本市场,看着每天涨停板的股票就会立即变得不理性。这是人性的弱点,是内心深处潜在欲望的爆发。希望大家克服自己的赌性。其实风险防范的第一要务就是千万不要想着一夜暴富,这样的话只会让你的心态变得更加扭曲。

二、风险不可测时,赶紧离开(上)

当风险不可测的时候,有两个方法,第一个选择是离开;第二个,你到底要不要选择去抄底或者建仓、补仓之类的。

今天首先讲在风险不可测的时候,第一个可以选择的是离开。讲一个有趣的故事,心理学当中有一个叫作鳄鱼法则的故事。这个法则是说,假如你到动物园去玩,突然意外被鳄鱼咬住了脚,你要做的事情是什么?正常人要做的事情是赶紧用我的手、用我的拳去打鳄鱼或者是去掰开鳄鱼的嘴,保住我那只脚。但是结果呢?如果真的这样做的话,只会让鳄鱼把你去挣扎的手和脚统统都抓住,统统都咬住,就是你越是挣扎被咬得越多。按照真实的动物园的操作方法,鳄鱼真的咬了你的脚了,最好的方法是赶紧找一个锐器,比如一把大砍刀,直接把你的脚砍掉送给鳄鱼,然后赶紧逃命。这听起来有点残酷,但是道理放在股市当中是一样的。当你发现自己已经开始亏钱了,你必须理智地判断,继续跟它耗下去,是赔得更多呢,还是有可能会有转机?

这时候你必须要启动的就是这个所谓鳄鱼法则,选择立即、坚定、毫不犹豫地把这个亏损的股票割掉,这个割的痛苦与你要把脚砍下来的痛苦相比小很多,毕竟钱是身外之物。当然话虽这么说,真正割肉其实还是很难的,所以大多数人的选择可能是让鳄鱼把你的身体咬得更多,你的钱会亏得更多。为什么这样呢？因为这跟人的心理有关。我们接下来做一个实验，先思考两个问题。

问题一，现在有 600 个人，感染了一种致命的疾病，有两种药物可以选择。A 药物是可以挽救 200 人的生命，B 药物是有 1/3 的概率能够治愈所有人，2/3 的概率一个也救不活。请问你会选择哪种药？选择 A 你可以保证可以救活 200 人，选择 B 你要去赌博，或者 1/3 的概率，所有人都因你而被救，但是 2/3 的概率可能一个人都救不了，600 个人都死掉了。请问你会选择 A 还是选择 B？

问题二，同样有 600 个人感染了一种致命的疾病，同样有两种药物可选择，A 肯定会导致 400 人死亡，B 有 1/3 的概率能够治愈所有人，2/3 的概率一个也救不活。你的答案是什么呢？

这是一个非常重要的心理测试，这个测试题的提出人叫卡尼曼。卡尼曼是做心理学的，但他拿过诺贝尔经济学奖，因为他从心理学角度来推测经济学的一些逻辑。那么他这一个调研数据显示：第一道题，有 72% 的受访者选择了 A，选择了可以救 200 人，只有 28% 的人选择了 B。那么到了第二道问题，正好相反，只有 22% 的人选择了 A，换句话说有 78% 的人选择了 B。实际上你如果认真想一想的话，这两个问题是完全一样的，A 挽救 200 人和导致 400 人死亡是一个概念，B 是完全一样的。所以问题是，为什么大家选择的结果差别这么大呢？卡尼曼做了一个分析，他说第一个问题我们给的题面讲的是收益，你可以救 200 人，第二个题面的重点是在损失上，就是你可能会导致 400 人死亡。其实救 200 人和 400 人死亡是一回事，所以得出来的结论就是，人们对于收益和损失的态度是不一样的。第一个是在收益和一个固定的选项当中做选择，人们更多地选择相对确定的收益。第二个因为要死掉 400 人，大家会觉得这是一种损失，当面临损失的时候，人们更愿意去做赌博，既然我要亏这么多了，那我不妨去博一把。

什么意思呢？就是当你已经确认你要出现亏损的时候，人们往往会失去理智，更愿意做一些赌博性的行为，而不愿意再去做理性的思考。回到炒股当中来，卡尼曼给出来的一个判断就是，人们炒股的时候，很多人认为自己掌握了足够多的信息，其实他们掌握到的很多都只是噪声。还有人炒股的原因是因为炒股除了可以赚钱之外，还可以给他带来自豪感，当你决策正确的时候，你会觉得我炒股赚钱了，我好厉害。当炒股失败的时候，就会觉得很懊悔，就会想我今天怎么会亏这么多，好倒霉，好气愤。责任怪谁呢？然后会找各种理由。这就是所谓的后悔理论，也叫风险厌恶，也就解释了为什么一到熊市成交量就低迷，那是因为出现了后悔理论，人们就自我保护，我不看市场了，亏掉了不看，因为卖出股票就等于说承认自己是不行，卖股票就承认自己判断是失误的。

所以面对损失出现的时候，一方面导致的结果是更加的盲动，另外一个结果就是不愿意去面对现实。这就是为什么绝大多数投资人做止损的动作是非常困难的一件事情。所以我们给大家讲，当风险不可测的时候，当你觉得趋势发生改变的时候，一定要坚定地离开。

但是要做到是比较难的。下面我们会讲一个巴菲特干得不太漂亮的一件事情，这件事情说起来巴菲特也是蛮倒霉的。

巴菲特投资过一家再保险公司。什么叫再保险呢？保险公司也不想全部由自己来承担相关风险，所以他会把自己相关的风险再买一份保单，这个保单的售卖方就是再保险，就是帮保险公司去承担风险的这样一个保险公司。再保险公司最有名的就是巴菲特1998年投资的这家"通用再保险"。

1998年巴菲特投了通用再保险，当时的金额高达220亿美元，这真的是一个天价，而且其中有一部分是用他自己珍爱的伯克希尔·哈撒韦公司的股票来做对价交换的，想想都感觉肉疼，因为他珍爱的伯克希尔·哈撒韦公司后来股票价格疯涨。从当时角度来讲，巴菲特投资这家公司，姑且不论价格如何，从基本面来讲，通用再保险公司确实光彩照人，是美国国内规模最大的再保险公司，业务遍布150多个国家，等等。标普这些评级公司给它的信用等级都是 AAA 级的，所以基本面看来确实很好。但是巴菲特介入之后，发现了一些问题，因为巴菲特后来承认，他说我选择投资通用再保险，主要是看的财务报表，看它的公开报道的信息，没有对这家公司的具体产业和主要管理层做太多的调查和研究。而且他还相信一点，就觉得通用再保险已经是这么大知名度的公司，还是保险公司，保险公司首先自己得有信用。凡此种种，我们现在反过来看巴菲特的决定当然是比较仓促的，不太理性的，用高价格成了他的控股股东。后面的故事就有意思了。

巴菲特收购了通用再保险公司刚刚几个礼拜，就接到了通用再保险公司 CEO 的一个电话，他在电话里说："巴菲特，对不起，我们公司被人给骗了。"怎么回事呢？他说一家公司骗了他们 2.75 亿美元的保费。这个事情是要对一个电影的票房进行承保，然后通用再保险公司是要对票房做承诺的，如果销售额没有达到票房承诺的标准就要补偿。但据公司自己反思，做这个案子时，并不知道要拍什么样的片子，也不知道哪个明星出演，居然就这么开出了保险单，最终还出现了这么大的窟窿。事情发生以后，巴菲特不敢相信自己的耳朵。如此重要的项目，保险公司内部竟然几乎没有任何审核。巴菲特当时就很后悔投资了这家公司。反过来讲，如果巴菲特发现通用再保险公司出现这么大风险的时候，应该在 2 点多亿美元保单出现损失的时候，及时止损出局。结果是巴菲特没有止损，而是选择继续持股。

继续持股导致的结果就是，2000 年通用再保险的承保损失居然达到 16 亿美元。巴菲特对这个行业了解其实非常不够。这个行业竞争极其激烈，同业报价都偏低。通用再保险的企业文化就是，我们拼了老命也要拿下项目，甚至不惜跟同行大打价格战。巴菲特作为大股东，立马提出要求，你们要把保费给我提高等等，但是发现，也没有那么顺。

1998 年介入，1999 年、2000 年、2001 年年初，巴菲特做的事情就是帮公司管理层修正他们的企业文化。这种修正，其实结果还算不错，但它已经背离了巴菲特的投资惯例——就是不要干预太多公司的具体经营。但不管怎么样，这种干预还是让公司往好的方向去发展了。但是没想到，2000年过完之后，2001年又出大事了，"9·11"事件爆发了，受到影响最大的除了那些当场遇难的罹难者之外，显然就是保险公司了。伯克希尔·哈撒韦公司在这一事件当中损失24亿美元，其中有19亿美元来自通用再保险公司。这说明什么呢？说明通用再保险公司的保单过度集中于有可能会成为恐怖袭击的对象范围当中。

这件事情虽然是一个偶发事件，但是巴菲特终于忍无可忍了。2001年，他自己发了一篇网文，他说通用再保险公司违反了保险业的基本规则，提出了很大的置疑，这家公司甚至因此换了CEO。2001年"9·11"事件爆发之后，是不是也应该成为巴菲特退出止损的一个时间点呢？到了2002年，通用再保险公司又因为过度盲目地涉及金融衍生品交易，亏损了1.73亿美元。金融衍生品交易是巴菲特自己绝对不愿意碰的东西，他觉得这是一个灾难，是一个飓风，是一个恐怖性的事件，但是他投资的公司却介入当中。巴菲特对此也极其气愤。

然后时间又推移到2005年，继续倒霉。2005年灾难更严重，大家都知道卡特里娜飓风淹没了新奥尔良，伯克希尔因为自己也做保险业，整体造成的损失达到34亿美元，通用再保险公司在这个过程当中也是有所损失的。2005年、2006年，通用再保险又陷入两个大的法律诉讼，一个是跟埃及的一场诉讼，另外一场是跟英国的金融服务局的诉讼，最终带来了很多的麻烦。巴菲特自己也花了很多时间和精力去处理类似的事情。

接下来大家算算看，从1998年收购开始，一直到2008年，通用再保险公司的经营状况总算步入正轨。在2008年金融危机的时候，给巴菲特带来了3.4亿美元的承保利润，真的是不容易。长达9年的时间，巴菲特备受煎熬。所以对于股市来说，要想去止损和割肉，远没有想象中那么容易。

> **总结**：我们今天还是要讲两点,第一个,巴菲特的有些案例我们是可以学的,但是巴菲特的有些失败的案例是有他自己的原因的。原因很简单,由于巴菲特自己是大股东,所以他要减持和出手的话,是很困难的,不像我们小散,你有几千股、几万股,你要想卖,随时可以卖掉。巴菲特这么大金额,220亿美元的标的,你要想全部卖掉的话很难,换句话说,你要想全部卖掉的话,这家公司的股价肯定暴跌。所以巴菲特在做止损的时候,他要考量的因素比我们普通人要多得多。这可能就是他在通用再保险整整耗了9年的原因。所以对于大资金来说,会有更大的一个启示:每做一笔投资,都必须要做认真的研究和调查。第二个,返回头到1998年,巴菲特去投通用再保险的时候,我觉得他可能考量的只是基本面的要素,按照之前巴菲特评判公司的100分要求,可能考量了60分到70分,可能差了30多分,也就是对公司管理层和公司文化的了解。

三、风险不可测时,赶紧离开(下)

让我们继续来讨论风险的问题。这一节的重点是风险不可测的时候,除了选择离开以外,还要考虑是不是去抄底的问题。

我们提到风险,会有三个应对方法:

第一个,当风险一发生,及时割肉离开,这是我们上节讲的。

第二个,是不是要不断地去抄底,当风险出现的时候,通过抄底去摊平自己的成本。

第三个,就是能不能提早预判到风险的到来,这个可能会更加重要。

我们同样会先讲一个基于心理学的实验案例,因为我一直认为,投资是跟心理学密切相关的。今天这个案例我觉得非常有意思,特别是如果你去过境外的赌场。当然,我们不提倡大家去赌博。如果去过境外的赌场,你就会发现一些对于概率论分析的谬误,由此来推断关于股票市场上大家经常会出现的一些谬误。

一个常见的赌徒谬误,就是认为一个事情发生次数多了,就必然会出现反面的事件,于是选择在不利的情况下不断加大赌注。接下来讲的这个案例会让你对于博彩或叫赌博这种行为当中的一些误判有一个颠覆性的认识。

这个所谓的赌徒谬误一般也被称为蒙地卡罗谬误。它是一种什么样的状况呢?就是在随机序列当中,一个事件发生的概率与之前发生的事件有关。但这是一个错误,大家要看明白。如果你认为一个事件的发生跟过去的事件有关的话,那在赌场当中或者在博彩当中其实是错误的。什么意思?最典型的就是博彩当中会出现押大小的问题,有两个骰子,然后分大小,多少个点以上就是大,多少个点以下就是小。很多人认为出现大和小的概率总体上来说应该是50%,这个概率好像挺准确。

再简单点,就讲硬币一面朝上和一面朝下的概率,很多人认为它应该是一半对一半。对还是不对呢?这事既对又不对。对的地方在于,你每一次向上抛硬币,它出现正面或者反面的概率的确是一半对一半。但是问题来了,错的地方是什么呢?就是我们之前已经连续抛了多次的硬币,我们就说抛了三次,三次抛出来的结果都是正面朝上,然后现在你判断第四次,很多人觉得已经连续三次正面朝上,那么下一次抛出反面朝上的概率更大。实际上这个判断是错误的。很多人会说,你不是说大概率应该是正反面一半对一半吗?比如100次,1 000次,1万次,前面已经出现连续三次正面了,下一次出现反面的概率不是很高了吗?错,首先把这个常识告诉大家,不管之前发生过多少次连续的正面,也不管之前发生过多少次连续的反面,下一次再去抛硬币的话,依然是铁定不变的规律,出现正面或者反面的概率各占50%。

我刚才讲的这个逻辑是如何印证的?它的逻辑应该是这样的,连续抛四次的硬币,会出现五种情况。各位,这是统计学和概率学上的一个常识:第一种情况是没有正面,四个全是反面;第二种情况是出现一次正面,三次反面；第三种情况是两次正面，两次反面；第四种情况是三次正面，一次反面；第五种情况是四次正面，零次反面。这个大家能够想得出来吧？那就只有这五种可能性，但是出现五种可能性的概率或者比率是各不相同的，出现没有正面、四次反面的可能性只有一回；四次都是反面，出现一次是正面、三次是反面的可能性有四回。你想想看，因为排列组合是各不相同，第一次是正面或者第二次是正面，其他三次是反面或者第三次是正面，一、二、四是反面，对吧？只有四种可能。两次正面、两次反面的可能性次数是最多的，达到六次。

  反过头来讲一样的，三次正面、一次反面出现的可能性的次数应该是有四次。出现四次正面没有反面的次数是一次，所以真正的概率学的统计就是出现两次正面、两次反面的可能性，就是像大多数人大概率估计的应该是一个平衡的，两次正面、两次反面的概率是16次当中只占到了六次。虽然它的出现的比例在五种情况当中是最高的，因为其他四种情况只有一次、四次、四次、一次，而出现两正两反的次数的可能性有六次，这个次数的绝对值是最高的，折合下来，六次的概率加上总共16次的总的可能性相比，出现概率其实只有37%，远不如你想的那种100%一半正一半反。如果你觉得不认可的话，自己在家里投一下硬币来算一下。我觉得不用投硬币了，这是学过数学的排列组合之后得到的一个基本结论。

  更有意思的是，为了验证这种状况，科学家、心理学家还做了测试。测试找了非常牛的人，找了40个博士，博士在做这次实验当中非常有意思。让他们去玩100局简单的电脑游戏，电脑游戏就是押正负或者押大小，就这么简单，爱下多少赌注下多少赌注，给他们一定的本金。但是每一注下的本金的数量是由他们自己来定的。然后告诉他们，这些游戏每次都有60%的机会是可以赢的。结果真的是没想到，40个博士参与者当中，最后只有两个人在游戏结束之后，剩下的钱比原来的本金要高。其实如果你们懂得真正去贯彻落实统计学的原理或者概率论的原理的话，每次你只要固定下100元就行了，不用那么费劲。按照概率算下来，最后结束的时候基本上你可以赚钱。为什么最后只有两个人略微赢了点钱，38人都是亏掉钱？

道理很简单，参与者把赌徒心态带入到了游戏中。当连续押了几把都是输了之后，他们就觉得第4把赢的概率就超过60%，因为居然连续3把都输了，那最后第4把一定要博一把大的，所以第4把的时候，他们可能会直接押很多钱，想把之前输掉的扳回来。结果呢？跟赌徒一样，最终的结果就是把这个押得更多的钱也给输掉了。这其实是赌场当中经常会遇到的情况。输红了眼，一般说是赌徒心理。

总体来说，一定要记住一点，每一把参与博彩的时候，所出现的概率跟以往发生的事情是没有任何关系的。回到股市当中来，对于股市来说也是一样，之前你所形成的经验，极有可能在未来的市场运作当中是毫无意义、毫无价值的，特别是一些全新的市场。

比如说大家都知道巴菲特师从于格雷厄姆和费雪，这两位都曾经因为误判市场，在股市大跌的时候冒险进入，甚至是加杠杆进入，但是市场一旦出现继续的大跌，他们的损失会更大，甚至差点破产。巴菲特其实并没有经历1929年的经济大萧条，这反而成为他借鉴分析市场的一个优势，这可能是一个先天优势。

我们先讲一下这个失败的案例。1929年格雷厄姆的联合账户当中资金达到250万美元，这个金额已经极高了。大危机来的时候，一开始格雷厄姆是非常小心谨慎的，但是扛不过大环境，因为做投资的人都知道，只要你的钱还在市场当中，你就是再谨慎的操作都可能面临亏损，除非你能够及时判断趋势，斩仓出局。

1929年，格雷厄姆损失了20%的资产，这对他来说是从来没有经历过的，他觉得当时的情况是最糟糕的，所以他觉得最糟糕的时间应该就要过去了。然后想的方法就像是我们经常看到的，连续三次的赌注押错之后，后面一次决定启动杠杆加大自己的投入，用贷款来进行投资，试图挽回损失。导致的结果是，1930年格雷厄姆亏损50%，1931年亏损16%，1932年市场开始企稳了，亏损3%，所以这几年时间下来，格雷厄姆亏了大约70%，1933

年，格雷厄姆的账户只剩下 37 万美元，濒临破产。这也是格雷厄姆在 33 年的基金管理历史当中最糟糕的状况。

其实费雪也差不多，他们都是预判指数跌得差不多到位的时候，然后买入股票。我们讲了很多巴菲特关于斩仓或者说关于判断市场、躲避危机的一些经验和案例，我们觉得巴菲特跟他的两位老师相比，严格意义上来讲，从这个抄底情况来讲，他也没有做到像神一样。巴菲特买入当时暴涨的《华盛顿邮报》的股票之后，两年后就开始下跌。从这点来说，他买这个股票也没有赚到太多的钱，甚至可以说抄底的位置也不行。这说明什么呢？说明刚才我们在讲整个关于规避风险有几个策略。所有的策略当中最重要的一点是，在风险发生之前预判市场，而不是去想着等着风险出现之后去抄底或者高估自己的能力，觉得是可以抄底的时候去买入股票。这个很重要。即使是巴菲特，在面对风险的时候也不是神，他也不可能真正准确地预测。

关于巴菲特能够躲避市场的风险有两点。第一点，就是他比较早地去分析市场是否进入到非理性狂热当中，由此能够较早地做到人取我弃。当市场的人气极度旺盛，大家都开始盲目看多的时候，他往往提前撤出，这个状况在巴菲特的投资逻辑当中是最重要的。这其实是比较早地损失了一部分收益，但是却规避了市场暴跌的风险。当风险来临时，你的仓位已经很轻了，或者你已经是空仓了，在这种情况下，你说你还存在所谓割肉的问题吗？还存在所谓要抄底去摊平成本的问题吗？其实不存在。所以这是巴菲特最重要的一点。当然了，痛苦在于离场太早导致少赚了很多钱，这其实也是一种考验。

第二点，当你真的觉得市场已经开始接近底部，觉得可以去买入的时候，千万不要高估自己的能力。需要做的事情是什么呢？我个人的建议是，应该考虑更多的是右侧交易。相信在市场当中存活很多年的人都知道，不要着急去买。这个市场如果你想买的话，如果是好的市场、好的股票的话，永远会有好的机会留给你，而不要急着去抄底。哪怕像巴菲特、费雪、格雷厄姆这样的大神级的人物,他们去抄底都经常会抄到半山腰上,何况我等普通人呢。

> **总结**:牛市要追涨,熊市要抄底,大部分投资人都会有这样的心理。但是作为一个理性的投资者,我们不应该奢望能够真正地抄到底。抄底看起来很简单,但其实做起来很难。巴菲特说没有人能够预测到股市真正的底在哪里,所有人都是摸着石头过河,也不要看前面一直跌,就应该见底了。再想想看,我给你举的这个心理学的案例就知道,其实哪怕市场已经到了底部,也要暂时管住自己的手,还是要回到价值投资的核心,重点分析股票是否值得投资,是否已经在自己可以接受的区域范围当中,再决定是否要买入。

四、确保安全边际是价值投资的根本(上)

扫码免费收听最新解读

安全边际是一个价值投资人必须要遵循的一个基本逻辑。巴菲特肯定也是严格遵循这个逻辑。

安全边际这个说法,最早就是巴菲特的老师格雷厄姆提出来的。其实有时候你必须得承认,为什么巴菲特会成为价值投资的鼻祖?因为他从学习投资的时候,跟随的对象就是价值投资概念的创造者。这个创造者提出了很多逻辑和概念,这些概念天然地就跟价值投资相关。比如说格雷厄姆创造出了安全边际的概念,这个安全边际的概念又跟价值投资密切相关。

格雷厄姆是这么说的,他在证券市场摸爬滚打了五十多年,回顾一生经历过的、看到过的种种挑战,如何把稳健可靠的投资理念归成短短的一句话?他说他永远提出的一个投资座右铭就是"安全边际"。

什么叫作安全边际?举个简单的例子。比如某一座城市要造一座桥,这座桥在造的时候,会有一个基本的技术要求,比如载重 100 吨。当然这座桥在施工建设过程当中,肯定会按照这个 100 吨的要求去设计载重,理论上来讲,你车子 100 吨,甚至略超一点应该都没问题的。这桥应该实际上要比正常的载重能力还要更高一点,不能说设计标准是 100 吨,实际载重 101 吨这桥就垮了。

安全边际就是当这座桥虽然标限载重 100 吨,但实际能够承受的载重可能是 110 吨或者 120 吨。但当这桥真正通车之后,管理者要求的是,只允许载重在 60 吨以下的车辆通过,这个 60 吨就是所谓的安全边际,空出来的那 40 吨就是为了保证安全留出来的余地。为什么会出现这种状况呢?其实股市跟这个工程是一样的。一般首先从内因上来讲,桥本身来说,如果在设计施工当中出现了一些问题,比如水泥的膨胀系数算错了之类的,就可能有问题,实际的载重可能达不到预期,再加上考虑到动态老化的问题。再比如外因的问题,地质灾害、地震等等,所以让 50 吨、60 吨载重的车通过,这样的话首先能保证安全。安全是第一位的。

这逻辑其实就是格雷厄姆所谓安全边际理论逻辑的一个基本的来源。安全边际的基本逻辑,就是要用尽量低于内在价值的价格去买入股票,越低越好。

再简单地来说一下安全边际的概念。有两个重要的点:第一,需要从当下的企业的盈利状况报表当中走出来,不要被现在的盈利状况所蒙蔽,这是测量安全边际的一个基本要素。

第二,在使用安全边际概念的时候,经常会用的一个概念或者方法:当有投资人说要买某某股票,我就问他,为什么现在 10 元觉得能涨到 15 元?什么理由?他会说什么业绩增长、政策支持、海外比价效应,等等,很多理由支持它能从 10 元涨到 15 元。这时候再问他一句话：假如最坏的情况发生，觉得它会跌到多少？当我提这个问题的时候，很多投资人首先是一愣，因为他就没想过如果刚才想的这些好的情况都没出现，而且更坏的情况还出现了，比如说产品出现迭代，比如竞争激烈，比如政策开始管制了，等等。假如全部都是相反的情况，股价会从 10 元跌到多少钱，他没有想过。

第一个问题就会把很多人问住。在你做每一只股票买入的时候，首先也要问这样的问题。假如所想的利好统统都没有实现，不仅没有实现，而且还会出现比现在更差的情况，请问能算出它会跌到多少钱吗？这是第一个问题。

第二个问题，比如说测算下来，所有坏的情况都会发生，它会从 10 元跌到 7 元。假如它从 10 元跌到 7 元，你能不能承受？能不能承受是两个概念，第一个是心理上能不能承受，会不会它从 10 元掉到 7 元时你已经崩溃了；第二个从 10 元跌到 7 元，钱不够了，财务出现了危机，这时主观和客观两方面能不能承受？能承受，就是能够准确地测算出这个股票最坏的情况下跌到多少，当最坏的情况发生的时候，不管是心理上还是财务上能够承受的话，这就是找到了它的安全边际，而且这个安全边际对你是有效的。最理想的状况是，在公司发生了这个最坏情况的时候，在最低的价格出现时买入！

举一个巴菲特的案例。巴菲特自己是这么说的：我要用 4 毛钱的价格去购买价值 1 块钱的股票。巴菲特 19 岁开始读格雷厄姆的书，开始实践安全边际，做了一辈子投资，他说安全边际的原则非常有效，非常正确，永远是投资成功的一个基石。2009 年对于哈雷公司来说是算不幸也算是很幸运的一年。因为当时面临着发展的危机，但是得到了巴菲特的注资。跟以往巴菲特投资喜欢大规模购买普通股不同，这次巴菲特出了 3 亿美元，购买的是哈雷摩托的优先股，股息率达到 15%。一年之后，哈雷的股价暴涨，涨了 1 倍，很多人说巴菲特投资确实很牛，但是也有人说后悔。因为普通股跟优先股的区别是优先股只能拿固定回报。其实优先股等同于债券，虽然它以股票的名义来命名。如果以债券来算的话，优先股的股息率就是它的债券回报率,15%虽然还行,但是对比股价一年翻番,涨了100%,而股息只有15%,还差得多。所以有人说,如果巴菲特买普通股的话,岂不是赚得更多吗?巴菲特说,我其实并没有确定的把握哈雷公司股票值多少钱,但是我有一点非常有把握,那就是哈雷公司不可能倒闭,这个15%的固定收益率,我觉得对应于这样一种环境还是很不错的。所以他说在投资哈雷的债券上他知道的足够多,但是在哈雷的股票上知道的并不够多。所以他贯穿了这样一个安全边际的逻辑。

投资一只普通股票的时候,它的安全边际,按照巴菲特的描述,哈雷的安全边际他测算不出来,但是他又觉得应该去投资的时候怎么去投呢?不妨去买它的债券产品。换句话说,当安全边际测算不出来的时候,干脆放弃,宁可少赚钱,也不要给自己的未来带来一个不可控的风险。算清楚安全边际,能够去承受它,这是一个靠谱的价值投资人。如果安全边际算不清,干脆就不要买。优先股除了能拿到股息回报之外,另外一个好处就是当公司如果破产清算的话,首先偿还的是债务,之后就是优先股的这部分投资。优先股偿还完之后,然后有收益再付息,如果优先股的还本付息都完成了,公司还有财产的话,才可能按比例来偿还普通股。但相应的,优先股是没有选举权和被选举权的,没有表决权,其实它就是一个债券。

可以这样说,安全边际肯定不是万能的,但是没有安全边际对价值投资人来说是万万不能的。格雷厄姆在他的书当中曾经提到过四条跟安全边际相关联的原则:

第一条,知道自己在干什么,要通晓自己的业务。你要知道自己在做价值投资,所以不要试图通过购买某一只股票就实现一夜暴富。

第二条,不要让其他任何人来管理你的业务,除非你能够足够细致监控并理解他的行为。就是你的财富最好不要交给别人去管理,除非你能够真的管好他。格雷厄姆的意思就是不要太相信某一位专家,即使他以前给你的所有建议都是对的,你也要学会自己去独立分析和判断。

第三条,如果没有可靠的计算表明某项业务,比如产品的制造或者交易，获得合理利润的机会比较大，就不要涉足这项业务，尤其远离那些意义不大、亏损却很严重的业务。如果A股某家企业的财务报表核心数据很难看，那么为什么还要去投这家企业呢？这其实也是一个很大的提醒，就是在A股市场当中，投机类的、题材类的公司业绩是很差的，但是在以前，业绩越差反而越容易被人追捧。原因是大家觉得业绩越差别人就会借壳，这个是完全背离了格雷厄姆的价值投资原则的。

第四条，有勇气相信自己的知识和经验。如果你根据事实得出的结论，而且你知道自己的判断是可靠的，那么就应该照着行事，即使他人犹豫和反对。A股当中更应该要坚持自己的逻辑。

总结：安全边际是价值投资中第一重要的概念，基本逻辑就是当这家公司所有的条件都恶化了，你判断它的股价是多少钱。那么在这个价格的基础上，适当上浮一些比例，大约就是你的安全边际买入区间。最重要的是，如果这家公司的安全边际你算不出来，最好的操作方法就是别买了。

五、确保安全边际是价值投资的根本（下）

上节主要讲的内容是在投资之前需要了解安全边际，学会控制投资风险。当然，对于每一位具体的投资者来说，肯定会有某一个时间或者某些时间内，出现过投资错误，不仅仅是我们，包括巴菲特和格雷厄姆，都曾经出现过投资失误。所以我们今天要讲的安全边际，不仅仅是在投资前尽可能将你的每一笔投入都置于有效的安全边际之内，而且如果发生了意外的最糟糕情况，也要做好应对措施。

我的特点是喜欢给大家讲心理学。因为投资就是心理学，经济学的前提就是心理学。比如经济学有个重要的前提，是关于人的消费效用理论，效用的衡量其实就是个心理学概念。假如你是一家医药公司的老板，你正在进行一个新的止痛药的项目开发，已经启动了很长时间。你之前投入了500万，接下来还需要再投入500万的话，这个药品就可以正式上市了。但就在这个时候，你突然发现自己的竞争对手，另外一家医药公司已经开发出了类似的止痛药，所以你如果继续投资这个项目的话，有可能会连带已经投入的500万一起打水漂。但是也有可能，你把你的竞争对手给干倒了，然后你可能的盈利会达到2500万。请问各位，在这个当口上，你是放弃退出，还是继续做下去？

  大学教授把这道题给中国和美国的EMBA学生去做。结果不管中国和美国的学生，大家的答案都是一样的，一定要坚持继续投资。为什么呢？因为他们认为我已经花了500万了，无论如何我要实施下去，去博那个看起来可能已经概率很小的胜算。所以绝大多数投资人还继续投入新的资金。对于股票投资来说也是如此，大家在股市当中很容易遇到这样的情况，之前你运气不好，投入了很多资金，市场却一直在下跌，你愿意及时抽身，还是继续去加仓、平仓，去解决这个问题呢？通过我们之前讲的，大家应该知道，对于投资来说，如果发现是一项错误的投资，应该及时悬崖勒马，不断地投入反而会错上加错。

  这是我们前一章节讲的一个重要结论。但是如果你事先确定预留的安全边际，就跟上面讲的这个医药的案例是有不同的，就是投资股票和医药是不一样的，投资股票存在一个安全上的测算。假如你之前所测算的安全边际已经非常清晰，再决定你是否要去加仓或者减仓，所以测算安全边际就变得非常重要。

  讲一个案例，巴菲特曾经经历过美国的互联网泡沫。1999年的时候，美国处于一个低息的周期，当时利率大概有4%左右，货币供给比较充沛，流动性大量涌到互联网企业。当时很多投资人几乎把所有的投资都投入到网络股当中，经历过1999年和千禧年网络股泡沫的人都应该知道。当时有份杂志对1 300多位美国投资人进行的调查显示，他们当中将近1/10的人在网络股投入了接近85%的资金,纳斯达克指数不断地飙升,当时美国的IPO互联网企业享受了接近5倍的股价上涨,很多美国人和所有互联网的上市公司都陷入狂热当中。当时的美联储主席格林斯潘预测美国经济过热,于是开始进入到加息状态,利率从4%直接攀升到6%,整个货币供给的流动性开始收紧,因此带来一系列的问题,企业的净利润下降,广告投放减少,这些最终影响了互联网企业的现金流。客观地回顾,千禧年之际互联网企业的商业模式还完全没有找到,虽然有部分企业获得了一定的广告投放,但是绝大多数企业的商业回报和网络投放还没有形成有效的商业闭环。

在这个时候,如果是一位聪明的投资者,严格遵循格雷厄姆安全边际原则的话,你就会发现,这些互联网企业原有的安全边际已经大幅度收缩,甚至消失。所以我现在讲另外一个重要的概念,就是对安全边际的测算也应该随时做动态化的调整。我们上节跟大家讲了什么是安全边际,就是你在投资一家企业之前,你首先要问自己,假如你所预判的所有利好都没有兑现,眼前全是利空的信息时,公司的股票会跌多少;假如股票真的跌了这么多的话,你能否承受?还记得我们上节给大家提到的安全边际这样一个概念吗?这里我们对安全边际提出一个全新的概念,那就是安全边际本身的测量也应该是动态的。当宏观经济形势,比如说开始加息了,整个社会流动性减少了,我们所关注的这些互联网企业,若它们的营收模式主要来自广告的话,由于相关的广告投放量也在减少,这时你就需要及时去调整你原本测算的安全边际了。

再具化一点,举个例子。比如某家企业股票现在价格是10元,你决定投资它,因为你认为所有利好兑现的话,它的股价可能会涨到15元;而如果所有利好都没有兑现,这家公司的股价就可能会从10元跌到8元,这个跌幅你能够承受。然而经过了新一轮的安全边际测算,由于宏观产业、商业模式、竞争关系的改变,你发现如果所有的利空消息兑现的话,它可能会跌到5块钱。对于你来说,如果下跌到5块钱,你是否还能承受呢?对不起,你需要在这个当口,决然地抛出这家公司的股票。这是我们本节关于安全边际原则的一个更深层次的讨论。

回到刚才那个话题。美国的媒体公开报道了他们对 207 家互联网公司进行了调研，发现其中有 50 多家公司的现金流已经接近枯竭。当时的金融政策导致这些公司进行再融资很困难。换句话说，不仅没有来自客户的收入，这些公司想要再去融资的话也变得非常难。所以报道一出来，人们才如梦方醒，整个市场陷入恐慌当中，忽视了对安全边际理论或者是忽视了对动态安全边际理解的投资人，最终都付出了重大的代价。他们做投资分析时，只分析了这些互联网企业可能带来的收益，却没有对有可能出现的最糟糕情况做充分的预判和分析，也没有做出相应的预案。

投资也一样，就是在不确定条件下做决定时，后果要比可能性重要得多。因为我们永远无法知道未来的情况。格雷厄姆所做的一个提醒就是：聪明的投资者一定不能只关注分析的正确性，还必须防止分析结果出现错误时的损失。因为即使是最好的分析，也可能会出错。犯错不可避免。

刚才讲的这故事其实告诉我们，你对于后果的考量，远比你对于风险性的判断要重要得多。

讲了半天安全边际，那怎么去测算安全边际呢？客观上讲，安全边际没有简单的、完全可以量化的方程式或者计算方法，它其实是一个心理上的测量。首先有量化的部分，你可以测量这家公司最坏的情况下会出现什么样的情况，这些情况出现时，是否在你的承受范围之内。企业在不同时期的安全边际的动态状况是不太一样的。怎么来做这个测算呢？

这里要提到一个人，著名投资大师卡拉曼，他也师承于格雷厄姆。卡拉曼写过一本书，名字就叫《安全边际》，这本书就警醒投资人，确认企业内在价值其实非常困难，并且这个价值不会一成不变，宏观的形势、行业竞争的因素都会改变企业内在价值。所以在进行安全边际测算之前，必须对企业进行评估，然后以这个价值为基准，以一定折扣买入。如果企业的价值遭受到重大的贬值，折扣会减少你的损失。卡拉曼的看法是，首先要对所持有的投资项目进行保守评估，一定要注重最糟糕情况下的清算价值。什么叫清算价值？就是公司已经烂到底了，只能把这些资产卖掉，卖掉公司资产能值多少钱。这是一个企业价值真正的下限，一般来说可以理解为上市公司净资产。

其次，他说如果担心出现通货紧缩，或者严重的通货膨胀，可以再把安全边际的折扣扩大。格雷厄姆自己都说，股票的回报率要两倍于业务风险的利率，那么这里面多出来的一倍就是所谓的安全边际，来对应可能出现的风险扩大状况。

> **总结**：安全边际的问题包括两个要素，第一个要素是对上市公司的投资价值做量化的定性分析和测算；第二个要素是对自己的真实了解，冷静地判断自己承受风险的能力有多大，然后明确地告诉自己，千万不要被眼前的迷雾所遮挡。在做好这两点的情况下，得出的安全边际才是对你本人有价值的安全边际。

六、巴菲特投资法则在中国的适用性(2)

本节我们要讲巴菲特的一些投资逻辑在中国A股市场中的适用性问题。2017年6月，大盘蓝筹股不断上涨，大量中小创的股票却持续下跌，在A股市场当中形成这样的说法，叫作"漂亮50"与"倒霉3 000"，除了这50只股票之外，其他股票都在下跌。现在我们就来对比一下，当年美国的"漂亮50"和去年A股的"漂亮50"之间，到底有何异同。

在这期间，A股的家电食品行业大幅上涨，涨幅接近50%。其中像大家比较熟悉的贵州茅台、五粮液、格力、小天鹅等等，这些食品饮料家电行业的龙头企业涨幅接近或者超过100%，翻倍了。据此来做对比，在20世纪70年代初期，美国也出现了"漂亮50"的情况，流行于美国华尔街的一批最受追捧的大盘蓝筹股，在那段时间，"漂亮50"平均股票收益率达到了156%，同期标准普尔指数却下跌了1.2%。"漂亮50"在市场上的表现可以说艳压群芳。这个所谓"漂亮50"公司的普遍特点就是经营规模都比较庞大，盈利前景比较稳定，管理机制比较成熟，当时被认为是价值投资的典范。所以当年你如果选择投资的话，只要做一个买入动作之后，就再也不用管了，你这一辈子对于投资理财这件事情都不用操心了。

所以在20世纪70年代初的时候，美国的大型公募基金、退休基金、保险资金、信托等等，都是一股脑儿地买入了这个所谓一次决策型的蓝筹股，也因此带动了"漂亮50"在资金面收益层面的不断上升。当年美国"漂亮50"最早诞生的第一个热潮应该是电子狂潮，美国的技术在1959到1962年期间产生了革命性的飞跃。这个电子狂潮说起来蛮有意思的，它跟当年美苏两国之间的太空军备竞赛是有关系的，大家都在拼军事实力，都在拼谁能够登上月球，都在拼谁的导弹打得更准。这些比拼的背后，其实都是精密电子仪器的比拼，这竟然推动了电子科技的快速发展。

所以在这个过程中，政治因素和经济因素是密切相关的。政府会投入大量的资金支持电子技术的发展，导致整个产业的突飞猛进。像我们熟悉的IBM、德州仪器公司、摩托罗拉这种有新技术的公司，它们当时就率先带动了市场的上涨。但是在1962年时，又出现了股市上涨的破灭，因为它们的市盈率太高了，最高达到了1 000倍。这事情有两点对A股市场有启示。

第一个就是，我们现在A股市场当中一直在提及的军民融合的概念，我个人对这个概念还是非常认可的。军民融合应该是带有很大的价值和战略上的含义和内容，在政策层面，它会得到大量的政府资金支持。这是一个比较重要的点。

另外一个比较重要的点就是，对于整个市场大的行情来说，第一波冲在前面的板块有可能会比较快地从历史上消亡，但是它们带来的深远影响和意义会比较大。这个我觉得对于A股市场来说也是比较重要的。

之后第二个浪潮就是出现了并购浪潮。这个并购浪潮实际上发生在20世纪60年代中期，60年代中期诞生了美国产业发展历史当中的第三次并购浪潮。当时企业并购的浪潮热到什么程度呢？就是大家简单地做合并，一家企业比如它的利润是 100 万美元，第二家企业利润也是 100 万美元，然后他们就认为，两家企业一旦合并的话，利润就会达到 200 万美元，甚至可能会产生 300 万美元的利润。这种并购其实更多的是在资本市场上面，对于上市公司的并购产生了一个估值上的大幅提升。当时很多上市公司并购，不是找产业运营专家来完成，而是找财务专家来完成并购。包括我们现在 A 股上市公司也是如此，很多公司在业绩不太给力的情况下，收购一家公司，收购这家公司以后就可以带来多少现金流，多少利润，然后二级市场估值就提升了。

这个概念和 20 世纪 60 年代中期美国玩的是非常相似的。在这轮概念之后，我就要讲一个比较有趣的点。可能跟大家一般意义上理解的"漂亮 50"不一样的就是，到了第三个浪潮的时候，才是真正产生了所谓"漂亮 50"企业，所谓概念投资阶段，就是 1969 年到 1971 年。在那个时间点，投资基金的经理们已经不再对合并的协同效应感兴趣了，更多的是由于受到了一种合并协同所带来的概念刺激的影响，基金经理们开始做的是把投资组合集中在一些有故事的股票当中，不厌其烦地向市场鼓吹股票市场背后的故事。很多当时被鼓吹的概念公司后来被证明一文不值，甚至被证明是犯有欺诈的行为。所以最终当 1969 年到 1971 年熊市到来的时候，概念投资最终宣告终结。

我们仔细来看这个"漂亮 50"的发展历史，其实有两个比较重要的阶段，前期是技术进步奠定了强大的基础，然后透过市场对于技术进步的追捧，慢慢形成了一个概念高估市场环境。中间出现了一次比较明显的调整，最后再返回来，才产生了"漂亮 50"。

"漂亮 50"产生的历史背景：第一个是美国经济当时整体消费升级。1968 年到 1982 年，美国的个人消费支出同比增速达到了 6.5%，而当时美国的 GDP 增速是 4% 以上增长，物价相对偏低，所以是高增长低通胀的格局，在这种情况下，与其说股市本身发现了"漂亮 50"，倒不如说经济增长的良好局面提供了一个牛市。在市场相对振荡的格局下,市场当中业绩股才能够对冲估值下降对股价的一个负面影响。

第一个是整个宏观经济在增长,第二个是整个资本市场运行的区间和宏观经济形成了一种背离。在这种情况下,反而让这些大盘蓝筹股形成了一个抵抗逆向增长的趋势和能力。所以总体来讲,我们觉得最终经过所谓电子热和公司并购浪潮破灭之后,投资者开始回复到基本面,然后形成了以"漂亮50"为代表的蓝筹股的新时期。"漂亮50"企业中也有非常大的分化。当年"漂亮50"的代表公司,比如麦当劳、强生、迪士尼、百事可乐、可口可乐、吉列剃须刀,等等,这些公司恰恰很多都是巴菲特后来或者陆续战略性建仓的股票,也有少数的公司曾经在"漂亮50"名单当中,但最后却消失了。

我个人认为,总体来看,"漂亮50",是一次人类历史当中对于价值投资的重新追捧。能够形成这种追捧有几个重要原因:宏观经济基本面向好、整个市场资金量充沛和这些股票从长期来讲具有投资价值。

所以从这点来讲,我觉得它是人类历史当中,第一次大规模的、全资本市场关注价值投资的热潮。时至今日已经过去了60年,很多当年"漂亮50"的公司依然是各个行业的翘楚,比如可口可乐、强生、麦当劳,等等。所以足以可见,当年的价值投资者,虽然在短期制造过一些泡沫,但是从历史的眼光和角度来讲,他们的眼光并不算差。这点我觉得非常的重要。

好,那么讲一下A股市场。A股市场这段时间的"漂亮50",我觉得跟美国市场有相似也有不同的地方。第一个中国确实在消费升级,人均GDP达到了8 000美元水平之后,中国居民的消费在大幅度提升。简单的温饱问题解决之后,现在大家对于更高端的消费、更有价值的消费、更有品牌化的消费需求正在不断地提升,这个其实是当年美国在60年代末到70年代初同样的一个经济和大的宏观环境。有所不同的是,美国在60年代末70年代初,经济是真实性的快速复苏,GDP增速可能在4%,但是在GDP增速4%之前,经济增长速度可能是负增长,所以它是一个快速的提升过程。对比一下,中国经济的增长速度实际上是在不断地下行。

然后从微观层面上讲，中国现在很多 A 股的个股已经具备了世界品牌级别的影响力。比如格力、上汽这样一些家电、汽车、白酒、通信、银行，中国工商银行也是"宇宙第一大行"，已经达到了世界级规模的影响力。但是从微观层面看，其实中国很多具有中长期价值投资的企业已经开始逐步产生和带动起来了，类似于像格力、美的、海尔这样一些家电企业，我可以断言，这样的品牌发展到今天这样一种规模和影响力，除非它的行业受到外部的大规模商业模式或者技术变迁的重大影响，否则你想让它倒掉都变得非常难。换句话说，即便这家企业要倒掉了，也会有无数的资金去对它的品牌、对它的资产进行相关的收购，已经到了一个大而不倒的影响力和发展状况中了。我们认为对中国来说，诞生下一轮的"漂亮 50"是一个必然的事情，但是我建议大家不要太过局限于 50 家公司，原因如下：

第一，"漂亮 50"是当年美国评选出的 50 家上市公司。对于中国来说，到底是不是 50 家这个数字，我持一个比较怀疑的态度。由于我们认为中国的宏观经济增长速度是在下行过程中，而微观企业是在不断地发掘和提振过程中，所以在过程当中，并不必然会有 50 家企业能够成为所谓"漂亮 50"的代表。"漂亮 50"只是选择了市值比较大的 50 家公司而已，市值大当然是一个重要的前提，但是其中到底有哪些真正符合"漂亮 50"的标准呢？我觉得这个数字可能并没有那么多，也许只有 10 家到 20 家。这是第一点，比较重要。

第二，比较重要的是，我觉得选择"漂亮 50"跟当年的美国有一些不同的地方就在于，我们一定要选择那种已经比较成熟的企业，品牌成熟、产品成熟、经营管理成熟，甚至包括分红制度已经比较成熟的企业。

第三，这些企业在具有国际影响力之后，他们依然不断地去寻找上升的空间。这些上升空间大概包括两个方向，第一个是产品的上升空间，就是不断地有新产品推出来，或者技术升级或者新产品线的建立；第二个是不断去拓展全球化的市场。打比方说类似于华为，当然华为没有进入到上市公司当中来，但是华为对于东南亚市场的拓展，对于非洲市场的拓展等等，类似于这样一种思路,我觉得应该是非常重要的,就是企业已经具有了绝对的市场竞争力,还在不断地提升自己和强化自己的竞争能力。对于我们普通 A 股投资人来说,公司还愿意去做真实的分红。换句话说,我个人觉得经历了所谓价值逻辑和判断之后,这种价值投资的逻辑不仅仅是要看上市公司的每股收益变化,更重要的是看上市公司愿意分红的比例,股息率的高低才是最为重要的,这是评判中国蓝筹股哪些更具有中长期投资价值的关键。也希望大家跟我们一起来探讨,我们来一起寻找 A 股市场当中真正的下一个贵州茅台。

粉丝答疑互动

问题

能否介绍一下个股估值的计算方法?如何判断是高估还是低估?与大盘的行情有什么关系?

回答

其实关于个股的估值计算方法,一般来说分两个要素,第一个你所投资的个股未来的年份当中的利润状况如何。这个所谓利润状况一个是公司的总体的绝对利润,另外一个就是每股的收益。为什么要做这样的区分呢?因为公司的利润总额和每股收益之间会有一个差别,这个差别就是公司股本的大与小。利润再高,如果股本切得比较细的话,那么收益依然是偏低的。我们在估值测算当中,一般是用每股收益,比如是几毛钱或者一块钱,这是最重要一个指标。几乎所有的投资人都知道,半年报或者年报出来之后,大家首先翻的第一个指标就是每股收益,一些媒体所做的这个简单的公告信息首先也是介绍某家上市公司每股收益是多少。知道这个指标之后,然后再去看行业的平均市盈率,就是我们说的 PE 了,根据每股收益给多少倍的市场估值。

市盈率是什么呢?就是股价除以每股收益所得到的这个倍数。一般来说市盈率有一个标准,这家上市公司所在的行业,在大体一致的情况下,行业平均的市盈率水平就是应该给它的一个平均的收益水平。然后你简单把每股收益乘以这个行业平均的市盈率，就可以测算出公司对应的正常股价是多少。某家上市公司年报的利润是每股收益1块钱，它所在的行业相对比较稳健，所以它的整个的市盈率给出的倍数大概在15倍，这样来说，如果给这家公司一个正常的行业平均估值的话，15块钱就是它的合理价格。这是一个简单的估值测算方法。但这个简单的原则背后却有无数的奥妙，这就是资本市场的趣味所在了。

简单做这样的测算肯定是看起来很容易，但实际上奥妙很多。两个核心的指标，第一个指标是每股收益，但是每股收益不能按静态来看，去年的每股收益你知道了，那就没有意义了。投资人关心的是未来，今年每股收益是1块钱，那么你现在需要做的事情就是测算一下明年的每股收益会是多少，甚至包括后年的每股收益会是多少。这个测算就是一个预测。预测就会有偏差。当然上市公司也会给你一些预测信息，但这些预测信息经常不靠谱。另外一个就是行业平均市盈率。因为你投资的是个股，所以行业平均的市盈率只有参考的意义。有两点要素：第一点，行业平均市盈率也会随着时间的变化发生变化。现在看起来是一个黄金行业，给它的估值比较高，那么随着时间推移，可能会变化。

所以测算估值这两大要素，第一个要素上市公司的盈利预期本身就会存在预测上的偏差，行业的平均市盈率会随着大盘的变化有所调整，所以是从两个变量来做估值。估值要想测算特别准是比较难的。你要注意的是，第一个，你持有的个股的市盈率比行业平均水平明显偏高的话，那么有没有理由支撑？如果没有的话就是高估；第二个，你持有个股的市盈率比行业平均的市盈率明显偏低的话，有没有明显的利空因素？或者对比整个行业的状况来说，上市公司本身是否有很多问题？如果有的话，那就是正常，如果没有的话，那就是低估。对于大盘行情来说，其实也是同样的道理，整个大盘向好的时候，行业平均的市盈率是可以不断提高的，在牛市的时候，整个市场的平均市盈率在60倍都是常见的，而在熊市的时候，整个市场的市盈率可能在10倍、15倍,能够相差很多倍。所以所谓的估值就是这样一种概念。

问题

怎么看待安全边际,它的作用是什么?

回答

安全边际的重要意义其实是两个方面。一个方面就是你自己对于自己的心理考量。当然你要决策买一只股票的时候,你肯定会列举这只股票能够上涨的理由,这是一个重要前提。很多人买股票完全听消息,有人跟你说这个股票能涨,然后就去买了。如果你真的是做价值分析的话,你要买一只股票,肯定能罗列出来几条理由。所谓安全边际的一个测算就是,你自己去想,这些理由的成立前提都是你对于未来市场乐观化的预期,但如果这些乐观化预期都没有出现的话,这只股票会跌到什么程度?这就是所谓的安全边际的大体范围。如果你能够在这个范围附近买入,基本上是有股价的安全保障的。

所以,买入一只股票后你要扪心自问,如果这个所谓最坏的情况发生了,股价跌到了很低的水平,自己能不能接受?这是安全边际第一层含义。

第二层含义其实是大师用得比较多,包括巴菲特、格雷厄姆他们用得比较多的,就是我测算出来这家公司正常经营的情况下,它的股价应该是在一个什么水平或者它的市值在一个什么水平。比如说它的市值应该在10个亿的水平,我测算的安全边际是10个亿,简单来算,它的市值理应在10个亿,但它现在的市值是打了7折,比如在7个亿,另外3个亿就是我所谓的安全边际,理论上来讲,就是被低估的水平。如果能够比我测算的正常的收益水平、市值水平还要再低的话,跌到了5个亿或者6个亿,那安全边际就足够大了。

所以安全边际在我们投资当中会用两种方法。一种方法就是你扪心自问,这只股票跌到最惨的情况会不会发生?如果发生的话,股价会是多少?如果跌到这个股价的时候,自己能不能接受?这是安全边际的测算。

另外一个是用常规的市值测算得出一个数字,来比较公司既有的价格,判断它是不是被低估了。如果明显低于这种正常估值的话,你现在所买的这个价格,也可以称之为有安全边际或者有安全垫的投资,它其实是你的一个潜在的利润增长。这是安全边际的两个重要使用。

问题

能不能讲一讲巴菲特常用的两段贴现法,这种方法是否适合中国市场?

回答

贴现就是把公司未来的收益按照一定的资金成本折现到现在,看它值多少钱。贴现法的测算的折现标的是现金流的流入而不是用每股收益。现金流应该比每股收益更具有实际价值,因为每股收益只是一个利润指标,其中有很多账款可能并没有真正收到。所以用现金流做贴现会比利润更加准确。巴菲特所用的贴现法被称为两段贴现法。所谓的两段贴现法,就是这个贴现分为两段,一段测算未来 1—10 年现金流的贴现状况,然后再测算 10—20 年的现金流折算方法,这就是所谓的两段。两段的区别主要在于所选取的贴现利率水平不一样。为什么?两点:第一点,从现在到 10 年测算起来已经挺难了,从第 10 年到 20 年的收益或者现金流状况测算,那就更加难了。所以在中间有必要做一个区分,而且所选择的贴现率的标准也是不同的。具体的案例,巴菲特在投资可口可乐的时候用的就是所谓两段式贴现法。

两段贴现法的操作其实很难,每股收益测算还要相对容易一点,但是把每股收益折算成现金流的话就难多了。据我所知,在中国更难,因为涉及三张财务报表,资产负债表、损益表和现金流量表。

现金流量表的测算其实是蛮难的,上市公司的现金流量表测算还算清楚一点,中国大量的非上市公司的现金流量表很多都是财务在那儿瞎算的。现金流量表的测算本身对于财务来说就是一个比较难的问题,常常并不准确。但巴菲特测算的品种有两个重要的前提,第一个他觉得被测算的对象首先应该是一个优秀的企业,就是这家企业的现金流是能够稳定而且能够持续增长的。这是进行计算的根本前提,而不是说我随便弄过来一家公司,我就去给它测算现金流的贴现,这本身就不符合巴菲特的原则,是没有任何实际意义的盲目测算。当然了,隐含的前提就是现金流要稳定,而且有持续不断的增长。

  第二个就是在自己的能力理解范围当中,因为你不懂的行业的现金流测算是非常难的。所以巴菲特按照这两个原则去做现金流的贴现测算才是重要的前提,而不是简单地去看财务状况,简单地做财务预测,简单地去做贴现的计算公式,这些公式在技术上都是非常容易的,关键还是测算本身的难度。总之,还是要坚持"不熟不做"的原则。用现金流去做贴现的话,测算是比较准确的。但正因为它测算比较准确,就使得你的预测的难度会更大,只有自己熟悉的公司才能够去做。

第五章

巴菲特的投资法则
——读懂财务报表

一、从损益表看公司的长期盈利能力(上)

扫码免费收听最新解读

从本节开始进入下一个模块了,就是通过财务报表分析来看巴菲特的投资逻辑。巴菲特一个重要的特征,就是他在自己的办公室里压根儿没有电脑,包括智能手机都不用。最近几年才刚刚开始用手机,仅仅是为了实现通话,别人能找到他。智能手机、电脑都不用,那他怎么去读公司的资料呢?他一方面是读报纸上的新闻。报纸可以理解为是动态的信息,另外有静态的信息,就是读上市公司的财务报表。巴菲特在投资过程当中,其实大量的时间是用来阅读上市公司财务报表的。

本节讲通过看损益表,也就是上市公司的利润汇报表,来判断上市公司的盈利能力。我们会从巴菲特的角度来做解读,总共会拿出八个指标来跟大家做分析。

一、毛利率

毛利率指标,巴菲特认为,只有具备某种可持续性竞争优势的公司,才能在长期运营当中保持盈利,而毛利率在 40% 以上的公司,就应该重点关注。关注的方向包括什么呢?主要是查找公司在过去 10 年的财务报表业绩中,毛利率是否有持续性。所以巴菲特首先是选毛利率比较高的公司,然后观察高毛利率是否具有长期持续性。

毛利率＝(公司的主营业务收入－公司主营业务成本)/
主营业务收入

　　一家公司一年的主要营业收入是 100 万,成本是 60 万,那么毛利就是 40 万,40 除以 100 就是 40％的毛利率。毛利率反映了公司主营业务创造利润的能力。如果有一家上市公司的毛利率达到 90％以上,也就是它卖 100 块钱的东西,居然能赚 90 块钱的毛利。这样的公司有吗？有,比如贵州茅台。

　　巴菲特喜欢毛利率高的公司,毛利率高代表公司的安全边际大,说明公司有一定的垄断能力。巴菲特一直讲"护城河"的概念。护城河,从财务指标上,第一个重要的衡量就是毛利率。毛利率如果足够高的话,就表明公司是有护城河与垄断能力的。但是需要注意的是,凡事是有一个度的。关于毛利率这个指标,建议大家也要辩证地分析它。毛利率如果特别高的话,就要分析导致毛利率特别高的原因是什么。如果这家公司有特别独到的技术、专利等等,别人没有办法效仿,导致毛利率高,比如说茅台酒,算是一个比较可靠的护城河。

　　但是如果这种毛利率仅仅是因为这家公司率先进入到一个蓝海,一个其他公司还没有发现的领域,那这个毛利率就不一定可靠了。当其他公司发现这个领域能赚钱,就会争相进入。经常有人开玩笑说,中国人的习惯就是,开一家加油站之后,旁边就会开第二家、第三家加油站。而犹太人的特点却是,如果有人开了一家加油站,他就不开加油站了,他就配合着这家加油站去卖水、卖汽车的服务用品、卖保险等等。毛利率高的行业会像一块肥肉一样摆在那儿,别人一旦羡慕,那就意味着潜在的竞争者会进入。所以毛利率产生的根源,到底是无可复制的竞争优势,还是只是短期的效应,对于评判来说非常重要。

　　从这点来讲,毛利率高固然代表了护城河的效应,但反过头来讲,如果这家公司有更强大的能力,它可以把毛利率杀到很低,低到了让其他的竞争者不敢进入,这同样也是一种能力。这一点是大家可以反向思考的。某家企业有能力做到薄利多销,把价格杀到很低,利润杀到很低,然后由于利润薄到了其他企业不愿意进入,或者没有本事去进入的状况,那其实也是一种护城河效应。所以对于毛利率的理解,若站在巴菲特角度来讲,有以上几点深入的概念跟大家分享。

二、营业费用

在损益表当中,除了主营业务收入,往下看就是营业费用。它一般来说包括三块:销售费用、管理费用和财务费用。这三大费用当中,最重要的是销售费用。销售费用就是公司在销售产品和提供服务过程当中所产生的费用。一般来说,是公司为了实现销售所增加的费用,主要包括广告费、营销推广的费用、销售人员的费用,等等。总体来说,销售费用肯定是越低越好。费用越低,主营业务收入扣掉成本,再扣掉费用之后,营业利润率就会越高。但是巴菲特的观点不一样,他并不认为销售费用要一直低下去,他判断销售费用有一个重要的标准,叫作花出去的每一块钱能否创造高出一块钱的价值。

比较经典的案例就是 1996 年,巴菲特的伯克希尔·哈撒韦公司收购了政府雇员保险公司。其他公司考核 KPI 是控制成本、控制费用,从而提高利润,但巴菲特给这家公司的建议是什么呢?不断地扩大销售费用,巴菲特一直不断地要求提高销售费用。1995 年,伯克希尔·哈撒韦公司进入之前,政府雇员保险公司的营销费用是 3 300 万美元,到了 1998 年,公司的营销费用增长到 1.43 亿美元。对应于公司新接的保单和有效保单数量增长来说,提高费用是有价值的。到了 1999 年,巴菲特说,我们现在再次提高公司的市场营销费用,最少支出 1.9 亿美元,目标是继续扩大销售额。他说我们只是简单地去衡量花出去的每一块钱能否创造出高于一块钱的价值,只要估算确实划算,那么就是花的钱越多利润越多。

但是这个事情也有个转折点,到了 2000 年,随着销售费用的增长,新增保单的数量比上年反而下降了 11%,所以当年巴菲特认为这事出乎意料,他认真做了一个反思。他说,他发现一个原因,就是投入的销售费用遇到了一个瓶颈,这个瓶颈就是我们在广告上大幅度提高了曝光率,但是我们在某些媒体上的曝光实在过度频繁了。大家知道,通过任何一家媒体增加广告的投入数量,最终效果肯定是递减的。在有线电视频道上,一个小时内第三次的广告效应肯定不如第一次的广告。巴菲特形成这种判断之后,这家公司的 CEO 也马上采取行动,开始削减广告费用。2001 年的时候,这家公司的保费收入增长了 6.6%,浮动现金增加了 3.08 亿美元,取得了 2.21 亿美元的承保收入。表明公司虽然降低了营销费用,但是从实际的财务报表的优化来讲,反而会更有价值。

到 2002 年的时候,巴菲特又再次建议增加广告投放的成本效率与比率。2003 年一直到 2008 年,巴菲特给这家公司的建议一直是增加营销费。

这个案例其实有几点可以分享。第一点就是营销费用的开支绝对不会有一个天花板。它衡量的唯一标准就是投入和产出是否划算,而不要简单地从年头就设定好一个所谓的天花板,而是要根据你投放的效果来确定相关费用的增减。

第二点就是在具体投放的媒体选择上,其实是有蛮多技巧的。在我身边有很多企业家,他们每年的营销推广预算非常高,上亿元的都有,但是他们也非常头疼。以前的投放方式比较简单,比如在全国性消费频道,在卫视上去不断地投。当年的哈尔滨制药六厂的某种保健品,据说是买下了当时国内主要的卫视平台所有的垃圾时段,然后狂轰滥炸,一下子成了知名品牌。但这中间有一个经济学上经常讲的边际效用存在。

什么是边际效用呢?当你饿到极致了,给你一个馒头,你一下子吃下去,肯定觉得很爽。但是你只吃了三分之一饱,还有三分之二没饱,吃第二个馒头的时候,你会觉得更开心,吃到第三个的时候,你觉得很满意,但到第四个馒头,你可能就觉得有点恶心了。所以对于营销费用来说,需要找到的是那个转折点,也许吃到第三个馒头的时候,你做的就不再是简单地追加广告,而是优化你的投放渠道和结构。比如现在很多企业投放不再选择电视了,开始选择新媒体。但新媒体怎么去投？这其实是新时代给我们带来的新问题。所以销售费用这一块,巴菲特的说法就是：每花出一块钱,要能够创造出高于一块钱的价值。这个是在做销售费用评判中一个非常重要的标准。

三、管理费用

管理费用其实主要就是指一家公司雇佣管理层所产生的费用。巴菲特曾说,他投资一家企业,就是看它的管理层,投资的就是人。你跟他去接触,跟他去聊天,看他的能力,看他的人格魅力,看他的情商,看他的智商,看他管控公司的手段等等这些软实力。硬实力就是体现在公司的财务报表当中的一些管理数据。巴菲特的基本逻辑是,他非常不喜欢管理费用占比特别大的公司,因为他认为管理费用占比特别大的话,意味着这家公司有可能存在着人员过度臃肿的问题。他经常举自己的例子,他的公司有上千亿的资产需要管理,但是公司的员工就20多个人,所以人均管理费用,伯克希尔·哈撒韦公司应该是全世界最低的。他说,在他们公司内部,没有法律部门,没有人事部门,没有投资者关系,甚至也没有战略规划管理部门,他的公司甚至不需要警卫、司机或者是送信跑腿的人,这些后勤部门他都不需要。

伯克希尔·哈撒韦公司因为有核心和灵魂人物在,而且这个公司也不是一个人员密集型的公司,而是核心智力型的公司,有那么几个核心专业人士就够了。但对于其他公司,比如制造业公司或者消费品公司就不能这样。公司基础的人员团队数量需要非常大。基础人员团队数量非常大的话,也意味着管理层架构必须要有价值,必须要有相配套的管理人员进行管理。打个比方,某家服装店,全中国有上千家销售门店,要想把每家门店都管理好的话,你所配备的管理人员数量再削减也会有一个下限,不可能完全做到像伯克希尔·哈撒韦公司那样精简。但是对于管理费用的考量,就成了巴菲特判断的一个要点,他一般认为公司的管理费用越低,公司管理效率就越高。对资本家和投资人来说,管理费用其实就是高管的工资和收入,人数越少这部分开支肯定就越少,对公司的利润提升的效果会更大一点。

此外在管理费用的分级科目中,有一个研发费用,也需要特别关注。巴菲特提出一个概念,他说,应当把研发费用从管理费用当中独立出来。巴菲特不太喜欢高科技公司,所以他对于研发费用过高的公司不是特别喜欢,他自己总是在回避那些必须要花费巨额研发开支的公司,比如医药类企业,比如高科技企业。这些企业必须要有大量的经费用于科研开发。如果成功的话,当然会有一个非常棒的大饼给你吃。但如果不成功的话,公司的业绩就会受到巨大打击。

在巴菲特看来,他选择的公司必须要具有10年以上的投资持续性,研发费用高是巴菲特向来比较反感的事情。他会认为这家公司的持续性存在巨大的风险。当然了,这跟巴菲特的个人有关,我建议大家也未必完全排斥。如果有些科技类的企业,专业的行业,你自己能够读懂,自己有能力去研判这个行业的科技产品发展的趋势,我觉得研发费用高有可能反而更有价值,当然其中的风险也会比较大。

四、折旧费用

折旧费用按照基本概念来讲,就是指在固定资产的使用寿命当中,按照确定的方法对应折旧额,按时间来进行摊销的费用。上市公司的损益表里其实并不单列折旧费用。折旧费用分别会被计入产品成本、销售费用和管理费用当中。这时候就是报表之间的勾连关系了。除了看到损益表之外,在现金流量表当中会披露当期发生的折旧费用。但是在我们A股上市公司当中比较明显的一个状况,因为折旧费用的摊销制度是略有一定财务调控空间的。为了使当期的财务报表好看或者难看,是完全可以通过折旧费用的调整跟政策的变化来做手脚。当然这个是比较粗浅的一个财务调控的方法,提醒大家A股市场当中经常会出现这样的调控手段。

巴菲特非常关注折旧费用的变化,他经常会详细地分析报表的附注,对比同行业其他公司,来看公司折旧是否合理。为什么呢?因为每年足额折旧就相当于为公司未来更新这些固定资产积蓄资金。所以巴菲特选择的方向,往往是那些对固定资产依赖比较小的公司,比如可口可乐、宝洁,这些公司的折旧和摊销费用在毛利润当中所占的比例一直处于10%以下。其他一些制造业的重成本的公司,遇到金融危机的时候,影响就会比较大。比如说通用汽车,次贷危机的时候差点破产,幸亏政府来相救。汽车行业的折旧和摊销费用占毛利润的比例基本上会达到20%到40%以上。这就意味着你的固定资产占比过大,一旦出现大的冲击,企业的压力就会比较大。

二、从损益表看公司的长期盈利能力(下)

上面讲了四个指标,接下来我们讲剩下的四个指标。

五、财务费用

财务费用一般也可以理解为是利息费用,就是公司用借贷的形式对外欠款所引发的费用。这个费用比较有意思,有几个重要点给大家做一下解读,因为简单看财务报表的话,可能会出现一些误区。

财务费用主要反映的是公司在当期的财务年度或者是财务季度当中因为所借的债务所支付的利息费用,这种利息费用也称之为财务费用。对于大多数的制造业企业和零售企业而言,利息支出是远远大于它的利息所得的。所以公司负债越多,必须支付的利息就越多。但是一般看的是财务费用的支出占到整个营业利润的比重,简单来讲,肯定是财务费用占比越小越好。但反过来讲,财务费用占比高是不是就必然是坏的状况呢?我觉得也未必。财务费用占比比较高有两种可能:

第一种确实是因为所处的整个行业竞争比较激烈,公司在这个行业要保持较强的竞争力,对外部资金的融资需求比较强。金融机构也会处于一个相对比较强势的地位,可能要求你支付的利息会比较高。这是第一种情况,可以理解为一个比较坏的情况。

第二种情况就是这家公司或者这个行业具有比较好的经济发展前景,同时公司对外进行了一个杠杆式的收购。如果收购的是一些有债务的公司,就不得不承担被收购企业的债务开支,这样有可能会导致短期内财务指标当中的财务费用开支比较高。巴菲特认为,那些具有持续竞争优势的公司几乎不需要支付利息,甚至没有任何利息支出。但是如果对于后者来说,那就需要做进一步的研判了。

举几个例子。具有长期竞争优势的宝洁公司,它所花费的财务费用占到营业利润的比重大概不会超过10%,大约是8%,而箭牌公司,平均的财务费用占到营业利润的比例只有7%。相比而言,类似于固特异这样的轮胎、橡胶制造业的企业,市场竞争非常激烈,又是资本密集型,就会经常缺钱,整个财务费用占比有时会接近50%。一些高度竞争的行业,比如航空业,利息费用也是被用来判断公司是否具有竞争力的重要指标。

在同一个行业中,这个指标的差别对比就会更有价值。比如一直保持盈利的西南航空,是美国非常著名的廉价航空公司,它的财务费用占比只有不到10%。但它的竞争对手联合航空,财务费用占比却接近60%。美国航空公司当中另外一个代表性的公司就是美国航空,这家公司的财务费用开支占营业利润的比重接近90%,它最大的资金来源来自借款,借款的开销大量地摊销了公司的利润收入。对比这三家公司,你去选择投哪一个呢?同行业中,显然西南航空比美联航、比美国航空经营状况要好很多。

在消费品领域中,巴菲特钟爱的那些具有持续竞争优势的公司,利息费用占比一般都小于15%。但是,这个指标还是要分行业来具体分析的,比如巴菲特还投了另外一家银行——富国银行,它的财务费用开支占营业利润的30%以上。为什么富国银行达到30%呢?这中间就涉及行业差距,30%看起来很高,特别是相对于可口可乐这样的快消品公司来说,费用实在太高了,但是当你把它放到整个美国银行业当中,这个比例却是比较低的。

所以我们从利息费用占营业利润的比例,可以看出一家公司的对外借贷资金的能力,以及它用这些资金去产生利润的能力,这是一个比较重要的指标。

借钱意味着负债产生,也意味着你要去还利息,这是一个负面的东西。但是反过来讲,你借的钱,如果能够产生出更多的利润,那么债权人获得的只是固定的利息回报,利润如果比较高的话,那就成了股东的收益,这也是一个基本的原理。

这个指标从监管角度来讲也非常重要,是判别一家公司是不是喜欢"玩财技"的方法。比如,监管部门在中国推行的所谓"穿透式监管"。什么叫"穿透式监管"呢?往上穿透到资金从哪里来的,最终出钱人是谁,往下穿透到这钱到底干什么用,中间有可能出现一个灰色地带,就是我们经常说的"资金池"——你也融一笔,我也融一笔,放入一个大池子,放到P2P公司这里来,然后你不知道他最后投在哪里,这种情况就是风险所在。其实投资者也需要"穿透",你如果能够穿透到比如你投了1万元,这1万元企业用于什么样的项目,你就可以估算出来这笔投资到底有没有风险。上市公司也是如此,给上市公司借钱的人是谁?钱又用到什么地方去了?可以帮助判断这家公司的管理稳定性。

六、税前利润

一般来说大家做投资的时候,经常喜欢看税后利润,但税前利润其实更加重要。税前利润是巴菲特计算投资回报率中经常会用的一个指标。巴菲特当年做过这样一个投资,他买入过价值1.4亿美元的华盛顿公共电力供应系统的免税债券。注意"免税"这个词,由于它是税前的,所以1.4亿美元的资金投入带来2200万美元的免税利息。如果把免税利息回报做一个折算,折算成税前收益的话,那么2200万美元的收益折算下来就是4000多万美元的税前利润。换句话说,巴菲特买债券的时候,特别是买这种免税债券的时候,他做了一个重新的折算,他相当于购买了一家每年能够赚4000多万美元税前利润的公司。平常他如果要投资这样规模的公司,需要花费的投资资金是2.5亿到3亿美元,而他现在用1.4亿美元就实现了同样的收益回报。这个案例不知道大家有没有明白,就是你拿到的如果是免税债券,比如国债,就可以得到税收上的减免,你所折算出来的税前的利润,对应于你的股权投资来说,就更有价值。如果这家公司遇到风险要破产的话,债务回报的清偿是在股权回报之前的,这里也隐藏了一个重大的利益。

巴菲特经常会算这样的账,我这笔钱投给一个免税债券,拿到净收益这么多，折算成税前收益会是多少，做这样相关的投资，我需要花多少钱，然后我再决定究竟是买某家公司的债券还是股权。大家日常关注比较多的是税后利润，但是一些债券是可以免税的，所以税前利润往往会成为巴菲特用来考量公司利润的重要指标。在过去40多年巴菲特给股东的信当中，我们可以发现巴菲特特别关注的不是税后利润，而是税前利润。他计算市盈率时也经常会按税前利润来计算，因为他认为不同公司、不同行业得到的税收政策是不同的，税前利润能够更客观地反映出公司的真实经营业绩。因为税的高低是上市公司无法改变的，所以要避免这个因素给公司估值带来的影响。

七、净利润

净利润＝主营业务收入－成本－费用开支－税款

巴菲特关注净利润，主要是关心它长期的上涨趋势。以前章节中有过一道题：A和B两家公司，A公司的收入是100亿，净利润是20亿；B公司收入是1000亿，净利润是50亿，请问你会选择哪家？我们肯定是选择A了，因为B公司的净利润率只有5%，而A公司的净利润率达到20%。所以这里我再次强调，在做财务指标分析的时候，更多的是在用比较性的指标，而不是简单地看绝对数值。

比如像可口可乐这样的优质公司，它的净利润回报应该在20%以上；巴菲特投的西南航空，净利润回报大约7%。如果从长期回报来讲，这个比例是不是稳定、能不能增长，这才是巴菲特关注的焦点。

八、每股收益

每股收益＝净利润/公司股票总数量

这是A股投资人关注比较多的指标。对应于每股收益，另一个关注比较多的就应该是市盈率。市盈率理论上是越低越好，而且应该把净利润和它的市盈率的历史的比值做一个比较。行业的平均市盈率是在多少？行业最坏的情况下市盈率是在多少？你要购入进行投资的时候，它的市盈率又是多少？这个市盈率未来是有上升的趋势还是有下降的趋势？这就是我们经常讲的，财务指标投资的双杀或者双击——就是如果经济环境比较好的情况下，一家公司的利润增长，同时由于经济环境比较好，资本市场给它的市盈率也会比较好，利润增长，市盈率增长，股价成倍增长，这就是双击。而在经济形势不好的情况下，上市公司的利润下降，资本市场的估值也在下降，股价成倍衰减，这就是双杀，这中间的差别会非常大。

巴菲特观察每股收益的时候，往往也是跟市盈率结合在一起看的，看这两个指标之间能否形成良性的互动，是正向互动还是负向互动。两个指标在正向互动的时候，坚决介入；两个指标负向互动的时候，坚决远离。这个原则对A股投资人也一样有效。当然，这还要取决于你对这家公司、对这个行业的熟悉程度。要熟悉行业的平均市盈率，知道这个行业最低市盈率大概是多少。比如中国的银行业，市净率跌破1倍的时候，市盈率跌破5倍的时候，往往就具有长期的投资价值，基本上没有风险。对于中长期的相对保守型的稳健投资人来说，就应该果断地介入。长期来讲，投资回报应该是相当不错的。

> **总结**：损益表很重要，因为一家公司是否赚钱，赚多少钱，直接影响我们对它的投资判断。但是要提醒的是，损益表的数据只是公司经营的结果，而不是过程。知道结果之后，能不能读懂过程才是对一个真正投资者的要求。

三、从资产负债表看公司风险

懂得基本财务知识的朋友应该知道，资产负债表有个基本的平衡式就是：资产等于负债加所有者权益。所以我们利用资产负债表的资料可以看到公司资产的分布状态，包括负债，包括所有者权益的构成状况，据此评估整个公司的资金运营状况，财务结构是不是合理，包括分析公司的流动性和变现能力,以及长期或者短期债务的规模和偿债能力,借此来评估公司的承担风险能力,等等。这些在财务管理课程当中都会提到的。在这一节里,并不是要上财务课,而是要从巴菲特的角度,去快速读懂一个公司的资产负债表。

巴菲特在看资产科目的时候,主要是看以下几个方面:

第一个比较重要的科目就是现金和现金等价物。严格意义上讲,在一般的资产负债表中,是没有现金和现金等价物这个科目的,我们能够观察的是流动资产当中的一个子科目,这个科目的名字叫作货币资金。现金就包含在这个所谓的货币资金当中,而所谓的现金等价物也可以理解为包含着有价证券。巴菲特在看这个科目的时候,特别关注的是三点:第一点,公司的闲钱很多吗?第二点这么多年来,公司的闲钱一直很多吗?第三点,这些闲钱都是从哪里来的?是公司自己经营业绩创造出来的,还是通过其他手段拿到的?

总的来说,如果一家公司账面上的现金很少,那就很可能会造成经营周转上的困难,就会出现偿付上的问题。大量的资产都是长期资产,一旦出现短期债务到期怎么办?比如乐视,乐视的资产应该是很庞大的,但是要偿还的到期债务也很多,这就会遇到问题。另一方面,一家公司如果账上有很多的现金,远远超出它正常经营流动资金需要的话(而且常年如此),就可以判断出一个重要的结论:这家公司肯定很有钱。但是由此也会衍生出来一个重要的问题:那么多钱存放着是不是很浪费呢?

据说,巴菲特在办公室里挂了这样一句格言:有钱的傻瓜到处都会受到欢迎。这句话是什么意思?巴菲特自己在投资过程中,所选择的对象往往都是有钱的主,投资人永远嫌贫爱富。如果公司账上的现金在过去5到10年里都是逐年增加的,那就表明这是一家能够赚到钱的公司,而且这种超级赚钱的公司,正是巴菲特需要寻找的投资目标。

巴菲特在伯克希尔·哈撒韦公司内部的一个员工手册上曾经说:实现我们长期经营目标,首先是能拥有一些能够产生现金,而且能够持续获得高于平均水平收益率的企业，形成业务多元化的集团。其次的选择就是，部分拥有上述完全控股企业相似的公司，这主要是通过我们的保险子公司买入可流通的股份来实现。简单来说，就是我们要投的就是账户上有钱的公司。对比巴菲特自己的公司也是如此，巴菲特自己的投资公司——伯克希尔·哈撒韦公司，不仅现金流充足，在公司账上，一般来说总是保持着100亿美元左右的现金。这在一些人看来会有些资金上的浪费，但是这个浪费其实是值得的。

因为巴菲特的投资逻辑就是我永远手里要有现金，当市场下跌的时候，我手里有粮，越跌我越能够买，而不是满仓被套牢。所以巴菲特手里一直拿有现金，一旦有机会到来，可以马上出手。巴菲特曾经回忆说：我爷爷不仅连商业院校没读过，甚至高中都没有读完，但是我爷爷有一个非常明确的基本生存原则，那就是变现能力至关重要，爷爷喜欢存1 000美元的现金以备急用。在伯克希尔·哈撒韦公司，我们也严格遵循他保留足够现金的原则，但保留的现金数量要比他的1 000美元大一些，至少持有100亿以上的美元。

而且这100亿美元还要扣除掉，比如它们下属的政府投资的公用事业公司，因为这些公司的现金收入可能会在使用时有限制。他说由于这样的承诺——我们手上至少要保持有200亿美元的现金，这样才能够使公司在出现重大亏损的时候不至于崩溃，而且能够迅速抓住稍纵即逝的投资商机。

巴菲特的逻辑跟一般投资人的逻辑不大一样。很多投资人希望自己投资的公司每一分钱都不要闲置，每一分钱都能够用到产生更大价值的地方。当然，这是利润表上要考核的事情。但从资产负债表上来讲，基本的现金存留事关企业的生存，事关能不能把握住生存的机会。

第二个科目我们要讲存货。存货的科目也是包含在流动资产的科目下面，包括原材料、再生产品，以及库存商品、周转材料，这些都属于存货。可以理解为公司有一个大仓库，这里面放了很多东西，一般来说采购的原材料得放在仓库里，生产的成品要放在仓库里，生产的半成品要放在仓库里面，等等。巴菲特通过观察存货的总体规模,来判断公司的资产规模。他说,公司存货的种类要足够多。公司存货的种类越多,意味着整个公司的客户选择范围会越大;公司的存货数量越大,就越能够满足客户的交货需要。

举一个例子。巴菲特的伯克希尔·哈撒韦公司投资过一家珠宝公司,虽然这家公司只是开在奥马哈小城里,但是在1990年却创下了逆势增长18%的销售业绩。巴菲特总结说,除了成本价格比较低以外,这家公司成功的重要原因就是公司的存货足够多。当你存货足够多的时候,客户选择的余地就足够大,交货就会足够快捷。当某一个行业、某一个市场快速迸发的时候,有足够存货的企业就能够获得更大的效益。

但是反过来讲,如果一家公司的存货太多的话,资金就会压住,意味着公司的现金流会有问题。所以各个科目之间是要做综合地分析、平衡和考量。当它的存货足够大的时候,依然能够保持充沛的现金流,这家公司可能就是比较好的公司。而如果这家公司存货虽多,但现金流却不够,问题就会比较大。这是两个科目的勾连关系。还是举乐视的案例。乐视公司估计在它的库存存货当中,类似于乐视电视应该挺多吧,但是乐视电视如果需要变现的话会比较困难。现金流不够,存货虽然多,依然是一个风险。但另外一个案例,2017年大家观察到的——中国的钢铁、煤炭价格都在上涨。如果从2016年下半年开始就大量囤积钢铁和煤炭产品,而且种类繁多数量大的话,在钢铁和煤炭价格快速上涨的过程中,公司就会获得暴利。这就是关于存货这个概念两方面的辩证解读。

巴菲特收购伯克希尔·哈撒韦公司的时候,这家公司是做纺织品的。1970年的时候,这家纺织公司遭遇到一个困境,美国家用纺织品的销售出现了大幅度的下滑。巴菲特回忆说,他们当时不断减少生产计划,以避免存货积压。但这种削减产量的做法,对公司来说成本巨大,对员工的生活和收入也会带来破坏性的影响,最终虽然使得存货比去年一年有所下降,但是存货水平相对于现在的销售水平来说依然很高。他说必须要不断地去进行调整。

换句话说,存货的规模和整个销售的营收增长是密切相关的。这就到了另外一个会计报表之间的财务关系上的勾连。你要观察公司的销售收入是不是能够逐渐增长，销售收入如果逐年增长的话，存货也在同步增长，其实是件利好的事。但如果存货不断增长，公司销售收入却遇到了压力，存货可能就意味着一个巨大的包袱。所以公司必须不断地根据市场销售情况调整存货，最终找到一个合理的存货水平。

在财务管理角度来讲，有一个比较重要的观察指标，叫作存货的周转率，就是销售收入与存货的比例。存货周转率是我们判断一家公司存货变现非常重要的指标，大家可以给予重点关注。

第三个要讲的指标是应收账款。应收账款水平的高低和公司的销售方式直接相关。现金销售越多，应收账款的收入就会越少。巴菲特的原则是，在不影响销售增长的情况下，应收账款总是越低越好。

巴菲特自己投资的喜诗糖果主要是现金销售，它的应收账款是很少的。巴菲特自己在2007年给股东的信中提道：喜诗公司销售产品采用现金结算，因此根本没有什么应收账款。而最早巴菲特投资的伯克希尔·哈撒韦的纺织厂主要是赊销，大部分收入不是现金，而是应收账款。1978年，巴菲特在写给股东的信中说，尽管固定资产投入成本非常低廉，但是我们的纺织品业务资本的周转率仍然相当低，要实现销售收入增长，必须发生大量的应收账款和存货，需要占用大量的资金，纺织行业的低资本周转率与低销售利润率并存，不可避免地会造成投入资本收益率无法达到必要的水平。这也就是巴菲特后来为什么断然地让伯克希尔·哈撒韦公司离开了纺织行业，他没有办法突破这两个瓶颈：产品卖不掉，然后又有应收账款大量积累。这就会成为一个类似于癌症的状况，当这种"癌症"出现的时候，你或者退出投资，或者是要求公司调整自己的主业。

另外企业要扩大销售收入的时候，应收账款也是必须要相应增加的。1983年巴菲特在写给股东的信当中提道，要想实现收入翻番这样一个目标，两家公司很可能不得不把他们在有形资产上的投资相应翻番。这是因为不管是好企业还是坏企业，销售收入翻番都会意味着相应的应收账款和存货的资金占用会大量增加。最理想的状况是公司的销售收入增长，盈利增长，但是应收账款却在下降，这其实是最重要的目标。巴菲特上面这样的描述，核心含义就是：在公司规模增长的时候，最好的企业就是存货的增长，包括应收账款的增长低于销售收入增长，这才是最良性的资产负债表格局。

第四个指标是关于房产、厂房和机器设备。这三项归结在资产负债表中的固定资产一项。它是以初始的购置成本减去折旧后的价值来记录的。一些不具有行业竞争优势的企业，不得不经常去更新厂房设备，这就会产生一种持续的隐形开支，体现在公司资产负债表上，就是厂房和设备的价值数额一直在增加。巴菲特提醒投资人：你们要想赚取持续的利润，就要购买那些无需花费大量资金更新厂房和设备的公司。如果你想获取持续的利润，最好这家公司的固定资产不需要高频度地更新。早期的巴菲特是比较偏爱投资轻资产类公司。这中间有一个故事，巴菲特最早对于美国航空公司一直是敬而远之的，但最近几年巴菲特又坚定地投资航空公司，这中间变化的原因是什么呢？

最早，他之所以不愿意投航空公司，就因为航空公司的飞机要不断地更新固定资产，资金需求非常大，可为什么后来他又选择投资航空公司呢？因为他发现航空公司的竞争发生了一个比较大的变化。在十几年或者二十几年前，美国的航空公司竞争非常激烈，竞争激烈正是刺激企业不断地更新固定资产的主因。到了最近几年，大家知道美国航空公司基本上聚焦在了三到四家垄断企业，这时公司对于固定资产更新的压力就没有以前那么大了。所以虽然航空依然是固定资产占比很大的行业，但是对于巴菲特来说，竞争的下降让企业不需要频繁地花费巨额资金更新固定资产。

写到这里，大家可以发现一个比较重要的点，就是：所谓的财务指标的评估都不是静态的，而是动态的。这个动态不仅包括时间上的变化，也包括行业竞争状况的变化，也包括行业发展趋势的变化，也包括不同财务指标之间的勾连关系上的变化。

最后再讲一下资产负债表的另一个科目——无形资产。无形资产大家比较熟悉,就是品牌。比如可口可乐的品牌,可口可乐老板一直在讲,如果我的公司被烧成灰了,我凭着可口可乐这样一个品牌,也可以迅速地把我的公司重建起来。但巴菲特比较重视的无形资产并不是我们通常所说的品牌,他关心的是另外一类的无形资产,这个无形资产就是公司的核心管理层——人才。所以巴菲特在选择投资的时候,一直非常注重管理层的管理人员的能力和水平。这在之前的章节中多次讲过。所以在巴菲特看来,所谓无形资产,最重要的一块是管理层的人员和能力。人才,从严格意义上来讲,是无法从财务报表中读出来的。特别提醒大家,无形资产的评估,不管是中国还是国外,都存在着巨大的弹性。

再举个简单的例子。在20世纪90年代的时候,评估家用电器公司,比如四川长虹,无形资产肯定是相当厉害。但到了今天,同样这个品牌,随着时代推移,价值就已经不大了。新兴的竞争对手不断出现,它的无形资产价值是在下降的。而在财务报表当中,体现出来的无形资产价值却调整得非常缓慢,特别是当公司意识到我的无形资产实际上是在不断贬值的时候,公司并不会主动去调降财务报表当中无形资产的定价。所以无形资产应该是在财务科目当中存在水分比较大的一块,哪怕这个无形资产的评估已经得到了会计师事务所的审计和认可。

四、从资产负债表看公司收益

上节讲了资产负债表的资产部分,这节来讲资产负债表的负债和所有者权益。

第一个指标叫作短期借款。短期借款就是在一年之内,必须要还清的款项。一般来说是包括商业票据和短期的银行贷款,这个科目一般是在流动负债的科目之下。大多数企业并不把短期借款当成一个非常核心的财务指标,虽然它看起来是一个有还款压力的指标。但对大多数企业来说,借款到期之后,仍然能够还清利息的话,借款方一般是会来给企业展期,也就是所谓"借新还旧"。这样的循环可以把短期借款在实际执行当中变成长期负债。所以很多企业,包括财务报表的分析人员,不是特别看重短期借款这样的指标,甚至认为短贷长用是一种常态。但巴菲特就非常不喜欢进行短期借款。

1992年他在给股东的信中说:总的来说,我们仍然要尽量避免借债,尤其是短期的借债。不过如果规划安排合理,而且能够为股东带来相当大的利益,我们也愿意承担数量适度的借债。巴菲特对于借债本身意见比较大,对短期借款意见是最大的。在正常情况下,大量介入短期借款,通过滚动续借的方式来实现所谓的长期资金使用并没有问题。但是一旦遇到意料之外的事情,比如金融危机,银行自己都没钱,就会逼着你按期履约还款。在这种情况下,借款本金要一次性抽回,那么企业的资金链条就会出现中断甚至是面临倒闭的风险。现实当中,中国就有很多这样的案例。当银行评估一家企业存在信贷风险的时候,就会催你先把旧的款还掉。

所以巴菲特曾经提醒过这样一个问题,当金融危机爆发的时候,大家都缺钱,到那个时候,就会知道短期借款带来的巨大风险。他说:财务杠杆对于企业来说也可能是致命的,背负巨大债务的企业经常会设想负债到期时自己肯定能再融到资,而不用去偿还本金。这些假设一般是合理的,但是在一些特别情况下,或者由于企业自身出现问题,或者是全球性的贷款短缺,到期的债务必须要还本付息,这个时候就只有现金管用了。

彼得·林奇,他也是价值投资的标杆。他也说短期借款是债权人提出要求,必须进行偿还的借款,这种负债不一定非得从银行借,也可以采用商业票据的形式,就是公司之间来进行借贷。但是一旦发生短期贷款困难,就会要求偿还借款。借款人如果不能按期偿还,就会按照《破产法》的要求,被申请破产保护。债权人可以把你公司资产全部变卖掉,卖完之后,完成破产清算,一分钱都不会留给你,这就是风险。

巴菲特特别喜欢富国银行。他为什么中意富国银行呢?1美元的长期贷款相应的只有57美分的短期借款,而一些比较激进的银行,比如说美国银行,1美元的长期贷款是由2.09美元的短期借款提供的。在金融危机的时候,像富国银行这样的稳健保守型银行,就远远要比那些激进的银行更具安全性。短期借款最大的风险就是,当你很乐观的时候,其实风险可能就在临近,你的命运其实不掌控在你自己手里。

第二个指标叫作长期借款。对于大多数企业而言,长期借款其实属于非流动负债的科目。但是一些大型的公司,会把部分即将到期的长期借款记入到当年的流动负债当中。巴菲特这样看,他说:最简单识别优秀企业的方法就是看它的资产负债表当中长期贷款的数额。通常来讲,成长性良好的企业,长期贷款数额比较少,因为这些企业往往具有很强的盈利能力,这些企业自身所具有的现金流动性足以应付扩大再生产或者并购其他企业的资金需求,不需要再进行融资。

比较典型的案例就是A股当中的茅台股份公司,它们的长期借款基本上都是零;而高毛利的高速公路公司,因为背负着巨额的借款,还清贷款遥遥无期,所以这是两类比较典型的企业。再次强调,识别优秀的企业就看它的资产负债表当中的中长期贷款的数额。成长空间越好、现金流流动性越好的公司,它们的中长期贷款比例就比较少。大家可以看出来,巴菲特在公司借款问题当中要求是比较苛刻的,他要求对于短期借款最好少一点,长期借款最好为零。所以巴菲特其实是一个相对偏保守、偏稳健型的投资人。他不希望公司因为贷款,对外借款过大,导致不可预知的风险。对他来说,选择投资标的第一个原则依然是规避风险。风险体现在投资人身上,就是投资风险;体现在投资的企业身上,就是经营风险。经营风险怎么会暴露出来?那就是还不起债,还不起债公司就可能破产,股权投资人一分钱捞不着。所以在这个逻辑之下,巴菲特进行投资的时候,他非常关注投资企业短期负债和长期负债的情况。

第三个指标叫作债权率。债权率的指标在中国投资界用得不是特别多。它的计算方法是:用负债除以所有者权益。巴菲特认为,如果这个负债除以所有者权益比率低于0.8,那么这家公司就很有可能具有持续的竞争优势。比如箭牌的债权率只有0.68,这就意味着每1美元的所有者权益,负担着68美分的债务,而福特汽车债权率高达38,这意味着福特公司,每1美元的所有者权益要负担38美元的债务,相当于72亿美元的股东权益负担着2 750亿美元的债务。对于金融机构来说,它们平均的债务债权率比同样规模的制造业企业要大。因为银行的商业模式就是这样,银行就是借别人的钱,再把钱借给别人,通过放贷来赚中间的利差。所以我觉得银行的债权率,应该只能在同一行业中相互比较。

巴菲特在投资时特别关注风险。换句话说刚才讲的短期借款和长期借款,解决的是你的现金流的问题,解决的是你信用的问题。债权率就是负债和所有者权益的比例,意味着当债务全部发生的时候,这家公司偿还完所有的债务之后,还存在不存在。作为投资人来说,当所有者权益全部被负债侵蚀掉之后,还能够剩下多少钱,就是这样的概念。巴菲特之所以关注这样一个我们用得比较少的指标,更主要的也是考虑投资人所投入的资产和历史积累资产,究竟能够覆盖掉多少风险。

第四个指标是留存收益。巴菲特非常在意这个指标,在A股的资产负债表当中叫作未分配利润,美国人或者西方的财务学称之为留存收益。这是资产负债表当中一个非常重要的指标。一家公司的留存收益越多,留存收益增长越快,意味着这家公司未来财富创造的增长性就会越大。换句话说,刚才的三个指标,都是讲公司的风险。那么在资产负债表的右边,借债部分和所有者权益部分怎么去看公司的盈利增长呢? 未分配利润的增长速度就是非常重要的点。巴菲特曾经说过:如果企业的管理层没有利用公司股东留存收益去创造价值的能力,那么我将不会把这个企业列为我投资的范围。这个状况其实在中国的上市公司中是比较普遍存在的。经常有上市公司拿了未分配利润,拿了新的融资款去买理财产品。出现这种情况的公司,一般分为两类,一类是它在行业当中已经具有绝对的竞争优势了,实在没有人跟它PK了,赚的钱确实多,多到了没地方花,只好买理财产品。但这种情况是极其少见的。

绝大多数公司则是因为公司的管理层压根儿不知道拿这些钱去干什么，之前虽然赚了，或者募到了资，但这些钱怎么再去生钱，他们不知道。不知道的情况下，钱放在账上作为现金没有利息收入，那还不如去买理财产品。所以巴菲特对留存收益的考量，更多的是看公司的管理者，如果给你钱，管理者能不能创造出更多价值。

巴菲特投了很多报业企业，从1973年到1992年的20年间，他投资的《华盛顿邮报》为它的投资人共赚得了17.55亿美元。从这些盈余中，公司分配给了投资者的是2.99亿美元，保留了14.56亿美元，转投资于公司本身。说白点，就是把这个留存收益再次使用。留存收益导致的结果是什么呢？《华盛顿邮报》的市场总价值在1973年的时候是8000万美元，最后市场价值达到了30亿美元。20年间，《华盛顿邮报》为它的股东，每股保留1美元的盈余，再投资后，市场价值增值到1.8美元，这就是留存收益。这个指标在国内的财务分析当中也不是非常看重。投资人的角度和财务管理的角度是不一样的。财务管理更多的是在做企业的内控，内部的财务管理，内部的财务指标的评判，是会计师用的。从投资人角度来讲，主要是关注两点：第一，有没有风险；第二，能不能赚钱，仅此而已。虽然这两个指标在企业内控当中也是会考量的，但企业内控所考虑的指标并不会以此为主。

第五个指标是股东权益的回报率，就是我们中国人经常讲的净资产收益率。之前举过很多例子：15％的收益率、1000万美元利润的企业和5％的收益率、1亿美元利润的企业，你会投资哪个？巴菲特首选肯定是净资产收益率高的公司。1988年，巴菲特选择一只股票，他看重的分析依据就是这家公司过去20年始终保持着20％的净资产收益率水平。这只股票之后的确给他带来了丰厚的收益。这只股票就是巴菲特现在还持有的可口可乐。巴菲特自己的研究表明，高水平的净资产收益率必然会促进公司净资产的高速增长，从而使公司内在价值以及股价稳定增长。集中投资于具有高水平净资产收益率的优秀公司正是巴菲特获得巨大成功的重要方法。

> **总结**：本节主要讲了资产负债表当中的右边一部分，就是负债和所有者权益，其中重点关注的是短期负债、长期负债和债权率三个指标，这三个指标主要是评判公司的风险问题。后面两个指标，留存收益的再利用的能力以及净资产收益率，则是评判公司盈利能力最重要的指标。

五、从现金流量表看公司的真面目（上）

现金流量表在财务报表中是和损益表、资产负债表并列的。但据我所知，绝大多数的投资人，特别是普通投资人对现金流量表基本不看，或者看不懂。我要告诉大家一个秘密，很多非上市公司现金流量表的编制都是有问题的。有时公司的财务人员自己都解释不清楚他们的现金流量表是怎么编出来的，很多数字生拼硬凑。但对巴菲特来说，现金流量对于一家企业来说是非常重要的。因为现金流对于企业来说就像血液一样，如果没有血液，人怎么活下去？哪怕你的企业看起来利润非常高，资产负债表的风险非常低，但是如果没有现金流支撑的话，也可能意味着你的企业随时可能崩盘。

巴菲特曾经表示，在大部分行业当中，企业倒闭的原因都是因为企业耗光了现金。通用电器的前CEO、著名的企业家韦尔奇说过，如果你只有三种衡量企业成功的方法，那就应该是——员工满意度、客户满意度和现金流量。可见，很多企业家对现金流量非常重视。巴菲特在分析现金流量表时，他最关注的指标是资本开支和回报股票两个指标。

我们小时候都读过一本寓言书，叫《伊索寓言》，里面有个类似于中国杀鸡取卵的故事。故事讲一个老太太养了一只老母鸡，老母鸡最大的好处就是会下金蛋，所以老太太每天都能拿到一个金蛋，然后什么事都不用干，日子过得挺好。但问题是这个老太太是一个特别贪心的人，她为了拿到更多的金蛋，经常守在鸡旁边琢磨：每天都能下一个蛋，说明鸡的肚子里面有很多蛋,那我能不能把鸡杀了,把里面所有的蛋都取出来,就省得每天在这儿等。最终结果大家知道的,这老太太把那鸡给宰了,剖开肚子一看,里面一个金蛋也没有。鸡死了,金蛋没了,后悔来不及了。对于贪婪的人来说,如果你什么都想要,往往到最后什么也要不到。这道理听起来很简单,你可能觉得自己才不会像故事里的老太太那么傻。但实际上,在现实投资当中,却经常会做出类似杀鸡取卵的事情。巴菲特的价值投资就像我们养的一只鸡,养鸡的目的就是为了天天去拿鸡下的蛋。让我们来做个有趣的估算:鸡每天下一只金蛋,一年365天,按照一只鸡正常寿命8年,工作时间算它7年,幼年不算,一只鸡一生能下2555个金蛋——这鸡是不是就因此值2555个金蛋呢?不是,因为这些金蛋只是相当于进来的钱,是现金的流入,但里面没有计算你花出去的钱,没有扣掉现金流出。你养鸡8年,就要花8年的钱,这就是现金流出。我们大约估算一下,比如平均下来,每下一个金蛋需要耗费是半个金蛋的成本。那么我们净到手就变成1277.5个金蛋。但你买饲料的时候,不可能吃一顿就买一顿的饲料,你会一次性买一个月或一个季度的饲料,这就需要预支一部分金蛋。鸡也可能有状态不好的时候,比如冬天心情不好闹情绪,就把下金蛋的时间往后拖一拖,少下两个蛋,明年再多下两个还给你。但是今年这金蛋就到不了365个,这就出现了所谓的欠款,尽管第二年它给你补上了,你看起来收入还是一样的,但实际可用的金蛋在今年现金流的角度上来说,就必须要扣掉成本和两个没生的蛋,就是180.5个蛋。但是180.5个鸡蛋的现金流也并不全部是自己的。因为这金蛋你不能随便花,你得留一部分作为明年鸡饲料的开支,你还得提防万一这鸡生病,生禽流感。你得让它好吃好喝,还得给它打疫苗,让它高高兴兴地给你下蛋。所有这些加在一起,想想看,它的成本和费用会是多少?

　　这只是简单地讲金蛋的市场收入,要让金蛋卖得好,你是不是要打打广告,做一些市场推广呢?所以现金流,它和我们一般看到的损益表中的收入支出有些不同。这就是我们对于现金流这样一个概念做的一个形象的描述。

接下来讲一下关于资本开支。巴菲特说,想要盈利,就要尽量减少资本开支。如果一家公司将净利润用于资本开支的比例长时间保持在50%以下,你就可以把这家企业列入具有持续竞争优势的公司候选名单。如果这个比例能够保持在25%以下,那这家公司很有可能就具有可持续的竞争优势了。回到报表当中来。在财务处理当中,有两种财务确认的标准,一个叫作权责发生制,另一个叫作收付实现制。这两个制的区别是什么呢?权责发生制是指产品一旦发货给买家,就会被记录在销售收入的账目中,而不管购买方什么时候给你支付货款。但在收付实现制中,公司要收到货款现金之后才能够入账。权责发生制是允许把赊账作为收入来计账的,与之相对应的现金流量表当中就会形成一个数据上的反差,就是权责发生制已经作为现金入账了,但现金并没有流入,这就是财务报表当中的一个反差。

为了平滑掉这个差别,公司就要通过发行股票或者债券来获取大量现金。发股票融资,但是它不能产生盈利。如果一家公司有大量的赊销,却没有任何的现金流入,那它就只是账面上的盈利。现金流量表告诉我们的是,这家公司的现金流入是否大于现金流出,即出现正的还是负的现金流。这就引出一个比较大的问题。现金流量表和损益表一样,反映的是某段时间当中现金流量运行的情况。一般现金流量表分为三个部分:第一部分叫作经营活动产生的现金流,第二部分叫作投资活动产生的现金流,第三部分叫作融资活动产生的现金流。

第一部分我们称之为经营活动产生的现金流,这部分是以净利润为基础来参考计算的。净利润的基础上加上折旧费待摊销的费用。从财会角度来讲,折旧费是实际的费用支出,它并不消耗具体的现金,只代表着多年前已经支付的现金。第二部分投资活动产生的现金流,也就是所谓的资本开支。我们刚才提到资本开支的价值很高,这部分应该包括的是报表期间内所有的资本开支。资本开支的项目通常是负值,因为它是一项消耗现金开支的财务科目。今天重点讲的这个资本开支是购买长期资产的现金或者现金等价物的支出。在财务当中一般是指时间超过一年以上,比如说厂房、生产设备等，还有一些无形资产，比如说专利权的使用费等。从本质上来讲，这些开支都是通过多期折旧或者摊销费用产生的资产，而不是一次性消耗的资产。

我们就以巴菲特喜欢的可口可乐为例。可口可乐公司在1998年到2008年，每年的每股收益总计赚了20.21美元的利润。同期每股只用了4.01美元，这个4.01美元就是我们说的现金流量表当中的资本开支这一项。换句话说，可口可乐公司在10年时间当中，它们的利润只有19％是用于资本开支的。大家可以想象一下，这意味着利润很高，但利润所对应的需要摊销的资产所占的费用和比例却非常低。同样的时间段中，通用汽车的每股收益是31.64美元，但是资本开支的费用却高达每股140.42美元，就是说通用汽车的资本开支超过了它利润的4.4倍。那么这些钱是从哪里来呢？银行贷款或者向公众发行债券。这些方法虽然解决掉了资金来源的问题，但是会为企业带来更多的负债，公司要支付更多的财务费用。其实巴菲特在分析财务报表的时候，起码会将公司将近10年累计的资本开支和公司同期的累计金额做比较，因为只有这样做比较，才能够更好地分析公司的真实状况，才有可能做出一个比较准确的财务判断。

可口可乐这样的公司，有充足的收益用于股票回购，这样可以在股价低迷的时候减少普通股的数量，同时减少长期贷款或者保持较低水平的长期贷款。巴菲特认为可口可乐公司是具有持续竞争优势的公司，这些具有持续竞争力优势的公司，资本开支和净利率的比率都是非常小。这里提到一个比较重要的指标，就是资本开支和净利润之间的比率。对于倡导的价值投资者来说，寻找的就是那些具备可持续竞争优势的公司。

简单做一小结。资本开支方面，不同的公司有不同的需求，很多公司为了能够保持行业中的龙头地位，必须大量投入资本开支，如果一家公司连续几年都维持着高额的资本投入，那肯定会影响企业的利润。这就是巴菲特不愿意去投资通信类企业的主要原因，因为通信类企业需要花费巨大的资本开支用于更新通信网络建设。

但是本节要强调的一点例外。那就是分析资本开支时，不仅仅要数据论数据，还要分析这些资本开支到底用在哪里，资本开支用的方向对公司来说是不是具有战略意义。也许企业未来某些时间段，因为转型或者新项目的启动，在研发费用上有比较大的投入，这也可能导致企业在账面上资本开支的规模增加，但是不能够简单地去测算，这资本开支数据大了，公司就不优质了。一些主动转型的企业，也许未来会有更好的发展机会。

就比如房地产企业，从拿地盖房子卖房子转成了要做长期的运营，房地产企业未来有可能需要维持70年的现金流稳定。而且每一个项目的现金流变现都会比现在难。现在每一个项目开发完卖掉之后，现金流马上就变现了，就可以做下一个项目，以后是每个月拿租金作为收益，很多房地产企业的现金流会发生重大的结构性变化。就像以前是杀一只老母鸡，然后卖了钱再买一堆小鸡，然后养大再杀一堆老母鸡。那么现在变成了每个月只能拿鸡蛋去赚钱，老母鸡是不能杀的，就这样一个现金流的变化。但是，如果某家房地产企业的资本开支主要是用于去养小鸡杀老母鸡，这样一个模式的话，这种资本开支需要不断地投入资本，也意味着这家企业的竞争优势没有那么大，这是整个房地产行业都遇到的问题。

巴菲特所讲的对于资本开支的关注，更多的是在既有的行业和领域当中，如果资本开支所占的利润比率一直很高的话，就意味着这个行业需要不断地滚动投入，你赚的钱需要不断地滚动到投入中去。一旦你的现金流出现问题的话，就会出现比较大的风险。资本开支意味着对现金流的需求会比较大，也意味着公司的风险会比较大。这是两个层面的概念。

六、从现金流量表看公司的真面目（下）

接下来聊一下融资活动产生的现金流量。首先把现金流量表的总体概念和特殊之处稍微做一个介绍。一般来说现金流量表的财务分析会包括四个方面的内容：一般分析、水平分析、结构分析以及现金流量表和利润表的综合分析。

所谓一般分析主要是指从现金流量表的具体数字，来分析各个主要项目对经营活动的现金流量的影响，包括投资活动现金流量以及筹资活动所产生的现金流量，它们体现了企业的现金流量流入的状况和现金流出的状况。一般来说提供的信息有半年度、年末的现金流量的总的变动分析和原因，经营活动和投资活动、筹资活动的现金流量变化的原因分析。

水平分析其实是做一个对比分析。从不同时期的各项现金流量变化情况来评估企业当期的现金流量水平以及它的历史变化趋势。和一般分析相比，水平分析的特点主要在于通过编制水平分析表来反映不同时期的现金变化，进而可以掌握相关的现金流量和时间节点之间的关系。这个对于周期性的板块特别是年度有比较明显的周期波动的板块是比较有价值的。比方说，某家上市公司生产羽绒服，那么它的现金流量变化在每个季度就会形成比较明显的起伏。这个起伏做季度的对比就比较清晰。如果放在一个会计年度当中，你看到一季度这么差，四季度这么好，你会很难理解。但如果作为一个对比的水平分析，你就能够看得出来，原来这是它所处的行业发展特性。

还有一个分析叫结构分析。结构分析其实主要是计算企业各项现金流入占现金总流入的比重，以及各项现金流出占现金总流出的比重。它揭示了企业的经营活动、投资活动、筹资活动的结构性特征，是用来分析公司营收的结构架构。这个其实相当于财务报表当中的主营业务收入，分成各个子栏目来具体分析，哪个项目带来的现金流比较大，哪个项目带来的现金流比较小，来判断整个公司的主营业务，进而判断公司经营的稳定性，以及它对主营业务的把控能力。

简单来说，比如公司的主营业务的收入看起来比较稳定，但现金流量却是不稳定的，那就要判断它的主营业务收入是不是真的稳定。比如某家公司的主营业务是做皮鞋的，但是从现金流量来讲，这个鞋的收入反而在现金流量当中占的比重并不是那么高，那可能就会让你对公司的结构产生质疑了。所以结构分析可以看得出公司主营业务的结构是什么样的。

第四个分析其实是前三个分析的综合。就是把现金流量表和利润表做一个总体上的综合分析。现金流量表的编制是以收付实现为基础的,就是在名义上利润收入再好,如果只是应收账款的话,也不会在现金流量当中体现。比如,某家公司利润来源主要来自某个业务,但这个业务背后又有巨大的应收账款,由此导致了利润表和现金流量表之间有着巨大的数额差距,那就需要跟踪去做判断,应收账款到底来自公司长期可信赖的客户,还是存在一定的财务调整可能?

有时,看到的只是制表人有意把利润表优化了,却没有真正的资金到账(事实上调整现金流量表是很困难的事情)。这时就要思考,这种状况是相关行业发展的共性,还是公司财务为了让利润显得好看?这种利润和现金流的反差,可以帮助你对公司运营的真实情况做出分析和评估。基于以上的分析方法,还可以对公司整体的偿债能力做分析。什么叫偿债?你拿到的现金收入必须要应对现金支出,那么现金收入扣掉现金支出之后,还有多少资金能够留下来,再对应以偿还债务的资金诉求,就可以来判断公司的偿债能力,包括公司的流动性分析、获取现金能力的分析、财务弹性分析,包括支付能力分析,甚至包括收益品质的分析、成长能力分析和适应能力分析,其实都可以通过现金流量表做出相关评估。

此外,现金流量表更大的好处就是用来计算公司的估值。按照公司每年度盈利预测来做一个贴现,就可以折算出未来年数的贴现值,把这些数据累加起来,就可以折算出来这个公司的实际价值。不过巴菲特不太喜欢使用利润来测算,而是更加喜欢用现金流量表所获得的现金流减去资本开支之后的金额,也就是净现金流入来算预期收入,贴现之后来判断这家公司的价值。原先我们只是使用利润数据,现在使用的是净现金流中的数值,从实际操作上来讲,显然净现金流的数值会更有价值。但是在实际会计操作当中,因为净现金流变化比较大,每年的应收账款和应付账款的调整比较大,所以预测利润是比较容易的,但预测现金流、净现金流的流入是比较困难的。即便如此,作为一个有追求的价值投资人,也是应该去克服这种困难,去把净利润的折算、测算调整成为对净现金流的一个折算,这就是巴菲特在努力做的事。

所以巴菲特要用大量的时间来阅读、判断、计算、研究上市公司的财务报表。他自然也会用到很多财务学上的公式和方法,但很多时候,他更相信自己对这些关键数据的主观研究和判断,估值的事说白了就是科学加艺术。

关于融资活动产生的现金流,这里面有一个重要的指标就是股票回购。巴菲特非常喜欢用股票回购这样一个指标来判断公司的投资价值,也是为股东财富增加免税的一个重要功能。所谓股票回购就是上市公司通过二级市场来回购自己的股票,然后把这些股票注销或者作为库存股。在中国法律上应该是不允许库存股出现的。上市公司回购了自己股票之后必须注销。一般来说上市公司选择股票回购的话,都被理解为是利多,原因很简单,回购股价表明管理层认为现在股票的市场交易价格远远低于公司的内在投资价值。所以上市公司回购股票往往会被认为是价值低估的一个表现。

第二个公司是用剩余的资金来回购股票的,可以提高每股收益的水平,提高公司净收益率,这样的话就让公司既有的闲置资金得到了有效的利用,同时又使得这个财务报表的数据得到明显的优化。在西方,回购的股票有一部分其实可以用来做库存股,有的库存股被用来给公司的员工做股权激励的。在不影响原有股东权益的情况下,可以提高员工的工作努力度。股份回购使股价上升,但是这种股价上升带来的资本利得却不用像分红那样要交税,所以投资人比较喜欢。

巴菲特在2017年给股东的信当中,特别花了一千多字的篇幅去详解股份回购。他说,对于持续股东来说,回购只有在股票被以低于内在价值的价格购买时才有意义,当遵循这样一个规则时,剩下的股票将获得内在价值的即时增长。

2017年6月,美国银行宣布回购120亿美元的股票,并且计划将年度的股息上调60%,至每股0.48美元。公布完这个回购和上调股息的消息之后,股价就应声大涨。所以巴菲特刚才说的这117亿美元收益,就是来自这样一个回购的政策。我们来分析一下，2011年8月，巴菲特旗下的伯克希尔·哈撒韦公司向美国银行投资了50亿美元，获得了优先股，以每股7.14美元的价格购得这家银行7亿份的股票的认股权证。其实2011年的时候美国银行正处在次贷危机引发的法律纠纷当中。当时这些优先股的股息率是6％，这意味着美国银行每年要向伯克希尔·哈撒韦支付3亿美元的股息。美国银行公布上调股息的计划后，让巴菲特考虑马上行使认股权证，而不是等到2021年到期之前再行使。整个股息上调之后，意味着伯克希尔·哈撒韦每年收到的股息将会提高到3.36亿美元。根据美国银行当时的股价，如果巴菲特将所有的优先股转为普通股，那么他7亿普通股的总价值约合167亿美元。这就意味着相比6年前，伯克希尔·哈撒韦至少可以获得117亿美元的利润。计算公式相对比较复杂，但是大家能够理解，就是由于美国银行回购了公司股票，导致股息率的上升和股价的上升，然后巴菲特的优先股再转化为普通股的话就获得了资本利得和股息提升双向的两大收益。这是个比较经典的财务案例。但是在A股市场当中，股票回购的利好效应并不是特别持续，原因是股票回购在A股市场当中很多时候只是象征性的，是上市公司自我炒作的手段。换句话说，真正的股份回购是因为上市公司评估认为自己的股票价格是偏低的，同时股份回购要达到一定的比例，而不是一个象征性的回购。如果能够达到一定规模的股份回购的话，意味着这家上市公司所获得的现金是比较大的。

这就是为什么当股价比较低的时候，在A股市场当中有一个比较有中国特色的现象，就是国有企业，特别是大型国企进行股份回购的比例会比较高。原因其实跟它们的资金融资能力是相关的。换句话说，股份回购一个重要的前提就是公司的现金流管控能力比较强，在危机中还能够存有大量现金的公司往往都是比较强的公司。在中国这样的公司会比较集中于大型的国有企业、大型的央企，它们的融资能力和信用能力在危机当中反而是比较强，这就是它们有制度实力进行股份回购的前提。相比较而言，民营企业在整个经济环境和危机环境下，现金流本身就比较紧张，即便认为公司股价被低估,也很难拿出大量现金去回购。所以在中国我们观察股份回购,要注意整个公司的基本面,甚至包括它的企业属性,还包括这家公司是否真的在维护自己的股价,而不是炒作。股份回购是我们判断现金流量表当中融资活动所产生的现金流量当中一个非常重要的指标,也是一个能够帮你获得短期投资回报的指标。大家可以重点关注一下。

> **总结:** 价值投资投的是企业创造价值的能力。最终能够实现现金流才是企业创造价值的终极形态,其他都是过眼云烟或者是烟雾弹而已。对于投资者而言,可以先看利润指标,判断公司的赚钱潜力;然后看资产负债表,看公司的风险和管理能力;最后必须要回到现金流量表,如果经营性现金流不理想,那还是不要投。记住,没有净现金持续流入的公司,其他数据再好看,本质上都是"耍流氓"。

七、巴菲特投资法则在中国的适用性(3)

这节我们从财务指标的角度,分析一下巴菲特的投资逻辑在中国是否适用。举一个例子。之前曾经提到过争议非常多的乐视,最早的创始人贾跃亭现在一直在海外。新股东上任之后,似乎解决了一部分乐视的现金流问题,但是未来的乐视究竟何去何从,大家现在都不知道。

当年那家看似非常辉煌的乐视,为什么会走到今天的局面? 就让我们回过头去,从财务报表的角度重新审视一番。

如果把这家公司的财务报表翻到四五年前,那时候乐视风光无限。作为第一家上市的互联网视频类企业,乐视当时提出了一个重要的新概念,就是互联网电视。这是一个软硬结合的典范,电视的品质不错,而且价格低廉,然后把乐视网的相关内容直接植入到电视中去,形成了一个对于视频网站和电视厂商来说从来没有出现过的商业模式。这个商业模式就是将电视以低价优质的方式卖到全中国，打开电视就是我的乐视网。其他的视频网站随时都面临着用户流失的风险。一些挑剔的用户今天在爱奇艺，明天就去了腾讯，后天成了优酷的用户，但是只要家里装了乐视电视，一开电视就是乐视网。只要电视卖出去的数量足够大，就意味着乐视网的视频内容锁定的人群足够多，两者之间就会形成一个互补。这个充满了突破创新的商业模式是被广泛推崇和认可的。

然而，这一切都是基于商业模型上的描述和预测。回到财务层面就会看到不一样的故事。所有投资人拿到报表之后，首先看损益表，看赚不赚钱。无论是什么商业模式，公司就两类，赚钱的和不赚钱的。

按巴菲特的习惯，财务报表的损益表当中，他要看的第一项指标，就是毛利率。乐视从2011年到2016年的利润表，毛利率分别是27%，17%，10%，0.7%，0.5%，−1.5%。从中我们不难发现几个要点：第一就是每年毛利率都在持续地下滑；第二就是从2013年到2014年，毛利率快速降低到了0.7%，基本已经不赚钱了。而2012年乐视还有10%的毛利率。10%是一个勉强能接受的毛利率，如果公司费用管理得好，这家公司还可能勉强维持损益表上净利润的盈利。但是当毛利率降到0.7%之后，铁定就是亏损。所以单纯从这样一个指标来看，乐视2013年开始利润就堪忧了。巴菲特在看毛利率的时候，一般觉得至少要40%以上才值得投资。可乐视的毛利率，最好的年份30%都不到，说明什么呢？说明乐视当初描述的这个"软加硬"的商业模式，其实根本没有建立起真正的企业护城河。本来它希望硬件的电视在全国落地，然后软件跟上，然后不管是卖电视的还是卖视频网站的节目，全部区分开来，从而形成自己独特的商业模式。

所谓独特的商业模式，最重要的目的就是为企业建立起真正的护城河，要有核心的竞争优势，别人打不破。那么这个优势就会体现在企业毛利率上。而乐视的毛利率最高也不到30%。所以这个商业模式，根本就不成立。

损益表当中值得关注的下一个指标是费用指标，特别是销售费用和管理费用。我们同样从乐视的利润表上来看。巴菲特最关注的不是销售费用的绝对数量,而是相对数量。什么意思?就是销售费用的增长和营业收入之间的增长,到底谁更快?简单来说,你用一块钱去做营销,如果带来的营业收入增长比一块钱多的话,那你就成功了。从这个角度来讲,乐视的指标还算不错的,除了 2013 年出现一些调整,大多数年份中,销售费用的增长比营业收入的增长小,其投入的销售费用带来的收入增长效果还是不错的,这点肯定是巴菲特喜欢的。

换句话说,如果乐视愿意投入更大的销售费用的话,带来的营收增长将很可观。但是,仔细看报表,几个费用放在一起的话,就会发现不同费用之间是有矛盾的。刚才讲销售费用和营业收入增长比还是不错的,但是这家公司的管理费用却有问题,每年都有不小幅度的提升,特别是 2011 年到 2014 年。当时乐视在干什么事呢?疯狂地从各大平台挖人,包括央视的主持人,包括自己直接竞争对手的员工,甚至还挖走了一批华为的高管,据说华为还为此专门成立了"打乐办"——打击乐视挖人办公室。疯狂挖人就得付出高薪,所以导致整个管理费用越来越高。管理费用的变化,在乐视的报表中非常明显,大肆挖人的年份管理费用就高,停止挖人,人员流失的时候管理费用就降低。

继续把损益表看完。接下来是净资产收益率——这是巴菲特非常重视的一个指标。乐视的净资产收益率,2011 年到 2016 年,分别是 22%,16%,9.6%,1.9%,1.7%,−1%。除了 2011 年达到了 22% 的净资产收益率,之后越往后数据就越惨不忍睹。到了 2016 年时已经是亏损了。这个状况和毛利率的变化情况是完全一致的。从巴菲特的投资逻辑来讲,净资产收益率要在 15% 以上,那么 2013 年后的乐视,绝对不会成为巴菲特的投资对象。以上是从财务损益表的角度评判乐视的投资价值。

账务报表除了损益表,还有资产负债表。上面已经提到乐视在产品销售营收还相当可观的情况下,利润却大幅度下降的部分原因。负债表可以让我们深入了解这其中的微妙。巴菲特在看资产负债表的时候,最关注的是短期借款和长期借款。巴菲特认为好公司最好短期借款少,长期借款更少。因为这两个数据最终都会带来巨大的风险。而乐视这两类借款每年都有不小幅度的增长，最离谱的是长期借款的暴增。2015年的时候，乐视的长期借款达大约3亿元人民币，到了2016年年底的时候，居然达到了30亿元，一年之内长期借款增加了10倍。光从这儿就可以预测出，乐视崩盘的最大原因，正是来自盲目的，甚至可能是没有做过财务风险测算的对外借款。很多借给它钱的人，大都是被乐视所谓创新的商业模式吸引了。包括一些知名的财富管理公司，也都发行过很多跟乐视相关的财富管理产品。而且当年这些财富管理产品发行的时候，大家都是在抢着买，现在这些产品到最后能不能到期兑付，我觉得会是一个大大的问号了。从乐视的财务报表上看，这些钱借得实在过多了，整个公司的负债压力巨大。

资产负债表中还有一个指标——债权率，就是公司负债和所有者权益的比率。换句话说，所有者权益才是公司真正的资产，真正属于公司的资产。负债则是来自外部的借款——你究竟有多少本钱，从别人那里借多少钱的比率。2011年到2016年，债权率分别是0.68、1.3、1.4、1.6、3.5、2.1。所以到了2015年时，债权率已经达到了3.5倍，即1块钱本金，却借了3.5块钱的债，这是多大的杠杆啊！巴菲特认可的好公司债权率标准是不超过0.8，换句话说我有1块钱，最多借8毛钱。乐视的债权率高达3.5倍，意味着公司的负债远远高于所有者权益，这就会导致一个严重的问题，当你公司经营还算正常，能够快速扩张的时候，债权人愿意给你借新还旧，让经营运转起来，但是一旦你在某个环节出现了问题，所有的债权人都可能找你还钱，到那个时候公司就会陷入债务危机。

上面讲到的管理费用，当你挖了那么多人来，这些人的薪酬开支如此巨大，如果公司的营收跟不上的话，也会使你的财务报表快速恶化。一旦有一单债务出现了违约，哪怕只是短期的，也可能引发全面的债务危机。更重要的是你的所有者权益根本没有办法覆盖这个庞大的债务。现在我们都知道乐视的状况非常糟糕，但是通过乐视相关的财务指标分析可以看出，乐视的问题由来已久，早有端倪。

最后总结一下巴菲特对于财务报表的理解：第一，首先是公司的盈利状况，然后要分析盈利的来源；第二是管理费用的状况；第三，从资产负债表当中观察公司抗风险的能力。我觉得这三点是我们作为价值投资人必须要学的内容。巴菲特在这方面的经验与逻辑，对于中国 A 股市场同样适用。

> **总结：** 财务分析知识的运用，未必能够帮你找到一个可以长期投资的好公司，因为决定公司长期投资价值的要素太多，也充满了变数。但是，财务分析运用得好，至少可以让你避免投资一家烂公司、风险公司。而后者，对于投资人能否活下去非常重要！

粉丝答疑互动

提问

怎么看待巴菲特推荐大多数投资人都要去投资指数基金的建议。如果挑选指数基金做定投，应该做怎样的选择？

回答

这个问题分两个部分，第一部分是关于指数基金。巴菲特自己留了一个遗嘱，说如果他去世了，那么他名下 90% 的资产将会让托管人去购买指数基金。这个说法让很多人提出了疑问，就是——凭什么你自己做主动投资，却让别人去做被动投资？什么叫主动投资？主动投资就是我自己选股票，绝大多数中国的 A 股投资人都是主动投资者，包括散户，哪怕你只有几万元，你也是主动投资者。买指数就是被动投资。什么叫买指数呢？就是有很多基金公司发行的一些指数基金，或者你干脆在二级市场去买 ETF。ETF 就是对标于某个具体的指数，这个指数又对应于一堆指标股票。比如 500 指数对应的是 500 只指标股，300 指数对应于 300 只指标股。你不去做具体的个股选择，你只投资指数，这就是被动投资。

巴菲特作为一个典型的主动投资人，他为什么建议大家去做指数基金的投资呢？2005年的时候，巴菲特曾经做过一个比较实验，以标准普尔500指数为基准，分别投入这个指数基金和收取管理费比较高的5只对冲基金，各50万美元，然而在10年后比较两者的总体回报。最终结果是，指数基金完胜主动投资的对冲基金。为什么呢？其实从美国的市场来讲，这个结果并不意外。原因很简单，因为人类历史社会永远是不断地上行和前进的，我们相信人类的未来会比现在更好。投资人在骨子里都是比较乐观的人，然后所谓的指数投资就是精选出好中之好，某个行业领域、某个指数范畴当中最好的公司。还有一点，每年这个指数投资的存量标的都会做出调整，调整的结果就是精选出好中之好。建议大家抓住那些领先靠前的公司，做一个比较分散的投资配置。

当人类社会不断上行的时候，选择这些领先型公司显然是风险最小的投资。而主动配制的基金，哪怕你是高手，也难保某个时间点克制不住自己的欲望，控制不住自己的恐慌，做出错误的选择。比如该介入时犹豫了，该割肉时候又舍不得割。编指数的人跟有感情的投资人是两回事。编指数的人只负责编指数，管理指数的人只负责跟踪指数。编指数的人是不带任何情感的工作，他们把某个公司从指数中去掉，跟他们自己没有利害关系，所以指数投资克服了人性固有的恐惧和贪婪。如果你坚信人类社会总是不断上行的，然后又克制住了恐惧和贪婪，不断地锁定行业领域板块中最好的公司，所以指数基金从中长期来讲，确实是要好于主动投资的基金产品。

那么如何挑选指数基金做定投？我觉得定投首先是一个中长期投资，至少你要准备3到5年以上的投资心态。你还可以在定投的基础上做一点点微调。在整体上是被动投资的情况下，可以做一点点基于资金数量、时间结构上的主动的调整。此外你也去做大的方向上的选择。指数也是可以选择的。我也建议大家，如果你真的没有能力或者想偷懒，不愿意做主动投资的话，其实做指数基金投资还是比较有价值的。

【提问】

有网友问,格雷厄姆买入股票有个原则,就是为了防止"黑天鹅",需要大量地买入股票,而且不做研究。这是什么逻辑?

【回答】

格雷厄姆的说法其实有一个前提,就是这些公司的股价应该足够便宜。这个前提被你忽视掉了。格雷厄姆的逻辑是,我们一定要等到这个公司的估值绝对便宜的情况下才去买入。但是,现实中这个逻辑也不一定可靠。你仍然可能会掉进陷阱。比如这家公司的股价看起来已经很便宜了,但明天它就破产了,那么今天的便宜依然是贵。怎么办呢?格雷厄姆为了避免所谓投资中的"黑天鹅",干脆就做大量的投资,做一揽子投资,买一个大筐,里面装了各种各样的股票,这样的话,就有可能规避这样的风险。

但是格雷厄姆的学生巴菲特,对老师的原则,又做了两个修正:

第一个修正,就是公司确实要足够便宜,但是不需要便宜到极致。你非要等它已经低到比净资产还低,这在现实中很难遇到。更现实的做法就是,在你认为估值比较合理的情况下,考虑买入。

第二个修正,是巴菲特不同意不做仔细分析就买入股票。巴菲特建议是做精选,虽然估值合理,但是我通过做精选,来确定哪只股票是可以投资的。

第六章
巴菲特的投资法则
——如何做交易

一、判断买入时机（上）

本节我们开始讲巴菲特投资法则的第五个内容——如何做交易。首先要讲的是如何去判断买入时机和卖出时机。本节就讲买入时机。

巴菲特有一个观点，他说，你支付的成本价格影响你投资的回报率。这句话听起来有点绕，说白了就是——你买贵了就容易亏，买便宜了就容易赚。在巴菲特看来，除了选好股票之外，选择什么时候买入，这是投资盈利的一个关键。那么巴菲特一般会选择什么时间买入呢？答案其实并不复杂。熊市或者企业遭遇突发负面事件，股价出现临时性的暴跌，这个时间点就是巴菲特买入的时机。

按照惯例，我们先来分析一个心理学实验案例。有一个著名的恐惧实验，叫作约翰·华生的小阿尔伯特实验。约翰·华生和他的助理从一所医院挑选了9个月大的婴儿小阿尔法特，实验者把狗、猴子、白色绒棉以及白鼠都给他看。这个婴儿表现出自己对这些动物和东西很感兴趣，并愿意接近它们。小孩子嘛，喜欢什么东西的时候都会去摸摸它们，这个婴儿也是，会不时地摸摸这些动物和东西，没有表现出一点的不喜欢或者恐惧。

当他的手刚摸到白鼠时，响起了钢条敲响的巨大的声音。这个时候，这个婴儿停止了动作，但并没有哭。当他再次去触摸白鼠，第二次响起敲击钢条的巨大声响，这时，婴儿反应很大，哇哇大哭。当他第三次去触摸白鼠，同样又响起敲击钢条的巨大声响，他不仅哇哇大哭，而且试图爬走。

接下来，实验者将一只兔子放在他面前。婴儿一看到兔子就大哭，也试图爬走。

然后，实验者又将毛衣放在婴儿面前。婴儿并没有任何要接近这件毛衣的倾向。最后,实验者将毛发的面具放在婴儿面前,婴儿反应剧烈,大哭,并且立即向相反方向爬去。

婴儿害怕钢条发出的巨大声音,连带地跟着这个声音一起出现的小白鼠等动物,甚至其他毛茸茸的东西都可能会刺激到婴儿,只是刺激程度不同而已。到后来,他连一个有白胡子的人来抱他都害怕。

当然,这实验充满了争议,因为小阿尔伯特的恐惧形成后,华生并没有成功地消除婴儿的恐惧。在那之后,小阿尔伯特的父母带着他搬走了,也不清楚小阿尔伯特长大后是什么样的。希望这个恐惧不会一直伴随着他。

为什么拿婴儿来观察?因为婴儿体现的更多的是人的本性。成年之后,很多内心深处的东西你会刻意去隐藏。比如说你很伤心了,但是你强忍着不流泪;你很快乐了,但是你会绷着脸不笑,而婴儿会把人内心深处真实的感受不加掩饰地表现出来。

道理放在股市中也是一样的。很多人经历了大的股灾和大跌之后,在未来一段时间当中会形成一种恐惧。当市场出现快速调整的时候,哪怕只是一个波段性的技术调整,都会让他担心股灾是不是又要来了。这种被放大的恐慌是有很强传染性的,这就是为什么2015年那轮股灾蔓延到中国A股市场,大家像惊弓之鸟试图逃离股市。我最近在关注一篇文章,叫《黑天鹅和灰犀牛》,大多数投资人经历了第一只"黑天鹅",再经历第二只的时候,恐惧显然被放大了,就像小阿尔伯特的反应一样。哪怕这时你告诉他,现在市场已经有投资价值了,他也巴不得马上离得远远的,这就是所谓的"黑天鹅效应"。

今天这节讲的买入时机,就是要告诉大家:当一只黑天鹅又一只黑天鹅在不断出现的时候,你反而要克制住内心滋生的恐惧心理,不要人为地将恐慌放大而丧失了理性的判断,甚至错失了进入市场的最佳投资时机。

当市场连续不断下跌的时候,你要克制住自己的恐慌心理,反而去寻找买入的时机。巴菲特就是在银行业最惨淡的时候入手买入富国银行的,十余年的投资收益率超过了9倍。巴菲特选择投资建仓富国银行的时机,正是

1990年大熊市，富国银行受到房地产泡沫破灭的牵连，股价出现了大幅度下跌，市场一片看空。巴菲特不仅没有退缩，反而逆势介入。其实巴菲特早在1989年时就已经看中了富国银行，当时也少量买入了富国银行大概85万股的股票，每股的成本70美元，市盈率大概在7倍，市净率大概是在1.5倍。1990年富国银行股价大跌，巴菲特不仅没有抛售富国银行的股票，反而大举建仓，继续买，到年底总共持有500万股，占富国银行总股数的9.7%。美国证监部门规定的必须要向公众申报的持股比例上限是10%，所以他是9.7%，就为了尽量不要申报。买入的总成本是2.8亿美元，每股成本是57.9美元，市净率是1倍，市盈率是4.3倍。换句话说，他1989年买的那批股票已经被严重套牢了，从70美元跌到50美元。但巴菲特认为富国银行的管理层非常优秀，在行业当中拥有比较好的盈利模式，客户基础良好，成本优势强，贷款风险可控等等。更重要的是，他做了一个测算，这个测算就是我们讲的边际成本。你所能承担的最大损失有多大？边际风险到底会有多大？他测算下来，富国银行当时有490亿美元的贷款，按10%的不良贷款率算，不良贷款总金额大概在49亿美元。这些不良贷款中如果30%的本金收不回来，那么实际损失的资金额在15亿美元左右。但是富国银行一年的税前利润加上提取的拨备大概也有15亿美元。换句话说，如果最坏的情况发生，富国银行也就是一年净利为零。就是最坏的情况下，也就一次性的利润损失，这个损失还顺便把银行的总不良贷款率完全降低了，更容易轻装上阵，对长期投资的现金流影响不大。这也意味着即使眼下可能没有利润，甚至亏损，但亏损幅度不大，长期反而利好。

其实巴菲特投资个股时，绝对不是每次都很幸运，他做的最坏测算，居然在1991年变成了现实。1991年，富国银行在经历了房地产市场的大幅下滑、坏账增多之后，当年就计提了13.35亿的减值拨备，基本上当年净利润是零。到了1992年的时候，继续大幅度计提了12.15亿美元。什么叫计提？就是预测公司有大量的坏账会出现，先做好相关的准备，先在当年的利润报表当中把这些坏账提前扣除掉。如果实际上最终产生的坏账数量比你计提的规模要小，那就意味着未来几年它的利润能重新返上来。这是一个负责任的公司做的财务上的操作。

结果确实否极泰来，富国银行连续几年的计提最终超过了实际所需的坏账水平。所以在出现了两年的零利润后，1993年就基本上恢复到了1990年的高利润水平，并出现了超乎意料的上涨。大家来看巴菲特的投资曲线：1989年建仓，1990年股价下跌，1991、1992两年最差，1993年触底反弹，完成了强劲的触底回升。所以你再想想看，什么时候是抄底最好的时机呢？显然1990年或者1991年抄底最好，巴菲特就是在这个时间点来抄底的。当然他经历了1991、1992年公司股价的持续下滑、业绩下跌，但是1993年就如他预料的，一切就都好起来了。巴菲特在1992、1993年继续扩大增持富国银行的股份，到1993年年底的时候，已经持有679万股，总计成本4.23亿美元。1993年之后公司股价逐步上升，到1993年年底，市值大幅增长，整个三年的投资回报平均下来每年是26%。净利润不断增加之后，大家发现巴菲特是真正的股神。

再加上后面大牛市的来临，富国银行整体的估值仍在不断上升，这就形成我们经常说的公司业绩和股价估值之间的所谓戴维斯双杀或者戴维斯双赢。你可以这样来理解，就是：股价暴跌，业绩暴跌，整个市场估值也下跌；反过来讲，如果公司的业绩是在上升，整个行业市场的估值也在上升的话，股价就会形成两个要素相乘之后的快速上升。

熊市当中往往公司的基本面不好，基本面不好意味着上市公司的业绩比较差，业绩比较差，整体估值的水平也在下降。反过来也是一样，当经济向好的时候，上市公司业绩在提升，给予所有上市公司整体的平均估值也在上升，两个数值相乘的话，公司股价就会出现大幅度上升。所以巴菲特应该是在双杀的环境中选择的建仓，然后在双赢的环境中最终实现了盈利。不过巴菲特对富国银行的持股比例做了下降，主要是因为富国银行出现了一些管理层方面的问题。这个管理方面的问题，他自认没办法接受，影响了巴菲特对公司的预期，所以他就做了一个减持。但不管怎么样，这么多年来，富国银行都是巴菲特长期持有的银行股票。

> **总结**：股市运行，总是在熊市和牛市之间转换。对巴菲特来说，熊市比牛市拥有更多的机遇。更重要的是，当熊市到来的时候你手里还有钱吗？巴菲特一直有源源不断的资金，能够等到熊市、等到价值被低估、等到所有人都恐慌的时候，选择买入。绝大多数投资人在经历了三年持续不断的下跌，公司利润完全没有起色的时候，肯定充满了恐慌，投资的心态也发生了重大动摇。但巴菲特反而会在这个过程当中继续建仓，不断地扩大自己的买入规模，这个才是他最成功的地方。当然，他之所以这么笃定，是因为他已经算清楚了，当最坏的事情发生的时候自己能够应对和承受。心中有数，手中不慌。

二、判断买入时机（下）

上节聊的话题，是在整个大市发生利空的时候，作为投资人，如何选择进退。我们的逻辑就是，当大盘见底的时候，及时抄底。做股票时间比较长的人，在经历过一波又一波的牛市和熊市之后，其实你对于市场到什么位置会有多大风险，大概到什么位置已经距离谷底不远了，心里是有预估感觉的。只是往往到了那个风险比较高的时候，你却舍不得抛；到了风险比较低时，又被已经透支满仓的资金状况所苦，无法下手。具体到个股的买入时机，相对大盘大势，就更难预估。所以我们今天要聊的是关于个股的买入时机。

按照巴菲特的逻辑，他肯定是选择一家比较优秀的公司进行建仓。首先不能是一个垃圾板块，当然更不能是一个垃圾个股。下一个问题是，如果面对的是一家优秀公司，你到底选择什么时候买入？这其实是一个蛮有意思的问题。为什么这么说呢？因为从理论上来讲，优秀的公司，它的业绩肯定是总体向好的，价格总体上是上行的。如果现实真的是这样的话，那倒也简单，就是随时买都可以，对吧？实际上并不是这样。从巴菲特一些比较成功个股投资案例来讲，即便再优秀的公司，也偶尔会抽个风，也会有搞砸的时候，或者做一些愚蠢的事情，导致它们的股票短期内下跌，这是一个比较重要的原则，当然也是一个机会。

这种状况出现的时候，无论是从技术上、从心理上，还是从买便宜货的角度来讲，肯定是一个抄底的好机会。其实，也不一定是要等到暴跌，当你对于某一家公司很关注，它是一家优质的企业，然后你就会在关注的基础上等待着它的股价到达你预设的条件，比如 A 条件、B 条件、C 条件，当 ABC 三个条件都符合的时候，你就会决定买入这家公司。如果这家公司的诸多条件，你定的三个条件或四个条件，只满足了一个，你可能不买，继续耐心等待，等到它符合更多你预设的条件，你才会买入。这其实也是一种投资逻辑。

关于个股买入点的选择，不能一概而论，针对不同的企业要有不同的预设。巴菲特把买入预设细分为三类：第一类，这个公司确实非常好，各方面都非常好，5 年 10 年都很优秀，那么你在任何一个价位买入都是对的。就像中国的房地产一样，过去的 20 年时间当中，你在任何时间点买入都是对的。第二类，好公司却出现了意料之外的负面消息，然后你买入，这肯定是对的。第三类就是怎么也不符合你的条件，但是终于有一天等到它符合你条件的时候选择买入。这其实也是巴菲特对于买入时机的三个重要的原则。

接下来还是从心理实验上来分析。心理学上有一个重要的效应叫作羊群效应，也称之为从众效应。羊群效应或者从众效应，比较典型的就是跟着头羊走。小时候我是见过赶羊的人，他往往一个人管理着几十只，甚至上百只羊。那些羊如果挤到马路上，路都会被彻底堵死。当然小时候汽车没那么多，但有时候也会有个拖拉机之类的，羊群把路堵死了怎么办？赶羊的人不可能把这一百多只羊一只一只赶到路边去。他知道这一百多只羊里哪一只羊是头羊，他就会拿石子或者拿鞭子把那只头羊赶到路边去。头羊去了路边,其他羊就跟着都过去了,马路也重新空出来了。

人们做过一个实验,就是一群羊困在羊栏里,被架高的木棍挡住不能出来,然后你驱赶这些羊,多数羊看到木棍会后退,但只要有一只羊勇敢地跳过去了,第二只羊也会跟着跳,后面的羊都跟着往外跳。有趣的是,如果你在它们跳的过程中把这个棍给撤了,后面的羊走到这儿,还是跳过去,就仿佛木棍还在那里挡着。为什么呢?它们并没有观察这根棍,是由于别的羊都是跳过去,它也跟着别的羊一样跳过去。

在股市当中羊群效应是比较明显的,在管理学中也是一样。1937年,社会心理学奠基人之一谢里夫做了一个著名的实验。一群人坐在一个黑暗的房间中通过一个小洞观察一个光点。事先已经告知他们这个光点会移动,他们要估计出移动幅度。他首先对受试者单独进行了测试,接着按2—3人为一组进行测试。他发现在单独测试时,个人对光点移动的估算差异很大,但在小组测试时,受试者的答案几乎趋于一致。

1956年,美国心理学家所罗门·阿希发表了另一个经典实验。他要求受试者参与一个有关视觉判断的实验。受试者被分成几个小组,然后给他们看有几种线条的图片。要求这些小组从三条对比线条中选出一条线,与目标线条相配对。

事实上,小组中只有一名成员才是真正的受试者,其他成员是实验的一部分,要求他们在2/3的时间内一致地发表错误的答案。这项研究的重点是观察这个真正的受试者能否在组员都给出错误答案的情况下回答出正确的答案,或者能否顺从群体规范而同意错误的答案。事实上,这个受试者在36%的时间里顺从了错误的答案。这项研究表明,当群体客观上明显有错误时,人们会根据群体规范来调整自己的判断。

类似的实验在心理学中蛮多的。一个人一旦被放到一个群体中,你的判断往往会受群体影响。很多专业投资人给我们建议,说:你判断一只股票,一定要坚定按照自己的逻辑去判断,千万别受别人影响。如果大家一讨论,讨论来讨论去,除非这个人是认认真真负责任地跟你在讨论,否则最终的结果就是,越讨论错得就越大,你就是没有办法去把握住相关的内容和消息。这就是所谓的羊群效应,过多地去跟别人探讨,是非常容易导致误判的。

接下来我们讲非常有名的巴菲特投资苹果公司的例子。巴菲特投资苹果公司是从2016年第一季度开始的。但实际上2016年一季度苹果公司的拳头产品iPhone的销量出现了史上第一次下滑,并且导致了盈利没有达到预期,苹果股价几乎跌到两年以来的新低,苹果的市值也被其他公司给超越了。当时很多华尔街经理都是看空苹果的,很多投资人选择了卖出。在这个时间点,巴菲特选择介入苹果公司。人们大跌眼镜,因为除了个案,巴菲特一直有个重要的原则,就是坚决不会买入科技股。他在有一年的股东大会上说,押注这种快速发展的科技企业,让他感觉不舒服,投资IBM犯错误的概率可能会低一些,比投资谷歌和苹果要低一点。他觉得公司涨得越快,反而越把握不住。所以大家就很纳闷,2016年一季度,别人都在抛售苹果股票的时候,巴菲特却介入了。同年的二季度和四季度,巴菲特都选择增持,最后成了苹果公司的前十大股东。后面结果大家知道,苹果公司2016年四季度上涨2.5%,2017年一季度涨了16%,巴菲特投资苹果公司的市值至少增加了5亿。

当然围绕这次投资,外界有很多的争议。比如有观点就说:这次投资其实不是巴菲特个人在操作。因为巴菲特一直在讲他退休的事情,找接班人的事情。找接班人不能等到你真老了或者哪天你不在了,一下子交给别人,你总得让别人练练手。所以人们猜测投资苹果公司并不是巴菲特自己的主意,有可能是巴菲特的两个助手——Todd Combs和Ted Weschler。这两个人有可能会成为巴菲特的接班人。当然这只是外界的猜测。但是不管怎么样,即便是他们操刀,巴菲特基本上还要认可的。而且巴菲特购买苹果公司的成本大概是每股96美元,这个价格总体来说确实不便宜,虽然巴菲特赚钱了,但这个事情始终没有办法得到一个比较明确的解释。

直到2018年4月,巴菲特在股东大会上正面回答了这个问题。这个回答就是所谓关于买入时机的三个重要的原则：第一就是公司股票一直涨，一直涨的话你就一直买；第二个就是你特别看好的公司，当它出现意料之外的事情、出现暴跌的时候，选择去介入。比如说保险公司在"9·11"事件爆发的时候，日子肯定不好过，股价也在暴跌，这时就选择买入；第三就是我们设定好了相关条件，当它符合条件时再买，不符合条件坚决不买。苹果公司对于巴菲特或者对于伯克希尔·哈撒韦公司的投资，符合最后一个条件。巴菲特说他不投资科技板块，他投资的是稳健的消费品板块，比如可口可乐、吉利剃须刀等。所以从这个角度讲，当苹果公司的业绩增长开始放缓、效益开始减慢时，巴菲特反而觉得它不再是一家纯粹的科技公司，变成了一个比较成熟的消费品公司了。而成熟的消费品公司始终是巴菲特和他的伯克希尔·哈撒韦公司最喜欢投的。所以我们可以看见的是，巴菲特一直在观察类似于苹果这样的公司，然后耐心等待它们符合他所预设的投资条件，进行介入。

对巴菲特来说，这时选择投资苹果公司，更重要的是要获取将来投资的红利回报，而不是去博一个未来很不确定的科技想象空间。所以从这个意义上来讲，他介入苹果公司的时机，可以说是多年来耐心等待的结果。一直等到苹果公司更像是消费品公司时再投资，巴菲特并没有改变自己的原则，盲目去投科技板块。严格意义上来讲，巴菲特投科技板块效果不是特别好，大家知道，他对IBM的投资其实不是特别理想，所以他更加坚定了自己投资的逻辑。换句话说依然是按照他"不熟不做"的原则来确定实际的投资行为。

所以，这三个投资时机的原则，我觉得大家可以逐一去选。比如第一个，确实是一家好公司，任何价格买入都是对的，但这样的公司少之又少，全中国乃至全世界都是少之又少。第二类就是你选好的公司，耐心等待它给你一个历史性的下跌机会。当然下跌的机会有可能是大盘异动所导致的，这样的机会都是需要耐心等待的。第三，你要首先认清楚自己，不做从众的羊，坚持自己思考后设定的标准，坚决不要三心二意。

总结：我自己经常会主持一些大型的活动和节目，可以告诉大家一个秘密，每场活动到了关键的时间点，都会找一两个领头的人去干吗？——鼓掌。对，就像春节联欢晚会，到了每一个重要的节点，比如讲相声，讲到一个所谓包袱的时候，底下的人没鼓掌，冷场了很尴尬，但是现场一旦有一个人率先鼓掌，底下人都会跟着鼓掌，现场气氛立刻就活跃起来了。而且，在这种氛围和场合当中，只要有一个人鼓掌，其他人配合的力度是很大的。所以我们作为投资人来说，恰恰要盯住这样的问题，别人都在鼓掌的时候，你是不是要冷静一点？当你看到身边有影响力的人在鼓掌的时候，你是不是应该冷静一点？这对于投资人来说可能才是最大的挑战。

三、判断卖出时机（上）

扫码免费收听最新解读

其实做投资最难的并不是买入而是卖出。在A股中有句老话是这样说的：如果学会何时应该买入股票，你是一个小学生；学会何时应该卖出股票，那才是高材生。

巴菲特认为，如果一家企业一直保持不错的竞争优势，那你没有必要卖出。持有越多、持有越久获得的回报就越大。如果一定要巴菲特建议什么时候卖出，一般来说只有三种情况：第一种情况就是你需要钱，需要资金去投资一家比你手头这家公司还要好的公司；第二种情况就是在牛市当中反而要学会卖出股票,当所有人都狂热的时候,反而要判断公司估值是不是已经到位了,所以要卖出了;第三种情况就是当企业看起来有可能失去它的持续竞争优势的时候,也就是你最初买入它的理由不存在的情况下卖出。

第一种情况的关键就是你要找到另外一家你要买的公司,所以就回到前面两节所聊的话题,就是你要判断买入的时机。

首先来讲一下心理学。今天给大家讲的比较有趣的就是关于后悔理论。什么叫后悔理论呢?就是人在错误判断后,会后悔,而后悔的痛苦程度要大于损失本身的痛苦。你做出一个错误的决策,比如买错或者卖错一只股票都是投资错误。一旦出现错误决策,你就会对自己的行为感到痛苦。按照后悔理论,后悔大于损失,投资人往往会表现出寻求后悔最小化,而非受益最大化。

举个简单例子。芝加哥大学做过一个心理实验:有两个人,A先生和B先生,他们都在剧院门口排队。正好剧院那天到了一个特殊的促销时间,将迎来剧院第十万个顾客。第十万个顾客肯定会有好处。所以A先生排队,戏院老板说你就是那第十万个顾客,我可以给你奖金,A先生很开心了。给了他多少钱呢?不多,100元。B先生在另外一个剧院排队,也在迎接第十万名顾客,正好排在B先生前面的顾客是第十万名顾客,得到了1 000元奖金。B先生作为十万零一个顾客,这戏院老板大方地说,也不能让你白排队,所以给了他150元。

芝加哥大学做的这测试,就是如果有A先生和B先生,A先生是一个人拿了100元,B先生是跟在那个1 000元后面拿了150元,你们是愿意做A先生还是愿意做B先生呢?这事比较有意思,因为心理测试往往跟大家的理性判断会有偏差,才有必要去考量这个心理。如果单纯从理性判断来讲,请问给你150元还是给你100元,你会选哪个呢?傻子都知道要选150元。但问题是心理测试的结果。芝加哥大学测试的结果告诉我们说,正好相反,大多数人选择了要去做A先生。为什么呢?因为他们觉得B先生这种角色和场景会给B先生内心造成极大的压力——我为什么不早来1分钟？站我前面的那个人拿到1 000元，就差1分钟，我从1 000元降到了只有150元。我恨，我后悔，我难过。A先生就没有后悔，因为我是所有排队人当中得到钱最多的一个人。虽然总金额比150元要少，但是他的内心充满了喜悦。B先生就会极其厌恶自己之前所做的事情，我为什么不走得快一点？我为什么非要多吃那两口饭？我为什么那么倒霉？我为什么不把前面那个人下个绊子？等等。他内心的痛苦的成本要远高于那50元的差额。

对于投资人来说，怎么来理解？投资市场当中后悔这事经常会出现，比如说市场涨了，没有买入，后悔吧？过早卖出，后悔吧？市场大跌了，熊市当中没有止损，后悔吧？获点小利没有兑现，后悔吧？然后套牢了，后悔吧？平衡市当中，自己的股票不涨不跌，别人推荐的股票拼命涨，自己没听别人的劝告换股，后悔吧？下定决心卖出了手中不涨的股票，买了其他人推荐的股票，原来的股票涨了，而买的股票不涨，又后悔。所以市场当中，后悔的心理是永远存在的。从投资人角度来讲，你的损失或者后悔，如果有明确的对比，比如别人有了更大的盈利，你的后悔就会无限放大。这时就像刚才心理学实验中的A先生和B先生的对比，大家更多的是在寻找后悔的最小化，而不是收益的最大化。

从理性上讲，你知道150元比100元要好，要想解决这个问题，就要坚持投资的核心逻辑。投资过程当中，若要避免后悔，就不能够以别人的评判来决定自己的行为。我们首先讲的是盈利，在自己能力范围内获得盈利就可以了，这个是作为投资人需要解决的心理问题。

为何巴菲特要在牛市时减持。老股民应该都知道巴菲特对中石油的投资。巴菲特以5亿美元的本金入股中石油，抛售时总的市场价格达到了40亿美元左右，获利是多少呢？大概270亿元人民币，净赚了7倍，已经很牛了。但是这事在当年有很多人嘲笑巴菲特，为什么呢？

2000年的时候，中石油在香港发行H股，巴菲特就以1.27港元的发行价买入。之后中石油的市场表现很不给力，不断地跌，甚至跌破了发行价。

而巴菲特越跌越买。到2003年的时候,巴菲特增持的中石油股票达到了高峰,平均的增持价格已经低于1.7港元,手中所持有的中石油股票市值大概是在23亿港元,占中石油总股本的1.33%。当时按1.7港币计算的话,市净率大概1倍。按净资产价格,市盈率8倍,股息率达到6%,这是典型的巴菲特可以投资的逻辑,净资产保底,市盈率不高,哪怕股票再怎么跌,至少股息还不错。

然后一直到2007年7月,中石油价格不断上涨,涨到了11至15元港币。巴菲特在这个区间不断地卖出中石油,若以平均卖出价格来测算,市净率达到3.5倍,市盈率达到17倍,属于典型的牛市上涨中的抛售。

2007年的7月至10月,对于中石油的港股来说出现了一个巨大的利好预期。为什么这样说呢?中石油是在6月份通过了发行A股的决议,计划回归A股发行。到8月的时候,内地的外管局宣布了要推行港股直通车,当时的港股价格都是暴涨。就是这个时间点,老巴选择卖出。其实对于港股、对于中石油来说,都迎来了重大的利好,而且这利好后边还真的兑现了。

中石油回归到A股之后的开盘价达到了每股48元人民币,是它的历史最高价,到现在都没有被破掉,所以至今A股市场当中有一句顺口溜,叫作:问君能有几多愁,恰似满仓中石油。如果以48元股价的A股来对比,巴菲特卖出的港币价格大概在11元至15元之间,显然太低了。所以很多人都嘲笑巴菲特。他确实亏了,因为10月份时,中石油的港股也创出了历史的高点。为何在出现明显利好的7月至8月份巴菲特全仓抛掉了中石油呢?

后来我们当然知道,虽然中石油回归A股市场创出了历史高价,但接着就是连绵不断地下跌。回过头看,重新审视这个案例,我们才明白,这才是典型的股神。虽然在决策中有点小的失误,没有在最高点卖出,巴菲特也曾略微表达过一点点遗憾——少赚了一些。但是我要告诉大家的是,其实没有人真正有本事预测到个股的最高点,你最多有一个大致的判断。巴菲特之所以做出这样的决策,是因为他觉得中石油的估值和市盈率基本上涨到位了。

巴菲特卖出这只股票的时候,这只股票的市净率是3.5倍,市盈率达到了

17倍。巴菲特之前曾经讲过一个概念，如果一家优质公司的市盈率已经超出了他所能够掌握的界限的话，那就意味着应该卖出了。所以他还是严格遵守自己之前的规则，在牛市当中，虽然后面有重大利好，依然不影响他的卖出原则。不要被后悔心理影响。按照巴菲特的观点，一家优质公司，其市盈率已经非常高时，就应该坚决地卖出。

中石油的案例到今天，依然是巴菲特比较成功的经典案例，也是当年备受争议的案例。为什么当牛市时，所有人都在乐观向上的时候，要选择抛出股票？原因是什么？是什么样的抉择能够克制住你心中的贪婪情绪？

> **总结**：牛市时是否卖出股票，判断的唯一标准就是估值达到了预期，和市场是否会继续疯狂无关。同时要建议大家不要马上把这些赚来的资金又迅速投出去。因为这时，市场上所有股票的市盈率都很高，按巴菲特的建议，这时，你需要稍微缓一缓，把手里钱投资到国债等相对比较稳妥的固定收益产品中去，耐心等待熊市的到来。作为老股民，其实主要做的工作就是等待熊市，而不是等待牛市。备好了资金，看好了优质的企业，等待优质的公司给你最便宜的价格，到那个时候才真正是再次介入的机会。

四、判断卖出时机（下）

上节聊了在牛市中，高位的情况下，巴菲特为何选择卖出。而且出现一定问题的时候，巴菲特也会选择卖出，这就涉及对这家公司的重新评估。我们认为投资最重要的逻辑和原理，是关于行为心理学。很多投资方面出现的一些错误其实都能在行为心理学中找到解答。确实，在投资当中，哪怕读1万本书，最后如果无法管制自己的心理的话，一些常见的投资错误就会不断地出现。所以今天要给大家讲的，叫作"出赢保亏"，也和投资人的心理有关。

什么是出赢保亏？比如说投了很多股票，然后有的赚、有的亏，而你突然需要用钱了，这时候到底是卖哪只股票呢？有数据显示，大多数投资人会选择卖出赚钱的股票，而继续持有赔钱的股票，这就叫作"出赢保亏"。

先做一个心理上的测试。有一只股票，两位投资者都持有。甲的买入价格是每股 10 元，乙是每股 20 元。这只股票昨天的收盘价格是 16 元，这样的话甲是赚钱的，乙是亏钱的。今天这股票又跌了 1 元，请问甲和乙两位投资者，谁的感觉会更加的不爽呢？调查显示，大多数人会同意乙比甲的感觉更差，因为大家觉得投资者甲虽然股票下跌了，但是只是收益减少了，而投资者乙则是亏损扩大了。假如有一位投资者，由于需要现金，必须要卖出所持有的两种股票当中的一种，其中一只股票是账面盈利的，另外一只股票是账面亏损的（这里的盈利和亏损都是相对于买入价格而言），请问该投资人会倾向于卖出哪只股票？大多数调查显示，绝大多数投资人会选择卖出盈利的股票，保留有亏损的股票。

这个调查来自 1985 年经济学家舍夫林和斯塔特曼的研究，也称之为"处置效应"。处置效应是在资本市场当中普遍存在的行为。投资者过早地卖出手中盈利的股票，而过久地持有并且抱怨手中的亏损股票。舍夫林和斯塔特曼把这种处置效应产生的原因归结于投资者的心理。投资者之所以卖出盈利的股票，是有这样一种判断——如果卖出了亏损的股票，就意味着你必须要承认自己投资不成功的现实，它意味着你个人能力有问题，做出了错误决定，当你卖出一只亏损的股票，就再也没有机会让这只亏损的股票转为盈利。

所以卖出一个亏损的股票，实际上等于说承认自己的投资出现了失误，证明自己的能力有问题。而卖出一只盈利的股票，哪怕少赚了很多，但是永远可以跟别人讲，自己多有眼光，买了一只股票赚得很好。这种心理学上的判断更多的是由于投资人本身的心理所致。这一点我也特别要强调，投资人和普通的非投资人是有些区别的，首先他们更加乐观。既然投资一只股票或者投资一个产品，肯定预期这个股票或者产品将来会上涨，是有发展的动力的。如果投资的股票很多，意味着投资大盘，投资大盘就意味着投资整个宏观经济,投资整个宏观经济就意味着对整个中国经济的前景是看好的,才会去投资。如果认为中国经济未来一塌糊涂,认为某个行业一塌糊涂,认为某一只个股一塌糊涂的话,还会去投资它吗?

其次,投资人更渴望被大家认可。买了股票赚了钱,绝大多数投资人是会跟别人炫耀的。但绝大部分投资人只会炫耀自己赚钱的部分,不太会讲亏钱的部分。这就说明投资人其实在心理和心态中有骄傲的心理和自大的心理,希望得到别人尊重的心理,这种心理比非投资人要更加强烈。这就是处置心理问题产生的重要根源。

行为心理学家、德国人韦伯和美国人卡莫多在1998年的时候,邀请了一批受试者来参与实验,这实验当中,他们提供了六个不同的风险资产让受试者来购买。那么以资产初始购买点的价格来参考,发现受试者倾向于过早卖出盈利的资产,而长时间持有亏损的资产,这也证明了之前的判断。

1998年的时候,美国行为金融学家奥登研究了1万多个投资人的登记记录。发现投资者更可能是卖出上涨的股票,所以这个判断还是非常准确的。对投资人来说,当你选择必须要卖出股票的时候,是选择卖出那只盈利的股票的话,就可能已经陷入了投资人的处置心理效应的困局当中。

2014年,巴菲特卖出了手里所有持有的埃克森美孚股票,在那之前,巴菲特的投资组合当中埃克森美孚是重要的股票之一。这家公司是全球最大的能源公司,而且曾经以高市值和高流动性受到巴菲特的青睐。巴菲特建仓的时候,埃克森美孚的估值是比较低的,巴菲特认为他买入时的股票价格已经很便宜了,并且认为这家公司可以让他长期获得利润。

2013年年底,伯克希尔·哈撒韦公司已经持有美孚公司4 000万股的股票,达到了37.4亿美元的市值。当时巴菲特看中了美孚哪些东西呢?第一个价格确实便宜。根据统计,巴菲特建仓的时候,埃克森美孚的估值是比较低的,当年第二季度的平均的预期市盈率只有11倍,第三季度只有10倍。这样的市盈率出现在世界上管理最为完善、利润最为可观的公司身上,意味着较高投资价值开始显现。所以估值依然是判断一家上市公司最基本的投资要素。

巴菲特怎么能够错过埃克森美孚这样的高价值公司呢？对于巴菲特来说，有他的优势，就是钱特别多，特别是控股了保险公司之后。但是他有一个劣势，就是资金量太大了，小的公司没有办法投。船小对于投资人来说是好调头的，而对于巴菲特来说，就有点难了。他必须选择盘子很大、流通性也比较大的股票，否则连出货都出不了。其次就是他投资的公司必须有可持续发展的能力。巴菲特最看中的就是可持续发展的能力。

2011年巴菲特在给股东的信中表示，与其买黄金，还不如花同样的钱去买生产型的资产。当时巴菲特对埃克森美孚还是有信心的，在信中他说：在接下来一个世纪，埃克森美孚的红利可能达到数万亿美元。事实上，巴菲特和他的团队过于乐观了，伯克希尔·哈撒韦给美孚34亿美元的投资也太高了。巴菲特和他的商业伙伴查理·芒格在2013年曾经说，石油的供应很快就会短缺，油价就会飙升。但是，可以这样推算，巴菲特所测算出来的埃克森美孚所有利润的积累、所有红利的回报统统来自一个重要的要素，就是全球的石油价格会继续上涨而且是飙升。没有想到，2013年、2014年能源价格大幅下降了，2014年4月以来，全球的原油生产出现了供过于求，油价不断下跌。

当初让巴菲特和市场赞许的埃克森美孚石油公司，在能源紧缺的时候，开发出一项新技术叫页岩气技术，该技术就是从页岩当中开发出油气资源，替代石油。但是这个技术成本很高，由于大家对新技术比较期待，而且觉得页岩的资源主要在美国，所以对类似于埃克森美孚公司，市场给予了比较好的估值和预期。可是由于油价一跌再跌，导致开发页岩气毫无意义和价值，所以巴菲特对于页岩气未来持续价值增长的判断，最终都因为原油价格没有按照他的预期走高，而误判了。结局是，他只好认输出局。到2015年，巴菲特全部抛售出了他的能源股，2015年之后的油价走势，也证明巴菲特这个错误更正是及时的。

按照巴菲特的逻辑，一家公司基本面发生巨大变化的时候，就要坚定地做出抛售的判断。当然如果细分的话,这种下行的原因究竟是基本面的问题还是宏观经济问题,还是行业的问题,还是管理层的问题,还是竞争压力的问题,仍需要探讨。但总体上,一旦出现基本面的负面转向,就应该选择抛售。

除了基本面的转向,应该卖出的原因还有公司的股票被高估了,或者出现了更值得投资的公司。这就是巴菲特卖出时机的三大要素。在大船上难掉头的巴菲特能做到的,我们这些小船上的散户怎么可能做不到呢?

解决卖出时机的问题,其实关键是克服自己的心理问题。对巴菲特而言,他背后有一个投资决策委员会,他并不是一个人在进行投资和操作。当然这只股票设定的买入理由发生变化时,这个投资决策委员会是有权力、权限、能力去决定要不要卖出的。这样就避免了个人心理上的疙瘩。

> **总结**:作为散户投资人,不可能去成立一个投资决策委员会。怎么办?最好的方法是做一个心理上的换位思考:如果这个账户现在需要抛出来获取现金,这个账户不是你的,而是别人的,你究竟是买还是卖?究竟是买哪个,还是卖哪个?当然面对这样的问题时,很多人会想出另一个方法来解决心理上的困境。那就是把这个决定权交给家里人,交给信任的朋友,让他们来判断、决定,你只是去执行决定。但这个方法在执行中也是有问题的。人为什么会倾向于卖出有盈利的股票,而不愿意去卖出亏损的股票?那是因为怕丢面子,怕掉份儿,怕承认自己不行。如果把这个决定权交给别人去操作的话,等于承认自己不行,这个心理本身的最终弱点并没有办法去解决。所以更重要的是尝试自己去换位思考,自己的心魔自己去克服。

五、长期持有的标准(上)

巴菲特经常将股票和婚姻做对比。他说:婚姻幸福的秘诀就是与真正值得爱的人一生相守。他又说：投资成功的秘诀就是与真正值得持有的优秀公司股票一生相守，死都不卖。巴菲特坚决反对做短线，他说如果有一只股票，你不想持有它10年，那就不要持有它10分钟。

巴菲特用婚姻幸福来描述投资，但实际上未必完全一样，就比如说巴菲特和芒格，两位老先生其实婚姻上都不是特别幸福。投资跟感情可能还是不太一样，感情会涉及太多的人与人之间的微妙感觉，这种微妙的感觉很难量化。不可能像巴菲特一样，天天躲在办公室里，看公司的财务报表就可以知道这个人可不可以爱。去判断一个人的时候，不可能拿出她的各种生理数据去做一个测算，然后算出来一个相守时间。

那么，投资长期持有的标准是什么呢？长期持有的标准，个股案例我们依然讲大名鼎鼎的可口可乐，因为这个案例太经典了。在讲可口可乐案例之前，讲一点关于围绕价值投资的概念，大家对巴菲特理念的一些误区。

第一个误区是，长期投资，是不是就意味着要一直拿着一只股票永远不卖呢？很多持这种看法的人，实际上是把长期投资理解为时间上的长期了。实际上我们说的长期投资更强调的是空间上的概念。买一只股票然后永远不换，一辈子跟它在一起，这是一个时间概念。所谓空间上的概念，是把它当成一个立体的活生生的人。如果觉得一家公司具有长期投资价值，那么要去对它做全面深入的了解。如果在空间上理解的话，每个人都谈过恋爱，谈恋爱过程当中，肯定会有争吵，包括结婚之后也肯定会有争吵，甚至有些争吵会让你决定跟他（她）分手，或者冷处理一段时间。对比投资，就是要去做增减仓位，甚至选择离开。

大多数公司的经营其实都是有周期性的，你需要努力判断出这家公司处于周期的什么位置。如果判断它还处于周期的底部时，你就应该耐心地持有，如果判断公司在周期的顶部就应该考虑出售，耐心等待底部的出现。按照巴菲特的感情逻辑，这点就像感情生活当中遇到问题时干脆冷处理一段时间，大家一周或者两周都不见面，一周两周之后，如果觉得还想这个人的话，就应该跟他复合了，大概就是这样一个逻辑。

这里要特别提及的是，这样的思路对一般人比较适用，对巴菲特本人其实是比较难的。巴菲特资金规模特别大，去做这种波段性的、周期性的投资和操作是比较难的。巴菲特一旦卖股票的话，如果被人发现，其他人也会跟风。由于他要买卖的股数太大，对整个公司的股价影响非常大，所以反而很难操作成功了。

第二个对于长期投资的误区，叫作长期投资者一定能够跑赢市场。巴菲特认为这个观点也是不对的。正确的长期投资和被迫的长期投资存在着明显的差别。正确的长期投资，是可以给投资者带来利益的。但是由于其他原因，让你不得不继续持有股票，就可能给投资者带来巨大的损失。不要过度地以为长期投资能够跑赢市场。巴菲特很多经验教训告诉我们：能够长期跑赢市场的人，在这个资本市场当中几乎是不存在的。换句话说就是，长期投资和暴利之间并没有必然的关系。

此外，关于长期投资，巴菲特还特别对另外两个误区做过解释。一个叫作长期投资者无需关心股价，另外一个是长期投资永远不会出现亏损，巴菲特认为这都是错误的。长期投资者也需要关心股价。只是他看股价的涨涨跌跌不像我们总是大悲或者大喜。他只是在判断股价的波动和基本面是否发生背离。如果发生了明确的背离，他认为就需要做操作，如果背离在允许的范围当中，就会继续持有。所以巴菲特操作少并不意味着他不关心股票。所谓长期投资永远不会出现亏损，同样是错误的。如果你选择了一个错误的标的长期投资，当你之前对它的基本面推测出现错误的话，长期投资出现亏损就会更加严重。很多人把自己被套牢之后的行为解释为要长期投资，这是一个完全错误的理解。

可口可乐为什么巴菲特会长期持有呢？第一个就是产品的研发费用极少。可口可乐有一个神秘配方，全世界据说只有几个人知道。这个配方带来的口味深受大众欢迎，由此所导致结果就是，这家公司几乎不用去做太多的产品研发，它们只要在这个最基本的口味上添加或者调整就可以了。包括巴菲特最喜欢的樱桃味可口可乐。正是在这个配方上，可口可乐建立了巨大的品牌优势，没有人能够超越这种品牌优势。此外它的渠道优势也非常强大，无论是在线下的商场还是线上的商城，没有可口可乐的超市都是让人难以想象的，市场需求源源不断。

产品研发费用极少，市场需求却源源不断，所以整个公司的利润率始终保持在一个比较高的水平。它的原浆能够长期地、持续地稳定输出，可口可乐就是这样一个简单的味道，换了味道别人还不认，再加上品牌的巨大优势，让可口可乐拥有了强大的优势。

中国有过一些类似于可乐类的产品，比如非常可乐、天府可乐，甚至少林可乐等等，那些产品选择的是从中国三线城市去突破的，最终结果都是失败的。我个人很难去明确区分开可口可乐、百事可乐、非常可乐、天府可乐，它们在口感上究竟有什么区别。有人认为市场对可乐的需求是刚性的，但是我认为并不是。中国的天府可乐或者非常可乐，都是选择了三四线的区域来做拓展，最早是从中国的四川地区、中国的陕西地区做拓展的。在那些地区之所以做拓展，因为那些地方可口可乐和百事可乐这些强势的国际大品牌还没有建立起市场影响力。在那些市场当中，甚至一度有消费者认为天府可乐和非常可乐这些国产的可乐比可口可乐还要牛。遗憾的是，没有把这两个国产品牌做起来。

原因是他们没有办法跟一个跨国公司庞大的市场营销预算去做PK，这个也是可口可乐的护城河之一。其他的新兴企业没有足够的资金去构建已经在西部、北部或者中部地区建立起来的品牌门槛。所以当有一天消费者发现，原来真正的老大不是非常或者天府，而是可口可乐的时候，他们会迅速地转移，去品尝可口可乐。一些国产的品牌，如果能够有机会把自己品牌垄断地位，在可口可乐进入之前，事先巩固市场的话，还是有可能去挑战可口可乐的，其中，最为令人遗憾的就是健力宝了。当然那是另外一个非常复杂的历史故事了，有兴趣的朋友可以去自行查阅。

可口可乐长期投资的最大问题就在于，品牌投入的营销费用会持续不断地增长，因为它始终要巩固自己的垄断地位。各种广告无处不在，中央电视台、地方电视台、各大卫视、广告牌、各种线下的活动、体育赛事、娱乐活动、慈善活动，等等，所以可口可乐真正的开支在于维护渠道和品牌优势。

巴菲特对此做过一个测算，测算投入的品牌推广的费用能不能带来持续销售的增长。测算显示是可以带动销售增长的，所以这才是巴菲特长期持有可口可乐的重要原因。最终巴菲特还是根据品牌、市场竞争优势和财务指标，才做出投资可口可乐的决定。巴菲特判断持有还是卖出的重要标准是公司是否具有持续的获利能力，而不是股票价格上涨或者下跌。他曾经买入过数十只股票，其中大部分的持有期限长达10年，也有些股票持有时间比较短，但只有可口可乐、美国运通等几家少数公司，买入之后一直持有超过10年，甚至20年之久。

长期持股的标准取决于上市公司的获利能力，但如何发现股票的获利能力呢？巴菲特认为如果持股时间足够长，公司的价值一定会在股价当中得到反映，事实上似乎真的是如此。持股时间越长，它与公司价值发现的关联度就会越高，对公司的了解程度也在不断地提升。巴菲特同时认为，一家公司的获利能力和股价的表现之间相互影响，通常不是很一致的，也没有办法充分预期。巴菲特表示，就算市场价格一段时间当中能够随时反映出公司的价值，但仍有可能在其中任何一年产生大幅度的波动。只要经济和股市的未来看好，就应该坚持长期投资的逻辑。

总结：作为一种中长期投资的理财方式，投资者真正需要关注的是股票的长期增长趋势和业绩表现的稳定性。对应这种特点的操作方式就是长期持有，选择一个好的投资标的，对它做充分的财务分析，随时关注它的基本面还有财务方面的变化，乃至于股票价格的变化。像巴菲特一样成为一个有耐心的人，才是能够成为在股票投资当中获取最大收益的人。

六、长期持有的标准(下)

长期持有股票到底有什么样的好处？梳理了一下，大致有两个比较重大的优势：第一个叫作减税，第二个叫作复利。

经常有很多朋友说，聊巴菲特的逻辑，中间有一个很重要的悖论就是巴菲特的逻辑是建立在有钱的基础上的。对于大多数人来说，赚了钱之后，要交房租，要解决日常的开销，然后剩下的钱可能节省下来准备买房子、存钱，实际上人们可支配的财富收入非常少。

我个人理解是：假如你认为自己现在是一个穷人，没有必要像富人一样去投资理财，那你可能永远是个穷人。对于任何人来说，想从穷人变成富人，第一个重要的要素，就是他对财富的强烈渴望，而且非常享受那种寻找商机，并且从商机当中赚到钱的乐趣。这个渴望是非常重要的。

举个简单的例子。比如你有 100 块钱，这钱不算多，但是你就在琢磨，100 块钱有没有产生商机的机会呢？在城市里，你看到 2 块钱一双的拖鞋，价格很便宜，于是你想到海边旅游的人，有可能没有准备海滩拖鞋，你要是用 100 块钱买进 50 双拖鞋，再到海边每双 3 块钱卖出的话，就能够得到 150 块钱，赚 50 块钱，再去掉路途来回成本……这种逻辑在现实中有没有可能亏损呢？当然有，但也有可能赚。作为一个想成为富人的穷人来说，有类似的意识，看到任何一个事情都在脑子里转一转，计算一下有没有商机，也愿意承担亏损风险，至少尝试去博取投资成功的收益——这个意识本身非常重要。如果没有这个意识的话，你永远都不会进那 50 双鞋，进了 50 双鞋之后，才会去考虑能卖多少钱。

另外一个人也很穷，他只有 100 块钱，这些钱全部用来买大米油盐了。同样是 100 块钱，前者有升值的可能，后者其实只是一笔生活开销而已。所以第一个从穷变富的重要根源就是有意识，内心深处有没有财富的欲望以及为了实现这个欲望所具备的商业眼光和尝试的行动。

实际上要想从穷人变为富人，最大的困难就是最初的几年。在财富管理当中，有个重要的逻辑，说一个白手起家的人，第一个 100 万，可能要花 10 年时间才能赚到；而从 100 万到 1 000 万，只需要 5 年；从 1 000 万到 1 个亿，只需要 3 年。这就是一个比较重要的财富管理逻辑。当你已经拥有了比较丰富的经验和足够的启动资金，就像汽车已经跑起来了，再去踩油门，它的提速就变得非常快。所以，穷者真正缺少的不是资本，而是获取财富的意识、经验和能力。一旦过了最困难的时候，财富就可能大幅度地快速增长。

巴菲特投资逻辑中，为什么会提到这个从穷到富的逻辑呢？巴菲特长期投资的两个重要的标准都跟此有关系。两个听起来非常简单的事情，却被顶级的投资人视若珍宝，可见简单的事情和复杂的事情之间的差别有多大。

第一个选择长期持有的标准是减税。这个案例比较适合于美国，因为美国有资本利得税。什么叫资本利得税呢？买入的股价和卖出的股价中间赚钱了，赚钱就要交税。所有的国家都规定，资本利得税只有在出售股票的时候才要缴纳。不可能根据账面的浮盈去交税，否则的话，账面浮亏的时候，是不是要给财政补贴呢？巴菲特之所以愿意长期持有股票，原因就是由节税而产生的巨大收益。他在 1989 年伯克希尔·哈撒韦公司年报当中提到过，如果年底将所有的有价证券按照市价全部出售的话，当年他们需要支付的资本利得的税收将会达到 11 亿美元。这 11 亿美元的负债如果不交给政府的话，实际上就意味着可以去做再投资。再投资实际上就相当于财政部借给他们的无息贷款，而且到期日由自己来选择，完全可以不用去看政府相关的规定。巴菲特说政府贷款还有很奇怪的特点，就是它只能被用来购买个别股价不断上涨的股票，而且贷款的规模会随着市场价格每天波动而上下波动，有时候会因为税率变动而变动。

所以巴菲特算来算去，如果不停地去更换股票的话，导致的结果就是不断地去交各种各样的税。虽然中国没有资本利得税，但是频繁地去交易，导致的结果就是交易费用不断地提升。所以从这点来讲，为什么不去长期持有一只股票呢？这是巴菲特算的最基本的投资账，这个账就是为了避税和减税获得所谓财政给予的低息。而免息的贷款是要考虑长期投资的。

第二个为什么要长期持有的一个原因，巴菲特曾讲过，是复利。有本描写巴菲特的书，叫《滚雪球》。滚雪球就像复利一样，很小的一个雪球，从山顶往下滚，开始很小，越滚越大，因为每次滚下来，新沾上的雪花，就像这个雪球本身所获得的利息一样。这个利息又和你的本金一样，在下一期成了进一步去滚大滚高的本金，这个模式就是复利。巴菲特认为，股票持有时间越长，复利的作用就越大，长期持有的优质股票带来的最大好处就是复利。很多人可能都不理解复利，不知道其中的区别。

如果现在有1万元，要存两年，年利率3.25%，如果按照单利来算的话，两年以后的利息就是1万乘以3.25%，再乘以2，等于650元。如果用复利计算呢？首先1万乘以3.25%再乘以2，再加多少呢？1万乘以3.25%，再乘以3.25%。除了单利之外，利息本身就是1万乘以3.25%，这个利息本身还可以带来第二年3.25%的利息收入，就是650元加上21块1毛2，其中21块1毛2就是第一年复利的基础上，在第二年又产生的利息，这就是复利。

听起来是不是不多？但是复利的最神奇的地方就在于，如非常长期地持有它的话，复利的滚动就非常吓人。巴菲特在1962年的年报当中按照复利做了一个测算。他说1492年，如果西班牙女王支持哥伦布航海给了3万美元，这3万美元如果按照复利去进行计算的话，170年后，女王的收益将会达到2万亿美元。所以复利的财务效应有点像我们小时候都听过的一个数学故事。国王决定奖赏一个人，国王说你随便提一个要求都可以满足。那人把国际象棋的棋盘拿过来，在第一个棋格上放一粒大米，第二个棋格上放两粒大米，之后每一个棋格的数量都要翻倍。放到最后，这个国家的大米都没有办法去奖励他。这其实也是一个复利故事。

巴菲特就是读懂了复利的逻辑。他小时候最喜欢读的连环画中有个人物叫里尔·哈博纳。哈博纳又笨又邋遢，一直在纽约的贫民区过着快乐的单身汉生活。有一天他看到了当地的第一大美女,就对自己说,我应该娶她。但是美女怎么会看上阿呆呢?他翻遍了全身所有的口袋,只有1美元,这要得到美女太难了。他找当地最聪明的智慧老人求助。智慧老人说,你去玩老虎机,用你手里仅有的1美元,一次翻一倍,1美元变成2美元,2美元变成4美元,4美元变成8美元,这样翻上20次,你就会赚取到1 048 576美元了,就是百万富翁了,美女不就是你的了?

这个故事巴菲特看完之后,他明白其中的道理有两点:第一点,要做的是复利投资,长期做投资,让利息不断滚动;第二点,要去做价值投资,作为一个投资人,要保证的是每年的年化收益率能够达到基本的收益率。

在A股市场做投资,如果能够保证每年的年化投资收益率在10%左右,再把每年相关的利息算进去,最后产生的价值回报就会变得非常多。巴菲特不喜欢买好车,据说一直开甲壳虫之类的老式汽车。有人认为他不喜欢物质享受。这可能是一方面,另外一个重要的原因是,巴菲特自己的生活行为也受着复利逻辑的影响。一部车,巴菲特觉得买的时候肯定还是比较值钱的,但10年之后这车基本上就不值钱了。假设一部车当年的价格是2万美元,2万美元不去买车,用来投资,10年之后,这些钱就会变成了15.85万美元。20年后的价值是125万美元,30年之后就接近1 000万美元了。所以,是愿意去买一部随时贬值的汽车呢,还是愿意通过复利的投资方式去不断地获得更高的收益率呢?综合以上两点,巴菲特特别强调的就是精选一只股票去做长期投资,它所累计出来的效果,虽然在短期,比如1年,2年,或者3年时间当中,看起来不是那么明显,但如果把它作为一个非常坚持的长期投资,而且能够确定比较好的投资回报,坚持持有5年或者10年的话,复利投资的回报是远超想象的。比如投10万元,选择一个每年能够带来投资回报在10%或者15%的标的,具有这样的投资回报率的上市公司,在中国A股市场当中也并不是很难找的。然后,你去做一个复利投资的测算,5年之后会是多少?10年之后会是多少?假如投资不是10万的话,是100万又会是多少?

> **总结：** 财富在某种意义上来讲，第一个是源自对财富渴求的意识和赚钱的能力，这部分能力和意识固然有一些是天赋，但是有很多是可以后天学习出来的。第二点，就是通晓一些非常重要的理财知识，能够让你的财富在比较短的时间内带来重大的颠覆式的改观，复利就是这样一种东西。爱因斯坦曾经说，复利是人类第八大奇迹。复利的概念，其实最重要的逻辑就是愿意去长期持有。

七、偶尔也可以做做套利

本节的主题是偶尔也可以做做套利。什么意思？就是巴菲特虽然擅长坚持做长期投资，但是他也会选择做一些短期的套利。首先要介绍一个套利的基本概念。套利，首先是区别于长期投资的一个完全不同的概念。它比较侧重于获取短期的爆发性机会。由此衍生出套利的两个重要特征：第一个它是短期的，第二个它是暴利的。所以这种行为，跟长期投资是截然相反的操作行为，我觉得这点是毋庸置疑的。

回到套利本身。巴菲特讲的套利大概分为两种情况：一种情况是发现市场由于信息、交易机制、资金流通不顺畅等因素，带来的无风险套利机会。比如同样的产品，某一种货币，在伦敦和东京交易是有差价的，你率先发现了这种差价，你就可以低买高卖。这是不是套利呢？当然是套利了，而且是低风险的。

有一个发生在中国的案例。中国资本市场启动早期的时候，有一位创富的牛人叫杨怀定，人送外号"杨百万"。那时候大家普遍的年收入都不到1万元，他能够有100万的收入，相当于别人100年赚的钱。他为什么会如此富有？就因为他在短期中利用套利赚到了100万。套利方法就是当时的国库券投资，相当于我们现在的国债。那时候的国库券还是有实体票面的，跟现在的钞票样子类似。他发现有时上海的国库券便宜，安徽的国库券贵，有时又会倒过来。然后他背了一麻袋的现金，跑到低价的地方去收购了一麻袋或者两麻袋的国库券，再把它带到另外一个贵的地方卖掉。做这个事情理论上来讲是没有风险的，因为国库券是用国家信用来背书的。但是在当时的环境中，他是可能被以投机倒把罪抓起来的，他为了运送国库券，其实冒着刑事犯罪的风险。杨百万的行为属于典型的套利，理论上是无风险的，现实中其实还是有风险的。

另外一种就是纯粹有风险的套利。就是你发现有一个套利的机会，然后去博一把能够暴涨。这个套利其实跟我们大多数情况下说的资本市场投机非常相似，这也是一种套利行为。当下已经到了互联网时代，新的交易技术又为这种套利行为增加了技术性的支持。比如靠电脑的人工智能的技术，靠电脑快速量化的交易技术，迅速下单，任何一个品种在两个市场中交易，如果有微小的差价，电脑就可以迅速地做交易，来套取利润。2015年的时候，就有很多量化交易的套利行为，套利者都是通过计算机完成。

巴菲特也参与过套利，这里要提两个巴菲特的有趣故事。第一个故事是1954年，巴菲特加入格雷厄姆的公司——纽曼。那个时候可可豆是一种紧俏商品，它的价格突然从每磅5美分飙涨到60美分。这时有一家叫洛克伍德的公司，想趁价格上涨的时候卖出可可豆来换取暴利。但你如果卖出商品直接兑现利润的话，你的税金会非常高。所以洛克伍德选择了另外一个方法，就是将股票以一定的低价卖给机构投资者，这时巴菲特所代表的格雷厄姆公司就开始跟洛克伍德谈收购。收购的过程非常有意思，美国当时出台了一个新的事务法令。其中有一项就是公司如果不是把某种商品的存货卖掉，而是把这个存货直接分配给股东，代替分给股东的利润，就等同于减少了营业的规模，也同时减免了税收。这个政策出来之后，洛克伍德公司就决定，他们的产品直接分给股东，这样就可以减免交易的税收。这就是一个套利机会，节省下来的税款，有可能让洛克伍德公司的股价提升2美元。

所以为了锁定这2美元的价差，当时巴菲特代表的纽曼公司也进行了一个套利交易。怎么套利呢？听起来比较复杂。它们一方面购入了洛克伍德公司的股票,希望快速赚取这 2 美元的价差。但这个还是有风险的,如果可可豆的价格出现暴跌的话,你测算的 2 美元升值利润就没了。所以为了规避套利的风险,巴菲特一边在股市中购入洛克伍德公司的股票,一边在期货市场卖空可可豆。巴菲特当时就被格雷厄姆来指定去做这次套利,这次套利事实证明是经过风险测算的,是一桩非常好的买卖,风险完全被控制住了,而且符合格雷厄姆反复强调的安全边际。

巴菲特具体干的事情,就是买股票,买股票,买股票,然后把股票换成可可豆,因为刚才讲了,用股票来换可可豆规避了税收风险。所以首先买股票,股票换可可豆,然后把可可豆拿出去卖。卖的过程当中,如果价格下跌了,那么你还可以锁定风险,甚至还因为你的空单获利。所以巴菲特那几天就不断地在买股票,换可可豆,做了一笔非常棒的套利交易。

巴菲特还参与过另外一次套利交易,就是阿卡塔公司的股权交易。阿卡塔公司在 1981 年计划是要卖给另一家非常著名的收购公司——KKR。KKR 是一家美国非常有名的杠杆收购公司。收购的这个案例非常有意思。阿卡塔的主营业务是森林产品和印刷品。1978 年,美国政府要扩大红木国家公园的范围,所以提出对阿卡塔公司一个红木园林进行收购。最初给出的价格是 9 790 万美元,外加利息 6% 的单利债券。这个价格是偏低的,被阿卡塔公司拒绝了。

实际上当时阿卡塔公司已经有被收购的可能,但是收购方开出的价格,阿卡塔公司认为偏低了。在这种情况下,KKR 公司介入。由于政府的收购,收益测算变得非常复杂,不是简单去测算一下阿卡塔公司的现金流和利润,还需要测算政府对这块征地开出的价格到底会不会出现调整,会不会大幅地提高。巴菲特认为,他也有机会参与到其中。怎么去参与呢？阿卡塔公司决定卖掉公司,即便不是卖给 KKR,也一定会出现其他的买主。当时最大的不确定性就是,美国政府会不会修订收购阿卡塔公司红木林的价格。巴菲特要博的就是这个不确定性。如果高额收购,就一定会大幅提高阿卡塔公司的股价，所以这是一个典型的套利行为。

他想，KKR公司资金筹措能力比较强，如果它下决心收购阿卡塔公司的话，就意味着阿卡塔公司的价格会在收购过程当中出现一个高估值的议价。如果阿卡塔公司没有被KKR公司收购，而政府提高了对红木林这部分资产的收购价格，也会导致这家公司的估值提升。如果政府收购价没有提高，KKR也没有收购成功的话，还会有第三方来接盘，因为总有人愿意为红木林的交易来赌一把。

巴菲特算了这三笔账之后，做了一个有风险的决定。因为刚才讲的所有因素都是不确定的因素，并不符合巴菲特长期价值投资逻辑，但是巴菲特觉得值得去博一下。所以巴菲特的伯克希尔·哈撒韦公司从1981年开始不断地买进阿卡塔公司的股票，从33美元开始买入。到了1982年，好消息来了，阿卡塔和KKR公司签订了每股37美元的收购协议。这时巴菲特继续买进，甚至不惜用38美元的高价，因为他相信预期中的收购一定会成功的。不过现实中经常会有不可预知的变数，虽然签订了收购协议，KKR公司却在中途表示，因为资金筹措有压力，每股37美元的价格太高了，希望降价到33美元。阿卡塔公司当然不乐意，KKR公司的收购计划最终搁浅了。但是正如巴菲特预判的，及时出现了第三方，以37.5美元的价格收购了阿卡塔公司的股票，稳定了股价。但到这时，巴菲特还没有赚到钱。

直到1987年，经过反复交涉，甚至上诉到法院，政府被迫提高了对红木林的收购价格，支付给阿卡塔公司2.7亿美元，而不是原来的9 790万美元，债券利率也大幅度提升，从之前单利6％，变成了复利14％。最终支付总额达到5.19亿美元。这个判决给巴菲特公司带来巨大的受益。虽然从时间上来讲，收益的最终兑现花了7年时间，意外地成了一笔长期的价值投资，但以当初介入的心态来说，巴菲特实际上是抱着短期套利的心态。

巴菲特曾说：我可以做套利交易，但套利交易的时候，我要想四个问题：

第一，我们预测的这个事情发生概率有多大。

第二，如果这个预测没有发生，事态会如何发展。

第三,如果我们套利的钱出现了困难,被套牢了,我能坚持多久。

第四,事态最终超预期的可能性会有多大。

所以巴菲特认为套利交易是可以参与的,特别是手头的现金比较充裕的时候,只要符合这四个条件,就可以去做套利交易。但是我们注意到,巴菲特所做的套利交易带来的收益,只占到他整个公司收益的5%,是非常小的一个比例。

> **总结**:随着金融市场效率的提高,信息越来越透明,想像当年杨百万一样,因为信息不透明,去做套利交易的机会越来越少,风险却越来越大。很多时候,你放眼中国的资本市场和全球的金融市场,再想做一个无风险的套利交易是很难的。最后我的观点是:套利有风险,出手须谨慎。

粉丝答疑互动

提问

如果每个人都做价值投资,每个人都在股票发行时研究好,看好公司,而且要长期持有,那股市根本不会有波动,也不会有上涨。所以市场是不是需要一些频繁交易的投机者呢?市场频繁的买卖和投机行为,是不是为价值投资者创造了更多的机会?

回答

这个问题非常有意思,我其实也经常思考这个问题。假如这个世界只有好人,没有坏人的话,世界会是什么样的?首先,永远不可能出现这种格局,其实投机才是人的本性,逐利、投机、一夜暴富,永远对人充满了诱惑。巴菲特也一样。如果告诉他有一个一夜暴富的机会,而且这个机会跟价值投资有关系,比如这个股票被明显低估了,那么请问巴菲特会不会非常勇敢地杀进去介入这只股票呢？

这个问题最有意思的是，如果所有人都是价值投资者，市场是否就没有波动了？我觉得，恰恰相反。如果这市场所有人都是价值投资者的话，市场波动反而会变得更加剧烈。比如某家公司的股票现在是 10 块钱，它的长期价值估值应该在 12 块钱，所有人都在同一时间、同一瞬间发现这只股票有投资价值，导致的结果就是这只股票会在一瞬间从 10 元涨到 12 元，对不对？所以当所有人都是价值投资者时，市场盘面的反应很可能就不是持续性地上涨或下跌，而是瞬间式地上升或者下降。当然，反过来说，市场也永远需要投机者，没有投机者就没有投资者。

投机者会创造出更多的交易机会，他们会使价格过度偏高或者过度偏低。正因为有了过度偏高和过度偏低，才会让价值投资者有可能去寻找到他需要的价格。同时正因为有了投机者，市场的成交量也会变得活跃。当你要买的时候，才会有人卖给你；当你要卖的时候，才有人会买。这就是价值投资和投机投资之间的关联。你所讲的，市场频繁的买卖和投机的行为，其实在为价值投资者创造了更多的市场交易机会，这点我完全认同。而且这个世界永远是价值投资者的绝对数量比投机者的绝对数量要少很多，因为这个世界绝大多数人都有着一夜暴富的梦想，而且都相信自己拥有一夜暴富的能力。

提问

价值投资要长期持有吗？什么时候选择卖出？

回答

价值投资并不等同于长期投资。如果所有人都发现这只股票在 10 元时是被低估了，它的真实价值应该在 12 元，那么当股价已经涨到 12 元时，你就要问自己：我的预期的股价已经达到了，我现在是不是应该卖掉它呢？

所以对于真正的价值投资者来说，当市场的价值已经达到预期的价值时，你就需要做一个认真的评估，就是到了这个价值之后，它的基本面是不是已经发生改变了，它还能不能从 12 元涨到 14 元。如果能的话，你就应该长期持有；如果不能，就应该选择卖出。之所以价值投资经常被等同于长期投资，其实是因为价值投资者在这个市场当中是少数，所以当你在股价被低估的时候买入，多数其他投资人是看空这只股票的。这就意味着你买入的股票在未来一段时间当中，甚至很长的时间当中，大家都在围绕这只股票到底有没有价值在做争议，这个过程是非常漫长的。

  当大家的争议最后达成了一致时，这只股票的上涨过程同样需要消耗时间，所以真正的价值投资者就变成了长期投资者，这其实是因为市场交易行为的特征所致。对于价值投资者本身，从来没有人说你必须要去做长期投资。如果你发现一只股票今天买入，明天就可以达到你预期的价格，请问何乐而不为呢？只是往往我们买入的时候大家都不看好，所以你期待它迅速达到你的估值是不可能的，这就是时间成本所在。

第七章
巴菲特的投资法则
—— 看懂人

一、公司管理层要足够优秀

扫码免费收听最新解读

从这节开始,我们将开启一个新的内容,教你如何去看懂人。这个问题非常有趣,因为中国有句老话叫作"知人知面不知心",所以看懂人是最难的,大家很容易会被表面上的一些迹象所蒙蔽。巴菲特始终认为投资者购买的上市公司股权,公司的管理者必须要优秀。从这点来看,我们课程的整体逻辑和巴菲特的投资逻辑是比较相似的。巴菲特的投资逻辑,其实有一个隐含的宏观基本面,只是巴菲特说他不看宏观,但是美国每次遭遇到重大的外部影响的时候,巴菲特都会坚定地买入美国的股票。所以从某种意义上来讲,巴菲特对宏观面是比较看重的。然后是行业,这个行业前景如何;在行业当中去选龙头公司,一定是行业排名靠前的几家企业,这就是他的选择标准。选出这几家公司后会再做详细的财务分析,就是之前给大家讲过的,各种财务指标、资产负债表、损益表、现金流量表等。

确定了一些可供投资的公司后,巴菲特会做一件事。什么事呢?就是评估这家公司的管理人。你看到的所有财务指标,你看到的能够量化的数据和指标,统统都是过去已经发生的静态状况。那么决定这家公司未来发展的要素其实从公司内核上来讲就只有一个,那就是这家公司的管理层。管理层究竟有什么能力,他的品质如何,甚至他的个人性格、爱好如何,等等,这些都会影响这家公司未来的潜力。

任何一家公司最核心的都是管理层。所以在巴菲特的投资生涯当中,有一个比较重要的特征,就是往往会和这些被投资企业的管理层建立比较良好的合作关系,甚至培养出很多私人的友谊。比如巴菲特早年投资可口可乐的时候,可口可乐老总就是他的好朋友,两个人从儿时起就是玩伴。当然也可能因为这层关系,那个玩伴也对巴菲特透露了一些别人不知道的事情。巴菲特说,和值得信任的经理人合作是成功投资不可或缺的一部分。巴菲特希望他所投资的所有公司,能够以股东利益为导向。在伯克希尔·哈撒韦并购公司的时候,他总是要留20%的股份给原企业的所有者,让他们能够保持所有者的激励因素,这也是比较重要的一点,直接决定和影响了他究竟会拿出多少精力和意愿去管理这家公司。

巴菲特给被投资公司的经理人一个明确的任务指标就是:

第一,把它当成自己的公司来经营。虽然巴菲特投资的这家公司的大老板可能已经不是你了,但是你必须要以拥有自己公司、自己是老板的心态去做经营和管理。

第二,把它当成你在全世界仅有的资产来对待。什么意思呢?就是很多公司老板,他的产业众多,这家上市公司可能只是他众多业务当中的一块。在这种情况下,他就不可能全身心地投入到这块业务中。所以这句话的另外一个逻辑就是,你最好只做这一家公司,这样的话才是一个靠谱的管理人。

第三,在你的有生之年内,你不能卖掉或者被别人并购。这句话,我觉得很有趣。因为巴菲特在投资的时候占股比例很大,甚至不排除巴菲特是直接收购股份成为大股东的情况,但是他给公司管理者的要求却是,你应该把公司视为自己的珍宝,不要轻易把它卖掉,或者轻易被别人并购。

综合以上,我们可以清楚看到巴菲特对于管理人的一个诉求,有点像我们企业管理当中一个经典的案例,就是所有者和经营者之间的矛盾。所有者是老板,经营者是管理者,他们的矛盾会体现在各种细节当中。巴菲特期待的公司管理层最好是把所有的努力都变成股东利益最大化。比如：你办公室是不是可以小一点，如果可能的话，办公室就放在郊区，租金便宜点。事实上管理层的意愿是相反的，虽然他的股份可能没有那么大，但他的意愿可能是我的办公室要大一点，我的办公室需要配备豪华的设备，我需要配备更多的秘书来给我提供更多的便利，等等。

巴菲特刚才提到的这三个标准，其实就是希望能够找到那些愿意把自己当成股东一样去做管理者的人，这是巴菲特衡量哪个管理者会比较好的一个重要的方法。此外，从性格方面讲，巴菲特提出管理者应该是一个诚实的人，如果这家企业的管理者不够诚实，那么即便他再有能力，也没有办法得到巴菲特的认可。所以管理者是否优秀，虽然可以通过过往的一些财务数据，包括他以前在其他公司做的业绩如何，包括在这家公司当CEO之后，这家公司的业务如何，等等，可以推演出来他的能力之外，还有两个重要的点，第一就是能不能把公司当成自己的公司；第二这个人应该是一个非常诚实的人。

接下来举一个巴菲特经常会讲的案例，对CEO的考察重要到什么程度。他讲过这样一个故事，我们观察CEO的时候，你会发现一个不称职的CEO和一个不称职的下属相比，CEO保住工作要容易得多。简单点讲，他说一个秘书如果被雇佣的工作标准是打字速度每分钟至少80个字，但是实际的打字速度每分钟只有50个字，对不起，这个人立马就会被解雇。同样的道理，如果一个销售人员不能完成自己的销售业绩，也会被直接开除。但是一位工作不称职的CEO却常常能十分顺利地通过考核，因为从严格意义上来讲，考核CEO的标准是不存在的，即使存在一些衡量的标准，大多数是模糊不清的或者是难以真正执行的。

这个例子我觉得是客观存在的。一家公司的老总，考核他的指标，理论上来讲会有很多，比如各种KPI的考核，销售业绩、人员管理、利润效益，等等，但实际上当这些指标如果完成不了的话，这个CEO可以找出很多的理由和原因，告诉董事长，告诉董事会，告诉股东大会，造成这个结果不是他一个人的原因，还有很多外部的原因，这些外部的原因，换一个人也是没有办法执行的；那些当年制定的指标，当下的经济环境已经发生了巨大改变了，等等。这种状况建议大家可以看一看大量的 A 股上市公司年初的业绩承诺没有完成，到了年底，给董事会或者股东大会作汇报的时候都是如何解释的，就心知肚明了。这种现象，在我们身边是很常见的。所以巴菲特的意思是，如果 CEO 想跟你捣糨糊、混日子的话，你根本没有办法真正地惩罚他和处理他。所以能找到一个真正靠谱的 CEO，对公司来说是非常重要的。

巴菲特说公司的董事会很少会去衡量 CEO 具体的表现，也很少会让 CEO 对公司的业绩不佳负责。如果董事会在聘用 CEO 方面出现失误并任由这种失误继续下去的话，结果又会如何呢？他说，就是 CEO 出了问题，CEO 自己会抵赖，而聘用这个 CEO 的董事会，因为在整个股权架构当中拥有整个股东大会最强有力的话语权，所以董事会也会推卸责任。就像请了一个足球教练，特别烂，而且还不愿意引咎辞职，他会找各种各样的原因，比如天气不好、队员伤病等，而聘请他做教练的董事会、聘请他做教练的决策委员会，也会找各种各样的理由来推卸责任。换句话说，CEO 一旦业绩不达标的话，董事会的人也会配合他去做相关的解释。这就成为一个很大的问题。

因此巴菲特认为，对于优秀管理层的选拔非常重要。那么，作为普通投资人，没有办法见到公司的管理层，怎么办？有这几个渠道可以去了解：

第一，可以从互联网上搜索这家公司的相关信息，至少可以搜到管理层的基本信息履历和公开的新闻报道。举个简单例子，如果你投资的是一家高科技公司，然后公司的管理层学历很低，没有一流科技公司工作经验，大概率就建议你还是放弃吧。

第二，现在上市公司与投资者交流和维护的渠道非常完善，你可以给公司董事会打电话、发邮件，他们一般都是会回答的，这也在某种程度上代表了 CEO 的能力。还有你可以亲自去参加上市公司的股东大会，在股东大会上直接去见董事长和 CEO。不要因为自己持有的股票份额少就放弃这个机会,见一面获得的感觉远比书面文字强得多。

> **总结**:巴菲特也曾经因为没有重视投资企业的管理层而交了不少学费,最终巴菲特学会了只与他喜欢的、信任的而且敬佩的人合作。所以总的来说,巴菲特要求优秀的管理者不管有没有股份,必须要把企业当成自己的公司来经营。这可能也是现在很多企业直接选择让高管入股的原因之一,就是希望高管在拥有股份之后,为自己打工会更卖力。所以简单的一个指标,这个公司的管理层最好持有股份。还有一点,就是他是不是足够诚实、真诚,不能是虚情假意。

二、管理层是否经历过难关考验

之前提到过这样一个观点,你看到的财务数据都是过去式,而管理层的能力以及品性才是影响这家企业未来的最关键要素。在西方经济学当中,有一个比较重要的分析逻辑,叫作要素价值论。

该理论把产生价值的要素分为这几类:第一类叫作土地,就是不可变动的自然资源;第二类叫作资本,就是用来生钱的钱;第三类就是公司的普通员工。这三类的资源对应的回报基本上是这样的:土地对应的是地租,就是所有的自然资源对应的是租金回报;资本的投入对应的是利息的收入;普通的工作人员对应的回报是工资。那么除了这三块的投入之外,其实还有一块比较重要,且容易被大家忽视的,就是"企业家才能"。

按照西方经济学要素产生的理论来讲,认为企业家才能是把前三者聚集在一起的最重要的要素,认为公司老板或者对公司的发展起决策管理作用的这类人,才是公司的核心。没有这样的核心,你的土地就产生不了价值;没有这样的核心,你的资金就不知道怎么去用;没有这样一个群体,你的员工就没有办法去创造更多的价值,组织架构、管理、调度、运用等等全是企业家才能。企业家和普通员工,看起来都是人,但是从这个要素的分配角度来讲,是完全分开的,因为他们的资本回报的方式不同。

作为要素的"企业家才能"对应的回报是公司的利润。一部分利润可能会分配给其他的一些资本投入者或者股东,这部分产生的来源是来自企业家才能,这就是西方经济学理论当中为什么认为企业家的才能非常重要,这就是为什么要单独拎出来讨论"企业家才能"的原因。

这里讲个和巴菲特有关的案例。巴菲特是20世纪30年代出生的,他很小的时候就开始做投资,也因此他比较早地经历了更多的压力和挑战。

1961年,30岁刚出头,巴菲特投了登普斯特尔机械制造厂公司100万美元。这次投资不是一个简单的财务投资,而是他真正地拥有了这家公司。这家公司就在离巴菲特老家不远的地方,叫比特利斯镇。这家公司本身是一家有着80年历史做风车和农用机具的一个制造商。风车的制造业前景并不是很乐观,这家公司一直处于销售停滞和利润下滑的困境中,可以说是苦苦支撑。公司总裁叫克莱德·普斯特,据说经营管理能力不是很强,巴菲特看不上他。巴菲特之所以买这家公司,是因为他做了一个非常典型的格雷厄姆式的投资,就是觉得这家公司的股票太便宜了。因为非常便宜,所以就买了,但这一买没想到就上瘾了。到1961年,巴菲特大笔买入这家公司股票,最后持有的该公司股票达到了70%,成了控股股东。这笔投资对巴菲特来说至关重要,因为不仅他成了这家公司真正的控股股东,而且巴菲特自己也当上了这家公司的董事长,更重要的是他和合伙人的五分之一资产都投进去了。所以这个投资项目的输赢成败直接关乎巴菲特个人资产的增长。

30岁刚出头的巴菲特有点自信心膨胀,他觉得应该自己去做主动性管理。既然我是董事长又是超级大股东,自己的身家性命又绑在这家公司身上,所以他第一件事就是把原总裁给炒掉了,然后他自己去做具体的管理,相当于董事长兼总经理这样的职务。但是实际管理下来,巴菲特发现他根本不能控制住这家公司,因为他需要一次很彻底的大改造。大改造意味着公司的行业需要转型，也意味着改造过程当中会引发很多的麻烦。比如公司需要裁员，要解决很多鸡毛蒜皮的事，这种事在中国比较好理解，有工会，还有妇联。

以前国有企业夫妻吵架，经常闹来闹去就闹到妇联去了，因为妇女可以到妇联投诉。虽然这些机构在设置当中会有一些讨论，但确实可以解决很多具体问题，包括中国的居委会，等等。中国的很多国有企业，管理层在很多时候都是承担了一个居委会的职责。所以巴菲特作为一个职业投资人，他对这种事情是完全没有能力处理的，而且由此引发了一个非常有趣的状况。巴菲特现在一直对外宣称自己是不会裁员的，但实际上巴菲特在他年轻的时候经常裁员，包括这家风车制造厂，有100名工人被裁掉。这家厂是当地非常著名的厂，厂里的这些工人都是很熟悉的乡里乡亲。大家被他裁掉之后，都恨死他了，一时间巴菲特成了这个小镇的公敌，几乎全镇的人都反对他。最后他们筹集资金，要求把这个巴菲特赶走，要把这个公司的所有权留给这个小镇，理由是这个公司的管理权不能让给外人。其中就有这家公司创始人的孙子，他想要获得这家公司的管理权和所有权。

这件事给巴菲特造成了巨大的压力，后来他就放弃了自己去主动管理这家公司。管理公司远比坐在办公室里看财务数据、做数据判断要难得多，因为它不只是一个智商的问题，也考验你的情商，考验你的管理能力。

1962年，巴菲特带着困惑去找芒格，芒格比他年长，去问芒格这件事该怎么办。芒格说，你还是从一线的管理中退出来吧。随后芒格给巴菲特推荐了一个年轻人，名叫哈利搏特，他非常善于解决公司经营管理中的问题。这个年轻人接手这家公司之后问题就迎刃而解。他一到工厂就采取了一系列措施来压缩成本，关闭厂房，削减存货，工作尽心尽力，更重要的是他的情商和管理能力都比较强。他和员工打成一片，很多员工确实听他管理。他说，我虽然在管理你们，但是为了大家都好起来，公司效益好了，你们的工资才能有保障，你们的收入才能增加。他从心理和管理两方面，把大家激励和约束起来。在哈利搏特的努力下，打造出了一个与巴菲特管理时完全不同的企业。工厂经营效益好转，创造出很多现金流。1963年，巴菲特最终还是卖掉了这家厂，觉得它前景不好。但他的这次投资和出售，为自己公司挣得了230万美元的利润，相当于原来投资额的3倍。

这件事说明管理其实并不是说你有没有本事，不是有能力就可以做好管理。管理这件事真的蛮难的，它涉及的要素非常多。其实很多企业家都是一个优秀的管理者，第一他们的性格当中都有比较担当的一面，别人遇到问题可以躲开，管理层反而要迎难而上，这是成功的管理者最重要的一个要素。说直白一点，就是他的内心是不是足够强大。

第二就是他们的目的导向性非常强。要达到一个目的，为了实现这个目的，所有的手段和方法都可以去尝试，绝不轻易放弃。

第三他们对自己的约束能力也非常强。虽然在日常生活当中有花天酒地、吃喝玩乐的一面，比一般人花钱要多，但在工作方面，很多企业家晚上陪客户唱歌唱到一两点，第二天早上8点钟开会，7点就会到公司做准备，这种状况在企业家当中是非常常见的。很多企业家都是每天早上第一个来上班的人，出差坐飞机也只坐经济舱……为什么会这么做呢？其实这是自我约束、自我抗压和自我规范的一个能力体现。

从某种意义上来讲，巴菲特确实有自我约束的能力，他的目标性也很强，比如他的目标就是要赚钱。自我约束能力就是不花天酒地，我的钱要用在实处。但是除了这个能力之外，还有个非常重要的点就是管理层在处理棘手问题中的一个决心。我和上海一个非常大的企业家曾经交流过，当时问过他一个业务层面比较难的问题：你目前在这么多的行业领域布局，所有的企业家都是想把所有布局的产业形成一个所谓的协同效应，你觉得到底能不能做到？他的回答很响亮，他说我做不到，而且我也不知道什么时候能够做到。我就问他，既然这事情这么难，你为什么还要做呢？他的回答让我一直记忆犹新，他说我们这样的人，天生就是要解决难题的，我们见到越难的事情就会越兴奋，我们不会觉得有压力，我们觉得会很开心。虽然为了解决这个难事，我可能几天睡不了觉，头发都已经掉光了，甚至自己孩子都管不了,家也管不了,但这就是我们天生作为企业家的命。

这句话,当时让我非常震撼。我就在想,作为一个企业家,一个靠谱的、敬业的企业家来说,他们所承担的压力确实比普通人大得多。永远记住这样一句话:作为企业家来说,要永远面对难办的事情,而且要去努力解决它,这就是你天生的职责,面对越难的事情越兴奋,那才是一个靠谱的企业家。作为投资者,要找的上市公司的掌门人就必须是这样的人。

三、评估管理层的人品指标

对于管理者的人品考量,不同于生活中常说的好人与坏人的衡量,这里有三个指标可以来解读管理层的人品。

第一个指标叫作诚信。诚信非常重要,这个社会讲究的就是一个诚信。诚信包含的内容非常多,比如说合法纳税、按时给员工发工资,等等。巴菲特对于管理层的诚信是这样理解的,他觉得应该是一个能够全面、客观、真实地去反映公司财务和经营状况的管理层,他们勇于承认错误,也愿意去分享成功,对于股东会开诚布公。巴菲特特别欣赏那些有勇气去公开讨论失败的管理层。其实也很正常,每个企业在经营的过程中都会有失误,不可能一帆风顺,所以问题并不在于失误本身,而是作为管理层看待失误的态度。

巴菲特认为有太多的管理层喜欢夸大其词,而不是诚实沟通,他们为了自己的短期利益,比如维护自己的形象,不惜破坏股东的长期利益。巴菲特自己直言不讳地说,其实很多上市公司的报表都是虚假的,所以作为投资人需要警惕这些财务报表造假的公司。他在自己的公司伯克希尔·哈撒韦的年报当中就非常开诚布公。因为他自己既是投资人,公司里也有很多其他投资人,所以巴菲特非常坦诚地去讨论自己公司的财务状况和管理表现,无论好或坏。当年巴菲特曾经在纺织行业遭遇到很大的问题,包括保险行业也遇到过一些问题,巴菲特都勇于承认,所以每年他给股东的信,包括在年度股东大会上他都会坦承自己的一些错误,这其实就是诚信的最好表现。当然巴菲特之所以强调诚信,是源于他在这件事上摔过跟头,这家公司就是乐购。

2007年巴菲特买入乐购公司股份,持有时间也不算短,一直持有到2014年,持有了长达7年,但这笔投资让巴菲特包括公司损失了将近8亿美元。2011年,乐购业绩开始下滑,巴菲特已经感觉到其中的危机。2013年,巴菲特开始减持乐购,但是到了2014年巴菲特却又增持了乐购,原因就是公司更换了管理层,原公司管理层没有将实际的经营数据如实公布。换句话说,这家公司的财务造了假。正是因为财务造假导致巴菲特的这次投资失败,它是巴菲特当年所持有的15家公司当中唯一一家赔本的投资。巴菲特很恨这样的人,特别是弄虚作假去骗投资人的管理者。所以他说诚信是第一位的问题。

第二个指标叫作管理层是否理性。管理层是不是理性,我觉得可以从这几个方面来衡量:第一就是当公司处于盈利状况时,如何去处理公司的盈余。就是赚钱了,账上有利润,该如何处理?一般来说,管理层处理这些利润有三种方法:第一种就是把利润投入到自己既有产业的再生产中,第二种就是投资一个新的领域,第三种就是给股东分红。如果从业务层面来讲,第一和第二都比较重要,也是比较常见的,因为很多管理层觉得我有本事拿这些钱赚更多的钱。当然对这种投资行为或者说再生产扩大行为的衡量,主要看这笔钱投入进去之后能不能带来更好的回报。

这里要讲的是第三种,就是公司有盈余了是否会对股东分红?这个问题是判断这个管理层是否理性或者是否是以股东的价值最大化为目标的比较重要的考量。当然,现在A股市场上的监管部门也认为上市公司赚了钱要给股东分红,不分红的话会有很多约束因素,比如不分红就限制再融资,等等。但实际上我个人并不这样认为。上市公司对于分红制度的具体操作,确实有很多非常复杂的想法。首先,公司分不分红,对于股东投资人的具体回报来说其实影响并没有那么直接。我们见过很多从来都不分红的公司，比如当年的微软，从创立伊始到若干年后都不分红，原因是它需要把这些盈利的钱再投入到自己的经营中去，这样你持有的公司每股的利润回报一直在不断提升，也就是它的股价会不断上升。换句话说即便这家公司股份不分红，但是它的股票价格可能会继续上涨，这对于投资人来说同样是一个利好，更何况分红还要交纳税金。

这里面有一个比较重要的点，就是要看抉择这个分红议案的相关人究竟是谁。实际上在中国也比较典型，很多高层管理者，他们持有的股份比例并不算多，这就会影响他决定是否分红，因为如果分红的话，他持股比例比较少，分红对他个人没有任何意义。这样他是不是就会更倾向于把公司的盈利款转作再投资或者转作扩大再生产呢？如果他占的股份比较高，分红就会给他带来现实的回报，锁定收益，还能避免对他的 KPI 考核，他是不是就会更倾向于分红呢？我觉得这个指标其实是衡量管理者是否理性以及是否会从个人私利出发，作为判断的比较重要的标准。根据管理层自己持有股份的多寡，来判断他所提出来的分红或者不分红的相关议案。

关于人品方面的第二个问题就是当遇到错误的时候，能否理性地认识到自己的错误，并且及时纠正。这个问题跟前面讲的诚信略有不同。诚信讲的是开诚布公，而理性则是充分地看到错误之后，认真地反思这个错误造成的原因，然后去努力改正它。这就是理性。

第三个关于管理层人格的判断，就是指管理层是否会偏执。这个非常有意思，比如巴菲特长期持有的可口可乐，他为什么喜欢？除了产品、销售等各种传统分析，巴菲特有一个非常重要的点就是他认为管理层不偏执。可口可乐曾经有一段时间做了经营模式和产品模式上的重大改变，然后导致销量和盈利的大幅度下降。但是管理层能够从善如流，听到批评的意见没有一意孤行，反而听取了意见和相关的数据统计，最终又把可口可乐调回单一产品经营模式。可口可乐公司对于管理层也极少有不同的认知，所以巴菲特不管在哪儿都对可口可乐这家公司的管理层给予高度评价。

这里还要讲一个人，就是大名鼎鼎的苹果公司创始人乔布斯，他是一个非常偏执的人。这个人极具情绪化，容易暴怒。据苹果公司员工说，在公司没有一个人和团队没有被他骂过，而且他骂人的时候，从来不考虑对方的感受，应该是一个情商极低的人，导致乔布斯在公司里并不受人喜欢。那么从巴菲特的角度来讲，他拒绝投资苹果的原因有几个方面，比如高科技，巴菲特本来就不投，他讲过不熟不投。另外，可能乔布斯的过度偏执，不愿意接受产品经理和CEO提出的意见，也可能是让巴菲特退而却步的原因之一。现在的苹果公司去乔布斯化已经完全完成，第一乔布斯已经不在，第二库克本身性格比乔布斯要好很多，当然也包括苹果公司的产品现在越来越像一个消费品，不再是一个高科技产品，也正因此，巴菲特决定了对苹果公司的投资。

> **总结**：诚信、理性、不偏执，等等，这是巴菲特看管理层人品的一些重要角度。如果非要说几句归纳的话，那应该是管理者从人品上让你觉得值得信任，哪怕他会做出一些让你无法理解的经营管理的抉择，但是你相信他是一个值得信任的人，这个可能是对管理层最为重要的考量。所以可以按照这个角度去衡量你所投资的上市公司的CEO，甚至包括董事长，是不是一个可以让你信任的人。

四、企业必须有高效的内控架构

之前，我们分析了巴菲特所看重的企业管理层中的一些重要的要素，包括他们的能力、人品和指标问题。但是仅仅依靠一个人就能够解决对一个公司管理层面投资价值的判断吗？这显然是不能的。我个人觉得对于管理层、管理者能力的判断，大概分为两个大的要素层面：一个是对外，就是包括公司对外的发展战略。所谓对外就是与竞争对手比拼的时候，这个管理层到底有没有本事；另外一个就是对内，你对外再有本事，你的战略再正确，你的产品再牛，领导人再有对外的魅力，公众形象再好，如果内部管理一塌糊涂的话，也可能是很大的问题。

这种状况在企业发展历史当中是经常出现的。中国改革开放历史当中，很多当年被称为改革明星的企业家都有类似的问题。这些改革明星的问题就是对外特别强，攻城掠寨、战略突破、品牌建设、营销推广，等等，但是当快速扩张之后，自己内部管理就出了问题，然后就是兵败如山倒，类似的公司可以列出来很多，比如三株集团、秦池酒厂，乃至于乐视网。

所以这里重点来聊的就是一个优秀的管理层应该如何在公司内部构建一个高效的内控架构。巴菲特曾经说过，理解会计报表的基本组成是一个被动的投资自卫方式，但了解并强化企业的内控水平和能力是主动投资管理的手段。如果你不具备这样的主动能力，你就不必在资产投资行业做下去了。他表达的意思就是对于内控的水平和能力是主动投资管理行为的重要的标志。

接下来先介绍一下和巴菲特有关的一些经典案例，然后围绕中国 A 股市场上一些上市公司内控管理的一些思考，做一些分享。

什么是内控架构更高效呢？需要解释一下，我们所有的评判标准，都是基于巴菲特的投资逻辑来展开的，这些评判标准和管理学教科书肯定是有巨大差别的。我们只是从巴菲特这个角度，履行巴菲特投资逻辑这个角度来谈一点我们的看法。

第一，要做到简单管理。什么叫简单管理？按巴菲特的逻辑来讲就是尽量地精简公司的组织架构。最引以为豪的就是巴菲特自己的公司——伯克希尔·哈撒韦公司，这家公司的资金体量千亿美元，旗下的子公司80多家，员工数量达到了20万人。但是巴菲特在奥马哈的总部，员工不超过30人。团队包括巴菲特和他的合作伙伴芒格，芒格又不住在奥马哈，两个人离得还挺远，经常只能是通过打电话联系。总部有CFO、巴菲特的助手兼秘书、投资助理、两名秘书、工作秘书、接待员、三个会计师、股票经纪人、财务主管、保险经理……与一般的公司相比，伯克希尔·哈撒韦公司没有律师、战略规划师、公关部、人事部、门卫、司机、前台、后勤。这种简单管理的模式,是巴菲特最喜欢的,他也喜欢被投资的公司也能这样。他把自己公司做成这样,其实就是做了一个样本。

如果在中国,同样管理这么大资金体量规模的一家投资公司,估计公司人数应该会在 200 人到 500 人。因为每一个案子都需要大量的投资经理和投资助理,还有研究分析员来做支撑,这是巨大的区别。换句话说,那样庞大的公司架构如果建成,每年所提供的投资标的应该会有几百家,巴菲特却只投十几家。所以实际上这个投资逻辑是不同的,巴菲特证明了一个简单管理模式,并不是刻意地减轻成本。而是这样一个简单的管理模式,意味着公司的核心竞争力就是只要做好那十几家投资。

因此巴菲特对投资公司的管理架构第一个要求就是希望管理能够简单,不要程序过多,不要机构臃肿。但这个逻辑也不完全尽然。比如一个大规模的制造企业,因为产量在那里,必须要有那么多员工基数,公司员工人数众多就意味着管理架构必须复杂,所以这个管理架构精简是一个相对的概念,并不是说刻意的。巴菲特自己的伯克希尔·哈撒韦公司只是一个非常极端的案例,不能因为伯克希尔·哈撒韦公司精简,其他公司都要一样精简。正确的理解是,在同一个行业、同样规模的公司之间,管理架构越简单越好。

第二,就是充分放权。充分放权巴菲特自己也做到了。在之前的章节里讲到过,巴菲特自己管理一家小企业,管理得并不好,不得不又让出去,这种类似的事情发生得还蛮多的,包括伯克希尔·哈撒韦最早做的纺织也是这样,巴菲特管不来就不要管。巴菲特认为自己选好董事长,董事长选好 CEO,CEO 选好副总裁或者部门主管、总监之后,就应该充分信任他们,这是他认为的一个充分放权的重要逻辑。当然他的一个重要前提就是,你选的这个人一定要选对,第一不能有私心,第二能力要强。如果能力不够,又有私心,那就意味着这个充分放权就是一个重大的隐患。所以巴菲特讲的充分放权的前提就是这家公司的老板所选择的管理层或者中高层是否能够把人选对。这个其实从既往的案例当中是能够看得出来的。某一家公司如果中高层的人员变化很大，而且某家公司中高层人员涉嫌违规甚至违法、中饱私囊等等，这就意味着管理层看人的能力比较差，更谈不上放权的问题了。如果既能选好人，又能放好权，那可能会是一个比较重要的制度和激励。

第三，巴菲特比较看重的点叫激励制度。公司管理层做出决策后，需要员工去支持，对员工的管理就非常重要。美国航空公司巨头、西南航空的CEO曾说过，如果想要公司赚更多的钱，那就应该让你的顾客满意，他们才会埋单。而你只有让你的员工满意，他们才会更愿意去服务顾客，让顾客满意。

说说可口可乐吧。其实它的激励制度一直有，但巴菲特认为这个制度也许并不是很完美。长期以来，公司下面的瓶装公司一直都很重视员工激励。为了鼓励员工做好工作，投入了不少资源，经常为员工提供各种奖励，奖品卡、印有公司标志的物品、运动会门票……但是这些激励制度有一个比较大的问题，就是没有人去跟踪具体的每项激励政策的实施效果，大部分的激励项目都是过去一直在实施，或者是按照领导的要求在开展，没有考虑公司的战略意志或者如何去做会得到更好的激励回报。

激励过度是什么问题呢？一般来说是给予员工过高的薪资或者福利。过高的薪资和福利，其实是到了我们人力成本供给曲线的一个"回弯"的阶段了。什么意思？如果你给员工发的钱太多，多得已经超过了他的想象，他反而就不愿意干活了。比如我期待一个月能够挣到5万元，我觉得可以不用那么辛苦工作了，我应该要放假休息了。所以当你真的给他5万元之后，他就不想工作了，他反而会降低自己的工作时间，这就是供给曲线的一个回弯，这就是对于激励过度的一个反向的思考。

总的来说主要就这三个方面，第一公司的简单架构，第二对于公司管理层来说能不能更充分放权，第三激励制度不能过猛，也不能够过差。

回过头来讲讲中国的企业，也不用非要讲上市公司，在激励和内控方面出现问题的公司还蛮多的。最经典的案例应该是当年的柳传志和孙宏斌之争。孙宏斌当年是联想的一名虎将,应该是真正的柳传志的接班人。后来就是因为激励制度不到位,孙宏斌希望能够获得更多的权限,能够影响和改变更多的联想的架构。但孙宏斌和他手下采取的表达方式,在柳传志看来如同"逼宫",双方爆发了激烈的争议和冲突,最终的结果是孙宏斌因"挪用公款罪"而锒铛入狱。等他出来后,柳传志还去找到他,两个人惺惺相惜地谈了一次,最后柳传志给孙宏斌提供了创始资金,后来才有了顺驰,也才有了今天的融创。现在的融创已经强大到足以去收购万达所抛出来的各种运营性的资产。大家有兴趣可以去看一看这个故事,是一个非常典型的关于用人的一个案例。客观来讲,这样的事件对于当年的联想肯定也造成了冲击。

从内部管理来看这个事件,柳传志本人的能力很强,他的战略眼光和格局,让他在中国企业界享有"民营企业家教父"的美誉。可当时他在内部管理方面显然也有一些问题。孙宏斌能够空手做了一家快速成长的顺驰公司,在遇到了重大挫折,又重新打造了融创并取得成功,这样的人如果做联想的接班人话,给公司带来的变革可能将无法想象,联想这些年也许就不会如此发展困顿。实际上就是这样一个重要的骨干,因为柳传志在内控方面出现了一些问题,用人存疑、放权不到位、对人理解不到位,等等,导致了这样一员虎将离开了联想。

这个案例提醒大家,就是对外非常棒的企业家,对内做内控的时候未必那么强,甚至是进退失据。

还有一个要讲的案例就是关于国有企业改革。国企改革包括股权层面的混合所有制改革,包括产业层面的整合和并购重组,还有一个大家容易忽略的,就是对国有企业内部员工的持股制度的建立。我们做过一个数据统计,如果把这三个都视为国有企业改革方向的话,如果把员工持股的改革单独拎出来,和其他两项做比较的话,其对股价的影响是最弱的。实行员工持股的上市公司,它的股票价格波动并不会因此被视为明确的利好,利好程度要小于混合所有制改革,也小于行业的并购整合。

但是这只是一个短期的市场误判。如果从长期来讲,实行国有公司员工持股计划的公司,中长期至少3年到5年,从这个评判点来看,整个公司股票回报比另外两个要素要更好。说明什么呢?恰恰就回到了我们讨论的主题,它实现了对公司员工的有效激励。当员工持有股份之后,实际上是把公司当成了自己的家,能省就省,省下公司的开支,就等于省下自己公司的成本,为公司创造了更多利润。这些利润将来有可能会分红给自己或者这些利润将来会体现在股价当中作为回报给到自己。这样员工更愿意去加班甚至不去问公司要加班费,因为他们觉得公司是自己的。

> **总结**:一个长期成功的企业必须要拥有高效的内控架构,短期可能对股价的影响并不明显,但是长期来讲会非常实质性地影响公司的战略投资价值。

五、巴菲特投资法则在中国的适用性(4)

结合巴菲特的投资逻辑,他对于管理人的评判在中国适用吗?我特别想强调的是判断一家公司的管理层或者管理能力,有两点可能最重要:

第一点就是这家公司的老板一定是一个极其有个性、有能力、有眼光的企业家。同时需要他的经历、能力和精力都非常好。经历是指人生阅历,能力是指愿意投入的精力,精力是指精气神,愿意投入工作的积极状态。这几方面的要素应该是非常重要的。

就这几点看中国企业,改革开放40年来,中国诞生的优秀企业家非常多,但是只具备上述第一点的企业,很多都会轰然崩塌。在改革开放过程中,倒下的企业也特别多,比如老一点的,石家庄造纸厂的改革先锋马胜利,包括最近乐视的贾跃亭,他虽然还没倒,但是公司陷入了巨大的危机。一个优秀的企业家在中国并不难找,但把优秀企业家的优势长期贯彻下去,从个人贯彻成为一个可以值得投资的企业,就变得很难了。

第二点是能不能形成一种有效的制衡制度,既可以平滑掉企业家、老板或者创始人自身过多的个性化,同时又能够把他们正确的东西通过一个高效的执行制度贯彻下去。

这两点非常重要。拥有第一点往往会创造出一个短期特别辉煌的企业。但如果第一点并不出色,第二点还勉强不错,能够创造出的是一个平庸但是永远不会倒掉的企业。只有这两点优势都放在一起,这样的企业,才值得去发掘,值得我们去投资。

第一个点的核心是企业家本人,第二个点的核心是企业家的管理团队和制度。这里要讲的例子是华为的任正非。华为从改革开放初期倒卖程控交换机到如今成为全球通信设备行业中的翘楚型企业,我们觉得跟企业管理层的优秀和管理层的制度关系非常密切。

首先,华为的管理层选拔有着自己一套非常成熟的标准体系,包括四个内容:第一,核心价值,就是大家对企业的核心价值观要认可。第二,品德和作风,要看品德而不仅仅是唯才是举。如果这个人能力很强,但品德不好的话,坚决不要。第三,绩效是必要的条件和分水岭。这里要提一句华为有一个所谓的赛马文化。就是任何一个人,哪怕你之前再牛,加入华为后,过去的所有学历和经历都一笔勾销,所有人都是在一个起跑线上竞争,这被华为称为赛马文化。第四,也是最重要的,就是能力。前面三个,核心价值的认可、品德和作风、创造绩效、在竞争中脱颖而出,这些在能力基础当中都是派生出来的最重要的价值。所以华为创造出这样一整套非常独特的选拔制度,现在很多企业都在学习这种管理制度。

那么华为的管理层是否经历过难关呢?准确地说是老板的难关。华为创业之初,任正非只有2万元的创业资金,而且当时没有一家企业或者银行愿意贷款给任正非和他的华为。好不容易有了一笔研发费,这次研发对于任正非和华为来说不成功便成仁,甚至任正非直接放话,如果这次研发失败,他就会去跳楼。好在皇天不负有心人,研发成功,为今天的华为奠定了成功的基础。华为早期的压力和痛苦,是任何一个企业在创业初期都会遇到的问题。几乎所有的民营企业家,在早期遇到的困难中,都是缺钱、不睡觉、被银行行长鄙视、差点跳楼,等等。

然而华为真正大的危机则是2000年到2002年的时候。任正非说,2002年公司其实已经差不多要崩溃了。IT泡沫崩裂之后,公司内外矛盾交集,他已经没有能力来控制这家公司,有半年时间天天做噩梦,梦里常常会哭醒。别看任正非对外一直是非常强势的一个人,又是军人出身,军人的口号应该是"流血流汗不流泪",居然能够让这样一个硬汉子天天梦中哭醒,你想想看这压力得有多大。这次的危机在外部主要是互联网泡沫的崩裂,整个公司的订单大幅度下降;在公司内部,任正非非常器重,甚至被认为是他"干儿子"的李一男,带着华为的技术团队出逃,自立门户,成立蓝色港湾公司。任正非说,他们走的时候华为十分虚弱,面临着很大的压力,包括内部很多人效仿他们欲推动华为的分裂、偷盗公司的技术和商业机密。但任正非在那个时候非常坚决,成立了一家"打港办"来专门对付李一男和他的公司蓝色港湾。只要有李一男公司去参与的竞标,华为都会去参与,就是不赚钱,也要把李一男的公司打跑。最终李一男被逼回了华为。

经历这两重压力之后,对于评判这家公司老板来说,就已经可以确定他的能力了。能够有足够的能力去抵抗危机,而且能够带动企业在经历危机之后腾飞,这家企业的老板,已经足以让我们信赖。这是我们讲的关于管理层能力的判断。

另外一部分是关于任正非对内的管理制度建设。第一关于华为的管理层。其实网络、民间、舆论界一直都有不同的声音。按照巴菲特的投资理念,他认为诚信非常重要,这个问题华为应该不存在,因为几乎没有过任何关于华为财务报表的负面消息,当然华为本身也不是上市公司,所以这些数据我们也并不是非常清楚。关于理性问题,任正非出身于军人,而且又特别会自省,基于管理考虑,华为出台了一部内部的管理法则,这部法则的名字非常牛,叫《华为基本法》。很多后来学习管理学的人,都在认真地读这本书。

这个管理法则当中对于公司的管理层的要求就是要保持强烈的进取精神和忧患意识,对公司的未来和重大的决策要承担个人风险,坚持公司利益高于部门利益和个人利益,要倾听不同的意见,团结一切可以团结的人,加强政治品格的训练与道德品格的修养,廉洁自律,不断学习。就是这样一个基本法,在外部却引发了巨大的争议。有人把华为文化总结为四个字:野、残、贪、暴。但华为在创业伊始一直到今天,整个管理团队都在这种文化中,这种文化又被称为狼性文化。什么叫狼性文化呢?就是我只是目的导向,为了实现目的,我的所有付出都不重要。比如经常会传说的,华为在每个员工的办公桌下面,都有一个睡袋或者一条毯子,以备通宵加班之用。通宵熬到两三点钟,实在困得不行了,睡一觉,睡到早晨七八点再起来继续干活,这种事情在华为内部习以为常,但是外界的看法确实批评不断。

但是反过来讲,这也说明公司的员工愿意忍受这么大的痛苦、压力去为这家公司工作,固然有它的激励制度到位的地方。华为的员工待遇在同行业当中属于比较高的,这是很多员工愿意拼着自己的身体、精力、能力去为它努力的重要原因。另外一个就是员工在价值观上得到认同,觉得在这家公司工作不只是为了一个所谓的高收入,当然这很重要,还有一个则是因为认同公司的价值观。所以在外界看来的狼性文化,在华为内部看来就是他成功管理制度的建设。这是关于华为内部管理建设的一个非常重要的逻辑和观点。

还有一点,回到任正非本人身上。这个人的性格,其实有点像乔布斯,脾气暴躁,经常有人被他骂得狗血喷头。当年有个非常经典的案例。吃完晚饭之后,秘书陪他回到公司听员工的汇报,当时已经是晚上九十点钟。几个副总裁准备的汇报稿子,任正非看了没两行,不满意,就直接扔到地上,甚至一怒之下,把鞋脱了,光着脚,秘书的原话说像怪兽一样在地上走来走去,边走边骂,足足骂了两个半小时。所以这样一个个性非常强势的老板,作为投资人来说是喜欢的,但是如果个性过于夸张的话,就需要一个制度去约束他。

　　接下来要聊的是一个高效的内控制度。任正非与李一男有点像我们之前讲到的柳传志和孙宏斌。华为虽然在管理上让人津津乐道,但是在内控当中还是努力地在解决过于个性化老板所产生的问题。比如华为要建立一个所谓高度集权的、矩阵式的流动架构,它的优势就在于把人、才、势三条线拧成一股绳,互相制衡,平衡极强的执行能力。针对特别重要的战略优势能力就会显现得非常突出,组织型的阵型和战争的组织阵型非常吻合,这其实跟任正非是军人出身是密切相关的。从积极层面来讲,整个组织架构的组织能力和动员能力非常强。华为和中兴比较类似,经常会做一些工程。工程项目一旦来的话,每个项目的招投标然后执行,其实就像作战一样,很多同行企业在竞争当中落到下风就是在这些核心要素当中出现的失败。这点真的像部队打仗一样,要攻坚而且战局随时变化,突然出现了某个遭遇战,你的任务就是给我拼死拿下。

　　这时候部队能不能执行得好,能不能把这仗拿下来,其实就看它的组织架构和能力,还包括精气神,所以每次打大仗的时候,参战双方的组织动员就显得非常重要。任正非是比较强调这方面能力的,仗随时能打,而且组织能力和精神动员能力也非常强,这是他的优势。最终导致的结果是什么呢?就是任正非本人在这个金字塔的塔尖保持他自己的个性、张狂、意愿、情绪的表达等等,但是它组织架构的中层和高层,被一个非常严密的组织架构进行了一个打磨,这个组织架构可以起到两个作用:第一可以把老板做出的一些可能不太合规的想法和问题平滑掉,避免过于个性化的行为影响公司的战略。第二就是组织架构具有极高的执行效率,如果老板确定的战略是正确的话,那么执行效率会非常高,这样就很容易形成持续的、有竞争力的战略上的突破。

> **总结**：值得投资的公司，第一，它的老板一定是一个非常强大的牛人，在各个方面都很优秀，包括管理能力、性格，甚至是他的生活习惯等等。第二，一个非常强大的老板有没有建立一个高效的、有组织的、有执行力的，同时又能够平滑掉一些负面风险的管理层和组织团队。两点不可或缺。

粉丝答疑互动

提问

巴菲特选择管理人员的前提是人品。请问，巴菲特选人的必备条件真的是人品吗？

回答

首先讲一个道理，就是作为商人，在某种意义上来讲，你必须得有外人看起来所谓的"奸"。我对这个"奸"的理解是努力获得发财机会的愿望和能力，所谓商人无利不早起。如果这个"奸"成了一个企业家要成功的前提条件，那你选人还要看人品。这是不是自相矛盾？先讲个例子。有一次他与大学生交流，交流会上有学生问他：你认为一个人最重要的品质是什么？巴菲特没有正面回答，他做了一个小游戏。我觉得大家可以通过尝试去做这样一个小游戏，找一找如何去看人。

巴菲特这个游戏是：我现在给你们一个机会，你们有可以买进你身边所有你认识的、你熟悉的人10%股份的权利。什么意思呢？就是你现在可以得到他10%股份的权利，那么他今生所产生的所有财富的10%统统都归你。请问你会选择谁？这个问题非常有意思，因为涉及两个要素。第一要素是，你要去选人；第二要素，你选的这个人是整个长期的投资价值回报，所以它非常像一个长期价值投资的一个判断。

你想想看，如果从同学当中，你会选那个精力最充沛的吗？身强力壮的，看起来能活100岁的那个人，会是他吗？你还是会选学习成绩最好的，门门课都能够拿100分、99分的那个？还是会选一个官二代或者富二代？这个问题如果从短期来考量的话，比如说在学习成绩当中，在读书期间，你可能会选择成绩最好的；如果选一个生活上的伴侣，你可能会选最身强力壮的；如果选一个想带入你阶层提升，你可能会选一个官二代或者富二代。但问题是，如果选择一生时间作为一个投资标的的时间标准，其实你选的那个人，可能这些要素都不重要了。那个人最重要的一点，是他给你带来的安全感，他给你带来的信任感。再简单地说，就是他的人品、他的为人处世，会让你觉得更有可能取得长期的成功。因为是用一生来衡量，所以，你会选择这样的人。

反过来讲，如果现在，你要卖出某一个同学的10%，你会选择谁？是成绩最差的吗？肯定也不是。是身体最差的吗？也不是。是那个最穷的吗？也不是。你选择的那个人应该是你从内心深处最讨厌的人，对不对？但是你为什么要讨厌他呢？也许是因为性格不同，但是更重要的是，也许从你的价值观判断来讲，你会认为你俩的性格和品性不相符。

巴菲特这个游戏就告诉我们说，他所选择的，所谓的人品有一个重要的前提就是，我所买入的股票，首先关注的是非常长期的一个投资回报，你必须要把人品的要素，人的潜能放在第一位。

大家也可以来做一下这个游戏，这样的话，你就可以比较准确地、直观地感受到这个所谓的人品是什么样的概念。假设前提条件要听清楚，某一个人的10%财富统统都归你，你要花钱去买而且价格不菲，但是他的一生财富的10%都归你，而你只有这样一次机会去介入。你会选择什么样的人？这是第一个问题。如果我们要做的投资是一个长期投资的话，我们关注的管理层能力，那他的人品是必须要考量的要素。

第二个就是关于"无商不奸"。我觉得社会上对这个词是有偏见的，可以分为两个方面，第一比如说在市场层面，在法制不太成熟的阶段，确实通过所谓的投机倒把和所谓的钻营，可能赚到大钱。这是大家一般意义上所理解的无商不奸当中的"奸"字。但是随着时代的发展，市场经济已经非常成熟，法制也非常成熟的时候，这个意义上的"奸商"已经越来越少，不仅越来越少，所谓作奸犯科的人，往往最终的结果是锒铛入狱，他们没有什么好结果。所以，现在意义上所理解的，就是指市场经济和法制体系都已经比较完善的情况下，所谓的无商不奸这个"奸"，我倒觉得它是一个正面词汇。它是一个企业家发现商机的一种才能。同样是一件事情、一个信息、结识的某一个朋友，通过这个事情、这个信息、这个朋友，能不能发现给你创造价值的生意机会。这个要素就变成了一种能力，这个能力你可以用无商不奸去形容它。同样我认为，这种能力它也不只是一个奸，它是一个独特的个人资源禀赋。

再回答你总体上的一个问题，就是现代的法制和市场社会当中，严格意义上无商不奸当中的"奸"字已经不存在了。我们要寻找的是那种能够超越一般人寻找到商机能力的人，这个人首先能够创造价值。第二个，这种创造价值只是一个短期的利益回报。如果从长期来讲，我们要考量的就是人品。这个人品如何去测量？它的标准是什么？不妨你就按照巴菲特给你做的游戏来认真思考一下。

提问

巴菲特选管理人时，是不是也会存在选择自己人的情况？

回答

"自己人"这个词，中国人可能会更明显一点。就是任何一个企业当中，似乎都会有派系。我之前曾经说到过，有一家非常大的上市公司，创始人是夫妻，他们非常有意思。夫妻两人为了平衡各自之间的权利，有点像普京跟梅德韦杰夫，就是今年你来做董事长我来做总经理，明年你来做总经理我来做董事长。我就问过他们一个问题：虽然你们是夫妻，但是毕竟每个人都有自己喜欢的下属，换句话说，每个人都有所谓的自己人。那么请问，如果你们俩各自的自己人之间掐架的话，你们会怎么处理？他们回答：我们会以公司利益最大化来协商，等等。然后也讲了一个细节，他们说他们有争议的时候，会在晚上临睡前，坐在床上，然后认认真真地去把这个问题讨论好。坦诚来讲，这个自己人的问题，在公司管理中的确是存在的。

但是我所理解的，巴菲特的自己人，如果从这个简单的要素上来讲，也是存在的，因为巴菲特很多生意上的合作伙伴，包括他自己公司的一些股东、员工等等，很多都来自奥马哈，那你说算不算自己人呢？显然算自己人。但是之所以巴菲特选择自己人，我们的判断更多的是因为他对这些人比较熟悉，因为他了解这些人，所以他才会选择他们进入自己的公司，或者成为自己的合作伙伴。所以所谓自己人，有一个很大的好处就是，对这些人更加知根知底，了解这些人的相关情况。所以自己人和任人唯亲，我觉得是两个概念。自己人更多的是你熟悉他。所谓任人唯亲就是，因为我喜欢他，所以这个人做任何事情，我都愿意去支持他，这样就会导致企业管理当中存在重大的问题。我觉得巴菲特在自己人和任人唯亲之间建立了区别。如何来判断巴菲特到底是不是用自己人，可以看他选接班人。虽然到目前为止，伯克希尔·哈撒韦公司的接班人还没有确定，但据说巴菲特一直在培养自己的接班人。这个接班人是不是一个公众意义上所理解的外来户，还是一个跟巴菲特有独特血缘，或者亲缘关系的人，是判断巴菲特选管理人员时到底是不是选择自己人的一个重要标志。

提问

听说巴菲特是一个非常抠门的老板，他是如何留住管理人员的呢？

回答

巴菲特自己公司给管理层的年薪并不算高，据说对员工也挺抠门的，但是他算是一个好老板。那么他是如何留住管理人员的？有几个要素：

第一，巴菲特一直强调对于管理层和员工的充分授权，把能够给予他们决定权限的范畴明确下来，然后让他们自己去解决。这是巴菲特一个非常重要的突出特点。

第二，巴菲特其实是反对股权激励的。他认为股权激励虽然能够激励管理层的热情,但是当管理层以股东自居的时候,也许花钱会更加随意。当然,这一点我跟巴菲特是有不同意见的。因为从整体管理学的相关统计数据反馈上来看,股权激励所带来的经营者和所有者利益一致化的问题,还是得到了比较有效的解决。我个人认为,给优秀的管理层以股权激励还是非常有价值的管理措施。还有两点,一是巴菲特自己个人的魅力。他最大的特征,就是能让所有人都非常舒服。每年开股东大会的时候,几万人在一起,巴菲特都能够照顾得非常妥帖。幽默、风趣、情商高,不管是面对自己的员工、销售人员、股东,还是在一个小车上、电梯上,巴菲特都会让大家觉得非常舒服。我觉得老板自己的魅力也非常重要。换句话说,你可以换家公司,收入待遇比巴菲特公司高很多,但是,这个老板每天都板着脸,你怎么也看不惯,那你会选择一个工资略低一点,但是看起来和蔼可亲、让你非常开心的老板,还是选择一个工资虽然高一点,但是让你觉得很恶心,很想揍他一顿的老板呢?

还有一点非常重要,就是巴菲特自己的公司非常牛。你如果在巴菲特手下干过活,请问你到其他任何一个公司是不是都可以获得高薪呢?从这个逻辑上来讲,我忍几年所谓的低薪,为将来履历当中增加光鲜亮丽的内容,岂不是更好?

[提问]

作为普通投资者,很难有机会像巴菲特一样去接触公司的管理层,我们该如何判断公司管理者的好坏?

[回答]

第一个方法,公开的渠道。公开渠道包括相关媒体的报道,当然有的报道你能够看得出来是公司刻意而为的宣传稿。那么除了宣传稿,有没有相对比较客观的第三方媒体报道?任何一个上市公司,理论上来讲,都会有相关的报道,你需要去认真地阅读、评判,形成自己的观点。还有一个公开的渠道就是每年公司召开的股东大会。股东大会,其实任何一个公司的股东,哪怕你只有1股股票,你也有权利去参加股东大会。在股东大会上你可以提出自己的问题,你可以直接面对面地观察这家公司的董事长、管理层,有机会跟他们交流。见到本人,这和在电视上,或者文字上听到、读到这个人,是完全不同的。

  第二个渠道就是个人的能力和拓展。比如我认识一个普通投资者,他投资了某家生产家用电器的公司,随后就开着自家车到这家公司做专车司机,专门接送公司员工上下班,在车上与员工交谈,了解公司的经营状况、公司老板的人品等等。那些员工在没有任何提防的状态下,会畅所欲言地谈公司的经营状况,评价自己的老板。当然一个人的评价可能不准确,如果你长期去获得很多公司内部员工的评价,这个价值就会变得非常大。还有一个案例,一位投资人投了一家家用电器公司,他到全国各地出差时,都会找到这家家用电器公司的销售门店,去跟销售人员做交流,这个月销售如何,下个月会如何,最近上了什么新产品,这个产品的市场反馈如何,是低于预期还是高于预期,等等。作为销售人员来说,他认为你是一个潜在的购买者,那肯定会比较客观地把事实告诉你,由此来判断和推测这家公司未来的经营状况。

  所以,无外乎就这些渠道,但关键是如何把这些渠道用好。当然要想获得更多的有价值信息,自己的努力和付出是不可少的。

第八章
巴菲特的财富观

一、巴菲特是财迷吗

这个话题比较有意思。首先,有钱人必须得是财迷,如果不在乎钱的话,就很难赚钱,这是一个不争的事实。所以,能发财的人,首先他是一个喜欢钱的人。从这个意义上来讲,巴菲特肯定是财迷。但是,另外一个财迷的概念就是对财富的评价,这个是有所不同的。喜欢钱和把钱视为人生的第一追求要务是有所差别的,差别的核心就在于,特别想赚钱同时又特别财迷的人,他可能会因为赚钱而失去自我。有玩笑说:这个世界当中赚钱最快的方法全都写到刑法里了。所以,中国有句古话说"君子爱财,取之有道"。

关于巴菲特的财富观,他曾经说过一句话:这个世界上,再没有什么可以像大笔的飞来横财一样,可以让人理智麻痹了。当你面对着巨大的金钱诱惑的时候,往往会被冲昏头脑。所以,巴菲特可能喜欢赚钱,但并不意味着他喜欢钱,这两句话的差别在什么地方呢?

讲个故事。20世纪的60年代,那时候的华尔街处于疯狂的股市当中,股票投资是那个年代美国的主题。由于市场非常疯狂,所以那时候崇尚的投资逻辑就是快进快出。在那个疯狂时期,投资时间已经被缩短到季度、月度,后来是每周、每天、每个小时,甚至是每分钟。因为美国市场从来没有T+1概念,你买了立马可以卖,卖了立马又可以买入。所以,长线价值投资的理念在那个时候是被彻底遗忘的。很多爱钱的人只认可一种市场机会,他们觉得需要迅速地赚钱,就是买了一只股票,然后迅速地换到另外一只股票当中去,赚了钱立马换股票,他说这样才能够创造出最大财富。他们具体的方法跟A股市场中"涨停板敢死队"的模式一样,他们手中有大量资金,集中资金力量把股价打上去,打上去之后一旦有跟风盘跟进,就卖出,用这种方法获取短期的暴利。

由于市场整个心态比较疯狂,所以市场某只股票一旦上涨的话,马上就会有人跟进。一旦有人跟进的话,就意味着做庄的人就能够去兑现。在这些人当中,有一个非常具有代表性的人,叫弗雷德·卡尔。他管理的基金非常牛,1967年的时候,这家公司创造了116%的投资收益,这个收益比巴菲特平均20%的收益率那肯定厉害多了。弗雷德当时只有30岁,比巴菲特还要年轻。更重要的是,他虽然是一个投机派的逻辑,但是他在大学里受到过良好的教育,博学、谈吐优雅、极其自信,被认为是当时新生代的投资人代表。

弗雷德也引起了巴菲特的关注,巴菲特还认认真真地对这个弗雷德做过分析。因为巴菲特那时候还年轻,喜欢学习,在自己的价值投资逻辑还没有比较坚定地建立起来的情况下,巴菲特喜欢去分析和学习别人的投资逻辑。巴菲特说弗雷德这个人,热衷于投资那些刚刚出现的公司,甚至包括那些还没有被登记过的股票,没有在监管部门注册过的股票。这种股票交易并不是在规范的纽交所进行,而是在所谓的场外交易市场交易。弗雷德的厉害之处就在于,对于没有登记过的股票,他也敢把大把资金投进去。

年轻的巴菲特觉得这里面会不会有什么风险,但当时他也说不清道不明。但是这个弗雷德确实非常火,成功的投资案例是一件接着一件,名气越来越大,媒体对他也是趋之若鹜,人们对他采取的投资手段非常敬佩,成为当时华尔街新的股票之神。这位投资人的金钱观就是,唯金钱至上。他有句名言:我不热爱任何东西,如果价格合适的话,我的衣服和领带也会被我毫不犹豫地卖掉。就是他会寻找任何机会去把手头的资产变现,哪怕身上穿的衣服,只要给的价格足够高,立马卖!卖了之后立马去买其他东西,然后等着新买入的东西涨起来,接着再把它卖掉。这就是一个典型的、华尔街当时疯狂投机者的金钱观,这种投资人的金钱逻辑和心态跟巴菲特所秉持的价值投资逻辑显然是格格不入的。当时巴菲特自己,包括巴菲特公司的人都有点不理解,甚至都有点怀疑自己了。

巴菲特开始怀疑自己是不是有点跟不上这个时代了,因为有人对巴菲特提出质疑。这个质疑的逻辑,到现在来看都是对的。做投资的目的,说到底就是赚钱。如果做投资的目的是赚钱的话,何必去关注用什么方法赚钱。只要这个方法能够赚来大钱,不必理会是投资还是投机。这个质疑对当时的巴菲特打击很大,甚至也让他出现过犹豫和动摇。但是最终,他还是坚持了自己的价值投资的理念。他在日记中写道:热门的投资项目并不符合我的胃口,这样的投资并不能够体现我的智慧,也不能满足我们的目标。所以,从赚钱意义上来讲,投资肯定是为了赚钱,但并不意味着因为要赚钱就不择手段,因为要赚钱就忽视风险。

弗雷德之所以能够成功,跟当时整个市场的氛围崇尚投机是相关的。其实任何一个市场,包括 A 股市场在 2006 年、2007 年那波大牛市当中,也是如此。一只股票,只要有庄家敢在开盘的时候把它拉至 4%到 5%的上涨,就可以在散户的资金推动之下当天把它打到涨停板,这在当年的牛市大氛围当中是经常会出现的。当时有一批投资人,甚至是散户投资人和一些大户投资人,每天紧盯的就是开盘上涨 4%—5%的这部分股票,一旦开盘之后立马跟,当天打涨停,第二天一早,不管高开还是低开,立马卖出,这种市场氛围的出现是让弗雷德能够获得成功的最重要的一个原因。但这种氛围能不能永远持续呢?这就出现了一个比较大的讨论。固然在这种剧烈波动行情中,弗雷德的投资理念看起来是正确的,但是在实际的运行当中,当市场氛围发生改变的时候,这种逻辑可能就会有问题了。巴菲特的态度可以告诉我们,他喜欢的只是赚钱这件事情,但钱本身对他来说吸引力并不是很大。

巴菲特在自己的办公室有一句富兰克林的名言:傻瓜会把他的钱很快地挥霍掉,书架上放着各种大萧条时期的书和杂志,他始终坚持着谨慎投资的逻辑,这个逻辑一直贯彻到现在。

关于巴菲特的财富观还有另外一个看问题的角度,那就是老爸的钱怎么给孩子来用呢?巴菲特的财富观对于自己的孩子教育来说,会显示得更加清晰一些。一个人的财富观如何,和他如何去分配财富给孩子,两者的关系非常密切。巴菲特曾经给自己大儿子买下了他现在所经营的农场,但是有一个前提条件,他儿子必须按期缴纳租金。巴菲特小儿子彼得,30岁的时候,想换一套大一点的房子,要向巴菲特借钱,却遭到了拒绝。如果放在中国的话,那绝对是匪夷所思的。儿子买房子,老爸出点钱,这不是天经地义的事吗?巴菲特其实不是抠门,他认为不能够因为是自己的儿子或者女儿,就理所当然地过奢华的生活。孩子应该靠自己的真本事去赚钱,他认为尽量让每一个人都有一个同样的起点。如果有些人生来就比别人有更大的优势,这并不是一个好的生活方式。所以,他拒绝一味地给孩子砸钱,给他们缔造先天的优势。巴菲特自己成长当中就是这样一个环境。

巴菲特小时候想买东西,他的父母觉得应该靠自己去赚,拒绝给他。他最早赚的第一桶金,是从他爷爷那儿批发可口可乐,然后再拆零了,一瓶一瓶往外卖。所以,巴菲特的父母从他小时候开始,就在有意无意地培养他等价交换的基本市场逻辑。巴菲特一开始也不理解父母的做法,后来明白了,自己买不起的东西就不应该买。银行有贷款,就必须自己偿还。这个方法跟我们中国父母的想法是完全不同的。巴菲特不赞成留太多的财富给下一代。我们做过评析,就是美国的富豪不愿意把钱留给第二代,原因除了财富观之外,跟美国的遗产税比较高也有关系。遗产税高,再加上宗教信仰等各方面的原因,所以西方国家的富豪往往不太愿意把大笔的资产留给自己的下一代。巴菲特认为,不管是不是富二代,如果父母不能够给予他比较好的财富观念,那对于他的一生,甚至对社会来说,都不是好事。如果孩子能够在很小的时候建立起对金钱的正确态度,那才是留给孩子最可贵的财富。

巴菲特认为,子女最重要的是要在父母那里学到爱,作为父母应该做的就是教给孩子今后生活当中需要的价值观,以及过去生活当中的一些经验,而不仅仅是钱。

> **总结**：谁都希望自己能够成为有钱人，巴菲特正是因为希望自己是有钱人，所以才能够成为有钱人。所以，第一，只有想成为有钱人的人，才能够有可能成为有钱人。第二，要通过自己的努力去正确地赚钱，除了赚钱之外，也要考虑所要承担的风险，不能为了赚钱而去赚钱，在意的应该是赚钱这个过程本身，而不要太在意赚钱的最终结果。事实上，我身边很多企业家和富豪，他们在 30 岁、40 岁的时候就已经完全实现财富自由了，但他们依然在努力地工作。为什么呢？他们说：其实我们在意的是实现财富增长这个过程，至于钱的增加，当你实现财富自由之后，它们只是一个数字，这些数字对你的生活、价值观的影响，其实已经变得完全不重要了。

二、巴菲特的钱都去了哪里

当人真正有了财富之后，他们的行为方式可能跟我们预期当中并不一样。今天围绕巴菲特的钱都去哪了，跟大家聊一聊。

西方社会，美国和欧洲，一些富豪们，当他们的财富达到一定程度之后，确实更愿意拿出更多的钱去做一些慈善相关的事业。这个事情有两个比较重要的一致性背景，第一个就是宗教信仰。西方主流的财富人群，主要信仰是两个宗教，一个是犹太教，还有一个是基督教。这两大宗教对于财富的核心理解是比较一致的。比如《圣经》当中有这样一句名言，说一个有钱人，想要进入天堂，他的难度很大。大到什么程度呢？大到就相当于你要想让一头骆驼穿过那个针眼。它的意思就是有钱人想上天堂基本是没门的，要想上天堂，得到上帝的恩典，首先要把财富问题解决好。所以，西方很多富豪，比如大名鼎鼎的洛克菲勒，他每天都写日记，他的日记当中基本上都有一个重要的感慨，就是认为自己的财富积累、自己的事业成就，等等，都是来自上帝的恩典，上帝赐给了他这样一个能力，但是上帝赐给的能力绝不意味着自己有权利去享受或者是挥霍这个能力，而是要透过这个能力，去为社会做更多的事情。因此第一个重要的点就是基于宗教上的信仰。

第二个，假如信仰的约束没有了，这种情况下怎么去实现最终的财富分配呢？其实，财富分配在一般逻辑当中是分为三个等级。第一次的财富分配就是创造财富的阶段。比如你有能力，能当老板、做高管、做金领，等等，但是遗产税是一个非常重要的勾连了二次分配和三次分配的重要方法。什么意思呢？按照西方的一般规定，遗产税非常高，一般来说是50%以上，有的国家可能到80%。如果遗产规模非常庞大，一次性地转移给下一代，那下一代必须要交很高的税。这个税怎么交呢？比如某位富豪，他的资产有100多个亿。要把这100多个亿的股票转让给儿子，意味着得拿出50%的资金去缴纳遗产税，也就是要拿出50个亿的现金上缴。显然任何一个人都是拿不出来这么多现金的。因为如果想把这个100亿的股票全部卖掉来交遗产税的话，到手里可能只剩下70亿了，但是遗产税还是按照100亿来交，就出现了大打折扣的财富缩水。所以遗产税意味着很多证券类资产在转移过程当中，必须要变换成现金，这个现金是绝大多数富豪都交不出来的。正因为交不出来，所以他们也不愿意去交这个遗产税，那么最好的方法就是建立慈善组织来做公益活动。所以我们看到巴菲特是这样做的，他说将捐出总资产的99%，这已经成为美国历史当中数额最大的一笔善款了。

巴菲特说，假如我们把多于1%的财富花在自己身上，我们的幸福感和成就感并不会因此而增加，然而剩下的99%的财富，对于其他人的健康和福祉会产生巨大的影响，这一现实为我和我的家人指明了道路，留下的财富够花就可以，其余要赠予社会，去满足更多的需求。而且有趣的是，巴菲特和他的第一任妻子苏珊，本来就致力于慈善活动，两个人还有个约定，就是两人当中如果有一个人去世了，后去世的那个人一定要把伯克希尔公司的所有股票全部留给基金会。

2004年，巴菲特的太太苏珊去世了，这件事情给巴菲特的刺激还是比较大的，他发现人生当中有很多事情不像你所预期的。所以苏珊去世之后，巴菲特就加快了他捐赠的次数和金额。从 2006 年 7 月开始，巴菲特逐年开始向五家基金会赠送一定数量的伯克希尔·哈撒韦公司的股票。巴菲特说：我原以为苏珊比我更长寿，但是没想到，她会比我先离开这个世界，我应该把更多的财富捐献出去，来履行我们当时的一个约定。

除了巴菲特之外，比尔·盖茨也是一样。比尔·盖茨成立了"比尔与美琳达"基金会，这个基金会致力于根除发展中国家的疟疾、肺结核、艾滋病等，60%的捐款都用在这些事业当中。巴菲特的捐赠很多也是给了比尔·盖茨的基金会。盖茨说，巴菲特的捐赠让他们感到有一点震惊，就是钱太多了，如何去用好它，压力更大。除了巴菲特之外，他的老搭档芒格说：我又不是神仙，我即将去的地方也不会需要钱，我会降低我的身价，保持不超过 10 亿美元。所以芒格也是在不断地捐赠出自己的股票。

为什么他们不断地捐赠股票呢？因为留着股票，将来作为遗产去转交给下一代的话，需要缴纳巨额的现金。所以股票拿在手里是蛮棘手的一件事情，还不如把它捐出去。巴菲特自己一直觉得，自己的成功就像中了彩票，连他自己的出生，他觉得都像是中了"卵巢彩票"。他始终认为，社会才是个人财富积累真正的幕后功臣，取之于社会，也必须要回报给社会。

据说有一次巴菲特和马云见面，他问马云：你为什么不捐赠自己的全部财产呢？马云问巴菲特，你多大岁数了？巴菲特回答说已经 80 多岁了，马云笑答，那我 80 岁的时候也开始捐。其实中国的富豪，诸如马云，也一直在捐款，但对于中国的财富架构来说，第一个问题，宗教信仰在中国显然不像西方那么普遍，不像西方那么单一。另外一个就是遗产税到现在还没有实行。其实外界一直呼吁实行遗产税，因为遗产税对于整个中国社会财富的第三次有效分配将会带来更多的价值。同时，会让社会变得更加和谐，特别是解决所谓的"仇富心理"问题。

> **总结**：问题的关键在于，巴菲特赚了钱，但他明明知道赚了1个亿可能99%都不是自己的，那他为什么还要赚钱呢？这个问题我觉得可以思考，那就是投资的目的真的不是为了财富本身，而是为了实现价值的增值。价值增值之后，最终反哺给社会，这或许是一个人心态能够调整好，同时能够创造更多财富的一个重要根源。很多人因为患得患失，每笔交易都非常在乎它的盈亏，亏了钱，吃不好饭，睡不好觉；赚了钱，大肆挥霍，把钱不是视为身外之物，而是视为自己毕生的追求。这样一种财富观，反而有可能会导致一个人的交易行为、市场行为失控，最终导致投机心态进一步强化。

三、身家百亿的普通人

巴菲特认为自己是一个生活非常简单的人。巴菲特这样一个身家百亿美元的超级富豪，日常生活中有什么样有趣的事情呢？

从吃穿住行来讲。吃，如果对亿万富豪有窥探欲的话，那巴菲特就是一个特例，他可能满足不了你的好奇心。有钱人，如果在中国，那不能顿顿都是传说中的满汉全席了，可是巴菲特呢？巴菲特关于吃的一天，是从一顿廉价早餐开始的。他一般会开5分钟的车去快餐店吃早餐，而且大部分时候也不是专门去，就是开车路过的时候靠一下路边，然后去买一下。巴菲特现在还在自己开车，他岁数已经这么大了，自己开车会不会有危险？因为奥马哈是美国一个很小的小城镇，那里车不多，如果以巴菲特快90岁的年纪，到北京、上海这种特别拥堵的地方开车的话，那估计会很可怕。亿万富豪买早餐的时候，居然会根据自己公司的经营状况来决定自己买多少钱的早餐。比如说最近公司的业绩还不错，巴菲特会买3美元多的早餐：一份培根，一份鸡蛋，一个奶酪三明治；如果最近公司业绩不是很好，他可能就把这个消费预算减到 3 美元以下。鸡蛋跟奶酪三明治还保存，但是只吃相对便宜一点的香肠。如果最近公司业绩特别差，他可能把早餐的预算减到 2.5 美元，就买两根香肠，再买一杯可乐。

比尔·盖茨曾经透露过，巴菲特经常在上班路上吃早餐，刚提到的花费已经是高配了，很有可能他的早餐只是一包奥利奥饼干。比尔·盖茨说：我认识巴菲特以来，有件事情让我特别惊讶，他基本上只是一直在吃他 6 岁时喜欢吃的东西，他经常是吃小孩子的食物，比如汉堡、冰淇淋、可乐。有一天一家媒体按捺不住了，就去问巴菲特这个奇怪又廉价的饮食习惯到底是怎么养成的。你猜巴菲特怎么说？他说，其实是认真研究了数据才这样做的。这个数据告诉他，人各个年龄段死亡率最低的年龄就是 6 岁。所以巴菲特就决定像 6 岁的孩子一样吃饭，他认为这是最安全的饮食方式。巴菲特股票投资是行家，但他生活方式的逻辑，绝对是一个小孩。

关于穿，巴菲特身高大概 5 英尺，相当于 1 米 8 左右，体重 170 磅，也就是 160 多斤。他的穿着最经典的是，戴一副大玳瑁眼镜，这副眼镜据说是当年的英国首相撒切尔送给他的。衣着很随便，巴菲特穿的西装、戴的领带总是很短，从西装礼仪来讲，正常的西装礼仪的领带长度，下面的尖角应该正好搭在腰带头上的位置，但巴菲特一般系得比较短，领带的下端通常在腰带上面几英寸；他的鞋子也磨损得很厉害。所以，巴菲特从穿着角度来讲，外套和领带很难搭配合适。如果他穿西装，西装的样式也非常保守。有时候在周末，他就只穿一件松松垮垮的海军蓝的 T 恤衫，上面甚至还印着证券交易委员会的标识语。所以有人揣测，这件 T 恤衫估计是哪儿领的文化衫。如果他不开口说话，基本上就是一个公司的低级白领职员，衣着完全不讲究。头发不用电吹风吹干，也不用梳子梳理，所以他的发型看起来总是乱糟糟，和爱因斯坦有点像。说起话来，像一个心不在焉的教授，头发乱糟糟的，皱皱巴巴的衣服，说话还有中西部的口音。有一次，据说他去外地出差，巴菲特太太把家重新装修了一遍，巴菲特回家了居然没发现，一家人都特别失望。巴菲特女儿曾经讲过一个这样的故事：有一天，巴菲特第一任妻子去商场给巴菲特买了一件驼绒的运动夹克,一件蓝色的运动夹克,他们知道巴菲特节省,所以就买两件,换着穿就成了。结果回到家里,巴菲特让他女儿去把这个衣服给退掉。他说我已经有一件驼绒的运动夹克和一件蓝色的运动夹克了,你们买的衣服我都有了,给我买重复了。语气极其严肃,把女儿给骂了一顿,孩子只好老老实实听话,去把衣服给退掉了。巴菲特女儿说,巴菲特不把衣服穿到非常破旧是不肯换的。

提到巴菲特的穿着,还要提一家公司:大杨创世。大概在2007年,巴菲特造访大连,出席与伯克希尔·哈撒韦公司相关的一个活动。巴菲特在入住当地的一家酒店的时候,大杨创世的创始人李桂莲就直接冲进去了,给巴菲特量各种尺寸,跟他说要给他定做西装。这个女人确实比较厉害,成功说服了巴菲特穿上了他们的西装。据说巴菲特后来一直穿他们的西装,至少在那两年,巴菲特确实穿他们的西装。据巴菲特说,他穿上这些西装之后,很多朋友夸他气质好,巴菲特说以前可从来没有人表扬过他的外表,所以挺喜欢这个牌子的。后来,巴菲特还专门为大杨创世录过视频,甚至邀请李桂莲去参加自己的股东大会。中国人确实聪明,巴菲特老婆跟孩子都无法解决的服装问题,被中国的服装企业家给解决了。这是关于穿。至于大杨创世后面的故事,大家应该知道,2016年圆通快递借壳大杨创世上市,从此A股市场就再也没有大杨创世的身影了。

关于住,巴菲特常年居住在他的家乡奥马哈。他现在住的房子,是1958年巴菲特买下来的,当时大概价值3万多美元。房子有600多平方米,5间卧室。这个房子面积,在中国绝对是巨大无比了,但是在美国来说,属于正常。因为美国除了核心城市之外,到了中西部的这些城镇地区,基本上每一家都住那种大别墅。这个面积对于美国的普通的别墅阶层其实不算大,基本上就是美国的一般中产水平。对美国人来说,乡下住别墅属于混得不太好的。他这幢房子没有围墙,没有铁门,也没有大院子,就是一灰色小楼,而且离路边也就三五米远,跟周边邻居的一些大别墅相比,没有任何豪华感,相反让人觉得有点寒酸。关于住,巴菲特有自己的想法,他说如果一个人对拥有一件物品10年以上还不能感到满意,那10分钟就得把它处理掉。这跟炒股票是一样的,买一只股票,就得准备拿5年、10年,否则5分钟都不要拿它。所以,住房也是同样的逻辑。按照巴菲特拥有的财富,要买个上千万美元、上亿美元的住宅都是小菜一碟,但巴菲特五十多年都没有离开过自己的这个房子,这倒也不是抠门,只是他有他自己的生活方式吧,对于他来说,自己感觉舒适就够了。

还有一个情况大家可能不知道。巴菲特买房子,经常去贷款买。巴菲特在美国加州拉古娜海滩的度假别墅挂牌出售的时候,报价是1 100万美元。这套房子是巴菲特在1971年用15万美元买下的,当时巴菲特申请了30年的住房抵押贷款。那个时候,巴菲特已经是伯克希尔·哈撒韦公司董事长,是最大股东,已经很有钱了。关于贷款买房这事,巴菲特当时认为,相对于全款买房子,如果去贷款,就意味着短时的现金流不需要那么紧张,省下来的钱可以去干别的。事实也确实如此,巴菲特借贷的钱,省下来的钱,用来买了伯克希尔·哈撒韦公司的股票。70年代早期的时候,巴菲特自己一直买伯克希尔·哈撒韦股票,涨到今天,那又是一笔巨大无比的资产了。所以,对于巴菲特来说,他做任何一个投资或者是经济行为都在计算,就是经济学当中所说的机会成本。钱、资源如果用到别的上面,是不是有更大的福利和回报?所以要贷点款,省下来的钱去买自己公司股票,将来公司股票暴涨,那收益比这个买房子价值大得多了。提到拉古娜海滩的这幢别墅,这是巴菲特过去多年夏季的时候度假和圣诞节过节的时候去的地方,但是自从他第一任妻子苏珊2004年去世之后,他去别墅的时间就少了,这或许也是他把房产挂牌出售的原因吧。

接下来说行。巴菲特是美系轿车的忠实拥护者。2014年前,他一直开的是林肯。巴菲特基本上日常生活就在奥马哈小镇,不跑长途,那车只开了两万多公里,最后被挂到二手车市场拍卖掉了,当时估价是1.5万美元,网上拍卖的竞拍底价是2.5万美元。所得到的钱,最后也用在慈善事业上了。2014年他换了一辆车,就是凯迪拉克XTS,大概是4万多美元。巴菲特的车非常低调,巴菲特女儿说过,巴菲特有时候会用低价去买那些被冰雹砸过后修缮如新的车。巴菲特认为,自己每年开车总共也就5 000多公里,没有必要换车。而且,他认为汽车市场中,新车的贬值速度是最快的,如果有可能的话,尽量去买二手车。买车,很多人认为是消费,但巴菲特觉得他是投资。所以你买新车贬值很快,那就买二手车,二手车已经是贬值之后的车辆了。那对于投资来说,肯定会更加有价值了。

> **总结**:巴菲特的生活,随意又简洁,但其实处处都透露着他的投资哲学,他的投资理念也贯穿在他的生活中:花最少的代价,来获取最大的利益。在任何一个时刻,他做出的跟消费和投资相关的决策,都是在既定的约束条件当中实现自身投资价值最大化的目标。不管是生活用品,还是自身的生活体验。

四、钱多一定快乐吗

我身边有很多人,因为赶上了中国改革开放的红利或者说站在了财富的风口上,他们暴富了。但是暴富之后,他们过得并不快乐。为什么呢?大概有几个原因。

第一个,虽然有钱了,但是在社会当中并不被人充分地尊重,大家只是觉得你是个暴发户。他们也深深地知道,别人评价他们是暴发户。那么如何去获得大家的尊重呢?这是他们面对的第一个问题。

第二个,在暴发之后,往往过着花天酒地的生活,不管家,彻夜不归家,或者长期不归家,一般来说家里面的生活矛盾就会比较多,随着年龄增长,身体状况会变得越来越差。由于无度、无节制、无规律的生活,导致他们健康问题突出,各种慢性病集中出现。当然,现在他们普遍开始养生了,原因就是年轻的时候身体耗费得比较多。那么有钱也是一个相对的概念。当年有的钱,如果没有持续地去保值增值的话,那么随着时间推移,财富可能会相对地在减少。因为财富的意义应该是身心俱愉悦,身体状况的透支让这一切变得不大可能。

钱多就一定快乐吗?巴菲特认为金钱是买不到感情的,他说一个人来到这个世界,不是自己选择的,而且一个人只有一次机会。如果因为你的存在,由于你的感情的存在,由于你所做的工作,让世界变得更加美好,那你的生活就会有意义。

讲一个跟巴菲特有关的故事。巴菲特跟比尔·盖茨关系非常好,是很多年的老朋友。在财富榜上,大多数情况下,比尔·盖茨都要比巴菲特排名高一点,但是在处理一些私人生活问题上,巴菲特却是比尔·盖茨的老师。比尔·盖茨有三个困惑。第一,事业和家庭如何兼顾。因为微软公司事务繁忙,所以比尔·盖茨跟他的太太美琳达一直处于聚少离多的状态,他的工作会影响到他的家庭生活。第二,子女教育问题。比尔·盖茨对子女教育很头疼,他总觉得管小孩比赚钱难多了。第三,如何管理财富。钱已经特别特别多了,如何去把钱处理好?盖茨跟巴菲特经常在打桥牌的时候,巴菲特就是那个排忧解难的老师,慢慢地帮助比尔·盖茨将重心转移到家庭当中。盖茨和他的太太美琳达都是工作狂,两人就是在加班过程当中相识相爱,然后结婚的。随着微软的快速发展和比尔·盖茨的财富积累,美琳达逐渐从事业当中隐退了,比尔·盖茨和美琳达之间接触变得越来越少。盖茨十分爱自己的太太,他不想分开太多,影响感情。但是,巴菲特告诉盖茨说,你应该去鼓励她,让她去做她自己喜欢的事。1993年,盖茨夫妇去非洲游玩,美琳达突然看到这个世界还有很多人需要帮助,她决定不再做全职太太,开始尝试自己的事业,比尔·盖茨与美琳达基金就是那个时候成立的,而且由于巴菲特的参与,它迅速成为世界上最大的基金,关于怎么处理好自己的巨额财富的问题就迎刃而解了。与比尔·盖茨不同的是,巴菲特对于人生的体验更丰富,他对财富和风险的理解更加深刻。这是作风强悍、咄咄逼人的微软文化所不能教给盖茨的。当然,这也是盖茨的短板。所以,巴菲特承认比尔·盖茨有他所不具备的惊人的才智,但是他认为这是不够的。巴菲特说,把个人的智商和天才看作是马达的马力,但是马达的输出效率,就好比是理性,这才是更重要的。正如很多400马力的马达最后输出的功率只有100,很多智商高的人结果却不一定是最好的。巴菲特把个人理性的财富行为归结为个人的习惯、性格、性情和爱好。他不赞成比尔·盖茨过分张扬个性。他说人当然要有进取精神,但是遇到某些事情的时候,我们需要反思,不要总是认为自己掌握真理,因为只有上帝才总是掌握真理。

巴菲特作为一个第三方的观察者,看到了盖茨性格上的一些缺陷,而且他对症下药,给盖茨开出了药方。以前盖茨是工作狂,从来都不顾家,巴菲特教他要享受生活,享受生命。在巴菲特的帮助下,盖茨卸下了工作重担,他把他的工作职责分散给了自己信任的人,自己退到后台负责组织和管理。慢慢地,盖茨发现了什么叫作快乐。据说从那以后,盖茨的脸上经常洋溢着微笑。他说我的一些快乐,来自自己家人,另外一些快乐来自我的合作伙伴鲍尔默,我不在乎困难,因为我不再孤单。比尔·盖茨在很多场合都讲过这样的话。包括教育,巴菲特也经常会劝盖茨。巴菲特自己很喜欢孩子,他希望盖茨能把孩子当成另外一个自己,当成镜子。他告诉盖茨,他说我敢打赌,孩子能影响你的成长,他们是你的管理人,是你的教练,是鼓励你的人,而不是你在管他们,你是他们的教练。在这样一个观念引导之下,盖茨跟孩子相处也发生了比较明显的变化,不再觉得孩子烦。巴菲特之所以能够让世界首富盖茨解决生活上的烦恼,原因就是他对于生活、生命、财富、价值观的理解,是比绝大多数人都要更高的。

巴菲特说:"在我看来,人生就像一场电影,但你不能浑浑噩噩地过日子,重要的是,你找到一份,哪怕你不需要收入,也愿意做的事情。生活是美好的,每天早上你从床上起来,是因为你很期待这一天。六十多年来,我都是跳着踢踏舞去上班的,因为我很喜欢自己在做的事情,我觉得自己太幸运了。"所以,不管是有钱还是没钱,都可以学习巴菲特热爱生活的精神,这也是巴菲特可能最希望传递给世人的。

> **总结**：每个人都有自己的金钱观，没房子、没车的时候，希望能够买房买车，心想要是有这么多钱，人生就满足了。但是实际上，当你有房有车之后，你的欲望又会变，你的痛苦依然存在。没有钱肯定会影响你的基本生活质量，但是钱多钱少，其实是一个相对的概念。对于每个人来说，钱有多少才算有钱呢？想想看，其实并没有一个真正的客观标准。

五、巴菲特和中国富豪

首先讲第一个故事，就是巴菲特和比尔·盖茨曾经的慈善中国行。

他们到中国来的时间是 2010 年 9 月底，当时两位富豪，巴菲特和比尔·盖茨，一起开启了中国行。据说那次比尔·盖茨和巴菲特到中国的目的主要是为了办理一些在中国的业务，顺便组织一次慈善事业相关的聚会。这场慈善聚会被称为封闭的私人聚会，有五十多位中国富豪接受了邀请，也有部分富豪拒绝了邀请。巴菲特开股东大会拍卖午餐的时候，中国富豪是趋之若鹜的，但这一小部分富豪为什么拒绝邀请呢？原因很简单，他们担心在现场会被要求做出捐款承诺。而且即使这 50 个接受邀请的人当中，也有不少人在聚会前纷纷打听说，我们来这儿跟巴菲特和盖茨吃顿饭，会不会要求我们做出捐款承诺呢？原因就是巴菲特在美国举行慈善会的时候，美国富豪做出捐款承诺非常普遍，而且这种承诺是会向媒体公开宣布的。一旦宣布之后，就不可能再修改了，一旦修改的话，脸面何在呢？这几乎是美国慈善聚会的一个固定节目。当然背景是美国富豪大多数都会有长期慈善捐款的一个习惯。

在中国富豪当中，尽管有不少人确实是在做慈善，但中国富豪做慈善有个比较重要的特点，就是跟自己家乡相关的特别愿意去做。比如一些企业家就喜欢回馈自己村子里面的学校、教育、医疗等等，包括西北地区，相对比较贫困地区出来的一些富豪,特别喜欢给自己的家乡做一些慈善。这是他们的一个特点,当然做慈善没有好坏之分。但是,让中国做慈善的人当众宣布自己的财产分配,这个事情在中国富豪当中是比较少见的。我个人感觉,可能是因为中国人的家庭观念比美国人要强很多,也就意味着他这个家族资产,某种意义上来讲,虽然你是创始人,但是它的分配有可能是需要在家族内部统一来讨论,并不是他个人能够决定的。也许因为这些区别,中国富豪们很拒绝被逼做出强制捐款的承诺,所以巴菲特和比尔·盖茨的首次中国慈善行,其实是略微有点尴尬的。

第二个故事,讲讲巴菲特的追随者。巴菲特在中国富豪圈当中有很多的信徒,比如说复星的郭广昌,比如说沃华医药的董事长赵丙贤。如果说直接跟中国富豪有瓜葛的,最知名的应该是花钱去拍巴菲特午餐那几位。从2000年起,巴菲特每年拍卖一次午餐机会,2003年转到网上拍卖,其中有三个共餐者就来自中国。第一个就是大名鼎鼎的段永平。段永平现在基本上是长期居住在美国,他是步步高的创始人,步步高当年是生产VCD、DVD时代的红人之一。那时候有很多的VCD和DVD的品牌,中央电视台广告的黄金时段基本上都被这些公司垄断。2006年,他中标巴菲特午餐的价格是26万美元。段永平认为,和巴菲特接触本身是无价的,不能用钱去衡量,只要能够真的学到巴菲特的投资理念就值了。段永平和年轻人非常喜欢的两款手机密切相关,那就是VIVO和OPPO,这两个手机品牌背后都有段永平的身影。那么这顿午餐之后,这两款手机的风靡和兴盛是不是跟巴菲特的这顿午餐有关系呢?实际上,段永平在吃这顿午餐之前,在投资界已经颇有名气了。比如说当年在互联网泡沫崩裂的时候,段永平大量地买入了中国的互联网公司,后来在互联网板块复苏过程当中赚了很多钱。他本身就是一个投资高手。与巴菲特一起午餐,是因为他比较崇拜巴菲特。所以他自己对这顿饭的评价很高,但实际作用有多大,也就只有他本人知道了。

2008年,中国的私募之父赵丹阳,成为第二个中标这顿豪华午餐的中国人,中标的价格达到了211万美元。但是,跟段永平不太一样,在取经之后,赵丹阳并没有一帆风顺。2010年，他所执掌的赤子之心基金，全年回报率亏了8.26%，2011年亏了24%，2016年还因为这样一个产品的亏损向所有的投资者道歉。包括赵丹阳后面发的几个产品，在业绩方面的问题也还挺大的。

2015年，大连天神娱乐的董事长朱晔，以235万美元中标，成为第三个和巴菲特共进午餐的中国人。天神娱乐的朱晔跟前面两个人比起来，知名度小很多，但是他是做广告出身的，主要是在投资网游、手游、直播、影视产业，比如热播的网剧《余罪》等。这家公司最新的业绩是，2018年年报亏损71亿元，亏损额是公司市值的两倍多，是当年A股市场的亏损之王。

从各种渠道所了解到的，包括一些美国人及其他国家的投资人，总之那些跟巴菲特吃午餐的人，他们表示，这顿午餐如果单纯从投资意义上来讲，能学到多少干货，并没有那么大的价值。因为很简单，巴菲特在午餐中所能讲到的投资理念，和他在任何场合所讲过的投资理念，比如在股东大会当中，比如他在书中所描述的，都是一模一样的，并不会因为跟你吃午餐，就会把自己的投资理念做调整，也不可能有什么小灶给到你。而且在午餐过程当中，他也基本上不会聊具体的个股，多数都是在聊慈善的东西。所以对于和他吃午餐的人，更多的收获就是，一方面，终于能够近距离地跟自己偶像见面；另外，如果跟巴菲特见面的这个人有新闻炒作诉求的话，这事免费就登上全世界财经媒体的热点头条了，甚至还会有媒体不断地跟踪，去看你的发展状况和业绩变化状况，所以也算是一种媒体的宣发吧。所以，从更多意义上来讲，作用是在后面两者。

当然，后来这几年去参与巴菲特午餐的中国人越来越少，越来越多的中国人发现，与其花那么多钱去吃午餐，不如去听他的股东大会更有价值。这样既可以见到自己的偶像，甚至还可能有提问的机会，也不用太被宣传出名。其实大多数中国财富群体是不愿意曝光太多的。后来，好多人其实选择了去参加巴菲特的股东大会了。所以，每年到了伯克希尔·哈撒韦开股东大会的时候，在奥马哈的中国人越来越多了。

继续讲下一个故事。中国土豪正在成为巴菲特的摇钱树。巴菲特真正投资的中国公司只有两家,一家是中石油,一家是比亚迪。2003年,73岁的巴菲特斥资4.88亿美元投资了中石油。到2007年卖出,盈利是35亿美元。2008年末,巴菲特以每股8港元左右的价格,共计花了2.3亿美元收购了比亚迪10%的股份。其实除了购买中国企业的股票,巴菲特在中国富豪当中也赚了很多钱。来看一组数据,瑞银和普华永道发布的2017年亿万富豪的报告显示,2016年,亚洲的亿万富豪人数一共是637名,其中中国富豪人数在亚洲遥遥领先,一共是318名,美国的亿万富豪总数则是563名。虽然不管是总财富金额还是富豪总额,中美之间都存在一定的差距,但是随着时间的推移,未来这个差距会不断地缩小。在中国富人越来越多的情况下,意味着从这群富人当中去赚钱的机会也越来越多。巴菲特在做的两个业务,跟富豪群体都密切相关,分别是房屋投资和飞机租赁。伯克希尔·哈撒韦公司旗下的飞机租赁公司叫作NetJet,这家公司正在致力于发展、拓展海外业务,特别是针对中国市场的私人飞机的租赁业务。这确实是巴菲特在做的一个事情,而且针对中国市场有比较明确的经营目标。他们的私人飞机,包括国际上的一些私人飞机的生产企业,都开始设置专门的中文销售人员来服务中国的企业家。当然,目前中国的私人飞机销售也存在一定问题,比如说空域开放的问题,比如说飞机维护和保养方面的问题,等等。国内现在私人飞机可以使用的机场也不是很多。但是巴菲特认为,这是中国私人飞机未来发展的一个很好的机会,所以始终是作为他所投资的产业公司布局的一个方向。

他还有一块针对中国富豪的一个产业。巴菲特针对在美国投资的中国人购买房产的需要,专门做相关的服务。伯克希尔·哈撒韦公司下面有一个公司,叫伯克希尔·哈撒韦家庭服务公司,这家公司专门成立了房地产中介网络。伯克希尔·哈撒韦公司虽然旗下有不少公司,但是只有少数几家是用它自己的名字来命名的。这家伯克希尔·哈撒韦家庭服务公司,现在是全美第二大的房地产经纪商,目标其实就是针对中国人在美国购房这部分需求,它是比较有价值的一个领域。所以，在产业布局方面，巴菲特和中国富豪之间有着比较大的关联。

> **总结**：巴菲特其实不仅仅是股神，如果你真的有机会与他直面接触的话，感觉他更像是一个略带孩子气，但是又充满了生活智慧的一位老先生。亚马逊的创始人贝索斯说，聪明是天赋，但是善意却是一种选择。选择比天赋更重要，是选择塑造了我们的人生。

第九章
巴菲特的投资失误

一、巴菲特的投资失误：康菲石油

这节内容，如果让我用一句中国的老话来讲，那就是：智者千虑，必有一失。巴菲特再神，在他的投资生涯中也难免会犯错。其实我们在之前的章节中断断续续地讲过巴菲特的一些投资失误，比如说最早的时候，伯克希尔·哈撒韦公司就是一家纺织厂，巴菲特买了这家纺织厂，期待着这家公司在纺织业务当中能够有重大突破，结果后来大家都知道，纺织厂的效益越来越差，甚至为了裁员的事儿，巴菲特差点被厂里的老工人揍一顿。但是后来，伯克希尔·哈撒韦公司转型成了今天的投资公司。类似这样的失败案例，包括乐购、沃尔玛，本节会给大家陆续讲几个。

第一个案例非常典型，这个案例在巴菲特投资生涯当中被视为一个谜一般的案例。他投资的这家公司，完全不符合他既定的投资规律和逻辑。这家公司的名字叫康菲石油。康菲石油从事石油、天然气勘探，是2002年由美国的康纳和石油公司与菲利普斯石油公司合并而成的。康菲是当时全球第五大能源公司、美国第三大石油公司。

伯克希尔·哈撒韦公司在2008年的年报中曾经提到过投资康菲石油让他们遭受到重大损失。这项投资让2008年四季度的投资收益大幅下降了66%，成为巴菲特自1965年接手公司以来最糟糕的投资纪录。究其原因，首先是在经济基本面，巴菲特出现了重大的误判。除此之外，他的操作也令人费解，他几乎是在康菲石油历史最高价的时候选择了买入，而当它股价下跌超过一半时，又选择了卖出。连续的卖出和亏损性的割肉斩仓，导致巴菲特整整亏损了26亿美元。

时间回到2008年，国际油价已经接近历史最高点，巴菲特却开始增持康菲石油的股票,这次投资跟他以往的投资选择是完全不同的。在以往他一般会选择在股价相对比较低的位置去逐步增持。统计显示,从2007年到2008年,一年多时间中,巴菲特手里的康菲石油股票数量从1 750万股增持到了8 490万股,成为康菲石油最大的股东。2008年,美国的次贷危机引发了全球的金融危机,然后又由于全球经济不景气,国际油价暴跌。巴菲特在国际油价已经开始暴跌时,才后知后觉地发现手里的康菲石油股票都成了烫手山芋。于是,他开始大幅度地减持。大家都看不懂,巴菲特自己后来解释说,他没有能够准确地预计到2008年下半年能源价格会如此戏剧性地暴跌,而且他当时认为石油价格肯定是会上涨的。但是,我们作为后来者,从第三方的角度分析却发现,其实巴菲特对康菲的增持,也许并不是像他解释的那么简单。

比如说当时国际油价已经接近巅峰,而且全球的油价虽然有人认为它会继续上涨,但是上涨的预期没有那么强烈了。所以,从基本面上来讲,巴菲特实在是没有增持到这种程度的理由。他这样一个举动很难去解释,而且当时买入的股价达到了12倍以上的市盈率。买了一个石油类的公司,而且不是排名特别靠前的公司,完全没有办法按照巴菲特传统的投资逻辑去解释。问题何在呢?外界的揣测认为,巴菲特这次的投资行为有可能并非是一次纯粹的投资行为,或许是巴菲特有其他的诉求。什么诉求?比如说巴菲特除了是一个投资人、资本家之外,他还是一个社会人。他希望去提振美国经济。众所周知,美国历次遭遇重大危机的时候,比如2008年次贷危机的时候,巴菲特就站出来了,抛出自己的救市计划,准备向当时正风雨飘摇中的美国三家债券保险公司提供总价值达8 000亿美元的市政债券的担保,后来各种原因,阴差阳错,巴菲特的这个救市计划没有执行,否则的话,伯克希尔·哈撒韦公司还存在吗?到了2008年9月至10月,当时应该是次贷危机闹得最厉害的时候,整个华尔街陷入恐慌当中,巴菲特却积极地买进股票,当年10月份还在《纽约时报》上写了文章,表示看好美国经济,为美国股市大唱赞歌,鼓励其他投资者效仿,积极买进美国股票。巴菲特干这种事情不是第一次。此前最经典的就是"9·11"事件发生之后，巴菲特第一时间接受了美国财经电视台的采访，告诉大家，他要坚定地买入美国的股票。

2008年次贷危机爆发的时候，固然可以理解巴菲特这种所谓救市的拳拳之心，所谓国之大者，为国接盘，就像2015年的时候，股票市场出现重大调整，我身边的一些朋友也高调宣布要用自己的钱去"为国救市"是一个道理。所以，为国分忧的心情我们可以理解。除此之外，当时还有一个说法是，巴菲特有可能会成为美国奥巴马政府财政部长的候选人，这成为一个重大的原因。所以，这就有趣了：巴菲特到底想不想成为奥巴马总统的财政部长候选人呢？

最终的结果大家知道，巴菲特并没有在奥巴马政府当中任职。但是有信息显示：2008年，包括美国总统大选期间，巴菲特和奥巴马经常会面，探讨经济增长的问题、就业的问题、房地产的问题等等。巴菲特甚至直接向奥巴马提出政策建议，建议美国每年新增住房数量回归到120万套等等，提了很多的建议。两人关系好到什么程度呢？美国有一家八卦性质的族谱网站，出了一个研究成果说：奥巴马和巴菲特，居然是相隔三代的表亲关系。按照它那个测算，巴菲特是奥巴马的曾祖父辈，他们的共同祖先是17世纪一个名叫杜瓦尔的法国人。奥巴马是杜瓦尔第9代曾孙，巴菲特是第6代曾孙。这个血缘关系到底是不是真的我们不知道，但是一个80岁的白人老头和一个50岁的黑人小伙，居然可能会是一家人，这太有意思了。更有意思的是，如果当年巴菲特跟奥巴马能够联合起来，那就意味着这个世界最有权力的人和这个世界最富有的人能够走到一起。当然这只是这家网站的揣测了，我们无法确认它的可信程度。

无论如何，各种迹象表明，当时的奥巴马跟巴菲特是忘年交。奥巴马施政的政策措施，受到了美国地产业的拖累，巴菲特热衷于地产投资，所以双方有更多的利益关系和共同的话语权。热衷政治的巴菲特，曾经组建过一个过渡性经济顾问团，除了巴菲特自己，顾问团里还有时代华纳的董事长、施乐公司的首席执行官等人。

各种情况综合下来做揣测的话,巴菲特似乎和奥巴马之间存在着类似于兄弟般的友谊关系。所以通过买康菲石油,提振美国的能源市场,也许是为了帮助奥巴马和当时的美国走出金融危机和次贷危机的一种手段。这个故事有点像融创的孙宏斌和乐视的贾跃亭之间的关系。孙宏斌投资贾跃亭,到现在为止,账面显然是亏损的,但是作为兄弟,作为同样从山西走出来的企业家,关键时候就得相互拉一把,这事就必须得做。所以,我们似乎从这个角度可以解释,巴菲特为什么会做康菲石油这样看起来非常严重的错误投资了。巴菲特的确也不是神人,也可能会感情用事。当然,以上的分析供你参考。

> **总结**:当投资行为夹杂了复杂的心理和企图之后,就很容易造成误判,甚至招来巨大的损失。康菲石油的案例告诉我们:选择正确的买入时机是多么重要。换句话说,你如果真的要帮你兄弟的话,也要等它的价格相对比较合适的时候再去帮。而不是为了要帮助某个人,放弃了投资的基本规律,结果忙没帮上,还把自己砸进去了。现实中,不管是在中国还是在国外,商业总是跟一些复杂的外界因素有着千丝万缕的关联,哪怕股神也很难避免。所以,大家要学得聪明一点,投资时,一定要和那些我们不可把控的要素保持距离。这点也许就是巴菲特康菲石油案例带给我们的重大启示吧。

二、所罗门兄弟危机

巴菲特出现失误的话,往往可能会有些意料之外的其他的因素,这些因素,我觉得更值得我们去认真思索。如果从全世界的投资人当中找到一个能够管理自己情绪的人,那这个人就是巴菲特。那他为什么会在某些时间管理不好自己的情绪呢?

下面给大家聊的一个投资失败的案例就是所罗门兄弟的案例。这个案例挺复杂，它让巴菲特一度陷入很棘手的局面当中。巴菲特承认，很后悔参与到所罗门的一系列事件当中去。巴菲特一度成为所罗门公司真正的老板，负责公司的具体经营管理，这其实跟投资人的决策是大相径庭的。照理说，你做投资人，不管做战略投资人还是财务投资人，最好不要涉及公司具体的管理。如果涉及的话，会给自己、给别人添很多麻烦。那为什么巴菲特会犯这样的错误呢？

这事想想看也是身不由己。首先讲第一次出手帮助。所罗门公司创立于 1910 年，是由所罗门三兄弟阿瑟·所罗门、赫伯特·所罗门和波西·所罗门共同创建的。到 1940 年后，他们成为美国政府最主要的债券交易商之一。到了 50 年代，又有一名叫约翰·古特佛罗因德的先生加入公司中，成为职业经理人。他的介入给公司带来了快速的发展。作为回报，1978 年，这位约翰·古特佛罗因德成了这家公司的 CEO。然后在这位约翰的带领下，所罗门公司一度被美国的《商业周刊》称为华尔街之王。所罗门发展到巅峰是在 1985 年前后。之后行业竞争非常激烈，公司的竞争对手又过来挖墙脚，让所罗门公司处于内忧外患的局面中，正应了中国人说的——树大招风。为什么树大招风呢？就包括中国很多顶级企业，比如说万科，这些公司经常会被其他的房地产公司挖角。行业内经常会有人开玩笑说，万科这些公司就是房地产行业中的黄埔军校。所罗门公司也经历了类似的情况，大量的人才被挖角。在这种情况下，CEO 没有办法，只好大幅度提高薪水。到 1986 年，公司的利润由于员工工资大幅攀升而出现了缩水，而且这时又有一个新问题出现了：资本市场上有人在进行恶意收购。也就是在没有经过沟通的情况下，大量买入你的股票，做你的大股东，进你的董事会，改选董事长，任命新的 CEO。这就像当年王石的万科，被姚老板恶意收购了大量的股权一样。遇到这种情况，古特佛罗因德深感内忧外患，赶紧找巴菲特帮忙。结果巴菲特一口答应，因为所罗门公司曾经帮助过巴菲特。

巴菲特自己投资的一家公司，叫政府再保险公司。这家公司在 1976 年时出现过严重的危机。当时公司的负责人就找到所罗门公司寻求帮助。所罗门公司为此做了调查，并拿出7 500万美元来购买政府再保险公司的股票，让这个巴菲特投资的公司起死回生。就因为这件事情，巴菲特对所罗门公司，包括约翰本人，留下了很深刻的印象，而且是很好的印象。

巴菲特这个人其实特别重感情，曾经帮助过他的人，他都统统记得，你如果将来某年某月某日来求他帮忙，他都会尽力帮忙，他会以各种形式去回报那些曾经帮助过他的人。所以，面对所罗门公司的请求，巴菲特毫不犹豫伸出了援手——这也算是巴菲特理性投资人的一个明显弱点，就是重感情。冷血是理性的体现，但在投资中并不是一件坏事，太多的感情总是会影响正确的投资。巴菲特虽然在确定很多投资品的时候不是那么用感情，但在人际关系当中，感情因素还是比较明显的。

当然巴菲特也有自己的商业原则。在商言商，巴菲特这个人算账算得挺好：我要帮你，但也不能吃大亏，不能承担太大的风险。怎么办呢？他要选择一个最合理的方式来投资所罗门公司。巴菲特反复计算了可能的风险，最终确定投资所罗门公司的可转换优先股，并没有投资它的普通股。

什么是可转换的优先股呢？首先，它是优先股。什么是优先股？目前为止，这优先股在中国市场还不普及。它是指公司有了收益之后，首先要给优先股还本付息，这就是所谓"优先"的概念，本质上讲它是一种债券。那什么是可转换优先股呢？就是买这个优先股，如果将来股价涨到一定程度之后，可以换成普通股。前提是股价要上涨。所以可转换的优先股，对于投资人来说是一个相对稳健的保本选择，同时又有投资收益的品种。到1987年，巴菲特投了7亿美元购买了所罗门公司的可转换优先股，票面利率是9%。这9%的利息，每年给到伯克希尔·哈撒韦公司6 300万美元的收入，这个就占到所罗门公司年利润大概15%，而且这个优先股的一个换股条件是，转换价格是38美元。所罗门公司的股价如果高于38美元，那么巴菲特就可以选择换成普通股。此外，巴菲特还要求有两个董事会的席位。所以巴菲特跟他的老搭档查理·芒格，两个人就成了所罗门董事会的成员。交易进行得非常顺利，巴菲特和芒格进了所罗门公司，公司运转得很好。

当时巴菲特买入的价格大概是 30 多美元，他预期股票能涨到 38，所以稳健的 9% 利息，再加上每年预期的股价增长，听起来这是一个只赚不赔的生意，应该说巴菲特的这项投资，既还了人情，又保证了自己的基本收益，而且理论上还有上涨的利润空间。比如说 38 可以转股，那如果涨到 50、涨到 100 呢，那不就是暴利了吗？但是老天爷也不总是青睐巴菲特，有时候也跟巴菲特开玩笑。1987 年 10 月 19 日，就是历史上著名的黑色星期五，典型的明斯基时刻，没有任何的迹象，没有任何的利空消息，但是当天的道琼斯指数狂跌了 508 点，跌幅达到了 22%，所罗门公司股价也大跌。

然而糟糕的事情一件接着一件开始了。除了股价暴跌之外，所罗门公司当年的立身之本，就是做券商，做投资银行，主要的业务是美联储发行国债的成交业务，而且是主承销商之一，只有主承销商才有资格从美国政府那里竞标购买国债，然后再卖给其他人赚取差价。这些主承销商，几乎垄断了美国的国债销售市场。20 世纪 80 年代，美国财政部曾经允许大公司最多一次竞拍发行一半的国债。这样的话，类似于所罗门就有机可乘了，他们大量买入美国国债。后来财政部觉得这样不妥，凭什么政府发国债要被一家公司垄断？所以改了竞拍规则，财政部说，每家公司最多可以购买 35% 的国债，后来又进一步修订，竞标的份额不能超过 35%，结果这样的规范没有被所罗门放在眼里。公司发行部的负责人叫保罗，在 1990 年、1991 年 2 月，两次的竞拍当中，超过规定上限竞标国债，然后把国债囤积起来，压榨手头国债短缺的公司。这样一个违规的行为，约翰自己不仅没有内部处理，也没有向财政部和美联储汇报。一直到 1991 年 8 月，巴菲特才知道这件事情，1991 年 8 月 12 日，《华尔街日报》刊登了一篇文章《所罗门违规炒作中期国债》。文章一出，问题就闹大了，财政部跟美联储说，所罗门公司没有及时上报，而且是严重违规，严重藐视管理层，必须严惩，公司高管必须辞职。于是不仅公司的主管被强行更换了，原来有利可图的主要业务也被叫停了。这对于一家上市公司来说，无异于被彻底干掉了。这时，所罗门公司走投无路，只能找巴菲特帮忙挽回败局,希望巴菲特来担任董事长。巴菲特一想,我如果不出面的话,自己所有的投资可能就完全打水漂了。所以这种时候,他也只能挺身而出。他立即和财政部、美联储联系,包括当时的美联储主席格林斯潘。他自己向财政部和美联储说明,他能够就任所罗门公司的临时董事长,前提条件是得撤销禁止所罗门公司参加国债竞拍的公告,否则所罗门将会提交破产申算。巴菲特应该是这个意思:你要敢关我的业务,我就关我的公司,我关了我的公司之后,全球的金融市场都会崩盘,请问到时候财政部和美联储到底怎么办?那就是一个多米诺骨牌,大家要不就一起活,要不就一起死。这么强硬的态度,再加上巴菲特这张老脸,最后财政部只好做了一个重大让步,同意恢复所罗门的竞标权利。然后巴菲特就成了所罗门公司的董事长,他直接管理公司,压缩成本,恢复名誉,甚至巴菲特多次被美国议会招去做证等等,这事给他惹了很多麻烦。很多媒体乘机开始攻击巴菲特,说你当年天天是在那儿骂华尔街,总说华尔街那帮金融投资人不是好人,你现在又突然接过所罗门公司董事长,然后又帮着这些你当年骂的人去解决问题,你到底是个好人还是坏人?巴菲特真的是焦头烂额,名誉受损。最后的结果是,经历了一番折腾之后,所罗门公司算是涅槃重生了,但巴菲特自己也被弄得心力交瘁,这一笔投资让他经历了巨大的压力。最后巴菲特还是辞去了公司的董事长职务,回到了老家奥马哈。

到 1995 年时,巴菲特当初购买的一部分优先股被所罗门公司回购了。1997 年所罗门公司被旅行家集团收购,最后巴菲特也宣布退出。他曾说:我算了一笔账,这笔投资实在是不划算,我在所罗门公司身上投入的精力、体力所获得的回报严重不划算。

故事讲到这里,大家感受一下,巴菲特也有人性的一面:你既然帮过我,我也得帮你,投桃报李,这有点像中国人的人情,老外也讲人情的。但是,除了人情之外,我觉得还有几点跟大家分享一下:

第一,巴菲特不是愣头青,花了 7 亿美元买到的是便宜货,让他斩获了 9% 的股息收益。当时股价是 30 美元,3 年后涨到 38 美元,那就意味着可以转股，意味着收益率是 9% 打底，再加上股权增长的收益，利润有可能会到百分之十几。所以巴菲特还是老谋深算。

第二，当年如日中天的所罗门公司怎么一下子就翻船了呢？这像巴菲特的另一个投资失误，就是富国银行，也是内部出现了很大问题。在国债招标上敢于公开跟政府的规则相左，出了事还欺上瞒下，力图拖延，这样的公司管理层其实是存在重大问题的。所以，巴菲特虽然认识约翰很久，也觉得他是好朋友，但是没有察觉他在管理方面存在的问题。或者是很多核心的信息，自己的老朋友都瞒着他，这其实是巴菲特出现失误的最重要因素。

第三，所有投资人都要羡慕的一点，就是巴菲特即使投资失败了，仍然有办法给财政部、给格林斯潘打电话，要求改规则，可以威胁一下格林斯潘，要不大家一起活，要不大家一起死。对于大多数的普通投资人来说，是绝对没这个能力的。所以巴菲特的这些投资经历，有些确实能够学得到，但是有些你一辈子可能都学不到。就像我们经常讨论的——钱到底是不是万能的？王健林却说：钱不是万能的，是万达的！这样的境界，对于普通投资人来说，永远是学不到的。如果学不到的话，有什么方法来补偿、挽救和弥补呢？大家一起来思考吧。

三、巴菲特的投资失误：HK 百货公司

前几节讲的失败案例，可以发现一个明显特征：巴菲特出现投资失败的时候，往往是因为一些外部因素的干扰，比如说这家公司曾经帮助过他，他需要回报一下。但是即便如此，他在决定投资的时候，还是比较严格地设计了自己的安全边际。这一节要讲的案例，也是一个比较典型的投资失败案例，但是由于巴菲特设置了安全边际，所以即使投资遇到了问题，最终的结果还是不错的。

这次失败的投资，标的是 HK 百货公司，中文全名叫霍克希尔曼·科恩公司。霍克希尔曼第一个字母是 H，科恩第一个字母是 K，所以巴菲特称它

为 HK 百货公司。如果在百度搜索中直接打 HK 百货公司，很多时候弹出来的是香港百货公司，这其实是不相干的。HK 百货公司是科恩家族的产业，卖给巴菲特是在 1966 年。1966 年对于美国经济来说正好是一个繁荣期。美国经济在"二战"之后，正在快速地发展，繁荣期之后，就会形成商业模式上的裂变，这种商业模式的深刻改变，隐隐为这次投资埋下了阴影。当时，这家公司经营面临比较激烈的市场竞争，百货是那个年代最主要的商业业态，科恩集团觉得自己运营有困难，希望打折卖出，巴菲特和芒格接到这个消息后进行了调查分析，他们俩一致认为可以接手。

首先，科恩家族开出来的价格很划算。按照巴菲特投资的逻辑，首先就看价格合不合理，如果价格觉得合理，然后再去做当面的调研。调研就是去跟人聊，这是巴菲特的第二个重要的投资逻辑，就是看这家公司的管理人怎么样。所以，巴菲特和芒格就去拜访了科恩家族。拜访之后，对当时公司的掌门人——路易斯·科恩产生了好感，聊得很投缘，感觉很靠谱，一瞬间对这个人产生了信任。价格便宜，管理层又不错，现在可能只是资金面有问题。其实，这里的投资，不像是二级市场的投资，它更像是股权投资，就是经常说的 VC 或者 PE 投资。这种投资最好的投资标的是什么呢？就是所有其他条件都很好，商业业态不错，公司有发展潜力，卖的价格很便宜，管理层又很靠谱，这些要素都堆那儿，就还差一个要素。差什么要素呢？这家公司缺钱，流动性出现了问题。

这种时候对于 VC、PE 投资人来说，肯定是天大的好机会。因为它缺钱，我有钱，我把钱给了它，其他的要素都很好，那就是所谓"草船借箭，只欠东风"，东风一吹，公司马上就好了。他们决定要收购这家 HK 百货公司。到 1966 年上半年，巴菲特、芒格收购了 HK 百货公司的全部股权，当时购买价格是 1 200 万美元，继续请路易斯·科恩做总经理。这件事情，如果从当时来讲，确实是很不错的。首先，路易斯·科恩这个人，不管是做生意还是私人交往，巴菲特都觉得很不错，一流的管理人才，公司管理得很棒。如果没有这么棒的管理人，即便价格再便宜，巴菲特也不会做这个生意。

巴菲特在给股东的信中提到为什么他会投这家公司。他对这家公司做的估值非常有意思。这个估值其实有巴菲特所谓的安全边际。百货公司最大的资产是什么呢？保底的资产其实是物业，就是那个百货大楼。巴菲特把这个楼做了一个评估，他发现了一个问题，就是这个楼的账面价值，在会计报表当中体现的是原来的购入的净值。但他认为这个楼的价值已经升值了。房地产作为不动产，在任何一个经济体快速增长过程中都是不断升值的。所以，他觉得这个楼被低估了。算上对这个楼的估值后，他觉得这个HK百货公司的实际价值绝对高于它的收购价格。

换句话说，即便这家公司经营得特别差，破产了，要清算了，所有的资产都变现了，百货大楼里面的商品也变现了，楼也变现了，最后还值我这1 200万美元，这就不怕了。但是，最后却遇到了一个老问题，就如同当年巴菲特收购伯克希尔·哈撒韦公司一样。伯克希尔·哈撒韦最初是做纺织的，然而在他收购之后才发现，纺织行业在美国成了一个衰落型的行业，由此导致了巴菲特投资伯克希尔·哈撒韦公司的彻底失败，最后连公司的设备都卖不出一个合理的价格。相似的悲剧重新在HK百货公司身上出现了。巴菲特千算万算，没算出来的结果就是，百货行业对美国来说，正慢慢地开始被超市大卖场等业态取代。

相似的故事在中国A股市场中也在重演。A股市场中超市替代百货，大概就是21世纪初的事情。超市，然后再加上一个连锁，这两大概念加在一起，把百货公司干得一塌糊涂。巴菲特为什么会出现这样的误判呢？巴菲特自己曾说：我为什么认为百货公司会比较强呢？因为我小时候在爷爷的小百货店里面打过工，第一笔收入就是从爷爷那儿批发可口可乐，然后零散地卖给个人，从而赚得第一笔钱。所以他对爷爷那个小百货店特别有情感。但事实上，往往投资人对一个投资项目有情感就会有问题。巴菲特在1966年上半年以1 200万美元进入的，到了1969年，大概3年多时间，他把HK百货公司所有的权益卖给了通用超市。最终做百货的人输给了搞超市的人，合计下来最后卖出价格是1 100万美元，亏了100万美元。如果仅从账面角度来讲只是略亏了一点，但如果算上机会成本，算上财务费用的话，损失就蛮大了。对于我们A股投资人来说，很多人一只股票被套牢8年、10年都不换股，也都是没有计算其中的机会成本。

回顾历史，巴菲特在1989年给股东的信当中提到，他说他这一生当中，犯的第一个错误是买下伯克希尔·哈撒韦纺织公司的控制权。虽然他很清楚纺织这个产业没有前景，但是因为它便宜，所以他就买了。巴菲特讲过，他说这种投资模式叫作"捡烟屁股"的方式，价格很低，但是最终也会让你后悔。所以，他最终的结论和教训就是：宁可以一个比较合理的价格买一家好公司，也绝对不能买一个看起来很便宜的垃圾公司。这是为什么呢？因为从长期来看，原来很划算的价格，可能到最后一点钱都不值了，经营困难的企业，通常一个问题刚解决另一个问题又出现了。巴菲特经常打的一个比喻就是，厨房里的蟑螂，当你看见一只的时候，后面肯定还会有一群。所以他说一个坏的公司，之所以会变差，肯定不只是你看到的表面问题，当你真的买进之后，你就会发现，原来问题有很多。

第二点，他说先前的价格优势，很快就会被企业不佳的业绩所侵蚀。800万美元买下来一家清算价值有1 000万的公司，你可能会觉得如果现在清算掉还能赚200万。但问题是，慢慢持有下来，你就会发现，这家公司会把你既有的账面收益和利润侵蚀得更多。所以，巴菲特下决心调整了自己的战略投资思路。这个战略投资思路就是，彻底地摒弃掉"捡烟屁股"的投资理论，选择有投资价值，但是价格略高一点的公司。巴菲特说这个道理是自己的老朋友芒格教给他的。他是经历了很多的痛苦和磨难之后，经历了伯克希尔·哈撒韦公司、HK百货公司的投资失败之后，才最终得出来的。他说：我希望自己以后不会再遭遇类似的事情。他形容自己那段时间的遭遇——曾经我是个白雪公主，如今，我已经不再清白了。老爷子这话说得也真够"文青"的。

巴菲特最后还强调，在今后的投资当中，要避免那些坏公司，而不是自以为是地以为自己能够把这些"妖股"降服。

> **总结**：讲两点我自己的体会。第一点，我跟交易所的一位朋友聊的时候，他说他把50万以下账户资金市值的投资人交易情况研究了一下，发现资本市场存在20年了，但中小散户投资人的投资逻辑依然没变，很多账户中的投资的标的依然是亏损公司，依然是垃圾公司。交易所的研究人员告诉我说，他们很无奈，但是客观状况确实如此。他说：我们投资者教育搞了这么多年，当看到这个数据之后，觉得自己所有的工作都白干了。
>
> 第二点，我最近和很多做人工智能的企业家交流和沟通。他们说：智能技术是蛮重要的，它能够学习和模拟巴菲特的投资逻辑，用高手的投资逻辑，加上计算机不知疲倦、完全不带情感以及基于大数据的理性选择，很可能给传统的投资行为带来颠覆性的改变。希望这个说法能够早日变成现实吧。

四、巴菲特错失的投资

巴菲特在投资方面确实是大师。但是你再大师，终归会有失误，吃喝拉撒睡，柴米油盐酱醋茶，是人总会犯错。

巴菲特自己对投资失误是这样理解的，他说：在投资上，至少对我和我的合伙人而言，最大的失误不是做了什么，而是没有做什么。巴菲特对于投资失误最大的遗憾，其实是机会收益。投资失误，不一定是指投资错了什么项目，更多的是错过了本来应该投，却没有投，错过了机会。

投资心理学的说法叫熟悉度偏见。什么叫熟悉度偏见？就是在你不能够确定的情况下，大家更倾向于去选择自己相对比较熟悉的东西。比如说考试的时候，出了一个英文单词填空，四个词基本上都不知道是什么意思，然后觉得有一个看着眼熟，那就选它吧，这就是典型的熟悉度偏见。包括到超市去买东西，如果今天去了一家外国超市，英文也不熟，瞅着某一牙膏，国内看过类似的广告,虽然英文单词认不出,叫什么名也不知道,但你还是会选择它,这就是所谓的熟悉度偏见。这也是为什么消费品要不断地打广告,其实就是为了在消费者心中制造熟悉度。广告也许你并没有认真去听去看,但只要脑子里曾经有过印象,那就够了。

投资也一样。选择投资时,熟悉度偏见的表现就是,优先选择投资者更加耳熟能详的资产、公司,或者是股票名称。认为自己更熟悉的领域,具有某些信息优势,并且持有更乐观的态度。比如说美国投资人更喜欢买美国的公司;中国大陆投资人在海外市场,包括香港市场,也可能去买自己比较熟悉的中国概念公司,这就是熟悉度偏见。这个熟悉度偏见其实很正常,而且很难修正,我们甚至觉得没有必要去修正。对于熟悉度偏见这个事,只做自己熟悉的事情,放弃自己不熟悉的事情,未必是错误的。它另外导出来一个问题就是,你是否有学习能力?学习能让更多的不熟悉变成熟悉。

巴菲特错过最多的肯定是科技类公司了。科技类公司当中,首当其冲的肯定就是微软了。巴菲特跟微软的比尔·盖茨关系特别好,但是却没买他的股票。盖茨曾非常认真地跟巴菲特聊过 IT 行业发展的前景,甚至说,你要在 IT 行业投资的话,就买我们公司。这事盖茨和巴菲特都提到过,这并不涉及内幕交易,因为最终巴菲特没有买。如果盖茨向他私下透露了公司未来的发展,或者公司的机密,然后巴菲特真买了,这事就有可能是违法的。包括当年跟微软搭档的英特尔公司,芯片业的老大,巴菲特也没买,因为他对科技公司毫无兴趣。后来比尔·盖茨说:你股票不买,就买台微软的电脑吧。可巴菲特回答:电脑也不买,因为我这一辈子都不想用电脑。盖茨还和巴菲特说,你如果买电脑,我就派全微软最年轻、漂亮的销售小姐上门教你怎么用,结果巴菲特依然不为所动。最终作为老朋友,巴菲特象征性地买了 100 股微软的股票,装了电脑。为什么装电脑呢?因为巴菲特用电脑打桥牌。他非常喜欢打桥牌,甚至因为打桥牌更改过自己的工作行程。巴菲特对时间规划是比较严谨的,一般来说确定的时间是不会变的,可想而知他是多么喜欢打桥牌。而且,巴菲特还报名参加过美国的桥牌大赛。所以巴菲特因为自己的兴趣爱好配备了一台电脑。现在大家都很忙，只有电脑网络上，才能随时找到牌搭子。

除了微软之外，其他的科技业巨头——IBM、亚马逊、谷歌中，巴菲特也只投资了IBM。不幸的是，他对IBM的投资也不太成功。其实并非巴菲特一人对科技股不感冒，包括索罗斯、彼得·林奇等对科技股也都持比较谨慎的态度。为什么投资大师对科技股不投资呢？除了浅表上的因素——不熟不投外，科技股大概有三方面的问题：第一，科技股赖以生存的是不断变革着的科技，造成它们的业绩存在不可延续性。中国国内做硬件的，当年组装电脑的，南京有一家同创，也是上市公司，清华同方也出电脑，那现在呢？当年组装电脑的公司都冒充自己是高科技，但是实际上到今天谁还去考虑那些做硬件的公司呢？科技的变化非常快，让你很难去做长期的5年、10年以上的预测。

第二，是不确定性。新科技带来的前景非常宽广，但是行业竞争格局非常紊乱，很难押对企业。最早做电子商务的是谁？8848，这些公司当年做电商入行很早，现在都不见了，创始人都不知道去哪儿了。所以，即便看对方向，想押对相关的公司也是非常难的。任何一个互联网新的商业模式开始的时候，都会诞生大量的公司，比如说当年做共享专车的，后来留下的，现在也只有滴滴一家了。大黄蜂、快的等等，有的被并购，有的是直接就没了。总之就算你押对了方向，也不一定押对企业。

第三，巴菲特非常重视自己的名誉，科技股往往是风险投资人的所好。风险投资人，他们投10个项目，能中1个就成了，只要有这一个我就赢了。但是巴菲特是希望10个项目，最起码能中8—9个，投资的逻辑和方法都和风险投资人不一样。所以，有人说巴菲特是处女座，处女座就是完美主义。星座问题本人不懂，但我觉得也许有道理吧，据说处女座的人都比较认真、苛刻。总的来说，巴菲特错过了现在这些看起来非常牛的公司，根本原因是他对陌生领域的排斥。但这种不熟不投有一个好处，可以避免踩到很大的雷，避免掉到陷阱里；坏处也显而易见，可能会错过好公司。关于科技股，巴菲特其实也在做一些改进，他投了苹果。当然，他投苹果的时候，对苹果有了新的理解,他说苹果已经不是一家科技公司了,已经变成一个消费品公司了。巴菲特觉得乔布斯之后,苹果公司产品在科技方面的突破好像没那么大了。巴菲特有可能觉得苹果已经变成一个消费品牌。因为它变成消费品了,所以他也能读懂了,就可以投它了。所以,有时并不存在错过,更多的是你读懂你自己。巴菲特读来读去读懂自己,就是我只能做这种消费品,只能做我熟悉的东西,我必须要保证我的投资失败率不能超过20%。在这种情况下,冒险进入自己不了解的领域是非常危险的。

> **总结**:做价值投资固守能力圈,有时候就会错过,但错过了就错过了,虽然遗憾,这或许是做价值投资必须付出的成本吧。因为做投资,首先是读懂自己,学会放弃。读懂自己,可能是第一位的。

五、如果巴菲特在中国会犯什么错

假如巴菲特是一个中国人,将他的那套理念放到A股市场上,会不会很成功,或者很失败?如果巴菲特来中国,他到底还能不能成为股神?到了中国他又可能会犯什么样的错呢?

第一个问题,巴菲特只买自己看得懂的公司。比如伯克希尔在2016年下半年大举买入航空公司的股票,成为达美航空、联合控股公司、美国航空公司、美国西南的前两大投资者之一。根据美国证券委员会的信息显示,巴菲特用100多亿美元来购买航空股票,这行为其实是有点意外。巴菲特之所以在2016年选择介入到航空公司,其实是有点吃一堑长一智的味道。他当年买过航空股,但是当时航空业竞争非常激烈,低价竞争降低了行业的利润,但航空公司的采购成本却始终很高,光是买飞机就不便宜。美国飞机基本上都是波音。即便放眼全世界,也就是波音和空客两家大型企业。所以,飞机成本降不下来,飞机还要不断地更新,每次更新成本都非常巨大。当然，你可以做融资租赁来降低你的采购成本，但是融资也是有成本的，终归是要花钱。所以，当年巴菲特介入航空业之后，就遇到了比较大的问题，正好赶上买飞机很贵、票价竞争很激烈的时候。但是到了2016年，这个行业出现了寡头垄断，于是他觉得投资的时机成熟了。假如巴菲特投资中国行业，那就会遇到比较有趣的现象了。包括航空，包括电信，这些领域，理论上来讲应该是巴菲特比较喜欢的。航空他在使用，电信他也在使用，这些都有可能是他在使用的，而且应该是他能读懂的东西。同时在中国，民航跟电信两大行业显然就是寡头垄断。中国三大民航国航、东航跟南航；电信就是中国移动、中国联通、中国电信，也是三家。照这个行业形势，按巴菲特的逻辑，在中国，买这些公司总是没错的。但是，中国这些行业的企业之所以能够成为寡头垄断，完全跟市场竞争没关系。中国寡头，基本上靠的是行政垄断赋予的权利，为什么是国航、东航和南航？为什么是中移动、中联通、中电信，原因很简单，就是行政垄断。这种行政垄断就没那么容易读懂了，包括由此导致的商业逻辑判断。

在全球资本市场当中，中国一直是有比较大的争议的。这个争议是什么呢？比如电信行业的三大巨头企业，经常会出现三家公司的高层职位互换的现象。打比方，你本来是电信的老总，但是某一天一纸调令，你就成了联通老总；你本来是联通的老总，一纸调令，调到移动当老总。这种状况，对于正常的市场竞争企业来说怎么可能呢？从一家竞争企业到另外一家竞争企业，任何的跳槽都会涉及同业竞争的问题。即便不考虑同业竞争的法律问题，到了对方企业，原来这个企业的核心机密你都知道，未来要干什么你都知道，这跟公平的市场竞争规则显然是有巨大冲突的。但这种情况在中国很正常，因为从几家竞争企业的最终实际控制人来讲，其实都是一样的。但对巴菲特来说，估计就完全搞不明白。巴菲特做投资是要看人的，本来因为这个人在，所以我投了，比方说东航，然后这位公司高层突然到南航了，请问他该怎么办？原来以为看得懂，最后发现压根看不懂，这就是关键点了。关于巴菲特的基本规则，只买看得懂的，到中国来，他就会发现很多公司可能都看不懂。

第二，巴菲特投资的特征就是买入、重仓，并长期持有，比如大名鼎鼎的可口可乐、运通、富国，等等，都是持有时间超过 20 年，总投资金额也巨大无比，甚至成为公司大股东。巴菲特之所以选择银行股，一是银行业绩优良，管理优良，规模优良，更重要的是，他买入这些银行股的时候，一般都处于股价大跌的时候。前面一些条件，我觉得中国的银行，目前从基本面上来讲，确实也具备。工行也是全球第一大银行，但是你要等这些银行下跌，那可就比较难了。中国在资本市场调控方面，有两个大名鼎鼎的机构：证金和汇金，它们主要工作就是买入银行为代表的大型国有金融机构股票。为什么买入这些金融机构呢？就是要护盘。为什么要护盘呢？就是要指数不能太难看。为什么不能难看呢？因为整个经济社会运行都是要维护稳定运行。从监管部门维护金融稳定调控角度来讲，这样的诉求无可厚非，但它给实际投资操作所带来的影响就是，如果基于大形势、基本面，认为它应该有下跌，要去抄底的时候，发现市场可能压根就不给你机会去抄底。在这种情况下，巴菲特的三步论中，第一步买入就会有问题，始终出现不了巴菲特期待的那个最低价格，请问，这时怎么办？

因为巴菲特资金量比较大，所以他能够投资的标的，不管是在美国还是在中国，其实就只有那些。而这些标的，恰恰在中国市场当中都是"中字头"的公司。以巴菲特的买入量，你就成为"中字头"的国企、大央企的重要股东。但当你想要董事会的话语权，这个问题可能就变得很敏感了。凭什么一个民间的投资人成了央企的重要股东，甚至将来可能会成为第一大股东？买入、重仓并长期持有这个逻辑，在第一步买入这个环节，就会遇到比较大的障碍和瓶颈，这是第二个巴菲特到中国来可能遇到的问题。

第三，巴菲特自己一直讲他在投资中一直忽视宏观。股东大会当中，经常会有人问他怎么看中国经济、中国股市。巴菲特说，我其实不了解中国经济。包括美国，他也说，我对宏观经济不是很关心，我只关心我的个股是不是跌到位了，等等，他有他的道理和逻辑。但是你仔细研究巴菲特，你会发现他其实大多情况下都是在做多。做多的话就会有比较大的压力和挑战。在中国，要长期做多的话，外部的影响主要来自经济基本面，而且中国经济基本运行一直受到政策方面较大的影响。之前给大家比较详尽地分析过,比如 2015 年到 2016 年地产板块为什么大涨?是因为"去库存"政策的实施,三、四线城市房地产实施去库存政策,直接对市场价格产生了影响;2016 年和 2017 年,为什么钢铁、煤炭能够大涨?原因是"去产能"政策的推行,钢铁、煤炭价格就大涨了。同时因为去产能所导致的周期类品种的大幅度上涨行情,也直接影响了宏观经济数据的表现,以及带动指数上涨的主流板块。如果这个板块没有政策的利好和支持的话,那指数很可能变得完全就跟现在的走势不一样。所以,问题就在这里,如果在中国不去研究宏观,不去研究政策的话,几乎是没有办法把握住有效、有价值的投资的。

> **总结:** 如果巴菲特到中国来,他可能要做几方面的修正。第一,资金体量不可能非常大,否则的话,可选的投资标的会太少。第二,这些标的品种当中,大量的是国有企业、体制内企业,这些企业也不可能允许你去大量地投资。所以他可能会被迫去选择中等偏上体量的投资体。第三,在中国投资,必须要拿出一定的精力和时间去研究中国的宏观经济,特别是宏观政策。

粉丝答疑互动

问题

进行价值投资,比如现在,发现所有的股票都高估了,没有合适的标的,是不是该一直等待?

回答

如果某年某月某日,觉得市场普遍高估了,那么作为一个价值投资者来说,答案就是必须先卖出,然后等待。当然,前提是能够判断出市场的确是高估了。所以价值投资,最重要的就是——守住寂寞。从巴菲特的投资逻辑来讲,大概是两点:第一点,当你觉得某只股票具有投资价值,你就必须耐心等待一个买入的时机。前提是,你首先要发现这个股票是值得你去等待的优质企业,有优质的护城河,行业前景发展很好,公司的管理也很靠谱等等。如果把这些逻辑统统放在一起,觉得这个公司仍然符合标准,第二步才是去研判它的股价。如果研判下来,按照预估的这个投资价值来讲,它的股价已经达到甚至超过了,那就没有必要买了。因为买入股票,终归还是看好这家公司的未来,但是它的股价已经高估了,已经透支了未来,那就没有什么意义了。

所以总的来说,价值投资两个步骤:第一个步骤,肯定是对于这家公司的基本面做研判;第二个步骤,就是对它的具体价格做判断。如果到不了判断的那个低价,我觉得应该等待。

但等待不是傻等。等待并不是说,现金就搁到活期存款里,就搁到保险箱里,等它跌,而是这个时间可以去做一些稳健灵活的理财,拿这些钱去做一些其他投资,然后等到意向中要投资的品种跌到你认为低估的价格,才去介入。巴菲特基本上选择的路径也是如此。比如说他预判美国股市要出现股灾的时候,会把钱套出来,甚至一度手里只拿着自己家公司的股票,就是伯克希尔·哈撒韦一家公司的股票,然后每天没什么事干,打打桥牌,开开Party,完全不管投资这件事。但终归有一天,这个资本市场是会下跌的。想想看,上一轮的暴跌也不远,就在2015年。如果放在一个更长远的时间上来讲,2006年、2007年,资本市场创出6000多点的高位之后,现在一直处于低点,所以这样的机会,其实一直都存在,只是别让钱闲着。

总结一下,第一点就是作为价值投资来说,要认真地、随时随刻下功夫去找那个具有价值投资潜力的标的;第二个要评估它的价格,当下的价格是否有投资的机会,如果没有就等;第三个,等,不是傻等,而是主动地、有回报地、耐心地等。

> 问题

人工智能取代巴菲特投资,到底有没有可能?

回答

最近一段时间，我因为个人的兴趣和爱好，对人工智能有一些观察，看到了一些人工智能投资的品种。这个品种其实分为两类：智能投资和量化投资。有时候大家会分不太清楚，其实人工智能投资和量化投资还是不太一样的。很多电脑给你的建议，或者电脑进行操作的，等等，大多是量化投资。量化投资更多的是解决人性恐惧和贪婪的问题。比如说市场下跌了，设了一个止损线，5%或者6%，或者7%，但真到了那个止损位，其实大多数人，特别是普通的散户投资人，一般都舍不得砍下这一刀，虽然心里一直提醒自己止损是第一位的，这就是人性问题了。那么量化投资就能够解决这个问题，到了你设定的抛出位置，它自动就抛掉了，到了你设定的买入价格，电脑就自动买入了。所有这些操作根本就不考虑你的感情问题，这是量化投资。人工智能与量化投资最大的区别，人工智能是主动抓取数据，并且去做自己的研判和分析，然后做出最优的处理。但是，我觉得这个智能投资还是有风险的，到现在还没有真正在投资领域当中实现。

人工智能这些年的确有突飞猛进的发展，比如说从大名鼎鼎的AlphaGo到AlphaZero，确实是人工智能在围棋游戏当中的成功应用。注意，它是一个游戏！在围棋游戏当中，确实是计算机自我学习能力的提高。但是，人工智能在投资领域当中，真正能够做到自我学习、自我超越，然后推演出来一个属于它自己、而不是属于人类的学习模式和投资方向，到目前为止，我个人觉得还没有看到。当然有人说，投资是一门艺术，所以人工智能发展成艺术不太可能。这个观点我其实不太认可。为什么呢？打比方把莫扎特的钢琴琴谱统统都输入到电脑中去，电脑不断地学习，然后按照莫扎特风格自己作曲，作出来的曲子给一些音乐爱好者听，他们都觉得这就是莫扎特自己作的。从这个意义上来讲，我觉得艺术本身并不是一个障碍，关键是资本市场的变化比较大。为什么这样说呢？作为人工智能来说，目前的成功必须是局限于确定的规则当中。如果在确定的规则当中，而且有足够的数据资源让人工智能去"学习"，这个时候让人工智能和人类去比较，超越人类已经没有任何问题。但是，投资当中如果有很多规则是计算机没有办法去模拟的，比如说央行的政策突然发生改变了，或者说大家突然就出现了莫名其妙的恐慌，或者公司的管理人出现了意外等等，那么对于人工智能来说，就不可能在一个既定的规则里实现大数据应用。这样的话，我们很难期待它在炒股方面能够像围棋一样独步天下了。总之，我们要相信技术进步，但同时也要知道技术永远有它的局限性。

问题

巴菲特喜欢在企业股票大跌的时候买入，那么国内A股也可以这样操作吗？

回答

当然可以了。比如2015年股灾当中，跌到最低点的时候去买，特别是在低位买入指数，可以说是稳赚不赔的投资方式。所以这个逻辑完全没有任何问题的。

问题

很多A股投资人喜欢投资、炒作、操作ST股，您推荐我们去关注这些ST股吗？

回答

首先，ST的概念跟大家介绍一下。ST股是指这家公司经营连续两年出现亏损，为了让投资者有所警觉，知道这是垃圾股，所以交易所特别给它做了标注，就是ST了。有很多A股投资人喜欢去投资ST股，捡便宜，这事从A股历史上来说还真是有爆发的可能性。A股历史中ST公司翻身概率还蛮大的。就是当公司出现亏损很厉害的时候，往往会有两个方向的变化：第一个方向是公司真的把业务给做起来了，比如当年的伊利也曾经被ST过，但现在已经是蓝筹白马股的代表品种了；另外一个方向就是它可能退市。但是这家公司，或者这家公司背后的一些力量，不希望它退市，这些力量甚至可能是地方政府，某些地方可能当地的上市公司很少，甚至可能只有这一家公司，然后这家公司被ST了，要退市了，地方政府可能觉得自己颜面无存，所以就要想办法让它活起来。怎么活呢？比如寻找本地的其他优质企业去买壳、注资、资产重组等等，这都是有可能的。所以这种 ST 公司乌鸡变凤凰的事情在 A 股历史当中多次出现过。但对于投资人来说，有几点需要注意：第一点，这种乌鸡变凤凰的案例有，但是作为一个没有实质性介入的外部投资人来说，普通老百姓想准确地拿到内部的消息是非常难的。由此推演出来的是，可以投资 ST 公司，但是一定要当成一个高风险的投资。换句话说，投资 ST 公司的一些钱，就当作放在这里不打算要了，也许这笔钱就是颗粒无收了。

第二点，从目前形势上来讲，ST 公司再去摘帽重组的难度会越来越大，因为对于并购重组的要求和审核越来越难了。一方面整个 IPO 的速度在加快，意味着很多公司不用去借壳就可以通过 IPO 来上市了；另一方面就是并购重组，如果是重大的并购重组的话，监管部门视同 IPO。换句话说，IPO 所要审核的路径全部都要再走一遍，通过借壳，借 ST 的壳去上市这条路径已经变得不再是捷径了。所以从这个意义上来讲，想要去找到 ST 的重组股，就会变得更难了。

所以两点放在一起，你要认清楚，这是一个纯粹的风险投资，而且从 A 股历史当中来看，很多 ST 公司被并购之后，确实一年到两年业绩还不错，但是之后极有可能又会快速地下滑，再次被 ST，这种情况非常多见。原因就是在于它被摘帽、被重组过程中，所有人不是冲着把这家公司做好去做的，而是炒一把就走，当它炒到位之后，可能这家公司又要被抛弃了。换句话说，很多 ST 公司，就像是被人玩了又玩的劣质品种，这种品种最好敬而远之。

第十章
巴菲特的竞争对手索罗斯

一、奇人索罗斯

扫码免费收听最新解读

在这个世界当中,典型的投资大师如果有 AB 面,A 面就是巴菲特,B 面会是谁呢?这个人的名字就叫索罗斯,全名叫乔治·索罗斯。这个名字对于中国人来说,应该不陌生。1998 年东亚金融危机爆发时,我们的中央政府,曾经围绕着保护香港特区的港币稳定,跟索罗斯做过一次"大战"。所以,当时大家应该非常熟悉这个名字。而且,他的名字经常会不停地在媒体当中露脸。我最近看到的一次露脸,是几万人征集签名,要求美国政府认定索罗斯是个恐怖分子,要把他绳之以法,要把他枪毙掉。但是后面没有什么跟踪报道,估计是不了了之。

由此可见,对于索罗斯来说,这个世界上有很多人很恨他。索罗斯 1930 年 8 月出生于匈牙利的布达佩斯。他和巴菲特是同年出生的,但这两人的风格差别很大。索罗斯所信奉的是趋势投资,寻找宏观经济错判所导致的投资爆发的机会。他做的主要是货币汇率方面的投资,包括最早成名的,先是打击英镑,后面是打击泰铢,包括打击港币,等等,这样一些投资和交易,和巴菲特的投资逻辑肯定是截然不同了。

索罗斯是犹太人,这可能也是很多人不喜欢他的原因。我身边有些犹太人朋友,我曾经问他们为什么欧洲人,甚至全世界人,都这么不待见犹太人。他说可能有几方面原因：第一个方面，犹太人比较有钱。任何一个国家和地区，一个明显有钱的人好像都容易招人讨厌。比如王思聪，老是成为网络上被开玩笑的对象，其实，人家也没得罪你。其次呢，可能是因为宗教信仰关系，犹太教是世界三大宗教的总起源，包括天主教、基督教和伊斯兰教。但是犹太教本身严格而保守，和后三大宗教存在很多教义上的冲突和矛盾。

乔治·索罗斯出生在匈牙利布达佩斯的一个富裕犹太家庭。家里一开始条件还是不错的。但是众所周知，犹太人在"二战"的时候，日子过得都是非常苦，索罗斯家庭为了躲避纳粹对匈牙利的进攻，全家开始了逃亡生活。这是索罗斯日子过得非常苦的一段时间。他老爸很聪明，借了假身份证，还有好心人的帮助，最终躲过了这场劫难。但他却说，1944年，就是"二战"期间，躲避纳粹追捕的时候是他人生当中最快乐的时间。正是因为这段时间，他认真辩证思考了人生，总结出两大结论。第一，人生不要害怕冒险，因为在生死关头的时候，必须要冒险，必须要选择离开还是留下；你要选择从这条路还是那条路逃；找朋友的话，必须做出选择，是相信这个朋友还是相信那个朋友，所有这些都是冒险。第二，冒险的时候，不要押上全部的家当，一定要给自己留一点后路。他说这是纳粹德国大屠杀、大搜捕给他带来的两个重大的收获。

1947年"二战"结束，索罗斯17岁，他离开了匈牙利去英国读书。1949年，索罗斯考入伦敦经济学院，甚至还读了1977年诺贝尔奖得主约翰·米勒的课程，他还学了自由哲学家卡尔·波普的相关课程。卡尔·波普给他一个重要的启示，就是索罗斯一直在讲的，他说：我其实不是在做金融，是在做哲学。这其实是大多数人不理解的。据说当时的这些哲学理论，为他建立金融市场投资和操作奠定了相关的基础，而且他还曾经试图写一些哲学方面的书。后来，他决定离开欧洲，到美国发展，带了5 000美元来到了纽约。

来到纽约之后，索罗斯的命还是比较好的。因为当时的美国金融市场正好有家机构需要一位熟悉英国市场的金融专家，所以他比较顺利地找到了一个在美国金融市场的工作，主要做对欧洲证券市场的投资。索罗斯有他的天分,英语好,法语好,德语好,所以对于整个欧洲市场来说,他都比较熟悉。在这个过程中他就发现了第一次的套利机会。他发现美国人喜欢买美国自己的股票,欧洲人喜欢买欧洲自己的股票,所以同一个股票在不同的股票市场上的价格就会有差距。由于当时的信息交流、传送不像现在这么方便,这个价差就成了可能的套利机会。索罗斯不久就实现了自己第一笔财富上的收益。这个模式也许就跟中国早期卖国库券的时候相似,当时上海的国库券比安徽的贵,安徽的国库券比东三省的贵,大量上海当初有财富观的人就用麻袋背着国库券到安徽或者到东三省去套利,就是这样一种工作。其实是一个简单劳动,当然背后是敢于去冒险,这是另外一个话题了。

体现索罗斯这种市场精神的一个案例是在1973年,当时埃及和叙利亚发动了第四次中东战争。战争一开始以色列处于被动挨打,很多人只是关注这个新闻,打仗了怎么避险,等等。索罗斯就在想:以色列是美国的盟国,它的武器都是美国给的,以色列武器这么差,是不是意味着美国的武器可能比较差。所以他推测,美国国防部基于这一次失败的战役,有可能会花巨资去购买新式武器,重新装备军队。索罗斯按照这个逻辑推理,大量购买了有国防部订货合同公司的股票,这些股票给索罗斯带来巨额的利润。这笔投资其实有点像是价值投资。但是这样一笔投资做成之后,真正让他成名的,就是索罗斯干倒了英镑。1992年的英格兰银行事件,把英镑彻底打垮了。原因大家知道,1989年之后,东、西德统一了,统一之后市场当中有一个比较一致的看法,认为东、西德统一了,欧洲的意识形态的矛盾也告一段落了,欧洲整个经济会发展起来,欧盟12个国家还签署了《马斯特里赫特条约》。人们认为欧洲如果强大的话,那欧洲最有代表意义的货币就是英镑了,英镑肯定也会升值。所以英镑的币值,在这样一个大的环境和背景中,很多人都是看涨的。但是索罗斯有自己的判断,他觉得不对。

他认为,首先这个德国合并,绝不意味着利好。因为西德很多财富要分享给原来的东德,而原来的东德经济能不能提振起来是一个很大的问号;他认为《马斯特里赫特条约》,虽然描绘得很好,但是各个经济体之间,欧洲各个国家之间,矛盾应该很大。这样的话,欧洲极有可能在一个美梦和幻想中,英镑其实是被高估了。他判断,在这种困难重重的情况下,最终英国还是会降低利率来刺激经济。所以,索罗斯从1992年开始,就大规模地抛售欧洲货币,包括英镑。他的行动带来了全球流动性资金的共同参与,他一个人就拿着100亿美元去干这事。英国政府也不含糊,跟他对着干,但最终是英镑暴跌。随后,整个欧洲的货币稳定性都因此受到了重大的影响。索罗斯一战成名。后来还有大家比较熟悉的1998年,首先打的是泰铢,打泰铢也是这个逻辑。索罗斯判断,整个东南亚经济在经历了20世纪80年代末、90年代初的快速增长之后,达到一个增长的瓶颈。在增长的过程当中,必然会有投机性的资金涌入这些区域,那么一旦这个区域的经济基本面出现风吹草动,这些投机性的资金就会集中撤出。那么为什么选择泰铢呢?因为他发现泰国市场的货币自由化程度是最高的,极有可能意味着国际流动资金要撤出的话,首先被冲击的就是泰铢。所以,他根据基本面研判,东南亚,包括泰国、缅甸、印度尼西亚、马来西亚,包括后来的中国香港地区,等等,他都认为经济基本面达到了一个繁荣期的末端,随时可能崩盘,那他就先去把这个风险捅破。他一动手,全球的投机资金闻风而动。首先干倒泰铢,后面有影响的有印度尼西亚、菲律宾、缅甸、马来西亚,包括中国香港,整个东南亚市场都受到了巨大的冲击。所以,我们可以看到,这几战成名的索罗斯,是基于对整个货币运行状况、对于整个宏观经济基本面的研判和理解,做出的投资抉择。

索罗斯跟巴菲特的重大区别,就是巴菲特和大多数投资人一样,是通过做多来赚钱的,低位买,等它涨高了卖出,这个符合人类的正常思维逻辑。比如说A股市场当中,能融资,也能融券,但是融资的数量远远要大于融券的数量,原因是人的本质是希望未来变得更美好,不希望未来会出现大的负面事件。所以,做空的人总体是比较少的,索罗斯是这个世界当中最喜欢做空的,而且能够把做空玩到极致。他和绝大多数人,包括巴菲特在内,完全不同。

再提一个细节点,就是香港。香港市场狙击战大家都知道。索罗斯,也不能叫大败了,其实索罗斯在那次的战役当中也没亏钱,只是没赢钱而已。对于这事,索罗斯一直耿耿于怀,他认为按照他的策略,如果仅靠香港政府的外汇储备资金,他是大胜。但是,由于有中央政府的支持,导致了这场货币战役最终结果是索罗斯失败。索罗斯一直在跟媒体讲,他说这件事违反了他所研判的市场规则和原则,一些外部因素让他之前所有研判的逻辑和方法发生了重大的改变,由此导致了他的失败,否则他铁定会赢的。他认为规则改变,才是他失败的原因,而不是他自己的研判逻辑本身。

> **总结**:索罗斯和巴菲特的投资逻辑的确是完全不同,但两位大师的成功都不是偶然的,背后的精力和研究投入是一般人根本无法效仿的。

二、趋势投资的交易方式

索罗斯对外一直讲他自己其实不是投资家,而是一个哲学家。他是要找出投资中的哲学,再按照这种哲学来修正自己投资的逻辑。索罗斯到底是不是哲学家,这个见仁见智,但这一点的确是他不同于常人之处,值得我们学习和借鉴。

索罗斯的投资哲学到底是什么呢?索罗斯认为,金融市场是动荡的、混乱的,所以,市场当中买入和卖出的决策都是基于投资者的预期,而不是建立在理性的推演上。价值投资者说任何一个公司的实际价值,都是有个公允的算法,按照财务学的方法,就是把未来这家公司所有的收益,按年度来进行现金收益的折算,就可以算出现在的价格,就是真实价值了。有了这个价值之后,股价固然上下波动,但这种波动总是以真实价值为基础。这种观点,也是传统经济学家的基本价值观。巴菲特正是按照这个基本价值观进行投资的。

索罗斯不一样，他认为这种基本价值观完全不靠谱。在他眼中，传统经济学家、金融学家所谓的完全理性、完全市场、价值永恒、理性地预测未来等等，全是瞎扯。因为现实中的金融市场永远是动荡的、混乱的，市场的买入和卖出的决策，不能够按照理论上的假设去做。举一个例子，投资者对某家公司的经营充满了信心，然后大手笔地买入这家公司股票，他们的大量买入就会推高股票的价格。所以这种上涨的价值，你说它到底是来自真实价值，还是来自投资人的推动呢？

当你大量买入并推高了一家公司的股票，股票价格涨了之后，这家公司就可以做很多事情。比如可以把部分股票质押出去，获得资金，获得资金之后可以扩大再生产，然后这家公司的股票又可以继续上涨，交易变得更加活跃了，公司也因此获取了更多的利润。公司如果是做C端的产品，或者做B端的产品或服务，这意味着它的市场受众和知名度会提高，等等。这家公司的股票真实价值并非一成不变，由于一些投机的心态和行为，以及一些不知道原因的大量买入，就可能使得它的真实价值不断提高。

由于投资者大量买入它的股票，所以公众市场当中这是一个很活跃的股票。这家公司生产的产品，打比方说是卖烧鸡的，卖馒头的，卖零食的，卖小家电的，等等，大家突然发现，很多投资者本身也是消费者，这家公司的股票涨得这么猛，产品肯定比较靠谱，下一次买产品的时候，也可能会因为股票的上涨让你去买它的产品。由此导致的结果，最早买这家公司股票的投资人，就是纯粹的投机者，压根就没有算它基本面的状况，但反而是倒推了公司基本面的上涨。

上面讲的这些案例，在投资里面有个专业名词，称之为"反身性"。也就是说投资人的行动影响了被投资品的价值，而不是简单的价值决定投资行动。所以，索罗斯就举这样一个例子来告诉我们，这个所谓的公允价值根本就不靠谱。从某种意义上来讲，他说的也没错，因为的确并不存在一成不变的价值。索罗斯认为，据这个所谓的公允价值，低于这个价值就买，高于这个价值就卖，他说巴菲特那一套纯粹瞎扯。

所以,索罗斯总结说,一个市场盛衰的变化过程包含了大致七个阶段:第一个,市场走势很不明朗,难以判断;第二个,开始过渡到了自我推进的过程;第三个,成功地经受了市场方向的测试;第四个,市场不断地确认;第五个,在现实和观念之间出现偏差;第六个,发展到巅峰;第七个,出现与自我推进过程相反的趋势。所以,按照这样一个逻辑去做推演的话,一个趋势一旦有延续,市场交易提供的机遇就会大增。当这个趋势发生根本性改变时,一定要去及时地选择并顺应趋势。这其实就是索罗斯版的"投机哲学"。

此外,索罗斯还喜欢双向下注。他在对宏观经济分析的时候,会把国际政治、经济、通货膨胀、利率、货币统统都去分析一遍,然后找到能够让他获利的公司,做多;再者,找到因为这些基本面变化受损的公司,做空,一旦他押宝成功,他就会双向获得巨大收益。当然了,一旦押宝失败的话,他也就会双向受损。这固然体现了他好赌博的心态,但是这种心态背后,其实也有索罗斯自己的一套哲学。

1981年1月,里根就任美国总统。索罗斯当时就通过对里根的政策分析,发现美国经济将会开始进入到一个全新的增长趋势中。在这个判断之下,他开始进行投资。事实也确实像索罗斯所预测的,里根的供给经济学发挥了作用,带动美国经济走向繁荣。1982年夏天,贷款利率不断下降,股票不断上涨,索罗斯的量子基金大量做多,获得巨额回报。这时索罗斯就在想:涨到什么时候会出现经济的拐点呢?美元越来越坚挺,导致的结果就是美国的贸易逆差。一国的货币越坚挺,出口就越少,进口就越多,贸易就会越逆差。一国的货币越贬值,出口越多,进口越少了,就是越顺差。美国的经济越来越好,美元越来越坚挺,美国贸易就越来越逆差,预算赤字越来越大,在这种情况下索罗斯觉得有可能会有经济风暴了。因此索罗斯判断,美元好像应该贬值了,不贬值的话,巨额的贸易逆差导致的财政预算赤字压力会越来越大。他预测美元将会贬值,同时德国马克和日元将会升值。

索罗斯从1985年开始做多马克和日元,先持有马克和日元的多头头寸,达到了7亿美元,已经超过了量子基金的全部价值。一开始市场并没有反馈,他是属于相对偏左侧交易的。索罗斯最早的做多之后,市场并没有按照他的逻辑来,以致他先期遭受了不少损失。但是,索罗斯坚信自己的判断没有问题,他继续加8亿美元的空头头寸,等待汇率趋势的变化。到了1985年9月,形势开始发生改变。当时美国新任的财长詹姆斯·贝克和法国、西德、日本、英国四位财长在纽约开会,商讨美元贬值的问题,最后签署了一个协议,叫《普拉扎协议》,最终的结论就是,美元应该贬值。这份协议一出来,美元兑日元就出现了大幅度贬值。就在一夜之间,让索罗斯赚了4 000多万美元。接下来,美元继续贬值,包括后面持续地不断调整。索罗斯在这次金融行动中大概赚了1.5亿美元,量子基金从1984年的4.48亿美元,上升到1985年的10.03亿美元,整个资产增加了223%。索罗斯的个人财富也大幅度增长,一战成名。

索罗斯的操作逻辑其实是悖逆了理论经济学和理论金融学。这个基本逻辑点的争议,在经济学和金融学发展的过程中始终是存在的。比如说经济学认为,人始终是理性的,但是人真的能够做到任何一个决策都是理性的吗?这个概念本身就有很大的矛盾。为什么呢?经济学认为,人都是理性的,所以任何时候做的任何一个决策,肯定是自己愿意的。这个结论成立的话,首先,它有一个重要的前提,投资者要掌握足够多的信息,判断才是理性的。比如说决定今年夏天要不要买一台空调,需要的信息就是今年夏天到底热还是不热,明年夏天到底热还是不热。如果今年夏天和明年夏天都是凉夏的话,买空调这个决策是不是就要发生改变呢?但是你很难保证信息的全面与准确。如果这个信息没有的话,觉得去年很热,所以今年就必须买一台空调,这看起来是理性的,但在现实中是不是理性的呢?要做到完全理性的话,其实需要信息的充分化。但信息的充分化在客观现实情况当中根本无法百分百地做到。

第二个,即便信息充分化了,人是一个感情动物,极有可能因为外界的某个要素,喜欢或者讨厌某人某事而影响了正常的决策,所谓"智子疑邻"就是这个道理。

第三个,如果人都是永远理性的,为什么还经常会后悔呢?当时觉得理性,过了一个月或者一年之后,就会觉得当初的决定是完全错误的。这种情况在生活当中可以说比比皆是。

经济学当中,总是强调人是理性的,每个人都是理性的,所以整个经济社会、市场经济发展、金融市场发展也都是理性的,就会出现所谓市场是完全理性的,可以评估出所谓的真正价值。但是,正因为不理性的问题普遍存在,所以,市场是否能够评估出所谓客观的投资价值本身就是存疑的。索罗斯所做的事情就是,首先对这个价值逻辑保持怀疑的态度。由于信息不充分,大家往往会犯相同的错误,而当大家都犯错误的时候,这恰恰就是他发财的机会。

> **总结:** 如果大家认为巴菲特是一个神,而索罗斯是一个魔,那么大多数现实中的人就是神和魔的结合体。你是更像神还是更像魔?什么时候应该更像神,什么时候又应该更像魔呢?这个问题大家自己思考思考吧。

三、交易方式不同的背后是人生方式的不同

前文提了很多关于索罗斯和巴菲特的对比,这个对比更多的是在交易层面做出的相关评论。回到人的层面,在交易方式、交易特征差异的背后,其实应该是人生方式的极大不同。

有人说,且慢,巴菲特和索罗斯其实有很多共同点,比如说他们都有各自的最佳拍档,但这个说法我不太认可。查理·芒格跟巴菲特,确实是最佳拍档,但有人说索罗斯跟罗杰斯是最佳拍档,这个我是完全不认同。因为从严格意义上来讲,罗杰斯对于中国的投资人会更熟,这个老先生经常来中国,我自己跟他也有过多次的近距离接触,实际上索罗斯跟罗杰斯两人只是在最早量子基金的时候合作过,这哥俩早就一拍两散了。论到投资成就和

影响力来讲，罗杰斯跟索罗斯是完全没办法相提并论的，在投资成就上索罗斯应该比罗杰斯要强得多。因为罗杰斯有这个所谓量子基金创始人这个神奇的背景，所以经常会在世界各地演讲而已。

两人最大的相似之处就是，他们都是白手起家，家里的条件都比较差。巴菲特从小老爹是破产的，索罗斯是从欧洲被德国人排犹然后跑到英国，跑到美国，所以出身比较贫寒，现在都获得了显赫的国际地位跟社会地位。从知识体系来讲，巴菲特有格雷厄姆和费雪，索罗斯研究哲学，他们的理论体系还是比较清晰的。

不同的是他们人生的生活方式。首先讲家庭生活。索罗斯和巴菲特有个相同的地方，两人都是离婚的，而且都有过离婚、再婚的经历。但是从子女教育上来讲，两个人的差别非常巨大。巴菲特对于孩子的教育是比较成功的，一直支持自己的子女去做喜欢的事情。这跟巴菲特的第一任妻子苏珊有关系，苏珊是一个追求灵魂自由的人。如果双方有一方特别追求所谓的灵魂自由，不愿意被家庭所约束，这样的家庭一般都会过不下去。所以，苏珊跟巴菲特离婚的主要原因就是她追求自由。巴菲特的一部分财产是要给这些孩子的，这三个孩子拿到这些财产之后，都宣布把财产捐赠给慈善事业，所以三个人都在努力做事。听到巴菲特宣布要捐出自己的全部财富，他们都表示真诚地支持，没有人感到心理不平衡。所以，从这个意义上来讲，这三个孩子遗传了巴菲特的基因，就是宽宏大量、容忍、善良。巴菲特的大儿子叫霍华德·巴菲特，现在是伯克希尔·哈撒韦公司的董事，巴菲特说儿子将来不一定要掌管伯克希尔·哈撒韦公司，但是他说希望我自己家族有人能够留在这家公司。总的来说，巴菲特的家庭，特别是子女教育，还是比较成功的。

索罗斯正好相反。他自己公开承认，自己作为一个父亲是失败的，自己对儿子的关心明显不够，而且态度非常傲慢。索罗斯对孩子的教育非常严酷，非常规则化，就像他做投资一样，定下来的规则必须要严格地执行到底。巴菲特其实是顺势而为，而索罗斯经常会逆势而为。所以索罗斯跟孩子玩游戏的时候，从来都不让。因为对于孩子教育来说，他的思路就是这些游戏太简单,如果轻易能够获胜,将来遇到更强大的敌人怎么办?所以一定要让孩子知道,你是不容易战胜困难的,但是要从对手的错误判断当中抓住机会,去获得获胜的机遇。这是索罗斯自身的特征。所以他的孩子跟他在一起,从小就处于极大的压抑当中。这种棍棒下的教育,非常强势的教育,往往会导致两种结果,一种是孩子非常争气,抵御困难能力很强;另外一种就是孩子的性格抵御不了这种压力和困难,反而会在这种重压、棍棒之下,遇到很大的压力和挫折。索罗斯一度也想把自己儿子培养成自己的接班人,还把量子基金旗下的基金产品直接交给儿子管理,对他进行专业训练,但是儿子最后的表现不佳。棍棒之下的两个出路,他儿子是最差的一个结果,最后索罗斯不得不让孩子离开。

从外部来看,这两位的差别是什么呢?那就是对于好人和坏人的设定。大多数人都认为巴菲特是一个好人,投资天才,奥马哈圣贤。圣贤显然是一个褒义词,巴菲特代表的词汇永远是善良、谦逊。用在索罗斯身上的词汇,韩国人称之为"门神",门神是韩国人说的恶人的代用语,日本人称之为"妖怪",英国人称之为"歹徒",很多媒体称之为"破坏者",总之,大家一般都认为他是坏人。

对巴菲特来说,名誉是非常重要的,他在各个方面注意保持自己正面的形象,珍惜自己的名誉,所以,很少对巴菲特有特别恶意的评价,最多就是讲他一些失败的投资案例。巴菲特和索罗斯最大区别就是对外的名声。巴菲特给大家的印象就是典型的中部老派美国人,简朴,房子也老旧,普通的黑框眼镜,身上的西服也是廉价的,过着隐士般的生活,一般不在公众面前露脸,一旦出现的话,都是以长者的身份,给人真诚的建议。索罗斯完全相反,索罗斯给人的感觉是冷血、唯利是图。因为大家认为,他是搅乱金融市场的罪魁祸首,虽然索罗斯一直在讲这个市场不是他搅乱的,是他把这个市场失灵的地方暴露出来。我个人也同意这种观点。索罗斯确实是一个金融天才,他能够发现金融市场当中存在的一些问题,对他来说就是商机。出现了一个金融风险,把金融风险捅破,让它泄掉的话,有两种方法:一种是慢慢地漏气,一个气球要吹爆了,慢慢地让它漏气;还有一种就是一拳把它打爆,然后以巨大的声音来惊吓到周围的人。由于索罗斯的介入,让风险变成了像一个大地雷一样的爆裂,所以,从公众利益角度来讲,从社会稳定角度来讲,对索罗斯有意见是可以理解的。但是索罗斯也有自己的道理,他说如果你自己没有风险的话,没有吹出过大的气球,我有什么机会去捅爆气球呢?所以,各有各的道理吧。

从名声和影响力上来讲,巴菲特和索罗斯是完全不一样的,两者的思路和方向也是完全不一样的。巴菲特大多数情况下保持乐观,对于全球经济,对于世界经济,对于中国经济,都是保持乐观。比如在今年股东大会上,有人问巴菲特对中国经济怎么看。巴菲特说,虽然我不了解,但我相信中国经济肯定会有好的前景。如果是索罗斯来回答,肯定是一顿大大的吐槽,吐槽中国经济各种问题。记得就在2017年的达沃斯论坛中,索罗斯对中国的很多问题进行了抨击,我们官方还在第一时间做了回应,这都是比较少见的。针对一个经济学家,或者投资家的个人观点做出官方的回应,在中国也是非常少见的事情。由此也印证了索罗斯的性格特征。总体来讲,巴菲特是一个性格上比较乐观,希望在悲观当中寻找可以上升的机会。索罗斯更像是悲观主义者,他永远是在太平盛世,或者在一片繁荣当中,找到其中的隐患,然后借这个隐患,去获得自己的市场交易机会。

总结:索罗斯和巴菲特,对金融市场的影响都远超乎大家的想象,他们对市场的分析,对于未来的预测,都会出现在这个世界最主要的媒体上,影响力远远超出了金融市场本身。但是,不管是索罗斯还是巴菲特,他们对外公开的讲话,并不一定代表他们的投资战略。对于大家来说,更重要的是寻找市场给予的商机,让这个商机能够表达和体现出来。至于讲的这个人到底是什么样的诉求,所谓"知人知面不知心",还需要我们不断地去摸索和寻找。

四、A股投资人究竟该仰慕谁

巴菲特和索罗斯,我觉得用东邪和西毒来形容,还是比较有意思。东邪的特点是饱读诗书,自成体系,喜欢做自己一套的逻辑,然后坚持自己的思路。西毒就像索罗斯一样,没章法,什么都学,只要能为我所用,能够利益最大化是第一目标。巴菲特不是那么追求利益最大化,他更像是一个追求自己价值观的人。作为A股投资人来说,究竟应该仰慕谁?又应该学谁?

先说说共同点。

第一个,巴菲特跟索罗斯的相同点,两个人居然是同一年出生的,还有都爱看书,这点蛮重要的。但凡成功的人,都要有一些积淀,喜欢看书,哪怕看的是电子书,关键是要看进去。其实大多数人的问题是看书看不进去。听音频节目很方便,一边开着车,一边打扫卫生,一边运动,都可以同时听音频节目,听完之后,一关就忘了,这其实是最大的问题。不仅要看书,还要能够总结出其中的要点。巴菲特跟索罗斯都爱看书,他们都熟悉经济史和金融史。因为年龄关系,他们的成长过程又经历过太多的市场涨跌,所以他们都善于独立思考,不太去随波逐流,善于提出自己的观点,看事情都比较长远,等等,这都是他们的共同点。

第二个,从投资行为上来讲,就是共同看好过零售的连锁行业。巴菲特和索罗斯在投资领域当中撞车的现象不少。比如说康菲石油,比如说沃尔玛、劳氏公司、家得宝公司、ARG能源、苹果等,这几家公司,巴菲特与索罗斯都投过。两位大师都曾看好过零售连锁企业,巴菲特2008年持有的零售行业代表家得宝、劳氏公司、沃尔玛、好事多,等等,持股市值达到了17.58亿美元,占他总投资组合的3.4%。同样是2008年年底,索罗斯持有9只零售行业的股票,持股市值达到3.66亿美元,占其股票投资组合的12%。由此可见,巴菲特的资金量更大,要大很多。所以,他们都共同持有过零售连锁行业,这是他们投资行为当中比较一致的一点。另外,两者的共同点还有,他们都不做分散化投资,基本上属于看中了就一枪打到底，一旦出手就是大手笔，能买多少就买多少。比如苹果，巴菲特2016年开始建仓，建仓时的价格是每股93美元到110美元之间；在2016年第二季度，又在每股股价位于90美元到112美元之间增加了55％的投资；2016年四季度，巴菲特又以每股106美元到122美元的价格，大举增加了对苹果公司的投资，增加幅度达到了275％。目前，苹果公司的股票价格是在171美元左右，巴菲特增持苹果公司算是大赚了。从坚决不看好苹果到大举建仓苹果，巴菲特增持苹果公司是非常集中地投资。科技类企业的选择上，巴菲特只是之前因为他的好朋友盖茨一直推荐，象征性买过100股的微软。但索罗斯却不一样，索罗斯一直非常看好微软股票。他们的特点就是，一旦是选中了一家公司之后，就会大手笔去持有。有点像赌场当中的ALL IN，一旦下注的话，就要博一把大的。

相比于共同点，两人的不同点更多。比如说巴菲特倡导的价值投资是长期持有，索罗斯是喜欢趋势投机的，见好就收。巴菲特是一个长期价值投资的高手，索罗斯是一个投机的高手。索罗斯和巴菲特是有重叠持股的，但即便是这些重叠持有的股票当中，巴菲特基本上是持有了很多年，就算是选择减持，也要基于这家公司的基本面出现了问题，他才会逐步选择脱手持股期间也并非全部一直不动，也会根据公司的情况做一些增持和减持，但是基本上会保持一定的基本仓位，不会改变。

而索罗斯同样买这几家公司，持有的期限明显短得多，往往不到一年，有的甚至只有两到三个月，然后就迅速地卖出了。索罗斯是一个典型的趋势投资者。所以两者最大的差别就在于，一个善于去发现所谓的长期价值，一个是善于去发现趋势和缺陷。所谓发现价值，就必须深入地去了解这家公司，必须要读懂它的经济基本面，看这家公司有没有护城河，估值是否有安全边际，买入的时机要讲究，要在这家公司股价处于一个弱市的时期买入，那是最好的买入点，这是巴菲特最有可能进行抄底的时候。而索罗斯的趋势操作，是要领悟市场的投资趋势，要找到趋势和泡沫，给市场做一个假设，市场能否形成一个大的趋势。如果发现市场会出现一个趋势性变化的时候，不管是向上变还是向下变，这个时间点就要坚决地去行动了。向下变的时候做空。索罗斯的最大特点就是，绝大多数投资人是不喜欢做空来赚钱的，索罗斯不介意，他始终坚持做空赚钱。

总的来说，巴菲特比较强调风险和收益的平衡，索罗斯是善于利用金融市场的正反馈来获得收益；巴菲特的投资方式是选择绩优股，而且相对价廉的公司股票，前提是这家企业和行业他要非常熟悉，索罗斯则主要是通过金融市场当中进行大宗的操作，利用对冲风险来投机获利；巴菲特手中握有的是真金白银的财富，他的资产兑换成为现金折价往往很少。巴菲特如果抛出的话，往往会选择这只股票处于疯狂的时候，有人愿意埋单的时候。虽然由于他规模很大，抛出的时候可能会导致股票价位出现调整，但是由于巴菲特抛出导致这家股票的市值出现大幅度缩水的状况比较少。但索罗斯持有的金融资产，往往他去套现的时候，会引发市场比较大的波动，市场影响非常巨大。

从交易行为上，由此导致的实际兑现的收益和账面的收益相比，巴菲特的稳定性会更高一点。但也因此，巴菲特投资方式是有收益上限的，他每年的收益率是不可能超过股票市场当中股票增值最大企业所创造价值的增值幅度。而且巴菲特投资的次数很少，所以资金的运转速度很慢，需要很多年的等待才可能创造出巨大的财富。巴菲特像是一头慢牛，每年要投入巨大的资金量，然后要有足够多的耐心，才有可能获得让别人艳羡的暴利。这是巴菲特的一个特征。而索罗斯进出非常快，善于去抓取趋势，所以有时候他一年的收益率会非常高，当然有的时候也会有风险。这是完全不同的投资特征。索罗斯资金运转的速度，要比巴菲特快得多。

总结一下，巴菲特是价值投资者，索罗斯是趋势投资的高手。巴菲特更擅长于个股的基本面分析，索罗斯更擅长于趋势上的判断，包括宏观经济的分析。宏观趋势的判断是索罗斯的强项，当然，索罗斯也有对宏观判断失误的时候，索罗斯对宏观经济判断失误最大的就是对中国经济了。索罗斯对中国经济长期处于不太看好的状况。但中国经济，宏观经济的大趋势上一直往上走，这个狠狠地打了索罗斯的左右脸。巴菲特喜欢长期持股，索罗斯喜欢不断操作；巴菲特不玩杠杆，不做空，不炒外汇，索罗斯这三样都玩得很溜，放杠杆，做空，还炒外汇，索罗斯最喜欢玩的就是这三个。

其实他们两位都有各自的缺陷。巴菲特的价值投资过于看重公司的基本面，对于系统性风险关注不够。索罗斯的趋势投机的缺陷在于，对于趋势结构内相对强弱推动力的挖掘不足，有时对趋势判断的尺度不明，容易造成交易的混乱。做趋势投机，一旦做对了确实很厉害，但是一旦做错的话，市场风险就很大。光是说方法和理念，不是分辨投资水平的关键，因为每一种成功和理念都有它特定的适用环境。价值投资，我个人的看法，更适合于市场周期的底部区域，适用面相对更窄，想成为巴菲特这样的人，严格按照他的节奏去建仓的话，可能每年建仓的机会不会超过两次，甚至一两年都不会有一次。在趋势一直向上的时候，按照巴菲特逻辑不能建仓，要等到能建仓的机会，你需要等很久。而索罗斯的模式就比较简单，买入前后都会觉得很累，但每年都会有交易的机会。

> **总结**：如果按照巴菲特投资逻辑的话，在中国 A 股市场当中去选择好的投资标的，等待投资时机的话，的确是比较难的。最理想的状况是能够结合索罗斯对于宏观经济、市场波动的趋势判断方法，逐步形成自己独特的投资逻辑和架构。当然，这更像是一个期待，实际的操作也更加复杂和困难。

粉丝答疑互动

问题

有网友问，索罗斯是坏人吗？

回答

这个问题很难回答。首先，好人跟坏人的标准，不同的地方、不同的人有不同的标准。再坏的一个人，他对自己家里人可能也很好。任何一个人，都会有两面性。所以，很难去单方面评价。但是，从财经角度来讲，观察一个人是好人还是坏人，主要看的点，就是他这些行为到底对谁负责？法律上、责任上，更应该对谁来负责？你不可能要求一个人对全世界人都负责，这是不可能的。那从这个意义上来讲，索罗斯应该是一个好人。为什么这么讲呢？最起码他做的这个量子基金的投资回报率很高。他作为这家公司的老板，作为这家公司的管理者，为这家公司的投资人创造了很多的回报，这是作为一个企业家最重要的职责。实际上我觉得不能用好人、坏人来形容，应该是对自己职业来说，是一个负责任的人。

所谓对他是坏人的评价，确实是因为他的操作方法，抓住某一个金融系统，某一个金融区域当中重大的漏洞，然后一击致命。关键就坏在这一击致命上。如果先警告人家一下，慢慢来，缓缓的，不要暴跌，不要硬着陆，那可能会好很多。在这个世界当中做空投预测的人很多，包括我，也经常会做一些空方的预测。他这种一击致命的行为，确实会导致很多金融市场和地区出现混乱，甚至出现家破人亡。当年东南亚金融危机的时候，确实有一些家庭因为金融资产彻底的崩盘，一下失去了人生的希望，还不起债的、自杀的。从这个意义上来讲，他确实算是一个坏人。这是他跟巴菲特最大的一个区别。但是不管怎么样，也不能全怪他，毕竟金融市场本来就存在问题，这个才是最重要的点。所以，回到市场决定论，任何一个结果都不是个人能够影响和改变的。人和资金，只能影响短期市场的波动，却没有办法去改变市场长远的结果。市场注定的结果是由基本面来决定的。索罗斯找到市场的漏洞，其实就是因为他发现，你的经济基本面和你的资本泡沫层面出现了巨大的反差。

> 问题

有网友问，投资和投机之间的区别是什么？

> 回答

关于这个问题，有一个经典的段子：投资和投机的区别就在于，前面是普通话，后面是福建人讲的普通话——前面的发音标准能听得懂，后面的发音不标准所以听不太懂。这是一个玩笑了。简单来说，区别在于投资会注重基本面的分析，有一个比较明确的价值投资目标。比如这只股票到了4元，经过价值分析推理，我觉得它的真实价值应该在6元。在这个基础上，4元是便宜的，理应买进，而到了6元就应该卖出，这是一个标准的投资行为。而投机者，其实同样也认为它会涨到6元，但这个6元不是他自己分析出来的，极可能是别人告诉他的，或者仅仅是一种所谓的预感。第二个特征，投资一般是在很长的时间段中，期待获得公司价值增值带来的股价回报，而投机就是希望短期能够获得收益，至于股价收益的实际来源并不重要。所以总结下来，投机和投资的共同点，都有一个盈利的预期目标，都认为某只股票是被低估的，投资品是有价值的，有上涨空间的。不同点就在于，投资对于这个所谓上升的目标是经过自己的缜密思考和推理的；而投机，更多情况下，没有思考推理的过程，或者是只听别人一面之辞，不做深入的思考。第二个区别就是，投资可以有比较长时间的耐心等待，而投机派则认为，它就是能够迅速地涨到6块，时间要很快。对于资本市场来说，投资和投机是永远存在的，这是不可能改变的一个客观状况。

问题

网友问，索罗斯怎么看中国经济？

回答

索罗斯这个人很有性格，论到直率，在中国问题上，他比巴菲特要直率得多。巴菲特一直比较圆滑，最近这些年，因为去参加巴菲特股东大会的中国人多了，每年的股东大会都会有很多人问他中国经济怎么样，他都首先会说好，然后又说其实我不太了解。此外他经常开玩笑说：如果我能买中国股票，我立马坐着飞机去买。当然这样的表述更多的是一种对中国投资者热情情绪的迎合而已。

索罗斯对中国经济，大多数情况下是比较谨慎的。基于意识形态和市场体制的不同，中国经济发展模式，对大多数西方主流投资逻辑来说，都是很难理解的，到现在也是如此。长期以来，西方主流的金融投资者和经济学者，对于中国经济都是看空的。正是因为他们觉得不理解，所以很难去真正分析我们的体制，很难去真正理解我们的模式。所以大多数情况下，索罗斯对中国经济和中国的发展模式都持比较悲观的态度。他还经常会拿日本的例子来讲中国，说中国要避免走日本的覆辙。索罗斯一直耿耿于怀的就是，1998年香港的汇率保卫战。索罗斯坚定地认为，他在那次汇率保卫战当中应该是赢的，因为他符合市场的真正规律和规则。香港之所以赢，是因为中国中央政府的干预，他认为这本身就是违背市场规则的。虽然我是一个比较市场主义者的人，但我也必须承认，市场在某种程度上出现严重的非理性化状况时，政府适当的干预还是有必要的。因为金融市场永远这样，或者是涨过头，或者是跌过头，索罗斯要干的事情固然是在修正市场的错误，但结果往往会使市场跌过头。市场跌过头，引发的其实不仅仅是单纯的经济问题，而是整个社会都会出现震荡。这种震荡对于一个经济体来说，是一个巨大的伤害，包括经济学当中一个经典的谬误，就是破窗理论。

一块石头把窗户打破了，这个窗户的老板，本来没打算去买新的窗户，但是现在由于窗户被打破了，所以他不得不立马拿100块钱去买一扇新的窗户。然后卖玻璃的老板就发财了，卖玻璃老板拿着100块钱去买别的，比如说买大米，等等，那卖大米的又发财了。一块石头让整个经济循环了起来。这其实是典型的谬误。当经济真的出现严重的失调和震荡的话，混乱对社会只会造成更大的伤害。如果破窗理论成立的话，那么把全中国所有家庭的窗户都打破，中国经济不就腾飞了吗？这显然是瞎扯。中间一个最大的谬误就是，原来这个老板没有准备拿这100块钱去买窗户，他这100块钱可能是要干别的。由于这100块钱买了窗户，所以他干不了别的，这其实是一个消费上的替代，而且是非常不情愿的、低效率的消费上的替代。所以，当索罗斯对香港市场的稳定性进行猛烈攻击的时候，有可能给社会和经济运行产生巨大的动荡，这个成本，我觉得是社会没有办法接受的。

总体来说，索罗斯对中国经济不是很乐观。但这种看法，我觉得大家不要太在意。

问题

网友问，索罗斯玩内幕交易吗？

回答

这个问题特别好。因为索罗斯和巴菲特这种层面的人，更多时候，不是他们要玩内幕交易，而是很多的上市公司希望把自己的内幕消息告诉他们，让他们帮忙传播。一个资本市场特别有名的人，很多上市公司都希望跟他们勾搭起来。特别是这个上市公司希望放出一些影响市场的消息的时候，就喜欢请他们来参与。这本身对于市场来说，就是一个促进上涨的因素。请他们来公司考察，然后把公司所谓没有外人所知的内幕消息告诉他，或明或暗，这个套路，全世界都一样。索罗斯和巴菲特如果到哪个上市公司去考察，这家公司股票肯定会涨。巴菲特买可口可乐的时候，某些细节行为就涉及内幕交易。索罗斯自己也建立了自己社交圈，但据说索罗斯社交圈当中没有他的同行，做证券的、金融的，全没有，一般他请的朋友都是政治家、哲学家、作家、诗人、艺术家，等等，甚至包括跳芭蕾舞的，周末都会安排文化艺术活动，和交易无关。但索罗斯曾经被起诉过，因为一个内幕交易的案例。

2002年，索罗斯因为1988年对法国的银行股票进行内幕交易，被巴黎的一家法院处以200多万美元的罚款。索罗斯后来提起上诉，但法院驳回了他的上诉。所以，资本市场中越有影响力的人，一般他们都会获得比普通人更多的消息，至于这个消息是否会涉及内幕交易，我个人觉得不重要，重要的是，看他自己的把握和判断。事实上，很多A股市场的所谓大鳄，掌握了很多内幕消息，但是这些和股票上涨并没有太多关系。很多证监部门处罚内幕交易和操作市场的人，这些人还是亏钱的。所以，有的时候别人把消息给你，未必安了好心，很多时候，还是要回到自己的理性投资价值中来，回到上市公司的基本面，回到宏观经济的基本面，才能做出正确的判断。

第十一章
成就巴菲特的美国市场

一、美国证券市场概况

如果说巴菲特这样的人只能出现在美国的话,那美国这个市场有什么自己的特色呢?为什么美国市场可以诞生巴菲特?巴菲特如果到了中国,到了欧洲,到了日本,他还能成为巴菲特吗?本节开始,我们会针对中国和美国市场做一些对比,毕竟我们没有办法像巴菲特一样,很方便地去买美国的股票,所以了解一下美国市场,看看其中是否存在一些值得我们关注的特征。

美国证券市场历史悠久,它萌芽于美国的独立战争时期,所以美国金融市场观念是比较早的。美国市场发行规模大,多层次,投资品种丰富,公司无论大小都有上市融资的机会。

美国总体市场发行规模很大,市场交易量也很大。中国A股市场,曾经在2015年飙到5000多点那一波,A股市场的成交量创出全球历史之最,远远把美国市场甩到后面。但是除此之外,大多数情况下,美国市场的规模都比其他市场大。真正的多层次。美国市场有三大交易所,一个叫美国纽交所,一个叫美国证券交易所,还有一个叫纳斯达克。纽交所大家非常熟,相当于我们的主板;纳斯达克大家也非常熟,相当于创业板。当然,纳斯达克成功之后,才有了全世界的创业板,中国大陆、中国香港也搞,韩国也搞,欧洲也搞,但最后存活下来的,纳斯达克算一个,中国的创业板也算一个,其他的创业板,包括中国香港的、韩国的、欧洲的,比A股的创业板还要差。另外,还有全美证券交易所,这个被我们谈论得很少。美国证券交易所就在华尔街旁边,介于主板和创业板之间,因为它是在两者的夹缝当中生存,定位不清晰,可以理解为中小规模的企业,纽交所不要,这些企业又嫌纳斯达克小，或者没有科技含量的企业，就会去全美证券交易所上市。此外，就是比纳斯达克再低的，叫作场外交易市场了。有部电影叫《华尔街之狼》，里面讲到的专门卖垃圾股的公司，专门卖那种小范围区域的地方交易市场当中发行股票的公司。其实这个市场在中国也有。主板、中小板、创业板，然后下面是北京的新三板，新三板是全国性的。各个地方，包括上海在内，还有各地的股权交易中心。经常有公司打擦边球，说我们也是上市公司，其实更多的应该称之为挂牌公司。那么这个结构在美国，成为一个非常典型的金字塔状，就是越往下数量越多，所以，投资品种也比较丰富，市场变得非常多层次，公司无论大小，都会有公开融资的机会。某种意义上来讲，很多中国的上市公司标榜自己是美国纽交所上市的公司、是美国纳斯达克上市的公司。我个人的看法，在美国上市，严格意义上来讲，不是特别难，因为不需要实质性的审核，只需要你完成基本的信息披露，只需要你的信息充分公开和透明。

不过信息披露也不是那么简单。

举个例子。上市公司必须要披露真正的投资人是谁。而北京银行，上市之初就被捅了一刀，说它存在很多娃娃股东。什么叫娃娃股东？股东的年龄只有2岁、3岁。请问这些股东是如何投资买股票的？这显然背后有猫腻。这种问题在A股市场当中是被媒体挖出来的。而在美国市场中就必须做相关的阐述了，这就是信息披露的问题。很多中国公司到美国上市，如果赶上一波大行情，那走得比较强；赶不上一波大行情的话，直接就破发，就是发行的价格是被套牢的。所以总体来讲，美国市场规模大、品种多、历史悠久，公司发行上市的融资机会比较大。没有实质性审核，做好信息披露的话，就可以获得美国上市的机会和权利。这是美国市场一个比较大的特点。

美国交易是没有涨跌停板限制，也没有T+1的限制，股票可以随时买卖。纽交所还在采取比较传统的场内经纪人撮合制度，纳斯达克市场已经是电子化交易。中国的上交所也是一上市就采用电子化交易。美国股市还存在场外交易的制度，比如说4点钟收盘之后，还有很多证券公司提供场外的电子交易，一直到晚上。所以美国的交易，经常会有所谓盘前和盘后交易价格的说法，这个也是A股市场当中所没有的。他们股权的流通要比A股市场方便得多，这是美国市场的一个基本特征。理论上来讲，美国上市成功只是意味着这些公司目前业绩达标，并且公布的信息公开透明，至于这些上市公司未来业绩如何，那就要靠投资人自己去判断了。所以从某种意义上来讲，一些上市公司的投资风险是比较大的。上市公司跌破发行价，导致原始股东被套牢的情况也是时常发生的事情。

A股市场，由于有监管部门的实质性审核，并且审核内容包含了未来的业绩预判，几乎相当于给出了信用背书，所以A股市场跌破发行价的概率是极低的。从这个意义上来讲，投资美国市场比投资A股市场风险要大得多，但这种风险只是体现在上市最初的几天交易当中。总之，在美国市场如果不去做基本面分析的话，极有可能会亏得一塌糊涂，甚至一开盘就会剧烈震荡。中国香港市场也有所谓的"仙股"，就是1港元以下的上市公司的股票，买之后惨不忍睹，经常碰到公司彻底破产。此外香港的个股会进行所谓的缩股，跌到比如说5毛钱了，10股缩1股，那股价就变成5块钱了，5块钱又跌，跌到1块钱，又跌到5毛钱，再缩一次股。这样看的话，其实在海外市场投资当中，个股的风险远比我们这大得多。A股市场虽然风险波动比较大，但是绝对价格低于5块钱的上市公司的数量是非常少的。甚至哪怕是一家垃圾公司，当它的股价跌破5元之后，也会有心理上的安全垫，就不让它跌了，大家就觉得这个价格绝对低了，够低了就会买入。完全不分析基本面的话，A股市场的风险比美国市场要小，而且A股市场退市的股票比例也非常小。

当然了，我们所做的比较绝非是认为A股的市场制度更好，恰恰相反，这样的制度反而会助推投机炒作的市场行为，对价值投资理念构成伤害。长期来看，放开市场价格决定机制和空间，让行政干预行为彻底退出，让垃圾公司被市场彻底冷落，才是A股市场健康发展的长期必然。

讲个小故事吧。谷歌是2004年在纳斯达克上市的，当时成立才6年，市场估值是230亿美元，市盈率达到80倍，投资界普遍觉得它估值过高了。但是，2018年谷歌的估值已经达到了7 000多亿美元，总市值仅次于苹果，在这几年当中上涨了30多倍。上市之初就投资的话，十多年回报率达到3 000%。谷歌IPO的时候标新立异，它在股票上市申请书上说，我们募集的资金是27亿1 828万18 28美元。这数字很特别，如果是理工男的话应该知道这个数字什么意思。这个数字就是数学当中自然常数e的前9位，也就是e等于2.718 281 828。e，代表的是一种增长的极限。按照惯例，募资达到5 000万到2亿美元的公司，要向承销商支付IPO所得款项7%的费用。但是谷歌就去谈判了，说不能按照这个惯例来，我们这么强的公司，这一辈子都买不着的好公司，帮我们来做承销是你的福分。最后支付的承销费率只有2.8%。所以，谷歌开了一个可以和承销商讨价还价的先河。现在美国大的公司，或者相对比较强势的公司，都会跟他们的IPO承销商讨价还价，要求他们降低收费。当然，与大多数公司的IPO不同，谷歌通过拍卖的方式来发售股票。理论上来讲，拍卖应该会提供尽可能高的发行价，同时向个人投资者提供在一级市场买入股票的机会。但是，谷歌在进行IPO的时候，正好市场疲软，所以他们缩减了股票的发售规模，并且降低了发行价格。一度把发行价格区间定在了108—135美元之间，但是最后的发行价格只有85美元，而且发行规模只有2 000多万股股票，只募集了19亿美元，而预期是27亿。一方面说明谷歌可能自己路演表现不太好，谷歌比较强势，所以他们拒绝回答投资人很多问题，也因此有可能会被投资者拒绝，另外拍卖模式也影响到很多机构的利益。但是，美国市场就是美国市场，对于这种新模式的尝试，包括它的发行规模、市盈率、发行的形式、压缩承销商的融资比例，等等，都是美国市场的创新特征。它愿意鼓励上市公司做新模式的尝试。

阿里巴巴本来是要在中国香港上市的，但是由于同股不同权的问题，被香港市场拒绝，最后跑到美国去了。美国市场对于新模式大力支持，这是美国资本市场的一个特征。A股市场的发行，由于强审核、严格审核，导致上市公司的发行行为越来越削足适履。上市公司的发行流程、逻辑越来越没有新意。之所以将谷歌的故事和模式告诉大家，就是因为美国的资本市场对于创新本身是比较鼓励的。谷歌自己很争气，业务不错，利润不断增长，不断发展壮大。所以，只要公司够好，就不怕创新，就不怕在股市当中熬不出头。

谷歌只是一个个案。美国证券市场是全球经济的晴雨表，对于正在发展阶段中的中国证券市场而言，具有重要的借鉴意义。监管比较到位，市场性比较成熟。同时，也是非常重要的，它给很多上市公司提供了全新尝试创新的可能。所以，它经常能够创造出更多的股市神话。

> **总结**：美国资本市场，个股的单日波动风险理论上比 A 股市场更大，但是提供给投资者的机会也更大，它更加鼓励创新，而不是简单的一刀切式地监管。

二、信息披露与股民利益

资本市场信息公允、公开和透明是市场存在的一个前提和基础。原因很简单，资本市场上市的公司是一家面向公众的公司。理论上讲，所有合格的投资人都可以入场买卖股票，所以上市公司有义务做到信息公开和透明。

但这个原则会引发出两个问题：第一，如何让信息变得公开和透明；第二，假如存在不公开透明的信息，就会有人利用这个信息去赚钱、去交易，这样的行为如何处罚？美国资本市场对信息方面的管控措施，乃至大名鼎鼎的巴菲特，也曾经陷入过内幕交易的疑云。

证券市场所有信息的透明度和真实性，都是保证市场有效运行的基础。一个公正、公平、有序，并且高效的、有竞争性的证券交易市场，对充满活力的经济来说是必不可少的。同样的，交易市场的高度流通性和高质量、实时的信息公开，有助于交易价格充分反映上市公司内在的价值，为投资者的决策提供依据。

美国证券市场在信息公开、透明方面所做的事情是，1933 年出台的《证券法》,它的核心内容就是要信息公开。美国资本市场是世界上最自由的市场之一,也是世界上监管体系最严厉的市场之一,尽管在21世纪初美国爆发了安然等大型上市公司的会计信息舞弊案,但美国资本市场信息披露的监管体系依然比较完备。美国资本市场信息披露的监管体系,主要分为美国国会和地方议会颁布的有关法律。美国证券交易委员会制定的有关证券市场信息披露的各种规则和规定,以及各个证券交易所和全国证券业协会制定的有关市场的规则,相互构成了一个严密的信息披露监督系统。美国现代的资本市场信息披露的法律法规是1929年到1933年大危机之后建立起来的,经历了这个大的风险和危机之后,美国人最先想的方法就是法制上的规范。经过了数十年的发展,现在已经是一个比较完备的法律体系。为了使这个体系能够更加充分地发挥作用,美国还实时地、不断地根据资本市场去做相关调整。2008年次贷危机爆发之后,美国有一次非常大的群体行为"占领华尔街"。那时候大量的美国投资人和美国公民"占领"了美国的华尔街,长期驻扎在那里,晚上就睡在帐篷里面,以此来抗议美国权贵资本者搞出来的次贷危机。

那场运动之后,美国也出台了相关的法律,对整个金融市场的监管进一步强化了。总体上说,美国证券市场的监管法律一直在不断地优化和调整,这也是美国资本市场一个非常重要的特征。还有,为了对资本市场进行有效监管,美国证券交易委员会经常会在联邦法律的框架下,针对各种不同的监管对象制定大量非常详细、严格的信息披露的制度,同时配套出台各种文件来解释相关的法规。美国证券交易委员会的信息披露规则所规范的范围,不仅包括财务信息,也包括对上市公司估值有影响的相关非财务信息,还包括一些技术性的规范。在美国证券交易委员会的信息披露规则当中,财务信息的披露内容与格式条例等,都是要求上市公司必须严格执行的。

不仅如此,美国证券交易委员会、首席会计师办公室还会定期、不定期地发布各项指导性意见,如会计系列报告、财务报告、编制方案,等等。美国对资本市场信息披露的日常监管,除了信息披露本身内容的合规,还有信息披露本身这个行为是否合规,这些监管主要是由交易所来具体实施,包括纽交所、纳斯达克,并不是由美国的证券交易委员会直接执行。纽交所和纳斯达克提供交易平台,同时也有责任去维护市场的秩序,所以交易所在美国的市场责任和权力比我们A股市场要大。

一向很讨厌弄虚作假的巴菲特,之前竟然会被卷入到财务造假当中。真的还是假的呢?美国华尔街传出来财务造假的丑闻,主角就是美国保险业的大哥大——美国通用再保险,涉案金额达到17亿美元。美国通用再保险,这个名字大家并不陌生,它也是巴菲特投资的公司。

美国证券交易委员会,包括纽约州的保险监管机构,联合对美国国际集团进行调查,发现这家公司涉嫌业绩造假,账目的金额虚增了17亿美元,以此来误导投资者。据说,当时调查的焦点主要集中在美国国际集团和通用再保险公司的一笔再保险的交易。这笔造假是两家公司一起弄的。调查人员认为,美国国际集团利用从通用再保险公司购买的再保险合约,把该季度以及此后一季度的准备金,不恰当地虚增了数亿美元。监管部门因此对巴菲特本人也进行了质询。披露的信息显示,通用再保险和美国国际集团签署了一份关于再保险的合约。通用再保险向美国国际集团提供价值5亿美元的再保险业务,但是这5亿美元的合约最后没有兑现,签署合约的时间居然是1998年。调查人员认为,美国国际集团的首席执行官格林·伯格和通用再保险的首席执行官巴菲特,是这笔秘密交易的幕后策划者。但巴菲特一口否认,说对这事完全不知情。除了对美国国际集团的调查,相关部门还对相关的境外业务做了调查。美国国际集团的再保险保险单是从海外公司手中购买的。而这些海外公司很可能本来就是属于美国国际集团所有,所以调查人员就怀疑美国国际集团借此把这个坏账转移到海外公司的账目中去,使自己母公司的账面显得好看一点。也就是说,美国国际集团涉嫌在境外成立一家公司,看起来和我没关系,但是其实有关系。然后把自己公司经营的坏账甩到那家公司去,让自己的报表变得好看一点。调查的结果,美国国际集团承认自己跟通用再保险公司存在这些问题,他们的首席执行官也因为财务造假被提前退休了。这件事被美国商界认为是令人羞耻的一件事情。因为上市公司利用非法手段使自己的账目大量虚增，以此来欺骗投资者，这在美国商业界属于极大的一个诚信危机。很多美国人当时都怀疑这些企业家到底值不值得信赖，这些企业家、商人到底是不是骗子。

但是，这件案例也说明美国的资本市场整体的监管是比较完备的，投资者对于上市公司公开信息，总体表现出较为信任的心态，所以这个事情才会引发大家如此强烈的关注。如果某个市场造假非常普遍的话，这事可能就不值一提。这点也说明，巴菲特在选股的时候，为什么主要参考企业对外的公开资料，不用过多地去考虑这些资料到底是真还是假的原因。这个问题其实是很多投资人最困惑的问题。从公开的资料当中去做投资判断，结果资料是假的，那投资结论肯定就不靠谱了。所以美国证券市场企业的真实性和透明性，是美国证券市场能够合规合法、长期健康运行的重要前提。

成熟证券市场有一个公认的市场基本规则，那就是如果一个企业能够做到信息充分透明，不管企业好坏都可以上市。这其实也驳倒了企业上市需要一定业绩标准的要求，而这个就是A股市场的上市规则。事实上，一家企业做到了充分真实、透明以后，那么买不买股票、卖不卖股票，就是投资者自己的事情了。也许投资人愿意冒险，买的这家股票现在不好，但是将来能够赚得很好，这种风险是自己来承担的。企业已经做到了信息公开透明的基本义务。所以在资本市场当中，透明度、真实性是真正保证股民利益的最重要问题。

> **总结**：A股市场经常会讲保护投资者的基本利益，其中最重要的，其实就是避免信息不对称的问题。大家获取真实信息的成本和时间如果不一样，有的投资人就会受到不公平的损失。在A股市场的历史中，信息不透明、不公开的问题非常严重。但是公允地说，这些年还是有蛮多进步的。比如现在在中午休市的时候，上市公司会针对突发信息做出及时的澄清、发布，以前都是没有的。但总的来说，效率仍需要再提高，处罚也仍需更严厉。

三、美国多层次资本市场

本章开篇介绍美国资本市场的时候，提到过多层次资本市场。这节详细讨论一下，当然角度会有所不同，会更加深入一点。建议大家如果有机会去海外市场看一看，特别要去看美国纽交所，作为一个投资人去华尔街兜一圈是很有必要的。有个误区，以为纽交所有头铜牛，而且那头铜牛的要害部位被大家摸得锃光瓦亮的。其实那头著名的牛并不在华尔街上，而是在华尔街旁边的一条小路上。深交所也有头牛，在深交所的门口。当然上海也是有一头铜牛的，不过没有在交易所那里，而是在浦西外滩的位置，那头牛也是游客们喜欢的拍照点。中国人好像因为股市的原因，特别喜欢牛，而且现在很多人都喜欢红色不喜欢绿色，这些小习惯，就是受资本市场的影响。

每年中国都会有金融和经济领域的高端大会，比如上海的陆家嘴金融论坛、博鳌亚洲论坛等，资本市场相关领导都会莅临发言。按照惯例来说，证券市场的监管者肯定会提到未来资本市场发展的一个目标，就是完善中国的多层次资本市场体系建设。这个多层次资本市场体系到底是什么呢？

美国的资本市场，是一个层次分明的金字塔结构。塔基，就是最底下，是OTCBB（美国场外柜台交易系统）和粉单市场；塔中间是纳斯达克中小和全美交易市场，是针对中小企业的资本市场；塔尖是纽交所和纳斯达克全球精选、纳斯达克全球。纳斯达克，凭什么一个人占三个市场呢？下面逐层给大家来讲：

第一个层次，就是纽交所和纳斯达克全球精选和纳斯达克全球。纽交所曾经是全球证券市场的老大，但今天其实已经有些老迈了。当然，在很多投资人心目当中，还是觉得纽交所对应于A股的上交所。上交所跟深交所之争，在中国A股历史当中曾经出现过。比如根据区域，以前长江沿线，特别是长江以北的企业，喜欢到上交所上市。长江以南，特别是靠近华南的上市公司都找深交所。现在两家交易所这种竞争已经明显弱化了，因为深交所的主要上市目标是中小板和创业板上市公司,他们的上市标准和主板有着巨大差别。

纽交所之前是全球证券市场的龙头老大,1996年被纳斯达克超过了,近年来纽交所一直在试图雄风再展,摆脱10年来和纳斯达克交手的颓势。到2007年的时候,纽交所并购了欧洲的泛欧证券交易所,2008年纽交所又并购了全美证券交易所。纳斯达克市场比较年轻,但成长非常迅速。纳斯达克市场发行的国外公司股票数量已经超过了纽交所和全美交易市场的总和,成为外国公司在美国上市的首选市场。如果某家公司在纳斯达克登陆了,而且登陆的是纳斯达克的全球精选,或者纳斯达克全球的话,其实比纽交所还要厉害。以前经常会有上市公司强调,我们是纽交所的,他们是纳斯达克的,纳斯达克都是创业公司、垃圾公司、小公司,会有上市公司之间互相排挤或者寒碜对方,现在这种情况已经非常不准确了。

2006年,纳斯达克为了和纽交所竞争,把自己的市场做了调整,分为纳斯达克全球精选、纳斯达克全球和纳斯达克中小市场,目的就是要做一个比对的标准,甚至它建立的纳斯达克全球精选比纽交所的要求和标准还要高,不要再简单地把纳斯达克比成中国的创业板,纽交所比成中国的上交所主板,实际上纳斯达克全球精选比纽交所还要牛。这是一个重要的误区。

第二个层次,就是全美交易所和纳斯达克中小资本市场。其实很多中国公司到纳斯达克上市,都是上了纳斯达克的中小资本市场板。它主要针对的是中小型的、高成长的科技类企业,上市要求相对比较低,可以满足高风险、高成长为特点的创新型企业的上市要求。全美证券交易所,成立于1849年,成立时间非常早,1953年命名为全美证券交易所,它后来和纽交所做了相关的合并,但还是在独立运营。

第三个层次,还有辛辛那提证券交易所、芝加哥证券交易所、费城证券交易所、波士顿交易所、中西交易所、太平洋交易所构成的区域性的交易构建的市场。主要交易的是地方性企业。

第四个层次,OTCBB和粉红单市场、灰单市场。这三个市场,其实可以理解为是资本市场层面当中的第三层和第四层,主要面对的是美国小型证券交易的场外市场。进入这一市场的企业,主要是新设立的、从事能源或者矿产交易的企业,包括高新技术企业等一些有特色的企业。场外市场其实也满足了大批的高新技术和高风险企业股票融资和风险资本退出的需要。比如类似于中国A股市场,融资方会要求融资企业必须在一年之内上市,或者是挂牌。挂牌的标准当中,包括新三板。新三板挂牌了,经常被认为也算上市了,完成一个对赌的指标了。从这个意义上来讲,OTCBB、粉红单市场,它们所构成的市场,类似于中国的新三板市场,它也是可以做公开交易,但是它的交易和流通性肯定是要差很多,但门槛会低很多,基本上对公司的规模和盈利没有具体的要求,但要求公司要向美国的证监会申报文件,文件必须要公开和透明,而且要找到三名以上的做市商愿意为这个证券去做市,这样就可以在OTCBB市场中去挂牌交易了。

所以,多层次资本市场体系真正的含义就是把它划层,很简单。中国现在其实也有主板、创业板、中小板、新三板,各地方的股权交易中心可以叫作四板。但是问题在于什么呢? 问题在于,在美国,很多的公司股票它有可能就是先在OTCBB上交易,获得最初的发展资金,它的融资功能和市场定价的功能是最重要的。通过一段时间的积累和扩张之后,达到了纳斯达克或者纽交所的挂牌要求,然后升级到这些市场中去。所以OTCBB在美国,其实更重要的倒不是叫作场外交易市场,而是叫作纳斯达克的预备市场,或者就是纳斯达克退下来的市场,摘牌了就退到OTCBB市场中去。

此外,第五层次就是地方性的OTC市场。美国大概有1万多家小型公司,它们的证券是在各个州发行的,而且在地方上的OTC柜台中进行交易。真正意义上来讲,是它的转板和进行交易制度,从OTCBB市场升级到纳斯达克小型股票市场,就是纳斯达克资本,条件也很简单,只需要满足资本的净值在一定规模以上、总市值在一定规模以上、利润在一定规模以上,就可以转板了。反过来讲,纳斯达克,包括全美交易所,上市公司的股票被摘牌之后,一般在下一个层级的OTCBB市场会继续进行交易。比如股票连续3

个交易日低于1美元，被警告3个月之后没有回到1美元以上，就会被摘牌，退到OTCBB市场中去报价交易。真正让我们羡慕的是美国多层次市场当中的这个无缝连接体系，这是A股资本市场最大的一个空白和欠缺。中国市场当中，到哪个板就是哪个板，中小板没办法升到主板，主板也没办法退到创业板或者是退到中小板，各个板块之间的交易和投资完全没有打通。最让人伤心的是新三板，新三板升级到主板市场的转板机制到现在都没有推出来。每次证券市场监管提到未来要建设多层次资本市场体系的时候，我都很想加一句，就是要建立多层次资本市场体系，以及各个不同层次资本市场体系之间的转板制度。光是在那儿把金字塔搭起来，金字塔内部没有任何流通，大家还是各自为战，这个市场其实没有实质性意义的。

我们做中美之间的对比，它们的转板制度就会对上市公司形成正的或负的，良性的激励制度或者是约束制度。不行了直接会被降级，降级降下去之后还会被降级。但对于投资人来说，流通性会减弱，但是这个市场依然在挂牌交易当中，而不像A股市场，摘个牌特别痛苦，被摘牌公司基本上就从人们视线当中彻底消失了，被投资人彻底抛弃了，它不仅仅是一个降级的事情，而是生与死的事情。美国只是从优等生变成了中等生，中等生变成了差等生，差等生只要不主动退学，可能是差差等生，但是还在这个班里。这其实是最大的区别。

中国呢，一旦成为所谓的差等生，就被开除出去，这一辈子再也没有办法、没有机会重新进入学校学习了。这种差别使得整个市场的投机氛围比较浓重，大家博的就是将来能够有机会，为了不被淘汰掉会想尽一切办法去重组。另外一个重要的点是，梯度性的、长期的价值投资逻辑，没有办法建立一种激励制度，这是对比美国市场和中国证券市场分层体系的一个重大的差别，供大家做一个参考。

四、美国证券市场交易成本

美国证券市场的来龙去脉，包括信息披露制度、多层次资本市场体系建设跟巴菲特有什么关系呢？巴菲特虽然是股神，但他也是一个微观的投资者。他的投资行为，与宏观的经济状况、与中观层次方面的制度建设是密切相关的。如果没有这些外部层次和环境的话，巴菲特的投资肯定也会有问题。举个简单的例子，巴菲特投资，如果从财务报表来观察的话，他关注最多的是两个财务指标：一个就是净资产收益率，另外一个就是上市公司现金流。这两个数据质量从外部环境上来讲，跟上市公司的信息披露质量是密切相关的。如果信息披露不到位，财务报表造假问题严重，那你所看到的净资产回报率，特别是现金流的数据就会有许多的不确定性因素。如果这些因素没有办法去修正的话，那后面的微观投资行为怎么去做呢？

如果你在美国也投资了类似于乐视网这样的公司，类似于像康美制药这样的公司，那你的投资风险就会很大。所以，微观的个人投资行为和宏观的经济制度状况以及中观的管理体系等，关系非常密切。当然，后面我们还会拿出比较多的章节，来做中美证券市场的对比。对比完了之后，A 股的投资人再学习巴菲特的时候，应该注意些什么就非常清晰了。当然，中美之间在宏观方面、制度监管方面，差别都比较大。宏观方面，特别是在政策层面，美国这边基本上没有什么产业化的发展政策，但也有宏观方面的政策，比如特朗普要把减税的政策落实了，那这样的政策就会对美国具体的投资产生影响。这是我们说的评判点。所以还是要认真把美国的资本市场搞清楚，为什么在这种市场当中会产生出巴菲特，为什么在中国的市场中就很难产生出一个真正意义上的巴菲特。

对于普通投资人来说，能不能在证券市场中赚钱，除了关注微观的企业本身品质之外，有一个好的交易平台也非常重要。这个平台包括交易过程中政府的税收政策、券商的服务水平，等等。美国市场有一个比较重要的转折点是在 1975 年的 5 月 1 日，美国证券交易委员会 SEC 正式宣布，放弃对股票交易手续费的控制。在此之前，美国对于股票交易的手续费定价也是政府严格控制的。在此之后，允许市场进行自由竞争，由此导致美国在券商行业，也就是投资银行行业，特别是在中介服务这一块行业中，出现了一批廉价的券商。在那之前，美国的证券市场都是由传统的券商为主的，为小的投资者提供研究咨询服务，收费不菲。可以想象，当时的券商行业，只有内部人士是准入的，外部人士是免入的，在这种情况下，行业处于一个相对垄断状况当中。所以，在1975年5月1日之前，股票交易费用是很高的，股票交易费用竟然会达到整个交易额的3%。交易费用变化，实际上对频繁交易的人成本比较高。听起来好像对价值投资有帮助，但实际上是降低了市场的价格发现的效率，市场充分竞争对于润滑整个资本市场发展来说是一个非常重大的影响。到了1975年，市场可以自由竞争之后，廉价券商开始在美国各地设立营业部，他们一般只提供交易服务，交易和咨询是分开的，就变成交易服务本身越来越便宜，它让美国的证券市场的交易费用很快就由3%下降到了1%以下，但咨询服务变得更贵。到了20世纪90年代，一批超级廉价的券商出现了，他们干脆不设立营业部，所有跟顾客的联系都是用电脑来联系，后来引入了自动的电话交易系统，就是我们在电影、电视剧当中经常看到的，在一个交易大厅里，一堆交易员在用电话沟通，而且他们经常是几部电话一起接，这是蛮真实的场景，并不是戏剧性的描述。大家都通过电话来联系交易员，交易员来替他们完成交易委托的过程。

到了20世纪90年代后期的时候，证券市场中大量地应用互联网技术，证券交易也进化到了互联网交易系统，整个运作成本进一步降低。廉价券商的竞争给传统的券商带来了巨大的冲击，传统券商要生存下去，不得不改变策略，开始引进网上交易降低交易费用，为此改变了经营模式，研究和咨询服务进行分类单独收费。互联网普及之后，美国曾经有上百家的网上券商，彼此之间竞争非常激烈。2000年以后，互联网的股灾，美国的股市泡沫崩裂之后，股票市场交易量减少，多数小券商亏损严重。过程看起来有点乱：大家纷纷来竞争，价格战，然后一次市场的大熊市，让很多小券商直接崩盘、破产了，最后留下来的，廉价的券商也就成了寡头垄断，规模比较大，比如嘉信这些公司。目前美国网上券商的交易费用已经降到了几乎是零，1000股的交易只收10美元，这个费用基本上可以忽略不计了。交易费用的降低，也不是一次性促成的，从历史阶段上来讲，美国证券投资者有今天的低费用，也是经历过很多历史的演进。在1997年之前，美国的股票交易者要付出的是一种无形的费用。比如，当时已经成为美国最大证券交易平台的纳斯达克市场，买卖差价是由代表券商和投资公司组成的"做市商"来联合操作的，经常是高达0.5美元。就是交易者要买或者要卖，都不能直接进入市场，都必须从做市商那里去买股票，或者是到做市商那里去卖股票，不是点对点之间的卖方和买方直接交易，由此，做市商可以做一个差价。这种交易模式，在中国也有，就是新三板现在也在使用这样的模式，就是做市商制度。做市商的制度，就是买卖双方不直接成交，而由做市商提供一个买方和卖方的价格。按照这个价格，做市商必须要做一个成交的允诺，承担一定的风险，因为成本很高，一般交易量不太大的市场会使用这种做市商制度。但显然做市商制度在运行过程当中是存在问题的。经过了多年的法律纠纷和美国证券交易委员会的干预之后，最终纳斯达克改变了自己的交易系统，把这个做市商制度给去掉了。

新三板什么时候能够把做市商制度也调整成可以直接竞价交易，这个可能会是一个石破天惊的变化，会使得新三板变成继上海和深圳之后第三大证券交易所，甚至就上市的公司数量来说，比上海和深圳还要多，所以挺敏感的。但是，纳斯达克就是这样走过来的。任何交易者，买卖单都可以进入到市场，成为市场当时的直接竞价交易。纳斯达克演进的过程，就是未来中国新三板的发展方向，但是中间也经历了相当漫长的过程。首先是降低费用，做市商制度被打破之后，才终于有了这样一个变化，这是一个关于交易的历史演进。

还有一个跟A股市场的不同，就是税收制度。美国现在股票交易的手续费，买和卖，合起来是比较划算的，不管买几十万美元，还是几千美元，买卖一次基本上是一个固定的费用，大概是10美元，这个金额确定是比较有价值的。A股市场的交易手续费，现在大多数还是按照百分比来进行收取，实际上，由于电子技术的应用，每一笔交易费用对整个系统来说，产生的边际成本几乎是零,所以应该参照美国的方法,交易手续费是一次性的、固定的费用,不管成交量的大和小。美国交易当中唯一要交纳的税,是卖出交易额的三万分之一,这部分税是交给美国证券交易委员会的,由交易委员会再代交给财政部门。跟A股市场不同,有很多人说我亏了钱,但是还得交税,还得交手续费。美国这边交税,是投资者盈利的时候,只有赚钱的人才需要交税。而且投资的本钱不算,只算赚钱部分。

举个例子。投资1万美元买了一只股票,卖掉之后,本和利加起来一共得到11 000美元,扣掉你买卖股票的手续费10美元,就是990块钱需要交税。如果投资1万美元买了一只股票,最后亏本了,那么就只需要付这10块钱的手续费,不用再交税了。这样算下来节省的税收是非常大的,不是按照交易额来收税,而是按照差额来收税。另外一种情况也可以采纳。买几只股票,打包进行测算,所有的股票加在一起,总的盈利状况算清楚之后再去交税。还有一种可以选择,就是投资股票,可以在几年之内都进行买卖,最后交税是按照几年整个的交易收入和成本,做一个总体的测算来进行。所以不同的模式都可以符合这个税收的原则,都是符合税法的要求。更重要的一点,它的核心原则就是"不赚钱就不交税",亏钱就不用交税。在这种情况下,其实对于市场来说,有一个比较好的税收的补偿效应。税收成为了一个比较好的安全垫,市场如果处于弱势当中,大家都在亏损,那最起码税收是可以减免的。在弱势当中去建仓,税收成本是可以免掉的,这对于市场处于下跌弱势中,是可以形成一种正向的激励制度。

税收制度,在基本的税务学原理中本来就是有一个安全垫作用的。也就是说,税收应该跟盈利状况呈一个阶梯性的分布,收入越高,税会越高;收入越低,缴纳的税的比例相应降低,亏损的时候不交税。这是税收理论的一个基本应用。

而国内不管赚钱还是赔钱,只要卖出了,就会有相应的税款,所以这种既有的税收制度应该做调整,而且目前这种技术在实施上的瓶颈是完全不存在的,关键看管理部门推出制度改革的决心了。

> **总结**：十几年来，美国股市交易量成倍增加，一方面跟美国经济总量发展密切相关，但是交易费用的改革在其中也发挥了很大的作用。交易费用低，刺激了市场的蓬勃发展，而且税收制度的合理优化，保证了美国资本市场有比较大的吸引力，吸引全球的资金到美国来。这也是美国市场领先于全球资本市场，或者说长期领先的一个重要的原因。

五、如何买卖美股

关于美国资本市场和 A 股市场的区别，对这部分内容投资者的关注度还是非常高的。所以，这个问答环节，改成一个专题，就讲讲如何去买卖美国股票。

去投资美国市场的重要前提，首先资金必须要合规、合法，因为中国的资本项目进出是有管理制度的，所以建议各位务必通过合规合法的渠道去进行投资。

美国资本市场是多层次的，从美国市场本身来说，他们实际上是可以为不同的企业、不同的个人提供多种多样的投融资服务，而且没有外汇方面的管制，资金可以自由进出美国。在政策上，其实是鼓励外国公司去参与美国的投资，特别是特朗普上任之后，最重要的原则就是希望全球的投资能够回流到美国市场。国内的政策和美国的政策之间存在巨大的不同。具体步骤上来讲，投资美股就得到券商那儿开户。但是关于券商，美国跟中国还是有很大区别。在美国，比如说纽约，繁华地段银行比较多，类似于中国到处都是证券营业部的情况已经非常少了。在中国发达城区，到处可以看到证券公司的营业部，而美国马路上已经很少能看到证券营业部。绝大多数的美国散户投资者，都是通过券商的网络来进行投资的，他们也接受国际客户通过网络开户。所以，从交易的便利性上讲，没有生活在美国，也不用非得自己去美国。美国最早就有电子签名的方案,电子签名或者电子文件的法律效力和书面签名一样,在法律上这样一个规范。那么中国投资者就可以直接在美国券商那里开户,也可以通过香港地区的券商,或者内地券商在香港的子公司来委托开户,然后通过香港的交易账户去投资美股。

那么券商到底要选择哪一个呢？这是一个比较重要的点。在中国,选券商可能考虑几个要素：第一个,交易费用比较低；第二个,离家比较近方便,万一有什么事需要登门去讨个说法,方便一点；第三个,看券商的知名度,排名越靠前越好。但是中国选券商有一个重要的潜在前提,就是中国的券商应该不会破产倒闭。中国大的金融机构,理论上来讲,大概率都不会破产倒闭,破产倒闭的主要是类似于 P2P 这样的机构。在中国有一个潜在的信用担保,那就是来自政府对于金融机构,特别是国有金融机构的信用担保。

美国是不同的。在美国选券商的话,建议选规模比较大、实力比较强的券商,这样投资会比较有保障,破产倒闭的风险比较小。美国的投资银行排名靠前的,理论上都是大的券商,各家券商在美国的市场竞争不像 A 股这么激烈,各家券商的交易费用也会有些不同,需要做仔细的比较。有一些券商,比较适合于做一些具体的投资品类,比如究竟做股票还是做期权？有的券商可能更多地做期货产品、商品投资等,选择上需要做相关的区分。总得来说,美国券商的选择相对复杂,必须要做很多仔细的研究,找到各个券商所擅长的业务方向,然后综合委托的费用,做出最终的选择。

美国的券商跟国内的同质化服务不一样,各类美国在册的经纪券商的服务差别都非常大。有的是提供全方位的投资建议,也有的就是强调价格便宜,还有只是特别针对专业的投资人。如果不是去美国直接开户,可以去做委托开户。就比如内地的大型券商,它们都在香港开设了子公司,比如上海这边的国泰君安、海通,都有国泰君安香港、海通香港之类的,这些公司可以通过网上或者电话预约,先跟内地的券商去做沟通,然后他们通知在境外的券商机构去完成相关的签约,完成表格的填写,甚至很多手续可以在内地就办好。把自己相关的证件、地址等交给券商,内地的券商可以去完成境外的投资开户工作,这个是比较顺利的办法。一般来说,通过内地的券商在香港的子公司去完成这样一个流程,大概需要3个星期。这种账号是香港的证券账号,但是可以去投资美国市场的,而且这种账号的资金存放,也和国内的第三方存款不同,是存在证券公司开户所在的银行的公司母账户下的子公司,也就是常说的托管账户。所以,投资者没有银行卡,存取款都需要通过证券公司来完成,这跟A股市场是不大一样的。

第二种方法就是直接去找香港本地的券商,这个方法是跟在内地开一个账户基本相同,同样是在有香港持牌的相关机构去完成开户等资料的填写。当然香港的券商,或者说所有的境外券商,都存在倒闭的可能性,他们设立券商的要求比我们内地要低得多,因为他们的金融市场是竞争开放的。一旦把钱放到券商,这家公司倒闭的话,就存在血本无归的风险。所以,选择这个渠道,建议大家还是选择大的持牌机构,有正规港股资质的券商来办理合法手续,权益更加能够得到保障。

第二步是怎么样实现汇款到账、资金转回的问题。户开好了,重要的事情就是把钱汇出去了。传统方式的汇款主要是跨境电汇。如果是内地券商的香港分公司,一般办理开户手续一周左右就会收到香港公司的邮件,里面会有你个人的账户账号,可以去内地任何一家银行,办理境外汇款到这个账户当中。把境内的汇款汇出到境外,需要符合内地的外汇管理的相关规定,然后向开户的香港证券平台发出取款指令的时候,回款可以根据要求,划转到全球各地本人同名账户的银行当中,这是更方便的一个状况,包括内地的账户。如果直接选择美国的券商,可以选择电汇到美国券商的账户,需要注意的是,美国券商汇款,一定要从本人的银行账户汇出,美国的券商不太支持第三方汇款。换句话说,通过别人的账号打钱,可能会被查问,这是境外管理的一个风险。除了以上几个做法之外,还有一个比较彻底的解决方法,就是办一个自己名下的中国香港银行的账户作为中转。先把钱转到香港自己同名的个人账户,然后再转到美国券商那里,会比把钱直接电汇到国外券商的银行账户更容易一点。

支付宝现在也支持汇款到境外。要提醒一点，电汇，大家关注的费用，包括跨境的手续费，购汇、换汇的成本。很多人忽略了这个购汇和换汇的成本，这中间汇兑的损失和费用是比较高的。如果金额比较大的话，风险还是比较大的。账户开好了，钱也到位了，就可以买卖股票了。提醒一个细节，就是中国跟美国是有时差的，一般来说，时差是12个小时。如果以纽约来算，就意味着必须要晚上来盯盘，这是比较辛苦的一件事。美国股票的交易时间夏天和冬天是不一样的。3月、11月的某个周末会做调整。一个时间点是北京时间晚上9点30分开盘，凌晨4点收盘；另外一个时间点是北京时间晚上10点30分半开盘，凌晨5点收盘，中间大概差了一个小时，中间没有午休，你需要根据这个时间节点做相关的安排。美国股市也会有盘前和盘后的交易，盘前和盘后的交易可以深入了解一下，这个跟A股市场是不一样的。

看不懂英文，数据也看不太明白怎么办呢？其实国内大量的中文网站都支持和帮助大家去做美国市场分析，比如新浪财经，里面有美国股市的板块，个股都会有介绍，大家可以通过这样一些境内的网站去做观察分析。还有一个细节，美国上涨是绿色，下跌是红色，跟A股是完全相反的，所以大家要做一个区分。

前面都是流程性的东西，如果能够解决资金出境的问题，那么服务、时间、费用，这些都是次要的问题。问题就在于，账户也开好了，钱也出去了，到底买什么股票？我觉得有几点给大家的建议：第一个，首先买一些中概股，比如说阿里巴巴、京东、唯品会，这些公司就在我们身边，看得见摸得着，公司也能读懂，甚至它的商业模式也比较能理解，甚至你本身就是它的消费者，这是首选的建议。第二个，可以买相关指数的ETF，就是买指数了。比如说从2008年、2009年美国股市见底就买道指的ETF，买纳斯达克ETF，一波大牛市就摆在面前了，这种投资方式不需要去分析特定的公司，也不需要分析特定的行业，只要把握住大趋势就可以了。第三个，就是买国际知名的企业、技术含量比较高的、商业模式比较好的公司，比如说微软，这些企业更具有发展潜力。

除了以上这些方法，还有个简单的方法，就是跟着巴菲特炒股。巴菲特每年的投资，买的股票建仓和出售，都会有相关的公告，你跟着他一起去做，肯定是没有太大问题，这也是一个比较好的方式。如果资金量比较大的话，干脆就去买伯克希尔·哈撒韦公司的股票，让它成为你的经营者、管理者，为你打工。而且伯克希尔·哈撒韦公司，为了解决现在股价太高买不起的问题，把公司股票分为 A 股和 B 股，B 股已经做了一次股价拆细，那么对于资金量不是很大的投资人也可以买到伯克希尔·哈撒韦公司的股票。这就是对于参与美国市场投资的基本建议了，供大家作为参考。

第十二章

中国与美国资本市场的不同

一、政策调控的重大影响

这一章的内容主要跟中国资本市场的特色有关。我们经常会开玩笑,说这个世界有两种经济形态,一种叫市场经济,一种叫中国的市场经济。由此可见中国资本市场的独特之处。中国特色是什么呢?就是政策。宏观政策对中国经济影响是非常巨大的。其中影响最重大的就是我们的宏观调控政策。下面系统地来给大家介绍一下,对于中国经济来说,什么样的政策最值得我们关心,什么样的政策有什么样的概念。

首先,最重要的是,什么样的宏观政策会有可能引发中国股市的波动。这类政策在我看来大概分为三种。第一种称之为财政政策。顾名思义,就是跟财政税收部门相关的政策,包括提得比较多的税收政策、财政补贴政策、国债政策,等等。它们的主要方向就是扩大财政支出或者缩减财政支出。扩大财政支出,比如增加投资、减低税收等,目的是拉动经济增长。反之,在经济过热的情况下,就会采取紧缩的财政政策,如加大税收、减少政府的财政开支,等等。这听起来很简单,但是实际上在中国有所不同。

刚才讲的是基于传统惯例当中的财政政策的调控方法,大家去读西方经济学,曼昆的也好,萨米尔森的也好,都是这个逻辑。中国的财政政策真正的推动动力是国家发改委。国家发改委在某种意义上来讲,是代表着整个财政政策真正执行力度和强度的关键,至于财政部门和税收部门,更多的是在配合它做推进。

此外,国家发改委有一个非常强的行政职能,就是落实监管的职能。这个也是西方财政政策完全不具备的一个政策的环境。所以解读中国的财政政策,首先要理解的就是国家发改委在其中的核心作用,以及它每项政策的强力执行落实，甚至是处罚措施。

货币政策，就是通过各种货币政策工具手段，包括调整利率、调整存款准备金率、公开市场操作等，去投放或者回收货币，最终是使得整个社会供给的利率水平能够达到政策目标。学过经济学的人都知道，经济学认为价格是最重要的市场调控手段，不管是商品价格、产品价格还是资金的价格。资金价格就是利率。价格涨需求少，价格跌需求涨，这是基本的一个惯例。金融市场也是如此，面对紧缩经济，货币政策的主要思路是降低最终资金的成本和价格，鼓励大家去借钱花钱，鼓励大家去用钱。但是西方经济学理论，其实研究也比较透，就是凯恩斯经济学的最重要的根基之一，就是出现了一个流动性陷阱。

什么是流动性陷阱呢？就是利率水平太低了，低到了让人麻木的地步，在这种情况下，货币供给反而达到无限大，就是利率水平降到很低的情况下，对于刺激经济增长没有任何作用，出现了货币政策失灵，叫作流动性陷阱，也称为凯恩斯陷阱。

中国的货币政策，第一个特点是判断的规律性不强。这会给投资人带来困惑。第二点，国外的财政政策、货币政策两大政策放在一起，以美国为代表，包括欧洲在内，主要采取的是货币政策，当然，跟他们政府的执行能力也有关系。因为财政政策需要政府来强力执行支持，但西方政府因为各种原因，真正的话语权、执行权并没有那么强大，这就使得他们更依赖的是货币政策，所以国外的政策效果一般比较长。什么意思呢？货币政策，一项政策执行确定，比如说降息了、降准了，那么真正对实体经济的数据产生影响，对宏观数据产生影响，至少也需要3个月以上。所以，国外的货币政策，或者调控政策，以货币政策为主的情况下，他们往往会有耐心等待这个经济趋势慢慢地改变，包括美国2008年次贷危机，2009年开始大规模救市，什么QE量化宽松等等，几轮搞下来，一直到2017年，QE的政策才算是真正逐步开始退出。第一次美国加息是2015年年底，但是真正大规模量化退出应该是从2017年才刚刚开始，这当中有七八年的时间，当然，这七八年时间美国也是大牛市。中国的政策推出和执行则效率要高得多。特别是如果两个政策同时发力的话,带来的市场影响效果往往是立竿见影的。

比如说面对 2008 年次贷危机所带来的挑战,财政、货币、产业政策齐齐发力,整个中国的宏观经济数据到 2009 年就企稳了,甚至到 2010 年就反而出现了过热的迹象。

此外还有一点也很重要,就是我们的货币政策和财政政策的基调基本上是不大会变的,比如积极的财政政策和稳健的货币政策。但是,每年在同一个政策表达基调下,不同的时间点,具体的政策执行落实力度是会调整优化的,有时候是偏紧,有时候是偏松。这也需要投资者能够把握。

> **总结**:投资者在中国,就要读懂中国。要读懂中国,就必须要了解中国特色。

二、经济走势趋于平缓

本节内容对中国投资人来说是非常重要的。经济走势趋于平缓,这就是当下中国经济最重要的一个现实特征。这个特征对于我们投资人来说也是非常重要的。虽然有人说巴菲特投资不看宏观经济,但是我们讲巴菲特投资其实一直都在看宏观经济,否则为什么美国经济每次遇到重大的冲击和影响的时候,他都会坚决地建仓呢?因为在巴菲特的内心深处他始终认为美国的经济是有机会走出低谷的,即使遇到再大的压力和挑战,它都能够把经济重新带起来。只有宏观经济走好,才意味着中长期的宏观投资机会的显现。所以,这是一个非常重要的、基本逻辑上的判断。按照这个逻辑来判断的话,我们就会分析出来,对于中国来说,我们到底如何来看待中国宏观经济的运行。所以,我觉得需要对整个中国经济的发展历程作一个重要的回顾。

中国经济的历史从改革开放之后开始算，有三波历史阶段。第一波是20世纪80年代初，中国改革开放的初期，经历了第一波经济的大周期的快速增长，一直到20世纪80年代末和90年代初，中国经济是改革开放的起步阶段。那么80年代初开始算，如果以10年左右为一个周期，第一个10年，中国经济增长的动力是来自农村的经济体制改革。当时在中国农村，遍地都是乡镇企业，各个农村都在做各种各样的生产，比如做鞋子、衣服、化肥、农药、农机的。当然，农村的乡镇企业肯定一开始会以农业为主要的拓展方向。第二波的经济增长周期，应该是从1992年邓小平南巡之后开始，中国市场经济发展进入到一个新的深化阶段，这个阶段重要的发展特征就是中国城市经济的复兴和中国城市制造业的复兴。比如说大家现在耳熟能详的这些家电品牌，格力、TCL、康佳、海尔等，都是从90年代开始进入到人们视线中的。那一波最重要的一个发展模式就是城市的工业制造业，特别是以满足消费为主要方向的城市制造业的快速提升。这一波的发展，主要是解决了中国本土制造业的起步问题，工业生产的制造品和消费品产量迅速扩大，价格也足够低，让老百姓能够买得着、买得起，这个阶段从1992年开始持续了大概10年，一直到21世纪初中国正式加入了世界贸易组织。2001年年底，从"入世"的那个时间点开始，中国的经济发展进入到第三波历史阶段。这个阶段重要的特点就是在满足了中国自身内生长的经济增长的需求之外，开始去满足全世界消费者的需求。所以"入世"之后，中国大量的工业制造品开始行销到了全世界，给全世界人民带来了福利，全世界老百姓都在用中国的家电，用中国的服装鞋帽，中国也因为出口的快速增长带动了整个经济的持续增长。

总体而言，以前期的经济增长来说，进出口对于中国经济拉动的作用是非常大的，只是这些年又发生了一些改变。梳理下来，我们可以看到，21世纪初，中国加入WTO，一直持续到2017年，长达十五六年的时间当中，是中国第三轮经济增长的一个红利期。那么从这个意义上来讲，大家会问了，当下的中国又处于一个什么样的阶段和状态呢？我觉得这个历史性的判断，应该是倒推到 2013 年左右的时间点。

当时我们就提出来中国经济发展进入到一个"新常态","新常态"的特征就是中国经济进入中高速增长阶段,这是一个新的经济时期到来。由之前的高速增长正式变为了中高速增长。别看只是增加了一个"中"字,就这个字,意味着整个宏观经济运行的态势和脉络发生了根本性的改变。这个改变的核心点就是,我们之前高速增长的时代已经终结了,这是宏观方面最重要的一个判断。更准确地说,其实是一次主动调整。以前每次遇到经济增速下滑的时候,我们总会提出来经济增长要保 8。保 8 之前,其实有保 10,要保持两位数的增长。当时很多经济学家的判断是,如果经济速度跌破了两位数,也就是 GDP 增速跌到 10% 以下,那么中国就会引发一系列的重大问题,如失业的问题、经济通缩的问题、政府信用破产的问题,等等。从保 10,变到了保 8,再到今天,我们整个经济增长速度其实已经到了 6% 左右,每次 2 个百分点的增速下降,都意味着一个重大的变化。当然了,如果从 10 的起点,两位数以上的起点来看的话,今天如果只有 6% 略高一点的增长速度,显然已经是几乎打了一半的折扣,那就意味着整个中国经济增长速度到了非常明显的趋缓阶段。在这个阶段,会对我们的投资行为产生比较大的影响。

一方面,我们会继续寻找中国经济未来发展的潜力和动力所在。人口红利没有了,制度红利可能还有;土地红利没有了,改革红利还会有,所以对于宏观调控部门来说,需要研讨的是,未来还会有什么大的红利能够带动中国经济的增长。按照我们最新的对经济发展矛盾的解读,是人民日益增长的对于美好生活需要,和不平衡、不充分发展之间的矛盾。所以不平衡和不充分,就成了未来重要的宏观政策的一个调控点。怎么做到平衡和充分呢?那显然是生产出更多的、更好的产品,同时要发掘人们需求的潜能,比如说在制造业的端口,我们是不是能够生产出一个产品,这个产品原来是没有的,生产出来之后能够刺激大家去消费。比如苹果手机出来之前,大家没有智能手机的消费需求,这是供给端的产品创新制造出了新的需求的一个案例。

再比如，当人们不断地问，能不能制造一个跑得更快的马车的时候，其实作为一个产品的生产企业来说，你要意识到，人们其实要的不是马车，要的是一个更快的出行速度，它的名字其实应该是汽车。作为企业家来说，所谓满足不平衡、不充分，就是要找到消费者不知道的、未来的、潜在的需求，并且把它造出来，然后以比较优惠的价格，把它摆在消费者的面前。消费者愿意去埋单了，微观上就实现了利润的增长，最终在宏观上也就实现了经济的增长。

所以，未来中国经济会遇到这样一个宏观和微观之间最大的矛盾。就是在宏观层面，中国经济增长再出现大幅度的反弹，8％以上的增速几乎已经不可能了，能够在未来一段时间，中长期时间保持在5％、6％以上的增长速度已经很不错了。但是在微观层面，会有层出不穷的好的企业诞生出来。回到巴菲特投资逻辑的角度来讲，巴菲特买苹果公司的股票，这个逻辑是什么呢？如果我们看到整个宏观经济增长速度保持平稳的情况下，你要想到一个重要的基础，那就是中国经济增长的总量已经是全球的第二大经济体。中国的宏观总量上的优势，奠定了微观突破、创新的基础。在这种情况下，即便宏观经济总量的增长不再像历史上那么乐观了，但是对于微观层面的投资来说，反而意味着重大的机遇。这个机遇是什么呢？人口众多，中国依然有庞大的消费群体，任何一个产品，只要你做得好，肯定就会产生颠覆式的影响。还记得阿里巴巴的余额宝吗？余额宝、支付宝的用户，把自己10元、20元的零钱放到天弘基金里面，直接把天弘基金打造成为全球规模最大的基金产品。所以，人口优势依然存在，而且非常强大。第二个，中国的工业制造产品线是全世界最完善的，在中国市场想要生产一个产品，需要的原材料、生产技术、生产人员、市场、消费、销售，统统都可以得到满足。对企业来说，需要做的事情，就是找一个非常棒的市场创意点就行。仅仅就这两个优势而言，中国在未来，反而在微观层面，具有重大的发展机遇。所以，对于宏观经济，整个经济增长的态势平缓，我并不持有悲观的看法,反而应该更加乐观地去预见未来。

> **总结**:按照巴菲特逻辑来讲,他只关心个股,他只关心某些表现比较好的上市公司。至于宏观经济来说,我们觉得中国宏观经济的两大要素,没有发生根本性的、负面的变化的情况下,我们对于宏观经济总体、总量上的平缓下行,不应该持悲观的态度,反而应该认为,我们的基础已经够了,对于投资人来说,未来依然会是一个比较长时间的投资黄金期。

三、互联网时代的股市

在本节内容构思过程中,我颇有一些感想,可以先跟大家来沟通一下。第一,在互联网时代,理论上讲,首先要投资的就是互联网企业。互联网企业该怎么去做投资选择?这是第一个问题。第二,到了互联网时代,出现了比较大的变化,就是资讯的传播方式发生了改变。我们现在所获得的资讯内容越来越多,越来越广,越来越碎片化。很多朋友喜欢沉浸在互联网端的资讯平台,而大量的信息和谣言也从那里产生,比如说一些股票信息论坛里面有很多真真假假的信息,这也是互联网时代带给我们投资抉择的改变。第三,巴菲特怎么看待互联网?巴菲特和互联网之间到底是一种什么样的关联?对于我们来说,学还是不学?

首先来讲互联网企业投资。互联网企业,我们把它作为投资标的来讲,你现在如果没有投资过属于正常,但是如果不准备去了解它的话,那显然是大错特错了。相关数据显示,全球的互联网用户已经超过34亿。全球还有很多地方经济欠发达,所以34亿的人口已经非常巨大了。互联网对于大多数的现代人来说,已然像空气、水和阳光一样,是生活的必需品。所以,首先聊一下,互联网时代如何投资互联网企业。

互联网行业最大的特征就是技术迭代速度非常快,商业模式变化也非常快。当年的"先驱"和现在的发展模式和格局,已经发生很大的变化。被大家认可的中国互联网第一人,在中国应该是类似于搜狐的张朝阳。但那个时代已经过去了,现在的互联网产业代表肯定不是属于他的时代了。现在整个的行业发展模式,已经变成了BAT——百度、阿里、腾讯。那么对于互联网企业发展来说,除了这些巨头之外,在各个层级、各个领域、各个内容中,都会在最近几年诞生出一些新的互联网企业,比如说大名鼎鼎的滴滴,也就最近几年的时间突飞猛进,而且迅速成为行业新生力量的代表。再比如饿了么,最初就是一个在校大学生的创业项目,现在却代表了一个新的商业模式方向。此外大家熟悉的还有共享专车、共享单车,等等。每一段时间都会有新的商业模式产生出来,后面会是什么,其实严格意义上来讲是没有人能够预知的,只是大家都在做这样一个期待而已。

所以对于互联网企业投资,大概分为两个重要的阶段。第一个阶段,我们称之为试错。一夜之间,突然有一个商业模式出来了,几乎所有人都对它存在质疑。只有那些愿意承担风险的天使投资人,或者VC,愿意去投它。当这个模式开始具有一定的商业可判断的价值的时候,大家注意这个词"商业可判断的价值",绝对不是指财务报表当中的利润,它更多的含义是大家去发现它的潜力。比如说用户增加有多快,交互性有多强,比如说它有可能制造出一个新的被人追捧的概念,最终会有用户数量的几何级数增长等等,至于盈利问题,还是完全不去考虑。在这种情况就是互联网投资企业的试错阶段。在试错阶段,最大一个特征就是会有大量几乎是完全相同模式的企业存在,在同一时间、同一地点大量地出现的现象。什么意思呢?因为认为这个商业模式是有前景的,然后就会有很多企业迅速地跟踪和推进,这都属于试错阶段。

在中国的互联网企业发展模式当中,试错阶段的时间长度大概持续半年到一年左右,就会进入到第二个阶段。第二个阶段,我们称之为"顿悟"的阶段。就是大家突然发现,原来某某模式是对的,某某模式是错的,或者某些我们都不知道是对是错,但是他们在拼命地竞争。最后你也不错,我也不错,你干不死我,我也干不死你,那干脆怎么着呢?咱哥俩合并吧。这阶段,一些商业模式被证伪,一些企业被淘汰,一些企业等待合并壮大。

试错阶段,其实绝大多数的普通投资人是没有机会参与的。为什么呢?第一,没有办法承受这个风险;第二,没有能力去判断;第三,人家也不会找你,除非创业者是你的好朋友。但到了顿悟阶段,基本上就是VC类的机构在主导投资了,我觉得大家可以考虑去做VC个人LP。当然这个是有合格投资人的基本门槛的,只是建议大家不要忽视这样的投资机会。

第三个阶段,真正是大多数资本市场投资人可以关注的互联网企业投资阶段。它们可能已经在登陆资本市场了,比如说阿里在美国,腾讯在中国香港,包括奇虎360回到了A股,等等,这个阶段你可能就有机会参与了。但风险往往比较大,很多互联网公司在登陆A股市场之后,反而是自己企业噩梦的开始。因为互联网公司作为科技型企业,市场往往会给出一个短期高估的市值,一旦增长弱于预期,股价波动就会非常剧烈。这是互联网时代投资的第三个重要的阶段。

互联网企业走到今天,大家可能会问,未来会有什么样新的企业诞生出来?哪些是我们投资人可以关注的呢?我个人讲几个有可能成为关键的一些方向。比如说,到了现在这个时间节点,和当年互联网商业模式最大的区别是什么呢?我觉得,首先必须要突出它的强平台性和强互动性,如果互联网更多的还是针对C端,C端就是高频,高频是第一位的,能够不断地、高频地出现在你的生活当中,而且是类似于刚需的、标准化的产品供给,这样的市场模式一般都容易取得成功。高频、刚需、标准化,最好是小额,这几点要素会成为未来互联网商业发展的重要基本要素。

比如说微信。首先你下载微信APP本身是不花钱的,刚需、高频,两者其实是关联在一起的。所以未来的商业模式,或者说整个互联网的商业模式,更多的要素就集中在这三点基础上。至于小额,就是愿意去付出相关的费用。对于一个商业互联网模式来说,愿意让大家去掏钱,会成为一个比较大的阻碍。从之前大家习惯免费,到今天愿意去掏钱,这是一个历史性的变革。但对于新的商业模式来说,你必须要在建立模式的伊始,就要想好如何去收费的问题,是通过道德教化,还是通过物超所值,还是通过独特的品质宣传,等等,首先都必须解决收费的问题。这是我们觉得新时代互联网企业发展的一些新的规律。

此外未来互联网商业模式的突破,高度依赖基础技术设施的提升,当下最值得期待的就是5G技术的全面商用。5G技术在网络速度上比4G加快至少10倍以上,网络延迟问题会大幅度解决。这样的技术一旦被全面采用,能够产生出来的商业模式革新将无法想象。举个简单例子,4G取代3G表面看起来是网速的提升,但本质却是商业模式的历史新机遇。比如,中国人现在已经几乎放弃使用钱包和现金,这当然是要感谢二维码扫码支付所赐的福利,但实际上如果是在3G网速下,扫码大概率是不会很顺畅的。再比如4G出现之后,才出现了网络视频直播的商业模式,出现了因为可以准确定位才能够提供优质服务的共享单车、外卖送餐的商业模式,等等,这些商业模式在没有4G网络支持的情况下是不可能出现的。所以,5G这样的网络基础设施一旦建成,能够带来很多目前无法想象到的商业模式创新机会。

第二大部分是关于资讯。互联网时代资讯实在是太多了,大家一方面习惯于、沉迷于、甚至不能自拔于这个碎片化的时代,大量资讯的铺天盖地,另一方面,终归有一天,你会在某个时刻突然想起来,我这一天过得浑浑噩噩,我看到了无数的碎片的内容,但是我好像什么也没有记住。这就是资讯碎片化泛滥的正反两方面影响。

对于大家来说,面对资讯的时候,首先要建立自己的一个价值判断的体系,特别在股票市场。当年在没有互联网的时候,股票市场就是小道消息频传的地方,比如大户室就是传小道消息最密集的地方,往往一声"某某马上要停牌了",几个大户室一传,几百个、几千个大户室一传,直接涨停板了,准不准?准。但是,也许它根本就没有停牌,但是至少股票已经涨了。

所以,在新时代互联网模式情况下,对于投资人来说,一定要记住一点,当第一个消息发出来的时候,你最好能够冷静3分钟,问一下自己,这个消息到底是真的还是假的,它的可靠性有多大,而不是像当年一样,听到消息立马就去买或者是卖。这点我觉得非常重要。而且在互联网端,反转现象会非常多地出现。包括前一段时间,网络上出现了一个活动,说是要给和你同一天生日的贫困群体捐款。当天白天大家还都是爱心、感动,过了没一天,那个所谓的"慈善机构"就被查处了。类似的问题,如果你只是先感动,然后是遗憾,那还算好的,如果是对外真金白银投资的话,那损失就大了。

所以,回到巴菲特投资逻辑来讲,首先是规避风险。如果你快速盲从式地听信了别人的话,不仅没有规避风险,反而是在放大风险,特别是在互联网时代,放大风险的可能性变得更大。我建议大家不要沉迷于类似股吧这种东西,里面有效的信息和有价值的信息实在是非常少。所以给大家重要的建议就是,最好从那些无效信息过多的平台和渠道中坚定地离开。这是在互联网时代,我们如何获取资讯的一个重要看法。

第三个内容,巴菲特怎么看互联网。巴菲特一直对互联网持敬而远之的态度。对这种态度,我们作为普通投资者该怎么看呢?互联网时代,新产生的投资机会的确很多。某种程度上来讲,巴菲特也错过了很多机会,比如说他跟微软的比尔·盖茨是好朋友,但是几乎没买微软的股票。我个人认为巴菲特有他的时代特征,但他的这个时代特征,首先来讲是正确的,是他对价值投资逻辑的坚守。他前一段时间又开始转而买入苹果公司,因为他认为苹果公司已经不是科技公司了,不是互联网公司了,苹果公司已经变成了一个消费品公司。正因为它是消费品公司,在巴菲特的逻辑框架中就可以读懂它了,所以要坚定地去买它。总之,他还是坚持从消费产品的框架去判断这个公司的投资价值。只有你获得了成熟的消费品作为支撑的情况下,我才会考虑去买你的股票,这是他一贯的逻辑。但是我觉得,既然到了互联网时代,至少对于我们这些比巴菲特年轻的人,应该适当早一点,当然这只是我自己的看法,至少要早半年来选择投资标的,因为互联网时代整体节奏是比较快的。你说苹果公司从什么时候开始从科技公司变成消费品公司的呢?我个人的看法是从乔布斯去世之后。乔布斯去世之后,它的科技性的颠覆感,整个的节奏和效率,已经大幅度地减缓了,如果从那个时候就开始去投资苹果的话,价值和意义会更大。现在的互联网公司,变成消费类公司的节奏也比当年要快得多。所以,一方面我们要继续秉持价值投资,公司业绩可以从稳定预测的角度去执行,但另一方面,一代人有一代人的能力优势,能力圈的概念是巴菲特提出来的,但是你个人的能力圈优势如何去发挥,却不用简单复制巴菲特的具体操作,重要的是理念贯穿,而不是操作内容。

比如说饿了么,从互联网公司变成快速消费类公司,其实是非常快的。当它开始雇佣极其庞大的外卖员,基本上可以在半小时之内保证送达的情况下,它其实已经变成一个彻头彻尾的消费服务类公司了。这样的公司按照巴菲特逻辑,也许还是不会去投,或者巴菲特可能要过三五年才会去投。但是从投资人角度来讲,按照巴菲特逻辑去判断的话,成熟的消费品、行业龙头、不断地增长,这三个要素都去碰齐的话,在互联网时代确认的时间会有变化。这是我今天要表达的核心观点。

> **总结**:每个时代的人有每个时代的不同特征。虽然我们骨子和精髓是相同的,但我们在细节上和操作逻辑上,肯定要有我们自己的特征。本质不变,但评价逻辑、投资方向,依据个人的风格来逐步优化,这是我给大家最重要的建议。

四、教你几招识别 A 股上市公司财务造假

上市公司的财务造假,这事在中国和美国都有,巴菲特自己也遭遇过这个事。大家还记得当年的安然公司吗?安然公司之前的首席执行官叫杰弗里·斯基林,因为财务造假,直接被判入狱 24 年。当时给安然做审计的会计师事务所安达信,因为帮安然做的审计报告当中没有做到尽责,直接被关门了。所以,财务造假的事,在中国和国外都是客观存在的,在中国资本市场

历史中也出现过很多次。

还记得当年的银广夏吗？银广夏真实业绩很差，它的整个财务报表当中很多内容、收入都是虚造出来的。后来银广夏被当时的《财经》杂志曝光，发现了其中的秘密。怎么发现的呢？当时主要是记者查了两个内容，一个是这家公司的贸易报关单上的数据，还有就是这家公司工业生产的电量数据。其实查公司的电量，就是电费、用电规模，是判断一家工业企业财务数据是否造假非常有效的一个方法。当年还有一家上市公司造假非常严重，就是托普科技。这家公司号称要在全国各地开几百个科技产业园，公司主要是做软件技术的，后来转到产业园区，然后不断地夸大自己上市公司的业绩。直到有一天，记者乔装成采购商，进入到它的公司厂房，发现整个公司的生产完全处于停顿当中，此外调查了公司的用电量，发现异乎寻常地少。这些都是很有意思的案例。

看公司的财务是否造假，我们首先需要知道两点。

第一点，公司造假是全球都存在的问题，只是各个国家的处罚力度不同，法制监管严厉程度不同，对中小投资者保护的方式方法也不同。比如，在国外资本市场上针对这种财务造假行为会要求举证责任倒置。就是我作为一家上市公司的投资人，如果我认为你的财务方面可能有问题，那么现在你就是被我诉讼的人，上市公司必须要举证自己没有问题。和这个制度相区分的就是"谁主张谁举证"。这一制度的逻辑是，如果投资人认为上市公司有问题，那么投资人自己有义务拿出证据来证明上市公司有问题。事实上，作为中小投资者，去证明一家上市公司存在问题是很难的，而举证责任倒置的方法，能够迫使上市公司去承担更多的责任压力和成本。第二点，就是国际资本市场上有一些机构会充当专业打假方的身份，或者直接就是专业的做空机构，他们会有自己一整套的专业方法去调研上市公司一些财务数据的真和假，并据此来获得商业利益。

对于普通投资人来说，你没有"揭黑打恶"的这种责任或义务，更多的目的其实就是避免自己踩"地雷"，只要我买的公司财务报表是真实的，对我来说就达到基本目的了。对于大多数中小投资者来说,对某家公司觉得它有问题,也没有必要去围绕这事深究的。所以刚才讲的这两种,第一个,对于财务造假的问题,监管的方式、法律的方式的不同,你了解即可。第二个是说专业媒体人,如果你去调查这家公司的贸易单的往来,你调查得到吗?调查不到。或者去查它的电量数据,能查得到吗?其实也很难查得到,就算查到,也要耗费大量的时间和精力。所以,对于中小投资人来说,这个意义不是特别大。但是需要学习的是,如果不做这些事情,那我如何去识别上市公司财务造假呢?

一般来说上市公司财务造假,主要目的是让自己的报表比较好看,如果业绩不好了、亏损了,达不到之前的业绩承诺了,就容易会去动歪脑筋。这种情况下,公司就去把财务报表做假,让业绩看起来比实际要好,这是大多数情况。但是也不排除在某些情况下,有一些上市公司会隐藏利润。就是今年利润特别好,但是公司就是不想让今年业绩增长太快,因为今年业绩增长太快,明年我还要继续保持增长压力太快。这一问题在房地产行业公司中是比较明显的,因为房地产的销售受政策影响非常大,所以很多的地产商喜欢在行业发展大年的时候藏一点利润,留些利润到所谓"小年"的时候再把它补上。所以大年的时候,他们看起来利润不是很高,或者比预期的要弱一点,有可能就是隐藏了一部分利润。作为普通投资人来说,从财务分析角度来讲,给大家一个建议,可以去详细读一读中国注册会计师考试的系列教科书,有一本书叫《财务成本管理》。财务成本管理当中分为两部分,一部分叫财务分析,另外一部分叫成本管理。其中财务分析这部分,大家可以去认真读一下,里面关于每个财务指标的含义,以及各个财务指标之间的勾连关系,介绍得非常详细。

大多数公司财务造假的第一个方法就是虚构应收账款。上市公司,如果它的应收账款在某一年度出现大幅度增长,特别是集中在某几个月,往往是每一年的后面几个月,比如说11月和12月,那么出现财务调节甚至作假的可能性就比较大了。为什么呢?因为前面10个月,公司还在拼命努力,万一能把报表真的做得挺好呢?那就不用造假了,所以撑到10月,或者撑到

11月了,发现不行,要亏损,要退市,要被处罚,要达不到承诺,怎么办呢?所以往往应收账款的增加,都是反映在报表每年度的最后几个月。这种应收账款的虚增怎么做?往往是通过找一些关联性的企业,到了年底的时候,或者来年,补签一些时间写在上年度的旧的合同,然后做出一个合同的形式,把应收账款的收入确认到上一年度的财务报表中。一般通过虚构应收账款来实现营业收入的增长,是最为典型、最为常见的一种方法。识别它的方法,就是看它的个别月份的应收账款是不是有大幅度的激增,以及这一部分应收账款,是不是到了来年,通过各种方式,又被重新抵扣掉了,或者摊销掉了,甚至是合同取消掉了都有可能。当年震惊全国的银广夏、郑百文、达尔曼,这些公司的造假,都是通过应收账款的大幅度造假来解决这个问题的。财务报表做账过程当中,应收账款的变化可以直接导致营业收入的变化,进而影响利润的增减。大家还可以关心应收账款的周转速度。周转速度如果在某一年份出现了大幅度的循环上的下降,在这种情况下,应收账款当中可能就会有虚增的一些销售额,用来操纵利润了。

第二个方法是看毛利率。毛利率的异常变动要引起警惕。毛利率是一家公司核心竞争能力的最主要的财务反映。什么叫毛利率呢?就是公司毛利与销售收入的比值。现在绝大多数市场竞争非常激烈的行业,比如说纺织行业、工业制造行业,毛利率都非常低,一般毛利率在20%—30%就已经算不错了,甚至有很多企业比这个还要低。毛利率如果非常高的话,说明公司市场竞争能力比较强,比如说茅台这种公司,毛利率就很高,因为它的成本很低。茅台公司的成本主要就是赤水河的水,加上高粱米,这就是它的成本,而一瓶酒卖上千块钱。换句话说,一家公司的毛利率达到很高的水平,证明这家公司在竞争市场当中是拥有非常强的竞争门槛了。

巴菲特在选择个股的时候,首先看这家公司的毛利率,一定要在一定的水平之上,这是确定你公司有没有竞争实力非常重要的一个标准。我们去看这个公司的财务数据有没有造假,就去看毛利率是否出现过比较大的波动。有些公司的毛利率像过山车,一会高,一会低,就肯定有一些问题。因为增加的那些假的收入,它不对应成本,只有收入没有成本,这种情况导致什么结果呢?总的毛利率会因为这个虚假收入的增加一下就高起来了,本来毛利率大概10%,一下到20%了,你再去看财务报表当中分类各项的毛利率的比重,究竟是哪里上升带起来的,是哪笔业务带起来的,这笔业务的合作伙伴是不是这家公司的实际控制人,或者公司的相关联企业?按照这个线索去看的话,就可以很容易看到其中的问题。所以,毛利率再加上应收账款相结合,这两个项目放在一起,就可以比较准确地找出来这家公司造假的可能性。这个是比较典型的一种财务勾连上的关系。

第三个重要的指标,我们称之为非经常性损益。非经常性损益,就是在公司所有的营业利润都已经出来了,但是突然出现了一个非经常性损益。比如虽然公司有亏损,但是对外投资,比如当年投了1 000万,现在这个股权升值了,值1个亿了,那这1个亿是没有办法在这个报表当中显现出来的,那就直接把股权卖掉,这1个亿的收入不就出来了吗?利润就增长了,从1 000万的投资,变到了1个亿收入,一下子就增加了9 000万的利润。还有另外一种方法,最近这些年,很多上市公司为了保自己这个壳,经常做的事情就是卖房子。之前有所谓中国经济发展的几大难题,号称解了这些难题就可以得诺贝尔经济学奖。第一个难题就是,为什么学历不值钱,但是学区房却很值钱?第二个难题是,为什么很多A股的上市公司,全年的利润也买不了一线城市的一套房子,但是它们随便卖一套房子,就可以让自己的利润变得非常好?这就是上市公司手里还有资产,甚至土地,今年利润不行,就一次性把它卖掉,当年的利润肯定就保住了,最起码能够不亏损,甚至还可能是大幅度增长。此外,政府财政补贴也是中国特色的利润调节方法,很多地方政府为了不让本地的上市公司退市,会在关键时刻给企业退税、给予高新技术补贴等,为上市公司偶发性地增加收入。这些收入和利润就体现在非经常性损益的科目中。当然,既然是叫非经常性损益,就说明它的持续性是有问题的,今年有,明年未必有。今年有股权,明年呢?今年有房子,卖完之后明年还有吗?所以从严格意义上来讲,非经常性损益不应该叫公司造假,更多是一种财务上的调节。应收账款的虚增,包括毛利率异常变化,那是给我们的预警;而非经常性损益是财务方面可能存在问题的信号,从严格意义上来讲不属于财务方面的问题,更多的是表达了公司财务报表的真实程度,或者可持续程度当中存在水分。但如果作为投资人,只是看年度的每股收益,或者是利润增长的简单幅度,不去剖析利润背后的结构上的变化的话,就可能因此会掉到陷阱里。

> **总结**:篇幅所限,再加上本书并非是以财务分析为主要内容,所以我们只能摘要讲一些识别公司财务问题的小规律。总的来说,随着各类法律法规的健全以及上市公司监管越来越完善,上市公司造假的难度也会越来越高,对于投资人来说,财务数据的可信度就会越来越高。但即便如此,大家还是要擦亮眼睛,避免踩雷。

粉丝答疑互动

问题

中国股市的根本目的是不是和美国不一样?中国只是为了帮企业融资而不是藏富于民?

回答

这个问题倒是问到了点子上。我们来思考一下,建立股市的根本目的应该是什么呢?美国建立股市的根本目的和中国建立股市的根本目的是不是一样呢?如果回到股市的基本功能上,客观来讲,它就是要解决企业融资需求的问题,倒不是说为了解决融资。"中国只是为了帮企业融资,而不是藏富于民",按照你这个说法,好像帮企业融资是一件很坏的事情,错。资本市场本身是要帮助解决融资的问题,至于能不能藏富于民,其实是由此派生出来的一个目的。

股票市场为什么诞生呢？之前我们的融资都是通过银行体系进行，叫间接融资。对银行这些机构来说，它们可以拿到利息的回报，但是同时也要承受一定的风险，但如果企业出现了一些股权上的升值或者减值，对于银行来说，是没有关联的，所以叫间接融资。而股票市场融资，叫作直接融资，所以，它和银行融资最大区别就是在融资方式上的不同。也就是股权融资和债券融资之间的差别。建立股市，其实是因为之前的股权融资更多的是基于小范围的融资模式，比如有限责任公司，有少数几个股东参与进来，融资范围有限，股份之间的流通比较麻烦。那么股份有限公司建立之后，这个问题相对来说是可以缓解的。有了资本市场之后，理论上来讲，是可以向泛义上的公众去公开发行股票。所以，无论中国还是美国，建立股市的第一目标，或者根本目标，就是解决企业融资的问题。那至于是不是藏富于民，这事得两面来看。企业融资了，融到钱了，这是第一步；第二步，这家企业融到钱之后，效益越做越好，那就是藏富于民，至少是藏富于企业的投资者，藏富于自己公司股民。如果企业融到资之后效益越来越差，那就不叫藏富于民了，那叫"坑富于民"，至少是坑了自己的股民。所以，从这个意义上来讲，企业融资是第一目标。能不能藏富于民，跟你具体投资的标的有关，当然跟市场的大盘也是有关系的。

有的人说，很多上市公司上市之后，就把这个"中点"变成了"终点"。第一个是中间的中，上市公司应该是把上市当成是自己企业发展腾飞中间的一个点，这个点的目的是为了以后做得更好。因为很多股民都是在二级市场买入，那么对他们来说是刚刚介入，对于公司的创始股东来说呢，融资了、上市了，应该要继续变得更强，所以是中间的中。但是很多企业把它变成了终点的终。由于公开发行股票，会产生很多的千万富翁、亿万富翁，但是对于二级市场的投资人来说，如果公司经营不善，最终的结果就是亏损，因为你买入的股价成本很高。所以从这个意义上来讲，到底是不是藏富于民，也是有很多争议的。

我个人的看法是，股市的根本目的，美国和中国都是一样的，都是帮企业融资。只是对于中国来说,在历史过程当中,有一段时间是要解决国有企业转型困难的问题,在股票的发行和制度的创新方面,更多的是向国有企业进行了政策倾斜。但是总得来说,根本目的是企业融资,不管是国有企业还是民营企业。至于藏富于民,我觉得不能一概而论,美国股票也没有说藏富于民,没有人跟你说买了我美国的股票,肯定可以赚钱,肯定可以让你财富增长。只是在具体措施当中,美国股市以机构投资者为主,所以他们倾向于价值投资和长期投资,包括投资的目标是以获取分红为主要目标,而中国的A股市场是以散户投资为主,而且大多数是去博所谓的资本利得,就是股价的上涨,而不是分红。但是,从资本市场本身来说,我觉得并没有对与错。从长期趋势上来讲,中国股市长期趋势慢慢地也会向价值投资者、机构投资者、分红为主的方向去演变,这些状况其实已经开始出现了比较明显的一些改观了。

问题

现在的A股当中,像贵州茅台、云南白药、片仔癀这样的蓝筹股还值得去买吗?

回答

我觉得这个问题有两个方面。一方面从市场当中去选择,可以长期持有的股票会是谁呢?5年、10年以上的长期股票,在A股市场来讲,无外乎就是贵州茅台、云南白药、片仔癀这一类的股票,我觉得它们依然是可以成为未来5—10年进行长期投资的标的。所以从这个意义上来讲,肯定是值得关注的。因为你买入这只股票,准备持有5—10年。但是从第二个层面来讲,你选择具体买入的时间点,那茅台300元就觉得高吧,涨到600元你觉得高,700元你觉得高,涨到800元又怎么样呢?现在据说为了茅台,交易部门在进行技术调试,防止出现1 000元的股票,我们的交易系统出现崩溃。那如果将来真的涨到1 000元的话,你会觉得现在700元、600元,高还是低呢?这是第二个问题。所以,我觉得第一个重要的点就是,从5—10年去中长期投资的话,这些股票依然是值得投资的。因为,你关注的是它的高分红,是它的基本面的业绩不断增长,它的净资产收益率是不是一直能够在15%以上,等等。但回到一个细节点上来讲,具体的买入成本当然是越低越好。因此有两个方法。第一个方法,你来判断一下,在连续不断的上涨,涨到600、700元之后,会不会出现明显的调整,如果你觉得会调整的话,那不妨等一等。第二个,你就是坚定的巴菲特主义者,一定要等它出现大跌的时候,而且所有人都看空的时候再去买。有没有这种可能呢?我觉得如果从未来3—5年时间角度来讲,还是有可能的。

这两个时间点,你觉得你都做不到,短线看不懂,三五年时间,让你等也等不来,怎么办呢?再有一个方法,做定投。比如你确定这几家公司的股票依然是可以持有5—10年,至少5年以上,那你就每个月买一点,每个月买1万块钱的,或者每个月买5万块钱,或者每个月买10万块钱的,到了某个月的某个时间点,不管它价格高还是低,不管它涨还是跌,都要坚决地买入,做一个中长期的定投配置,最终你就会发现,成本是会被摊薄的,你总体上成本波动的幅度,和你最终所选择的最优价格的成本,相差无几,至少你规避掉了在高价位大规模买入这样一个损失。

所以,所谓巴菲特主义者,大概包括两个方面的要素。第一个,你选的标的,应该是自己认为可以投资3—5年以上的品种。第二个重要的点,就是要选择一个合适的价格,或许你有耐心去等待所谓的经济危机、金融危机,或者你就是一个短线的技术高手,再或者你就干脆做定投。其实说起来难,实际也并不难,只是大多数投资者是,我觉得要买这只股票了,然后就在当天,以今天的价格全仓买入,然后就急切地等待股票上涨。其实这本身就有赌博的意思在里面了。

问题

有点搞不清楚,巴菲特不是不喜欢科技股吗?但为什么最近多次增持苹果公司,而且这家公司在乔布斯去世之后已经逐渐变得平庸了。

回答

我们之前提到过关于苹果公司的案例,今天再补充一点。巴菲特最近被曝光的，最新持有苹果公司2.6%的股份，这使得他的伯克希尔·哈撒韦公司成为苹果公司第5大股东。表面看起来，这违背了巴菲特不投科技股的著名的投资习惯。巴菲特对于苹果超越对手的能力如此自信，可以归结为他简单的护城河理论。他认为苹果用户的黏性非常高，巴菲特决定买苹果是因为他做过调查，巴菲特经常会带自己的一帮孩子，应该是他的曾孙子、曾孙女们去DQ吃冰激凌。DQ冰激凌本来也是巴菲特投资的。巴菲特的这帮曾孙子、曾孙女们还带着他们的一些小朋友。他发现，这些十几岁的小孩，每个人都会拿一部iPhone手机，他们的生活是完全围绕着苹果手机的，而且一旦苹果公司出了一个新产品，他们马上会更换最新的产品。巴菲特就是看到这样一种消费习惯，觉得苹果公司已经形成了一个固定的消费受众。换句话说，这有点像当年的诺基亚，或者当年的摩托罗拉。所以，对巴菲特来说，苹果手机已不是一个科技品，科技品很难拥有一定传统意义上固定的消费者。一个科技品能否变为消费品，最大的区别就是它拥有了一批非常忠实的拥护人。所以巴菲特认为苹果手机已经从一个科技品变成消费品了。也因此推演下来，当乔布斯离开之后，很多人说苹果公司变得庸庸碌碌了，也正因此，它的产品变得更加成熟了，更像是一家成熟的具有消费品潜力的科技公司。巴菲特看中的是前者，这本身并不矛盾。

第十三章
巴菲特的成功标的与 A 股的对标比较

一、贵州茅台是 A 股的可口可乐吗

A 股市场中,大家可以关注哪些比较好的投资标的?我们肯定还是按照巴菲特的逻辑决定如何去选股。巴菲特之前选过什么样的股票,然后有没有相应的 A 股标的来做一个对应?我仔细盘了一下,巴菲特历史当中投资的一些品种,大致上可以分为几类:消费品类,最典型就是可口可乐;再是航空类、制造类、金融类、能源类,每年巴菲特都会根据企业的实际情况,做一些适度的建仓或者调仓。但是,如果我们严格来看,有两家企业,巴菲特一直保持着比较稳定的投资,而且用巴菲特自己的话说,对于两家公司的投资是永久性的,这两家公司就是大名鼎鼎的美国运通和可口可乐。

可口可乐是大家耳熟能详的品牌,巴菲特的持股时间也最长,那么作为一个标的对比的话,首选当然就是可口可乐了。能够跟可口可乐做对标的 A 股投资品种,也就是茅台了。其实,随着时间推移,可口可乐跟茅台对比,茅台发生了很大的变化,在写这节内容的时候,2018 年 1 月 15 日,茅台总市值突破了万亿人民币。但也正是在这样的背景下,茅台在过去的半年时间中备受争议。所以,我们今天首先讲讲茅台为什么能够在 A 股市场中脱颖而出,然后尝试去探讨下一个茅台会是谁。

首先,对比的第一个核心点是产品的品牌优势。这一点茅台和可口可乐非常相似。可口可乐是全球排名第一的跨国饮料品牌,它的市场份额远超过它的竞争对手,就是排名第二、大名鼎鼎的百事可乐。茅台虽然没有像可口可乐这样成为全球性的企业,但是就中国国内而言,它确实也算是白酒行业的巨无霸了,没有哪家白酒企业可以跟它抗衡。所以这两家企业的护城河会非常明显。

巴菲特选择可口可乐的重要原因，就是因为他认为这个产品具备几大要素。第一个就是产品单一化。由此推演，就是不需要投入太多的研发费用。回顾历史，可口可乐每次研发新的品种，就会引起市场很大的争议。最传统的可口可乐的产品一直占据很大的消费量。最近几年，可口可乐推出新的产品，所谓的0度可乐，就是不含糖分，理论上喝了之后不会增肥。现在可口可乐不只有不会增肥的产品，还推出了一个可以减肥的可乐品种。但除此之外，它的主线依然是那个传统的、大家非常熟悉的红罐装的可口可乐，包括它那个永久不变的味道。巴菲特自己喜欢喝樱桃味的可口可乐，但即便如此，全球的消费者当中，喜欢这种另类口味的人依然非常少。

所以，巴菲特选择可口可乐的第一个理由，就是这个产品比较单一，不用投入太多的研发费用，虽然它的营销推广费用很高。第二个要素，就是整个市场的消费体量很大。大家如果渴了的话，选择解渴的品种，大概就两类：第一类当然就是白水了。白水有很多的竞争品牌，包括纯净水、矿泉水，等等。但是如果你要喝有一些带味道的饮品，第一大类就是碳酸类饮料，再在其中排序的话就是可口可乐了。所以从这个意义上来讲，整个市场消费量是非常巨大的。第三点就是可口可乐本身的品牌优势。它的品牌非常强，所以一直具有非常高的毛利率水平，这应该就是巴菲特选择可口可乐作为长期的，也是永久投资的一个重要理由。

如果按照这三个理由来看茅台呢？也非常相似。第一个，茅台的品类也非常简单。53度飞天茅台，这是最常见的，已经得到了消费者的高度认可。其他的茅台品种有没有人喜欢呢？当然也有人喜欢，低度数的，或者度数更高的，或者其他包装的，甚至在中国还有所谓传说中的特供品种，等等。这些重要吗？也重要，但是重要程度呢？其实没那么大。因为，即便你把其他的品类全部删除掉，只留一个53度的飞天茅台，它依然能够维持既有的收入和利润状况。这样一个产品，不需要任何新的研发费用的投入，因为它用的就是水和高粱米，发酵技术依然是千百年来中国古人留下来的酿酒技术，虽然技术施工有所改良，但本质变化不大。它的产品和可口可乐一样，也是非常单一。

第二个，就是整个市场消费量很大，这一点其实比较有意思。酒和饮料不同，饮料，渴了就要喝，是消费刚需，它的市场消费量一直能够保持稳定。而白酒这个品类，它的消费需求其实是存在争议的，特别是从过去5年再往前推，那时候我们曾经分析过一个重要的逻辑，发现白酒的消费量和基础设施的投资之间是密切相关的。就是当基础设施的投资规模快速增长的时候，整个白酒的消费量也会大幅增长，这背后有很多的原因，比如做工程的人需要喝白酒，特别是高端白酒作为招待应酬的必需品，等等。白酒消费市场至少在可以预测的未来，总量会保持稳定的规模。

第三个，当然就是利润指标了。茅台的成本中，直接的制造成本是非常低的，用赤水河的水加上高粱米，就可以酿出白酒来。如果放到中国古代，就是家家户户都可以自己酿酒，所以直接成本其实是非常低的。基于这三个要素做对比，可口可乐跟茅台是非常相似的。还有一个重点就是，茅台现在在国内的高端酒市场中几乎是没有竞争对手的。但5年前其实是有竞争对手的，包括五粮液、剑南春、国窖等，还有一度通过大量投放电视广告而知名的洋河，等等。但是随着时间拉长，白酒有一个重要的说法，叫作3年喝倒一个品牌。就是一个品牌，可以通过广告宣传迅速地进入消费者的视线，但是能不能坚持3年是一个很大的问题。所以3年喝倒一个品牌是白酒行业存在的非常明显的挑战。到最后大家会发现，我之前曾经热衷过某一个白酒品牌，当我发现这个品牌不流行了，干脆还是喝茅台。第一个喝茅台，第二个送茅台，第三个储存茅台，甚至是投资茅台，这是非常重要的一个逻辑点。以至于我们经常会开玩笑说，中国经济投资，现在陷入一个"茅房经济学"。就是如果过去十几年时间当中，中国人选一个比较好的投资标的的话，那只有两个能够保证你赚钱的投资标的。这两个品种，一个是房地产，另外一个就是茅台。从这个意义上来讲，在三大要素方面对比之下，茅台和可口可乐之间形成了比较明确的对标关系。

那么第二类的对比，我们来看一下公司的财务数据。我们对比了2007

年到 2016 年这两家公司的数据,可口可乐在过去这么多年时间当中,净资产收益率,也就是 ROE,一直在 25%—40% 的范围,回报率非常高。茅台也极为相似,过去 10 年的净资产收益率,ROE 基本在 30% 以上,个别年份甚至达到了 45%。所以可口可乐和茅台,其实具有一定明确的可比性,虽然一个是软饮料,一个是酒精类饮料,但它们最大的共同特征就是有宽厚的护城河,造就了无与伦比的长期高 ROE。当然了,ROE 高本身就可以说明公司的竞争能力和实力了。

从动态角度来看这两家公司的发展潜力,可口可乐到目前为止,还没有任何一个品牌和品类能够在软饮料中去跟它媲美。茅台有没有呢?我们觉得在未来一段时间当中茅台会遇到一些挑战,如果新的白酒企业继续靠比较好的营销方式,有可能会在短期中形成影响。但是从中长期来讲,经历了之前那一波大的行业震荡和调整之后,茅台现在是整个行业的龙头,已经很难被挑战了。真正对茅台构成实质性影响的,有两个方向。一个是国内,其他的高端白酒品牌大量做广告,在短时间内迅速抢占市场。另外一个竞争对象是来自国外的洋酒品牌。当然洋酒品牌在中国消费习惯上始终没有有效地建立起来。所以茅台这样的绩优股是能够在中长期抗住市场波动的。当然,如果再把时间拉得足够长,餐饮需求的对象变成了所谓"90 后",甚至是"00 后",会不会对于白酒整体的需求相对下降呢?因为有观点判断未来的年轻人会越来越多地饮用葡萄酒,放弃烈性白酒,继而即便是茅台也会受到影响。但截至目前,没有数据证明这一趋势。退一步而言,即便整个烈性白酒行业因为代际更迭而被抛弃,茅台应该也是最后一个被抛弃的对象吧。

还有一个,对于各位投资人来说,最关心的当然就是投资点了。巴菲特一直偏爱消费品,但是他在过去很长一段时间中,一直认为可口可乐的股票价格太高了,直到 1987 年才发生了改变。当时可口可乐陷入困境,百事可乐发起强势的挑战。当时可口可乐的股价比较低,而且在当年的 10 月份美国股灾爆发,美国股市大跌,可口可乐股价也跌去了 30% 之多,到了 1987 年年底,可口可乐的股价是 38 美元,当时的每股利润是 2.43 美元,市盈率大概只有 15 倍。在那个时间点，巴菲特开始积极地介入到可口可乐的投资当中。2007 年、2008 年，中国股市在 2008 年上半年，还处于相对比较强的一种状态，茅台酒最高的市盈率曾经达到了 120 倍。9 年时间过去了，茅台的股价不断上涨，但是市盈率却在不断地下降，现在动态市盈率大概只有 30 倍左右。所以，茅台实际上是以比较丰厚的利润和分红的回报，相对摊低了自己的投资价格。当然了，由于它的绝对价格比较高，现在价格已经 700 元了，对于普通的散户投资人来说，需要投入的资金量是比较大的，这会成为一个相对的风险。

总的来讲，根据我们所提到的，具有长期竞争优势护城河，可以用合理价格买到，这是巴菲特选股的重要标准。还有一个重要的标准，就是巴菲特讲的，要有德才兼备的管理人。从这个意义上说，其实茅台是有一定的风险和压力的。茅台本身从体制上来讲属于国企，它会有好的一方面，就是对它的整个产品管理会更加规范，但是不太好的一面就是管理人员的变化。可能从市场规律角度来讲，很难去做客观的研判和分析，这个是茅台和可口可乐之间比较大的一个不同。而且国有大股东的利益诉求和中小股东往往并不一致，比如中小股东最看中的是股份分红，但对于大股东而言，特别是大股东的代言人而言，实际意义并不大。这样的问题，是茅台的体制隐忧。从历史上观察，几乎过一段时间这些隐忧就会搅扰一下市场价格或者估值判断。

> **总结**：投资可口可乐是巴菲特投资原则的全面展示。但更重要一点，作为具体投资标的来说，我们看好一个品种，并不代表立马就要买入，也许要等待一个更加合适的机会，才能够选择介入，并长期持有。

二、A 股银行股到底值不值得投资者关注

巴菲特跟普通投资人不同的最重要的特征是，他的资金量非常庞大。

其实他能够选择的标的不算多,简单来说,一些中小盘的、市场交易量不是很大的上市公司,巴菲特就没有办法去投了。这种状况其实在我身边也会有。我经常做一些创投节目,有一些机构会说,这家公司挺好的,但是我们投不了。我说为什么投不了呢?他说我们起板投资高,比如说1亿美元,那大多数的初创型企业根本就融不了那么多钱。所以隐藏在巴菲特投资背后的一个逻辑就是,他只能在那些市值很大的公司中做选择,这样的话,银行肯定是首选了。全世界的银行在所有行业对比当中肯定是市值规模最大的行业了。

接下来对比一下巴菲特投资的银行,和大家所关注的A股银行之间的比较。我们今天对比的是巴菲特投资的富国银行和我们A股当中的招商银行。巴菲特截至到目前,所持有的15只股票当中,有3只是来自金融行业,分别是大名鼎鼎的富国银行、高盛,还有美国的合众银行。当然严格地说,高盛属于券商,与商业银行完全不同。其中富国银行是巴菲特持股最多的投资标的。即使在2017年4月巴菲特曾发布公告说计划连续减持富国银行的股票,但是他们对富国银行的持股比例依然保持在10%,持股市值依然达到了2700亿美元之多。2017年到2018年年初,整个银行板块在A股市场表现都算不错。但是,在之前很长一段时间,银行的市盈率都远远低于市场的平均水平。巴菲特早年投资富国银行的逻辑,对于今天投资A股的银行来说,有哪些值得借鉴的呢?现在银行股票的股价,有没有投资的意义和价值呢?

先来对比一下富国银行和招商银行,看看A股的银行股能不能成为我们投资者关注的方向。巴菲特最早投银行,其实并不是富国银行,而是在1969年买了伊利诺国家银行。当时巴菲特看中这家银行,是因为这家公司保持着低成本运营的优势,在巴菲特收购了这家银行之后,公司业绩也一直保持比较出色的运行状况,盈利水平处于行业领先水平。能够取得这个成绩,主要是三个原因:第一个就是定期存款占比比较高,达到了50%,所以整个的挤兑风险相对比较小;第二个是能够做好成本控制,保持强劲的资产流动性,并且避开了货币市场相关借贷的运营风险;第三个是风险的把控,贷款产生的坏账率大幅度低于同业机构,这是非常优秀的业绩状况。归根到底,巴菲特投资这家银行,是因为他觉得它拥有一个比较好的管理层。但是到了1980年,因为银行控股公司法的要求,伯克希尔最终处理掉了这家银行的股份。巴菲特从这次成功的投资当中,看清了商业银行的发展模式,那就是两点:第一个就是风险控制能力。第二个就是低成本的运营能力,这两个要素是商业银行在竞争当中能够取得持续竞争优势的核心要素。

为什么银行的风控能力很重要?因为银行的钱,绝大多数都是借别人的,银行一般自己的本金占比非常小。主要是通过自己的金融信用吸纳大家的存款,这些存款对于银行来说,构成了它的负债。把这些钱放贷出去,贷款给了商业机构、产业机构。去做对外投资的时候,如果风险控制有一笔坏账出现的话,商业银行就需要用自己微薄的本金去覆盖风险,承担损失。所以,一旦风险控制出现了问题,就会导致这家公司的信用出现问题,也意味着整个的存款端,就是银行的负债端,有可能出现挤兑,压力就会变得非常巨大。所以,银行业竞争第一要义就是风险控制能力。一般看商业银行的坏账率水平,包括它的风险拨备资金的规模等。第二就是降低成本运营。银行最重要的赚钱方法是利差。利差就是吸收存款的存款利率和放出贷款的贷款利率中间的差额,这中间还有比较大规模的管理费用,就是管理层和员工的工资等,这部分也是成本中比较高的一块。所以,通过降低运营成本,把两块的利差拉开,是商业银行竞争的关键。那大家可能说,除了低成本之外,还有另外一个方法,就是提高贷款利率。对于银行来说,提高贷款利率,理论上同样是可以放大利差的。但是,由于银行业的竞争非常激烈,同一家企业,特别是比较好的企业,往往都有多家银行竞争拉拢客户。在这种情况下,想要提高贷款利率就变得非常难。

除去前面两个最重要的要素,还有其他层面的竞争力比较,比如说产品的创新、供应链的管理、商账的追讨,包括把贷款融资和直接投资相结合等,很多商业银行做了这些方面的业务创新。但这方面商业模式的创新,对于商业银行客户来讲，对比于所谓贷款利率的高和低来说，敏感度要小得多。很多商业银行，号称自己有很多新的产品创新，但是客户只关心一个，就是贷款利率是不是可以低一点。所以，成本控制就成了银行可以在自己内部挖潜的唯一手段。

总结一下。商业银行竞争的两大优势，比拼的关键点就是风险控制能力和低成本运营的能力。巴菲特给股东大会的信中说，我并不热衷于投资银行业，因为这个行业杠杆太高。什么意思？就是我刚才讲的，商业银行的自有本金其实并不多，大量的资本运营都是靠借钱，就是客户的存款。所以他说高杠杆的放大效应，将所有的优点和缺点都成倍地放大了，只要资产出现一点点问题，就有可能把股东的权益全部亏掉。所以，优秀的管理层就显得格外重要了。巴菲特这段话，其实就是刚才讲的风险控制能力，否则一笔坏账，你的本金就被全部赔光。巴菲特表示，我们对于用便宜的价格买下经营不善的银行，一点兴趣都没有。相反的，我们希望能够以合理的价格，买进一些良好的银行。1990年，巴菲特又发现了一个让他动心的机会，大量地增持富国银行。他到底看中富国银行什么呢？那就是"优秀的管理者"。巴菲特对于富国银行的几位经理人，包括卡尔和保罗，非常欣赏，极力夸赞，认为他们成本控制能力很强。这细节大家可以去查一查。

招商银行，对于中国人来说，应该非常熟悉。招商银行管理层的管理能力又如何呢？很多年前，大家常说服务态度最好的就是招商银行。这其实就是管理层管理能力比较强的一个标志。另外，行业内的一个传说，就是招商银行被称为是银行业的黄埔军校。什么意思呢？就是招行的员工普遍跳槽到别的银行，都可以升职一级。这也间接地说明了招行管理层的能力是比较强的。每个员工在公司内部都可以得到自身价值的提升。招商银行原行长马蔚华的人格魅力媒体报道很多，大家可以自己去做判断。

第二个要点就是我说的低成本运营加风险可控。富国银行的资金成本比较低，客户基础庞大，业务竞争优势非常明显，一直都是美国盈利最多、效率最高的银行之一，在起伏不定的银行业中，整体业绩也是相对比较稳定的。巴菲特在入手富国银行的时候曾经做过最坏的评估,他说如果富国银行全部480亿贷款中,有10%的不良贷款在第二年就发生了,其中将会有30%的本金收不回来,即使在这种情况下,这家银行还是可以损益两平,最起码不会出现大的亏本。而招商银行,也一直在尽量控制自己的成本率,不去扩展高风险、高收益的贷款,同样也获得了超越同行平均的净息差。招商银行本身定位就是零售银行,所以在整个同行业当中负债成本是最低的,它的零售存款比例占比仅次于国有大行,活期存款比例较高,因此成本率非常低。活期存款多的话,看起来有一些资金流动上的风险和压力,但是成本也因为活期存款多而下降。对于银行来说,如何把控成本下降和贷款资金稳定两者之间的平衡,其实是管理的难题,当然也非常重要。

这是关于低成本运营和风险可控。最后讲的是合理价格。巴菲特当年买入富国银行是在1990年前后,当时美国西海岸的房地产陷入供过于求的困境,所以美国银行业的股价大幅度下跌。富国银行作为当时美国最大的地产担保银行之一,股价非常低迷。所以,巴菲特是从1989年开始买入富国银行股票的,然后不断地增持。1990年,股价进一步下跌,才大幅度买进,最后以一个非常低的价格抄底。中国A股的招商银行,这十多年来的发展是很惊人的,但是随着宏观经济整体的增速放缓,它的增长速度有所下滑。从这个意义上讲,整体银行板块作为一个防御性品种,在市场出现比较大的风险,宏观经济出现比较大得下滑的时候,依然是可以做一个比较好的风险防控投资标的。

具体到招商银行,如果大家在2015年股灾之后开始选择建仓银行板块的话,当时银行的市盈率比较低,但现在整个银行板块的市盈率已经逐步提升了,大家可以在投资当中重新做一个评估。另外,我们认为商业银行会越来越多地开始往差异化方向发展。比如招商银行被称为零售之王,兴业银行被称为同业之王,民生银行被称为小微之王等。而且在中国,还有一个非常有特色的是城市商业银行,很多小的城商行的股价非常灵活,不太像银行板块,因为它们兼具了银行业的风险抵御的能力,同时也兼具巨大的股价快速飙升的空间。对于银行板块来说,如果各位愿意深耕的话,单就一个银行板块,就可以满足你的基本投资配置的需求了。

如果你要防御风险的话,可以将整个银行板块作为投资标的。比如银行业的ETF。如果你想选择进攻的话,银行板块当中的城商行同样可以进攻。如果你想再稳健一点,只是拿红利回报的话,银行业当中的工商银行、中国银行,完全可以实现。如果在这个中间再选择一个平衡的话,类似于招商银行、兴业银行、民生银行则各具特色,可以满足你不同的需求。

> **总结**:巴菲特的投资逻辑被认为有一个隐含的线索,就是所谓"赌国运",也就是因为看好国家未来而长期投资。如果认可这个逻辑,同时又想避免市场波动风险,银行板块以及其中的龙头品种就是最适合的投资布局对象了。

三、中美航空股谁更吸引人

今天聊的内容是关于航空企业。2016年下半年的时候,巴菲特的伯克希尔·哈撒韦公司开始大举买入航空公司的股票,截至2016年年底,伯克希尔公司持有93亿美元市值的航空公司股票。其实在二十多年前,"股神"曾经在航空公司股票中受过伤。巴菲特此前也曾经讲过,在过去的100年时间里,全世界航空公司的投资者业绩都惨不忍睹。他还开过一个玩笑说,莱特兄弟当年在第一次飞行时,如果当时有投资者在现场,那个投资者应该拿根竹竿,直接把这个飞机给捅下来。虽然航空公司对于人类的交通是必不可少,但是对于投资者来说,则是一个巨大的"陷阱"。

1989年,美国航空受到过并购的危险,所以当时公司的高管向巴菲特求救,但巴菲特不愿意直接购买航空股票。在这个世界上,你有了钱之后,难免别人在遇到困难时会来求你帮忙，中国的富豪也是如此。但巴菲特面对求助人的处理方法值得富豪们认真学习。别人来求他帮忙投资的时候，巴菲特一般会提两个要求。第一个要求当然是价格要足够低；第二个要求就是，假如这家公司基本面不是很看好，他就会要求不买你的普通股，而是买你的优先股，或者买你的可转换债券，来保障自己的基本稳定收益。当时巴菲特也只买了航空公司的优先股。但是即便如此谨慎，即便有了巴菲特的投资，这家航空公司的股票依然经历了漫长的下跌。几年之后，巴菲特只能清仓止损。后来巴菲特又陆陆续续地进行了一些航空公司的投资，但是基本上都是亏损的。原因是什么呢？

巴菲特后来总结过，他说：这些航空板块的整体亏损，原因就是这个行业的龙头企业没有建立起有效的护城河。护城河理论，大家都知道，就是这个行业相关的上市公司拥有绝对的竞争优势。由于护城河的存在，它的竞争对手没有办法取得竞争机会。换句话说，航空业的垄断门槛还没有形成，在这种情况下，巴菲特就不应该建仓。

20世纪80年代，美国航空公司还没有进入垄断寡头的格局。当时小的航空公司非常多，我有朋友在美国坐飞机坐得比较多。他说美国的航空公司一定要看好，特别是前些年竞争比较激烈的时候，一定要看好。什么叫看好呢？第一个，由于竞争非常激烈，所以飞机票价格特别低。在美国经常会开玩笑，说在美国买一张飞机票，比自己开车的油钱或者坐大巴车还便宜。但是，你在贪便宜的同时，其实服务上也会有问题。在美国，跨国的、跨洋的、跨大洲的航班一般服务比较好，都是大型飞机，但在国内的支线航空业务当中，服务往往特别差，飞机品质也特别差。有位朋友曾经跟我说，他有一次坐飞机，从美国东岸到西岸，买了一家便宜的小航空公司的机票，飞机噪声特别大，柜台的服务态度也差，效率也低。他说这还算好的，因为很多朋友后来遇到了天气变化大的情况，什么大雪、飓风等等，遇到这种天气的话，如果买这种小的航空公司，运气不好的话就可能一个礼拜都困在飞机场了。其实现在，包括美国的一些大型航空公司的服务，也经常备受诟病。所以在那个时候,巴菲特买了美国航空公司相关的股票,相当于介入了航空业初期的不规范的竞争当中,这本身就跟巴菲特的投资逻辑相违背。

当然,到了 2016 年,经过竞争与淘汰,美国航空业垄断竞争的态势已经成型了,包括美国航空公司、达美、西南、联合大陆航空四家航空公司在内,都已经具备了一定的垄断竞争能力了,这个时候巴菲特才选择了大规模地介入。美国四大航空公司于 2017 年实现了连续 6 年的盈利,整体状况看确实还是不错的。再来看一下 2017 年前三季度的数据,巴菲特持股的美国航空公司,净利润是 6.24 亿美元,营业收入是 108 亿美元;西南航空营业收入 52 亿美元,同比增长是 2.6%。要知道在之前的 10 年里,美国航空业基本上都是亏损的,且整体亏损累计超过了 500 亿美元。所以,巴菲特对于航空公司的投资,其实仍然是践行了自己的护城河理论。他也在实际操作中教育自己,当初由于忽视了护城河的重要性,才导致投资失败。应当在护城河建立之后,再去选择大规模地介入。

我正好也看了一篇文章,稍微岔开来跟大家聊一下,就是当企业有了护城河之后的一点点小的领悟吧。

这家公司就是携程。这两天我看到携程内部开一个中高层的会议,在这次会议当中,携程公司做了一个非常深刻的反思。因为大家知道,前几年携程关于企业品牌形象方面有很多负面的报道,包括内部幼儿园居然出现了伤害孩子的事情,还有机票搭售的事情等。巴菲特这样的投资者会把符合护城河理论的垄断企业作为投资的优先选择,但是当一家公司具有垄断优势的时候,往往意味着这家公司可能出现所谓的"大企业病"。携程就非常典型。携程在机票酒店互联网销售的渠道中,显然是一家垄断优势非常强的公司,护城河效应是毋庸置疑的。但是,当你拥有这个优势之后,企业的价值观没有自上而下建立贯彻起来,企业品牌的正面形象出现了问题,整个公司内部对于价值观的落实都可能出现问题。比如每个部门都在考虑自己的 KPI,考虑自己的盈利效果,但是,却集中爆发出各种问题,这就是大公司病。在这个世界上,作为投资人来说,你要记住,不可能有一件事情永远一胜百胜。换句话说,就是当这家公司拥有了护城河效应,变成了大公司、大企业,但它有可能会在某一天,瞬间被大企业病击垮。同样的,美国次贷危机的时候,一个又一个大企业,不就是一瞬间就被击垮了吗?总之,做投资的确是一件艰辛的事情,处处小心也处处陷阱。

关于美国和中国航空公司做一个对比。比起美国的航空公司股票,中国航空公司股票的表现就比较一般了。2016年下半年开始,整体处于一个震荡的状况。按照2018年年初的股价来看,南航的动态市盈率大概不到20倍,是A股航空类上市公司当中最低的,但是即便如此,比美国航空公司还是要高。市净率也是,如果从市净率角度来讲,中国航空公司优势大一点。中国主要上市航空公司的市净率保持在2倍左右,低于美国航空公司的股票。国航的市净率最低,只有1.9倍。

很显然,中国的航空业已经形成了典型的寡头垄断,东航在上海,国航在北京,南航在广州,三大核心基地被三大航空公司高度垄断,所谓的护城河效应,按照巴菲特逻辑来讲,显然是已经具备了。三家航空公司基本上占据了全中国航空市场的70%以上,这是一个非常重要的点。争议的点在于未来航空公司有没有投资的价值。航空公司从现在开始看,作为一个稳健投资的标的来讲,大概有两个可能偏中长期利好的要素:第一个要素就是人民币的升值,2017年人民币意料之外地一直保持强势。如果这种态势在2018年能够延续的话,对于航空公司来说,直接的影响就是航油的成本和航材的采购成本能够大幅度下降。第二个重要的点,目前中国的航空业主要集中在核心城市,北京、上海、广州、深圳,还有一些省会城市,这些城市的航路都已经饱和,就是我们坐飞机经常会听到说,由于航路管制的原因,我们的飞机不能按时起飞。什么叫航路管制呢?从北京飞到上海,也是类似于有一条马路,这条马路上的车太多了,那你就不要飞了,你就得在地面上等。所以类似于航路管制的原因,监管部门对于整个航空公司增加飞机的运量都进行了限制。这个事情要提醒给大家:从中期角度来讲,航空公司将会处于一个相对的供不应求的状况。在供给端,由于不让你买飞机,由于不给你增加航班航次,它的供给能力是被限制住了。在这种情况下,中国的航空公司会有一定的利好的效应,再加上刚才这个油价相对降低的效应,这两点大家可以做一个参考。

但是从长期来讲,各位可以做一个中国的航空公司和日本的航空公司的对标。日本现在是航空产业供过于求,日本极少出现航空晚点的问题,原因是飞机多、人少。机场上永远有很多备用的飞机。大家这样来想吧,比如上海的天气不好了,然后北京说,那跟我有什么关系,我就要飞。问题是你北京要飞的这个飞机得从上海飞过去才行。所以北京必须得等上海这边的飞机,等着上海的天气变好。飞机飞到北京,你北京那个航班才能够正常起飞,这是航班延误的天气原因,简单来说就是备班飞机不够。假如是日本的状态,备班的飞机特别多,比如说东航,在首都机场还有10架飞机空闲着备班,那上海飞机没有飞过来没关系,备班的飞机直接起飞就行了,这样整个航班产业的准点率就提高了。日本就是这样一种状况,所以日本的飞机航班准点率比较高。你可能就要问了,为什么日本有那么多备班的飞机?日本的人口一直是负增长,所以从长期来讲,随着中国人口数字相对增长幅度的快速下降,终归有一天,会发现航机的供给增长速度超过了人口增长所需要的增长速度。到那个时候,我们航班的准点率就会大幅度上升,同时也意味着航空公司盈利状况的大幅下降。这是一个更长期的判断,供大家做一个参考。

总结: 我们认为航空公司从巴菲特投资逻辑角度来讲,已经具备了所谓护城河的效应,而从中期角度来讲,航材的要素价格和供给管制的问题,还是让相关企业具有了一定的投资价值。

四、医药股还值得价值投资者关注吗

这节我们要对标的是巴菲特持股的另外一个品类,医药类股票。大家都知道巴菲特持有，或者曾经持有过的医药品种有强生、赛诺菲、万特、BD公司，以及大名鼎鼎的葛兰素史克等。A股当中，我们精选出来作对比的是云南白药和片仔癀。其实，总的来看，整个医药板块，作为投资品种来说是一个牛股云集的行业，但同时，医药股的投资难度也非常大，专业性很强。某种程度上讲，有点像什么呢？有点像弱化一点的文化传媒的品种。为什么这么说呢？比如电影公司，特点就是这部片子拍成功了，赚钱了，但其他的影片不一定赚钱，各个产品直接在盈利预测上没有什么关联性。医药板块也是如此，一家公司投入重金研发了一种药赚钱了，但是另外的品种可能没有赚钱，甚至可能投入很多最后没有研发出来。那你就不知道它到底哪一个能赚钱，不知道今年赚钱了后面还能不能赚钱。不一定有相关性，这是比较大的一个困惑。所以从这个意义上来讲，医药板块和文化传媒类、影视类的板块有点相似，但是又不会那么相似，因为毕竟医药板块和文化还是不一样。电影完全没规律可循，或者说不太有规律，医药板块其实还是有它的规律的。但是即便如此，依然存在着很多的不确定性，绝大多数人是不可能读懂医药技术发展的方向，每一个西药背后都是一个很复杂的化学方程式、化学分子式以及对于这些药品的临床试验，这些都会有极大的不确定性。投资者看不懂，怎么办呢？按照我们的逻辑，很简单，那就学学巴菲特吧。

巴菲特选择医药板块的核心是什么？举个例子，1993年的时候，美国政府不断加强对制药公司的管制，结果各大主要的制药公司的价格都是大跌的，这里指的是股价。

1994年4月底的时候，纽交所的制药行业指数只有79点，但是随后，谁也没想到，制药公司的股指开始大幅度上涨，随后5年连续上涨。1999年的时候，涨到了369点，4年的涨幅达到了300%多。所以在1999年，在伯克希尔·哈撒韦公司的股东大会时，有股东就问巴菲特，1993年医药股大跌的时候你干吗去了？你为什么不趁机赶紧买医药股呢？你是不是犯了一个重大的错误呢？这个股东说话也不客气。巴菲特回答说，如果再出现这样的机会，我会在一秒钟内做出反应，以低于市场平均市盈率水平的价格，一揽子地买入一大批的制药股。这段话中，有一点非常重要。他不会试图去选择某一家制药公司的股票，而是一大批。因为在医药行业当中，要挑选最后的胜利者非常困难，因此他宁愿同时买入一揽子的主要制药公司的股票。2006 年的时候巴菲特买入了强生公司，2007 年买入了欧洲最大制药公司赛诺菲，同年又买入全球销售收入第 5 大的制药公司葛兰素史克，2009 年二季度，又买入了全球最大的注射器以及医用一次性生产品的供应商 BD 公司股票。

2008 年，巴菲特跟一些学校的学生交流，主要是 MBA 学生，聊起医药股的投资方法。巴菲特说，其实这个方法不只是医药板块，如果完全无法预知竞争结果，我们该怎样去挑选医药公司呢？这个问题问得很实在。因为确实谁也不知道未来医药公司哪个会做得更好，在这样的情况下，投资医药行业还是做一个组合比较稳妥。巴菲特说：我们可以确定的是，5 年之后人们还是要吃药的，只是不知道哪几家医药公司最赚钱，吃的是哪几家公司的药而已……就我自己而言，我也不知道如何挑选医药行业的赢家，但能够确定的是，医药行业作为一个整体是好生意，能实现良好的总体投资的回报率。除非你是这个行业的专家，否则还是做一个组合买入，这样会更合理。巴菲特说，我不在乎哪家医药公司处于研发阶段的药品会更有潜力，也不知道哪家公司将来的盈利能力会更强，我只知道，5 年之后，医药的总销售额一定比现在更高。这是巴菲特对医药板块一个重要的判断。

所以，这句话放到今天同样适用。三个核心：第一个，选股一定不选小公司，这其实是巴菲特最重要的投资基本原则，巴菲特只选择大型的制药企业，而且基本上拥有多项专利药品，这些专利最起码能保证在未来能够带来稳定的收入和盈利。判断医药公司跟判断其他公司最大的区别在于，其他公司，你既有的业务今年看还不错，明年能不能继续是一个问号，但医药行业，一旦某一个药品获得了专利许可之后，它的盈利预期是非常清晰和稳定的。所以巴菲特所选的公司都是拥有多项专利产品、有着细分市场、具有明显优势的公司,比如说强生。第二,巴菲特的原则是,只在下跌过程中买,而且是分期、分批地买入。在医药行业的股价大跌之后,估值水平低于市场平均水平时才趁低买入,而且不是一次性地全仓买入,是要分期、分批地去买进。第三,就是做组合投资。巴菲特不是只选择一两家医药公司,而是一揽子地买入一大批主要的制药公司,刚才我们提到名字的相关的医药类公司已经有5到6家了,那在这5到6家背后,巴菲特研究过的公司可能会更多。这是巴菲特选择医药板块投资的方向。

我们选择两家A股的上市公司来给大家做对比。第一家就是大名鼎鼎的云南白药。云南白药集团成立时间已经比较长了,从一个资产不足300万的生产型企业,成长为一个总资产超过1000多亿的大集团,主打产品就是中成药,它在整个中成药市场当中占有很大的市场比重,是中药行业当中当之无愧的大哥级人物,而且地处药材之乡云南。我有朋友经常会从云南带一些奇奇怪怪的东西过来,有药品,也有绿色食品,比如说三七。云南本身拥有丰富的药物原产地资源,这家公司又跟多家科研单位合作,具备科研研发新品的条件和能力。它拥有的秘密配方,其中最具核心竞争力的就是云南白药了。云南白药被中国人用得最多的主要还是皮肤上有创伤,或者有碰伤之类的,现在正扩展到牙膏、沐浴液等,护城河效应非常明显。

从医药整个行业来分析,医药行业本身被称为是永不衰落的朝阳行业。很多专家分析,到2020年,我国可能会成为仅次于美国的全球第二大的医药市场。新医改会带来扩容的机会。我们接下来看一下它的财务指标。近几年,云南白药的销售净利率一直是呈上升的态势,说明公司在扩大销售的同时盈利水平也在不断地提高,并没有为了扩大销售而牺牲自己的利润,而是实现了净利润和销售收入同比增长的双赢,这些方面也说明了云南白药具有比较高效的经营管理能力。云南白药最近几年的销售毛利率增长基本上在30%左右,十分稳定。这是因为整个中药材原材料价格上涨,以及医改等多种情况。医改其实让药价是有所下跌的,云南白药还能基本保持毛利率不变,这是非常不容易的。在净资产收益率方面,云南白药这几年基本上属于上升期,唯一下跌过的是2009年,还是因为2008年涨得太猛了,所以2009年出现了一个所谓的下跌。而当年的净资产增速大于净利润的增速,盈利能力是多年稳定增强。云南白药的净资产收益率大概超过15%,这完全符合巴菲特的选股标准。

　　第二只个股来讲一下片仔癀。片仔癀跟云南白药最大的区别就是它有一个国家级的绝密保护配方。说句实在话,对于中药的效果,在学界和媒体界一直是有争议的。我个人认为中医在实际结果上讲是有效的,比如它的针灸、按摩这些,在现实实践当中确实证明是有效的,但是回到中药的成药或者是草药的医学原理上讲,的确是存在巨大的疑问。中药因为完全没有办法经历类似于西药那样严格的试验、考核和对比的过程。所以我本人对于中草药的医药逻辑是持一定怀疑态度的。但是,与之相对比,片仔癀的相关的药品是经过反复大样本的随机双盲试验,就是做了大量的科学性的试验,证明它确实具有极佳的消炎和抗病毒的效果。所以,从这个意义上来讲,片仔癀在医药方面的效果可能比云南白药还要珍贵,更何况它是一个国家级的保护秘方。还有一点,它的原材料主要是麝香。这家企业是国家目前唯一批准药用资格的一家企业,所以片仔癀的护城河效果比云南白药更强。片仔癀拥有独一无二的定价权,因为它几乎没有竞争对手,所以,单颗产品的价格,从2008年一直涨到现在,现在每一片的价格大概已经是500多元了,还在继续上涨。从这个意义上来讲,片仔癀作为一个选择方向的话,也是有它自己的独到之处的。净资产收益率,就是ROE,它比云南白药还要高。当然大家在对比之后会发现,中国医药公司的选择,其实跟巴菲特的选择完全不一样。巴菲特主要选择的是西药类的公司,主要看这些公司的专利研发、技术研发能力,而我们目前来说,选择的A股市场当中的医药板块,基本上还是在吃老祖宗的饭,不管是云南白药还是片仔癀,这可能是A股和美国市场最大的一个区别。

> **总结**：中国的医药企业的自主研发能力还是比较弱的，中医药类上市公司，药品效果有实践效果，但理论证明的突破始终是整个行业的软肋。从中国老龄化社会发展的必然趋势上讲，整个行业必然需求旺盛，但还是建议大家，为了规避系统性风险，同时避免个股"踩雷"，可以效仿巴菲特的组合投资逻辑。

粉丝答疑互动

问题

某公司盈利能力不强，总资产600亿，负债却达到400亿，但公司的账户长期存放的货币资金达到120亿。更看不懂的是，近期还要发行长短债，共计90亿，但是公告并没有说明资金的用途。请问，你能不能帮我分析一下其中的奥妙？

回答

我把我的分析逻辑给你讲一讲。你发现了一个很重要的点，这个点就是这公司可能存在的问题，接下来就是要推演这个问题可能引发的结果。首先我不可能告诉你这中间到底有什么样的奥妙，但是我觉得我们可以做两件事情。第一件事情，就是通过你刚才列举的财务方面的数字，去推演出更深层次的问题。第二个，根据这些更深层次的问题，对这家公司的投资和管理做出一些判断。第三步，如果还有第三步的话，那就是你决定到底是买入还是卖出。这三点，我觉得是需要做的思考逻辑。

我们看到财务报表当中有不懂的问题，没关系，先记下来，记下来之后要列出来你要问的问题。这些问题你到了跟公司去做交流的时候，他们有的能够合理解释，有的是不能够合理解释的。不能够合理解释的部分，就是要去减分。如果有些看起来明显财务报表当中有问题，但是公司却可以合理解释，那你是可以申请给它加分的。

就按照这个逻辑来看，首先，这家公司盈利能力不强，总资产达到600亿，资产规模不算小，负债却达到400亿，所以，它的资产负债率达到了66%，这个负债率水平并不算低。也就是说对公司长期而言，在运营方面，对于外部的资金需求是比较大的。那它就会引发一个问题，如果公司对外面的资金需求很大的话，债务风险就会比较高。将来这些债务到期之后，会不会引发相关的债务压力？所以你要仔细去看这400多亿的负债，到底一年内的短期债务有多少，1年到3年的有多少，3年以上的又有多少。对整个债务结构做一个区分，来判断这家公司会不会出现还不起债的情况，这是第一个重要的推演。第二个推演，就是这家公司负债率这么高，是不是因为它造血能力不足？换句话说，这家公司如果是处于一个相对比较稳定的行业，这个行业没有快速增长的话，那是不是它本身在这个行业当中盈利能力是不强的。因为公司资源来自两块，一块就是自己的造血能力，另外一块就来自对外的借钱。

当然，还有另外一种解释，假如这个公司处于一个快速增长的行业，虽然它现在造血能力不足，但是整个行业是快速增长的，大家都必须要通过借钱去发展，那这样的话，这种负债是可以被理解的。所以这是关于资产负债表，就是600亿的资产，400亿的负债，所能够看出来的要害，这是第一点。第二点，在公司整体资产负债率比较高的情况下，公司的账户长期存放的货币资金达到120亿，我觉得这是一个非常重要的疑点。如果公司的货币资金达到120亿，却又在对外大量借钱，而借了钱之后，放在公司账户当中却没有用处，这就显得非常异常了。这些疑问包括，你既然有那么多闲余的资金，为什么还要对外借钱，是管理方面有问题吗？第二个，这么多钱花不出去，是不是公司未来发展根本就没有明确的方向？同样也可以推演出来，公司管理是不是有问题？无论如何，这两个指标、两类数据放在一起，一方面大量对外借钱，另一方面借了钱却没有地方可花，足以让我们去质疑这家公司的管理层是不是存在很大的问题。第三个，在这么多钱放在账上没地方可用的情况下，居然还有继续发债融资90亿的方案。没有讲清楚相关的资金用途，是因为它不是股权融资。股权融资必须对募资的投资方向做相关介绍，因为是债券融资，债券融资更多的是用公司的流动资金和利润回报来做相关的补偿。所以，如果是短期债券的话，那么相关的资金用途是不用讲那么细的，这个我倒觉得可以理解。但是同样，再推演出来下一个细化的问题就是，你借钱的资金成本究竟是多少，借来的钱放到银行账户当中去闲置，能够获得的利息收入是多少。一方面是借钱的成本，另一方面这些钱到了账之后闲置的利息收入，这两者相比，究竟是赚钱还是亏钱。

如果公司按照这个问题所描述的，大量的货币资金只是放在银行的活期存款账户，或者是基本账户当中，那它的利息收入会非常低，但是资金借贷的成本却非常高，请问管理层对此为何视而不见？

我们可以推演出大概这样几个问题：第一个，这家公司首先资产负债率很高，它的债务结构是不稳定的。第二个，资产负债率高，加上大量的货币资金闲置，表明这家公司管理层在管理上是有问题的，因此它未来发展是堪忧的。第三个，还要再次去融资，而且这些融资的目的是什么完全不清楚。所以，总体来讲，对于一家公司，从这些数据简单来判断的话，我们是存在巨大的疑问。最坏的一个可能性就是，公司所谓120亿元货币资金存放有做假的嫌疑，如果最终被揭露的话，公司股价将可能会暴跌。

当然，你可以带着这些问题，去跟公司的董秘，去公司的股东大会做相关的交流，他们如果能够解释清楚，那我觉得可能会是另外一个结果。所以，我们研究财务数据，和我们最终得出来的答案，中间有个非常重要的环节，这个环节就是尽量去跟公司高层做交流和沟通，让他们去真实地解释我们的悬疑，然后，才能得出来我们投资的判断，而不是仅靠这些悬疑去做出投资判断。这一点我觉得对于我们参与价值投资来说，是非常重要的一个逻辑和方向，请大家不要忽略。

问题

这几年中概股的回归潮一直很高，大家一般感觉美国上市好像更牛，为什么要回归到 A 股呢？A 股比美国市场更好吗？

回答

　　大概有这样一些原因。首先，海外上市的市场估值不如 A 股市场。同样一家公司，市值在 A 股市场可能比海外要高很多，这对于公司的原始股东来说显然更具吸引力。当然，究其原因可能是老外看不懂中国股票，读不懂中国市场等。所以，通过改变上市地来实现市值提升，对于公司控股股东来说就是让自己账面上的钱增加，何乐而不为呢？这个我觉得是一个最主要的原因。第二个，境外市场相对比较成熟，监管比较严。更可怕的是，境外市场还有所谓的浑水这样的公司，以做空上市公司来赚钱。当然对于上市公司来说，如果公司的财务数据被人质疑，管理层被人质疑的话，那一份报告发出来，你的股价就会暴跌，而且不仅是暴跌，还可能会被海外监管机构质询，所以这个压力还是比较大的。包括我们 A 股市场一些大名鼎鼎的公司，之前在海外上市的，都曾经在海外被质询过，甚至被浑水这样的公司做空过。那么中国 A 股市场比较好，因为没有做空的机制，我干吗给你报负面消息呢？不管是媒体还是别的，它都没有办法通过做空来赚钱，所以做空的动力明显不足。还是回到第一个问题，就是 A 股市场可能够看到一个漂亮的上市公司的市值，我觉得这是很多中概股回归的主要原因吧。

　　再加一个原因的话，那就是很多种中概股，特别是 IT 类的公司，之所以到海外去上市，当初是因为所谓的 VIE 结构，就是名义上他们是一家外资机构，是为了避税，为了吸引海外投资人。总之，它们是注册在境外的公司，但实际上是一家中国公司。因为境外股权的公司是没有办法在 A 股上市的，所以它们只能"流落"到海外。后来有很多机构为了解决这个问题，就干脆把自己所谓的 VIE 结构拆掉了，重新回归到以中国投资背景为主的股权架构，所以符合了回归 A 股市场的条件。这也是一些中概股回归 A 股的一个历史性的原因。

第十四章
巴菲特 A 股生存法则
——入门级

一、投资你能够看懂的行业和公司

从本节开始，我们要进入本书的收官环节了。之前给大家讲了那么多巴菲特的故事，很多朋友说，能不能来一些有实战感的内容。所以从本节开始，我们就要进入具体的实战指导环节。一共分为三个阶段，第一阶段是专门针对入门的小白级别，第二阶段是进阶，第三阶段是大师级。

本节就从入门级开始，谈谈如何将巴菲特投资理念应用在 A 股实践中。首先，要选择你能够看得懂的，包括行情、行业、公司。我们一般将投资分析分成三个层面，即宏观、微观和中观。不同的分析侧重和顺序，带来了三种主流分析逻辑。

第一个分析逻辑是宏观分析逻辑，即从上到下，从宏观的分析，到中观的行业分析，最后再到微观个股分析；第二个分析逻辑是反过来从下到上，从微观个股到中观，再到宏观；第三个逻辑是，从中观行业分析入手，向上参考宏观，向下精选个股。三个方法都是非常常见的股票分析逻辑。我喜欢第一种，从宏观到中观，再到微观。大多数普通的投资人，偏好从微观到中观，再到宏观，就是首先考虑个股赚不赚钱，再看行业怎么样，最后参考宏观经济。目前我看到的很多机构投资者，包括券商和基金，大多数都是先从中观着手，先选择好几个行业，这几个行业，他们认为是有机会、有前途的，然后再去参考相关产业的宏观政策背景。当然在选择中观的时候，已经在考虑宏观的背景，然后再选择哪些公司最有代表性等。

那么巴菲特的分析逻辑是怎样的呢？他一般首先进行行业选择。如何进行行业选择呢？一般来说，每个企业都受到它所处外部环境的影响，包括社会、经济、法律、技术、自然，也包括产业内部的竞争——对手、供应方、潜在进入者、购买者,等等,这是产业分析的一个基本方法论。巴菲特对于产业的选择,主要着眼于产业的吸引力和产业的稳定性两个方面。产业的吸引力表现在产业平均盈利能力上,产业稳定性表现在产业结构的变化程度上。从理论角度来讲,产业吸引力取决于产业内的五种竞争力,就是进入威胁、替代威胁、买方的砍价能力、供方的砍价能力以及现有竞争对手的竞争能力。这五种竞争能力的强弱,决定了投资资本进入的难度以及产业竞争的强度和产业利润率。这段话听起来有点晦涩,恰好我的硕士专业就是学产业经济学,所以大家要知道产业经济学有整体上的一个分析范式。产业经济学分析范式认为,行业的产品特征和行业竞争的架构,决定了行业当中的企业的竞争行为,然后政策会影响这个行业的架构。所以,总的来说,对于行业的分析,首先来看这个行业的吸引力,另外就是产业的长期稳定性。

对长期稳定性的看中,是巴菲特区别于其他投资人的重要因素。巴菲特常说:选择一只个股,如果你没有打算持有它10年或者15年以上,你就不要买它。所以他选择的公司,必须处于一个稳定发展的行业中,在未来10到15年,或者20年,可以预测到。巴菲特偏爱那些不太可能发生重大变化的公司和产业。他在进行投资的时候,他的逻辑就是从稳定的行业中选择拥有强大竞争力的企业。他认为一个强大公司的主业之所以能够长期稳定发展,根本原因就在于它所处的产业具有长期向上的稳定性,而那些经常发生重大变化的产业,比如说高科技产业、新兴产业等,巴菲特认为它们的产业本身没有具有内在的稳定性,很难对长期的前景做出相关的预测,所以他投资得很少。

经验表明,经营盈利最好的企业,经常是那些现在的经营方式与5年前,甚至10年前,几乎完全相同的企业。但也不能说一成不变,就是说企业在发展过程当中,肯定还是需要不断地改善服务、改革调整产品线、推动生产技术和管理的进步,但是这些进步和变化,在巴菲特看来不属于根本性的质变,只是不断地完善。如果一家企业需要经常发生重大的改变的话,那有可能会导致投资人意外的重大损失。当然了,这是他的基本逻辑,在实际当中,对产业的分析和确定并不是很容易,所以巴菲特和他的股东们,宁愿专注于那些容易预测的产业,他们也花了很多时间去研究和学习,实在觉得理解不了,就会放弃投资。

巴菲特认为,可能由于他们自身智力和学识上的缺陷,导致他们对一些产业的了解存在一定的障碍,所以不勉强自己去学会每一个产业,不投就不会亏,不赚钱至少比亏钱要好,这也是我经常提醒大家的,宁可错过也不要做错。

那回到A股的实践层面,我们应该去关注哪些事情呢?首先是行业的宏观要素。作为投资人来说,你不用跟我一样,总是从宏观着手,各位大都是以具体个股投资为目标的,所以你更应该从中观行业角度来着手,同时兼顾到宏观经济的影响。比如说这个行业处于什么样的发展阶段,萌芽期、成长期还是成熟期,或者已经到了衰退期。但是即便到了衰退期,其实也有二次腾飞的可能——这个我觉得大家去观察很多行业的发展周期,都会出现这样的状况:明明已经到了一个衰弱期了,但是由于相关技术的革新,又产生了新的机会,再次起飞。总体上说,不同的发展阶段,决定了这个行业中公司的属性,题材股、成长股、周期性成长股、周期股,还是长期价值投资股,都与其所处的行业的发展阶段密切相关。

比如最近比较热的区块链。区块链的技术在很多层面当中大家都很难理解,它所能够产生的经济效益很难去测算,所以对它的投资就属于题材股了,风险很大。相对稳定的是成长股,比如风电、太阳能等,技术上已经相对比较稳定了,但是产品价格的市场竞争力不足,有比较大的想象空间,同时也有一定的风险和不确定性。每个行业的发展阶段不同,直接确定了相关个股的地位。

怎么去做这种研究呢?相关的公司公告,相关的行业研究报告,我建议大家应该去多学习和多阅读。当然,现在随着付费时代到来,很多行业的研究报告需要付费,但是我建议大家,如果作为一个投资学习来说,该付的一些费用还是需要付的。

其次，就是对行业的竞争要素进行分析。主要包括供给层面和需求层面的研究。关于供给层面，明确行业的竞争格局和主要的竞争壁垒，需要仔细研究这个行业的龙头公司，目前的竞争格局是怎么样的，处于怎样的集中度。行业竞争的集中度非常重要，巴菲特着重关注这一点。按照我所观察到的巴菲特的投资逻辑，他理想中的行业，一般都集中了3到5家的大型企业，能够控制整个市场至少50%—60%份额，这样的大企业和集中度的行业，才会进入到巴菲特备选的投资标的中。然后在这3到5家的大企业当中的前1—2家，特别是最大的一家，显然具有超乎其他竞争对手的优势。最典型的就是碳酸饮料行业，可口可乐和百事，两家企业几乎垄断了全世界所有的可乐类饮料，其中可口可乐又比百事可乐强很多，这是一个重要的格局。

再者是需求层面。影响需求层面的因素很多，对于大部分的周期股来说，宏观经济就是需求变动的直接驱动。对于成长股来说，目前的市场渗透率、技术商业化的路径，是需求的重要驱动。需求的对象是居民还是企业，对应需求的变动是居民收入驱动，还是企业盈利推动。又比如研究消费品，需要观察个人的收入；研究投资品，需要观察企业的盈利；需求对收入的弹性大小，也是需要做出相关研究的，刚性需求和弹性消费差别也比较大。总体上来说，在二级市场，供给面的影响是中长期的，市场的认知趋于接近，需求面的影响需要主观判断，是股票波动的主要来源，研究需求是研究好这个行业的关键。

举个例子，大家最近都很关注上海汽车所在的整车制造业。我们需要关注什么呢？比如这个行业特征是收入规模很大，附加值和盈利点比较低，上游大体上是原材料和零配件，下游包括汽车销售、维护保养、汽车金融，等等。这上下游的特点是，上游行业拥有核心技术和强竞争力的企业，具有更高的附加价值；下游的企业提供增值服务，盈利会更强。这样对整个的汽车行业，包括行业的上下游的链条，就会比较清晰了。

> **总结**：各位做投资之前，第一要懂行业逻辑，看得懂行业的位置，也能够看懂行业发展的相关规律和数据，包括行业所处的生命周期、外部的要素、行业的需求、增长速度、市场空间、行业盈利、行业壁垒、行业集中度、竞争结构。第二是在这个基础上去寻找行业当中的龙头，寻找那些标杆企业、黑马企业。第三要适当学会了解行业当中的潜规则。所谓潜规则并不是负面的、黑色或者是灰色的，而是只有业内人士才懂的一些技巧和要害。深入学习，才能够读懂每个行业不同的门道。

二、读懂基本的财务报表，避免最基本的风险

可能有很多朋友说，之前关于财务报表分析，已经有专门一个章节来讲解了，为什么这节又要讲呢？因为现在到了一个实际操作阶段了，所以我们要把之前系统讲的东西，再给你拎拎重点，特别结合巴菲特的一些投资理念，然后会做一些重点布局上、概念上的解释和突破，这个是比较重要的核心点，跟以前是不太一样的点，供你做一个参考。

比如说财务分析。如果你要系统学习的话，我一直推荐大家要仔细研读注册会计师考试当中有一本《财务成本管理》的教材书。当然这本书比较难读，要仔细看完的话不是一天两天的事。今天有机会通过这一节的内容，就可以让你了解其中的主干和精髓，包括思维方式、评价方式、核心指标等。这节的内容建议你要反复地、不断地研读。

和那些广泛的、分散投资的普通投资人不同，巴菲特是个喜欢高度集中投资于少数超级明星企业的投资大师。他只投资于少数的明星企业，而且持股比例非常高。这些超级明星企业，它们的各项重要的财务指标都要远远超过行业的平均水平。其实巴菲特进行财务报表分析的目的，不是分析

所有的公司，而是为自己寻找那些极少数的行业内的超级明星。巴菲特有这样一句话，他说：我们始终在寻找那些业务清晰易懂、业绩持续优异、能力非凡，并且管理层愿意为股东着想的大公司。虽然它们不一定能保证我们马上赢利，但我们还是要在合理的价格上投资它们，同时买入它们的未来业绩，与我们的预测相符。这句话什么意思呢？就是只要公司有前途，投资的价格足够低，未来迟早会兑现对它的预测。巴菲特还说：寻找超级明星，是给我们走向真正成功的唯一机会。

那么，如何像巴菲特一样精通财务报表分析呢？我们来看看他本人有哪些方法。这个分析首先就是垂直分析，垂直分析就要确定财务报表结构当中占比最大的重要项。垂直分析又叫纵向分析，实际上就是一个结构性分析。这种分析又包括了三步。第一步首先要计算财务报表当中各个项目占总额的比重。它包含三张表：资产负债表、损益表和现金流量表。现金流量表，我个人觉得不在结构分析当中；资产负债表，你需要看一下它的资产主要来自什么样的架构，要判断它的债务稳定性。至于损益表，来看这家公司的利润主要是来自什么样的结构，这家公司的主营业务收入当中哪些项目占了什么样的比重等。第二步，通过各项目的占比来分析它在企业经营当中的重要性。一般来说，项目占比越大，重要程度就越大，对公司总体的影响程度就越大。第三步，将分析得到的各项目的比重，与前期同项目的比重做一个对比。今年的和去年、前年的做一个对比，看看各项目的比重的变化情况，对变化比较大的重点项目再进一步分析：这种变化究竟是结构优化了，还是结构劣化了？发生变化的原因是什么，是行业外部的环境，还是因为管理层主动的调整？等等。以利润表为例的话，巴菲特非常关注的是销售毛利率、销售费用率、销售的税前利润率以及销售净利率，等等，这实际上对利润表进行了一个垂直分析。

其次就是水平分析。它是分析财务报表年度变化最大的重要项目。水平分析法又称为横向比法，是把财务报表各项目的报告期的数据，与上一期的数据进行对比，分析企业财务数据变化的情况。水平分析进行对比，一般不只是对比一两个项目，而是要把财务报表，报告期的所有项目，与上一期进行全面的、综合的对比分析，了解各方面存在的问题。比如说长期资产、固定资产、现金、流动性的资产、流动性的负债等等，所有的项目都做一个时间轴的水平分析。然后，把所有的项目都做一个对比，看变动比较大的项目，了解各方面存在的问题，为全面深入分析企业财务状况打下基础。

有一种说法，水平分析法就是会计分析的基本方法。这种把本期和上期做对比的分析，既要包括增减变动的绝对值，又要包括增减变动的相对比率，这样才能够得出更加全面的结论。所以每年巴菲特给股东的信，第一句就说，伯克希尔·哈撒韦公司，每股净资产比上一年增长百分之多少。这就是所谓水平分析的一个重要案例。

再者是趋势分析，分析财务报表长期变化中最大的、最重要的项目的未来趋势。趋势分析是一种长期分析，它计算一个或多个项目，随后连续多个报告期数据与基期对比的一个定基的指数。或者与上一期比较的一个环比的指数，形成一个指数时间序列。这个是趋势分析和水平分析最大的区别，水平分析是以最新的报表去倒推数据变化，趋势分析则是反过来，比如说我们以 2010 年作为统计的一个财务基数，那么 2010 年一直到 2019 年，从各个数据之间的变动情况中去寻找规律。所谓趋势分析，那就要分析数据是下降还是上行，背后的原因又是什么，找出原因，看能不能克服，这就是以之前的财务报表的数据作为基数的分析方法。所以趋势分析法既可以用于对财务报表的整体分析，也就是研究一定时期报表内各项目的变动趋势，也可以只针对某些重要财务指标的发展趋势做预测。

巴菲特是做长期投资，所以他特别重视公司的净资产、盈利、销售收入的长期趋势分析。他每年给股东信的第一页，就是一张表，这张表列示了从 1965 年以来，伯克希尔公司每年每股净资产的增长率，以及标准普尔 500 增长率，两者做一个对比。

还有是比率分析。比率分析是最常用的，也是最重要的财务分析方法。所谓比率分析,就是将两个财务报表当中的数据做一个除法,得出一个相对比率,来分析两个项目之间关联的关系。它一般分为四类：盈利能力比率、营运能力比率、偿债能力比率以及增长能力比率。巴菲特在四类比率当中最关注的是净资产收益率、总资产周转率、资产负债率、销售收入和利润增长率。财务比率分析最大的作用是使不同规模的企业财务数据所传递的财务信息,可以按照统一标准进行横向的比较。所以你不能说大公司大,总额高,就认为它赚钱能力更强。不是的。要看它的比率,测算出公司的盈利能力、存货的周转速度等,包括应收账款的周转速度,这关系到公司的营运管理能力,你不能因为绝对量大就认为它肯定强。

第五个方面,我们称之为因素分析法。用来分析最重要的驱动因素,因素的替代分析法又称连环替代分析法,用来计算几个相互联系的驱动因素对综合财务指标的影响大小。比如说销售收入取决于销量和单价,企业提价了,往往会导致销售量的下降。我们可以用因素分析法来分析价格上升和销量下降对收入的影响程度。

举个例子,巴菲特在2007年给股东的信中讲,1972年,他收购喜诗糖果,年销售量是1 600万磅,一直到了2007年,才增长到了3 200万磅。这数据一看,一点都不好,因为整整过了35年,销售量只增长了1倍,年销售量的增长率只有2%。如果光看这个数据的话,觉得这个公司好烂。但是销售收入的增长,却从1972年的3 000万美元,增长到了2007年的3.83亿美元,35年增长了13倍,收入增加了3倍,看得出最主要的驱动因素就是持续涨价。看到这样一个要素之后,你可以继续推演,这个公司不断去涨价,居然能够被市场接受的原因是什么？是需求总体在增长,还是这家公司的品牌已经建立起了护城河呢？这种能够让它涨价的因素将来能不能持续呢？这些问题,都会不断地衍生出来,你可以再继续去追问,然后继续去翻财务报表,甚至继续去问公司的管理层,等等。这个就是一个比较好的分析逻辑和方法。

下一个分析方法是综合分析法。多项重要指标结合，进行综合分析。企业本身就是一个综合性的整体，所以企业的各种财务活动、财务报表、财务项目、财务分析指标，都相互关联，仅仅单独分析一项或者一类的财务指标，就会像盲人摸象一样，陷入片面理解的误区中。所以，我们要把多个重要的财务指标结合在一起，从企业经营系统的整体角度去进行综合分析，对整个企业做出系统的、全面的评价。我用得比较多的是杜邦的财务分析体系。这个大家可以去学一下：净资产收益率＝销售净利率×总资产周转率×权益乘数。这个具体公式当中的具体的分子和分母，三个比率分别代表了公司的销售盈利能力、营运能力、偿债能力。所以，再做细化分析的话，就可以看出来，所谓一个净资产收益率，就是 ROE，背后如果分化为三个指标的话，可以看出来公司经营管理当中的三个最重要的要素，这就是综合分析法。

还有一个叫对比分析法。就是把你选择的这个上市公司和其他的上市公司做比较，与同行业的其他公司做比较。伟大的、超级的明星企业往往也会有一个跟它实力相当的竞争企业，比如可口可乐有百事可乐，麦当劳有肯德基，波音有空客，等等。把你选择的这个超级明星企业和另外一家超级明星企业做一个对比，来看一看到底谁更具有核心竞争力。

最后一个分析方法叫前景分析法，预测未来长期业绩是财务分析的最终目标。巴菲特进行财务报表分析的目的，不是分析所有的公司，而是为了寻找极少数的超级明星。可以这样说，巴菲特每年会分析很多上市公司财务报表，但是最后，绝大多数分析都不会影响他的投资行为，分析完就直接扔掉了。他始终在寻找那些业务清晰易懂、业绩持续优秀的公司。这就是巴菲特所说的寻找超级明星。

再重复一下这句话，对于企业未来发展前景进行财务预测、进行财务分析，是财务报表分析的最终目标。巴菲特说得非常明确，他关注的是公司未来 20 年，甚至 30 年的赚钱能力。

> **总结**：按照我们这个方法，找几张财务报表，一个一个去做一下对比，然后对比读不懂的地方，列出你的问题，比如为什么存货周转率上升了，为什么应收账款周转率下降了，等等。然后尝试着对公司基本面做分析——宏观的、行业的、供给方的、需求方的、竞争对手的等。如果问题还解决不了，就去公司做相关的咨询，或者找高手去做相关的分析。这样的话，你的水平就可以不断地提高了。

三、怎么看企业主业是否突出

今天来聊怎么看企业的主业是否突出。很多朋友可能会怀疑，这也算是一个重要的问题吗？值得我们特别关注吗？

实际上，这是一个非常重要的问题。举个简单的例子，假如你们家正在装修，需要找一个水电工，你肯定会在价格所能够承受的范围当中找一个最专业的水电工，因为施工安全问题很重要。所以你在请人之前，肯定也先会去打听一下水电工以往的经历，干过什么活。如果一个人，去年在做清洁工，前年在做园艺师，大前年在修汽车；另外一个人已经做了5年的水电工，你会选哪个呢？显然，你肯定要选那个更资深的电工。

我们选企业也是一样。巴菲特选择企业，其中一项最重要的条件就是要求企业的主业一定要突出。当然了，我们也不能完全一棍子打死，世界上确实有很多通才，很多企业家是可以做多元化经营的。他做什么事情可能都比别人要强。但是，绝大多数人、绝大多数企业都不具备这个能力，所以你所投资的企业，你最好把它限定为——它的老板，它的总裁，只能够用有限的精力去做好一项主业。专心致志做一件事情，才能够把事情做好，主业鲜明，应该是一家好企业的特征。那么，主业鲜明突出的企业应该是谁呢？

关于主业，首先第一个问题，刚才也提到了——是盈利增长的来源。销售收入增长比较可靠的方式，就是通过抢占市场、提高价格、开发核心产品、并购这些途径实现。当然了，企业的收入增长也有可能是因为税收政策，或者补贴政策变动而带来的。但注意，靠节省成本创造的盈利增长是不可持续的。好公司的盈利模式应该是越简单越好，最好几句话就能说清楚。因为工作的原因，我经常会见到很多的创业型企业。水平比较高的创业型企业会做特别漂亮的 PPT，比如有的人把 PPT 做得像乔布斯苹果大会上的 PPT。但 PPT 做得再好，也不是解决问题的关键。我会问他，你能不能用一两句话来讲一下你的主营业务是什么？你靠什么赚钱？很多年轻的创业者，可能给你讲半个多小时，结果还是没讲明白，这是问题症结。像贵州茅台，多年来，人家只做酱香型白酒，以至于成了酱香型白酒的代名词。它的产品有不断的改良、更新和换代，但核心的那一款"飞天茅台"才是赢利的基础。茅台如何靠"飞天茅台"实现收入的增长呢？其实方法就是一直涨价。这就是茅台的商业模式，一句话就能说清楚。当然，反过来讲，多元化企业并不一定是不好，可即便你是做多元化经营，也应该有非常简单、直白的商业模式、盈利方式。这是一个重要前提。

第二个问题是竞争优势。简单说，就是企业靠什么把竞争对手挡在外面。这块内容要关注的是成本能不能控制住，有没有专利技术，是否有垄断经营，包括特许经营和管理效率的提升，等等。当一个行业利润率特别丰厚的时候，可能会导致资本流入、竞争加剧、盈利降低等问题，除非企业能够有效地把竞争者挡在门外，这就是巴菲特所说的护城河了。当然，竞争激烈的行业，意味着企业盈利空间会缩小，同时风险也会放大，也可能是周期性行业。要了解企业面临的竞争态势，是有简单的判别方法的：当某个行业大打价格战时，就是行业竞争激烈的时候。这些年打价格战比较多的都是新的商业模式，从之前的团购、外卖，到共享单车，再往前就是类似于携程和艺龙之类的，就是各种新的模式在竞争。是否拥有竞争优势，是判断你的企业能不能在未来活下去的关键。实际上，企业到底有没有具有可持续性的竞争优势，是我们做中长期投资选择的重要点。比如你现在倒回去 10 年，或者是

15年,诺基亚、摩托罗拉有竞争优势吗?当然有。但是当苹果的智能手机出现后,它的竞争优势一夜之间就崩塌了。

第三个问题,关于多元化并购。多元化必须要产生协同效应,这个其实是观察并购整合的时候必须要讲的。之所以要进行多元化,产业上下游的一体化,还是不同行业、不同竞争领域之间的一体化,你最终的目的就是一定要形成协同效应。协同效应包括什么呢?减少交易费用、减少谈判成本、减少风险。比如说最近一段时间煤电要搞并购,为什么呢?因为煤炭跟钢铁,都是供给侧结构性改革,价格飙升,电力企业受不了。那么最好的方法就是电力企业把煤炭企业给收购了,成本变成内部核算了,那就会好很多。所以,一定要有协同效应。所以很多企业做并购的时候,你只要问他,你说你做了这么多行业,这么多主业,很多下属企业,一大堆业务,就好比如乐视网,公司有几个儿子企业都已经记不清了,请问你这么多个主业之间,用什么样的方法能够形成协同?这个协同到底能为你的经济效益提升带来什么样的帮助?就这两个问题去问他,能答得上来的是高手,答不上来就是骗人。当然有企业比较坦诚,比如之前我遇到的一个在A股市场当中并购产业较多的老板,他提了大概6个产业,我问他:你各个产业之间协同效应怎么解决?他沉默了30秒吧,然后说:说实在的,怎么去形成协同,我们没解决,但是我觉得我在努力。我觉得这也算是一个比较实诚的说法,最起码他也在思考这个问题。这是关于多元化并购。

第四个就是大股东的素质,大股东与上市公司之间有没有关联交易、担保情况、信用情况。此外,管理层如果突然主动辞职也要进行观察。如果公司前景乐观,没有特殊情况,是不会有管理层意外辞职的,大家一定要注意。特别很多管理层说,因个人原因辞职,这往往都是不可为人所知的原因,或者是发现了问题。特别是对于一些投资类行业。我身边看到的一些投资类的、金融类的企业,很多高管辞职的主要原因,就是因为他们知道外界不知道的风险,他觉得在这儿待下去,自己可能会有大的问题,甚至是一些法律方面问题,所以干脆辞职了。这种风险一定要警惕。

第五个就是会计和审计。看资料的时候要看审计报告，经常更换会计师事务所的公司，多少都有造假，主业的可靠性也就会存疑了。

第六个要警惕消息过多。消息过多的时候，反而会有问题。比如说乐视网在停牌之前，出了好像有100多个利好。这样的公司，你反而要警惕，它是不是主业不靠谱了，需要大量利好消息来掩饰？此外还包括整个公司的成长性。找黑马公司是每个投资人都梦想的，但是黑马有可能是伪黑马。公司增长快，但增长快的理由是否能够持续？还有就是公司大小，比如可口可乐规模已经这么大了，你再期望它能够利润翻番，那几乎是不可能的。人们再拼命喝可乐，企业再投放更多广告，碳酸饮料的需求也是有天花板的。所以在这种情况下，你仍希望它成为成长型的黑马就不现实了，这也是对它主业的一个判断和衡量。此外还有包括行业周期、替代品以及分析筹集股本资金的使用用途，最重要的一点，要避开亏损。所以好的企业业绩要体现在主业业绩上。

我们再来顺一遍。看企业的主业，最主要是看主业是否突出，主业的利润是否有足够的上升空间，所需要衡量的是各个主业之间是否有协同效应，是否存在上下游的关系，或者可以共享市场、技术、服务等资源。利润空间主要看主业的毛利润和净利润的空间有多大，要特别关注的是公司主业业务收入的构成和主营业务的利润率情况。这些大家通过公开资料，都可以仔细去琢磨。我建议大家可以去选择一些有趣的案例来做一些相关的分析，看看这个主业变化的影响。总得来说，如果一家公司主业做得还挺好的情况下，它就不会贸然投资其他行业。当一个企业开始大张旗鼓地对外并购，而且并购的是非主业相关的行业和领域的话，往往是它的主业已经存在问题了。这是一个非常重要的逻辑。比如说有一个做化工的企业，突然说我们要转型做区块链了，那肯定是它原来的化工主业有问题，而不要简单地认为它所讲的是要转型升级、提振变革。这些往往是骗人的。

> **总结：**如果上市公司既有的主业还能够持续赚钱的话，是没有冲动和必要性去做转型和变革的，而且大多数的转型变革都是失败的。这是一个重要经验，跟大家分享一下。

四、怎么判断买入价格低于价值

虽然我们这本关于巴菲特的书，从理论上来讲，应该是没有任何时效性的，但是作为一个投资人来说，或者研究投资的人来说，必然会受到当时时间节点的影响。比如2018年2月9日，中国A股市场经历了新一轮的大调整，整个指数一路狂跌，只用了几个交易日的时间，把之前一个多月的涨幅给干掉了。在我写本章节时，上证指数已经要跌破3 000点了，大家知道2018年年初，股指从3 200多点起步，一路飙到了3 500、3 600，现在又回到了3 000点，非常恐怖。虽然我在其他节目中一直在讲空仓，在提醒风险，但是跌成这样，还是出乎意料。所以，投资这个事真的不会像我们想象中的那么美好。各位一说投资，就觉得是在赚钱，但实际上，很多时候不是在赚钱，而是在亏钱。

所以，作为投资人来说，没有做好充分的思想准备，充分的专业知识、心理、财务各个方面的准备的话，真的是应该慎重，宁可去买银行的理财产品。这是我给大家的提醒。否则当超乎你预期的市场震荡，导致意想不到的投资亏损时，心理压力是极大的。

接下来我们要讲的是怎么判断买入价格低于价值。巴菲特曾经说过，资产配置的第一条铁律就是，对价格和价值的判断一定要准确，要做一个聪明的投资者。那么什么价格买入才是所谓的聪明投资者呢？这句话听起来有点像废话，就是什么价格买入是一个聪明的投资。反过来看，要看你买入的这个投资品的价值。价值投资的根本就在于前面两个字：价值。

所以，首先要知道这家公司值多少钱，才能够确定现在买的股票价格是否值得买入。在会计报表上唯一体现公司价值的是所谓账面价值，也就是股东的权益，再简单说就是股东的净资产。巴菲特曾经说，账面价值非常容易计算，但是用途却有限，真正重要的是内在价值，它却是难以估算的。不过巴菲特发现账面价值的增长幅度与内在价值增长幅度相近，所以可以作为一个衡量内在价值变化的粗略指标，这对于选股是比较有帮助的。过去几年的账面价值涨幅远远超过股价涨幅的公司，有可能就被低估了。

这也意味着，过去几年，这家公司的净资产一直在不断地上涨，而且涨幅远远超过公司的股价涨幅，这种状况往往意味着它的真正价值被低估了。那到底什么是公司的内在价值呢？

一家公司在它未来剩余的寿命当中，能够产生的现金流量的折现值，就是公司的内在价值。这句话的意思是，这家公司未来能赚的所有的钱，根据时间的序列做一个贴现，贴现到今天，就可以测算出它的内在价值。但是，这话说起来简单，实际上却没有任何意义。

因为它有几个要素是没有办法去确定的。第一个，就是公司未来收入多少。你能够确定未来收入吗？它当然是猜出来的。第二个，贴现率如何确定？若这两个要素都不能确定的话，所谓内在价值其实在某种程度上就是猜。任何人计算的内在价值都是非常主观的猜测数据，而且估值的结果还要随着未来的现金流量的变化以及利率的变化而变化。虽然估值结果有些模糊不清，但是内在价值是最重要的。作为一个价值投资人，我们依然要努力地去评估。换句话说，这事虽难，但是不等于你不去做。我们的生活，永远会面对很多很难的事情，但是，你如果一旦觉得它难就不去做的话，最终结果肯定是失败。如果尝试去做的话，你还有可能成功。

在定期的公司报告当中，有每股的账面价值，这个数据很容易计算，它是公开的。这个数据对于我们去估算内在价值是非常有帮助的。比如在1964年，巴菲特收购伯克希尔·哈撒韦公司的前一年，报告显示伯克希尔·哈撒韦公司的每股账面价值是19.46美元。这个每股价值的数据大大高于每股的内在价值。因为公司所有的资源都被盈利水平低下的纺织业务所占用。换句话说,这家公司看起来净资产还是挺多的,但是,首先未来纺织品的市场前景不好,其次是如果想把这些纺织设备、机械设备处理掉的话,肯定要再打折扣,所以,它真正的内在价值比账面价值是要低的。简单来说就是纺织行业的资产,无论是继续经营,还是关闭清算,它们的内在价值都要远远低于它的账面价值。再来看看现在的伯克希尔·哈撒韦公司,它的资产是什么呢?就是它投资的股票所代表的相应的公司价值了。那么这些公司的内在价值有可能会远远高于你所投资它的账面价值。比如巴菲特很早以前就投资可口可乐公司,那个时候买的价值,可能在账面当中是体现为一个投入时候的价值,也就是以账面价值来计算,而实际上的投资内在价值要远远超过了账目价值。所以内在价值和账面价值的比较是一个非常重要的点。基于这种比较,如果能够测算出来这家公司的股价被低估,或者是被高估的话,那就可以帮助我们做出投资的判断。

在2011年的时候,伯克希尔·哈撒韦公司宣布,鉴于公司的股价被严重低估,他们将最多以比账面价值溢价10%的价格回购公司股票,这是47年来伯克希尔·哈撒韦公司首次回购股票。巴菲特回购股票的标准就是以账面价值为基准。换句话说,他觉得市场的价值评估出现了紊乱,账面价值比内在价值还要高,那他就要按账面价值来做一个相关的评估。所以,回顾过去的20多年,巴菲特自己的公司股价的变化和账面价值的变化,总体来说呈现出以下几个特点:第一,当股价涨幅远远低于账面价值涨幅时,买入可能就是比较聪明的选择,比如2005年,伯克希尔·哈撒韦公司的账面价值涨幅是6.4%,股价涨幅是0.8%,所以,账面价值是大幅度增长的,结果随后两年,股价大涨24%,跑赢了股市;第二,当股价的涨幅远远高于账面价值涨幅的时候,卖出可能就是聪明的投资。

2000年,伯克希尔·哈撒韦股价涨幅是26%,账面价值只增长了6.5%,随后两年股价的涨幅是3.5%和跌了3.8%,虽然跑赢了市场,但是依然是应该选择抛售的,这是一个重要的操作逻辑。很多人说,买成长股理论上来讲,现在账面价值虽然很低,但是将来的股价会很高,或者将来的内在价值会很高。但我要提醒大家,就是关于成长股,它只是告诉你表面上也许未来的内在价值会很高,但针对成长股的风险也要做一个客观的估量。

首先,既然被定为成长股,全世界包括纳斯达克,包括我们中国的中小板股和创业板股,它们都被认为是成长股比较多的一些品种,但也恰恰是这些品种,它们整体的市场估值是很高的。比如 A 股,现在主板市场平均市盈率实际也就是十几倍,创业板可能在三、四十倍以上。所以当你看到成长股的时候,可能它这个成长早已经被有效地反映在它的股价中了,甚至是超额地反映到它的股价当中去了,这是第一个问题。

第二,就是技术路径存在巨大的方向风险。如果产品激烈竞争,你选择了一个必输的方向的话,那你最终的投资结果就会变得很惨烈。

第三,就是成长股能不能把自己所描绘的这个商业逻辑和商业模式变成真正的利润。这就是另外一个问题,有没有真正的利润增长是一个很大的问题。

第四,成长性破产。比如说快速扩张需要人,需要投广告,需要存货管理能力。一家成长型公司,在管理一个小公司的时候,老板管理能力可能还不错,但是如果这个老板突然要管理一个很大的公司的话,那他可能就会管不好,于是问题就非常严重了。

第五,盲目多元化。很多成长性的公司,为了达到市场预期的高增长,什么赚钱做什么。这个关于多元化的问题,极有可能会成为盲目发展,因为增加了投资的风险。

第六,树大招风。你有先发的优势,但是如果没有建立起门槛,就很容易被人超越。或者你的技术本身的知识专利保护不到位,虽然你有先发优势,但没有迅速地把其他的潜在竞争对手干掉。或者说你虽然有个技术,但是你的成本很高,价格很高,但其他人进行了一些技术改进,在不侵犯你的知识产权的前提下,成本和价格迅速下降,你就完蛋了。这是成长股的另外一个问题。此外还包括,比如说推出新产品的压力比较大,再比如说有些企业成长可能过了黄金期。还有一个很重要的问题,就是财务会计造假,这在A股市场比较普遍,尤其在成长股当中普遍存在。

凡此种种,本节讲了价格和价值的关系,以及A股投资人比较关心的有关成长股股票的问题,供大家做一个参考。

五、要把股价波动看作是好事

这话如果在股价大跌的时候说,估计有些朋友要骂人了。"让你股价波动,让你股价波动,股价波动得我年都过不好。""我都已经关灯吃面了,你却在说股价波动好?"这种心态在普通投资者中很常见,我完全能够理解。这也是我们跟巴菲特投资逻辑的重大区别。巴菲特认为投资者要把股价波动看作是一件好事,这句话是巴老的名言,他认为只有股价波动了,你才能从中拥有更多的买入或者卖出的机会。

事实上真正的价值投资人的确是喜欢股价波动。喜欢到什么程度呢?比如说格雷厄姆,巴菲特的老师,他在《聪明的投资者》当中,也用了所谓市场先生的理论。他说市场先生每天都会出现在你面前,只要你愿意,都可以从他那里买进或者卖出你的股票,他老兄越沮丧,价值投资人拥有的机会越多。这是因为,市场波动幅度越大,一些抄底的价格就更有机会出现在一些好公司的身上。巴菲特说过,股价投资的风险,不是股价波动带来的。

什么意思呢?就是说在考虑股票投资风险的时候,没有必要把股价波动看得那么重。相反,波动是一件好事,因为只有波动,你才能够寻找到低买的机会。许多人却因为波动,反而造成了自己高买低卖。这个问题不是因为股价波动,而在于你自己的投资行为。总的来说就是,波动出现了风险不能怪波动本身,而是怪你自己没玩好。

他说,真正的投资风险应当是将来出售股票后,税后净收入去掉投资成本之后能不能高于投资成本的适当利息。他说虽然这种投资风险大小难以精确衡量,但可以在一定程度上做出准确的判断。这个时候考虑的因素有几个：第一个可以评估企业的长期经济特性的确定性；第二个可以评估企业管理层的能力的确定性，包括他们实现公司所有潜力、能力的确定性以及明智地使用公司现金流的能力；第三个公司管理层是否值得信赖，能够把回报从企业导向股东，而不是管理人员；第四个公司的收购价格就是股票的买入价格；第五个就是未来的税率和通货膨胀率，这两者会使得投资者最终获得的投资回报出现下降，而下降的原因是因为实际购买力水平的下降。

再给大家稍微解释一下。第一个，公司长期经济特性的确定性，就是这家公司长期来讲能不能赚钱。你买一家公司，首先想的是这家公司5年、10年是不是还能赚钱，低于5年不能赚钱就不要买，这是巴菲特的主要原则。第二个，公司管理能力的确定性，特别是公司使用现金流的能力。最近一段时间，包括A股在狂跌之后，很多公司都停牌了，停牌的原因就是公司的股票被质押出去之后，公司的股价暴跌，质押的股票有被平仓的风险，所以公司就只有停牌了。好，问题来了，公司股票为什么会被质押呢？有的是公司老板、股东质押变现后去改善自己的生活了，或者是再去做投资了，也有的是质押后把钱借给上市公司了。说明什么呢？说明公司的现金流有问题，管理层除了确实能够给股东带来回报、创造回报之外，在微观层面能不能让公司的现金流保持平滑是非常重要的。上面的第五条提到，税率和通货膨胀率，真正赚的钱做一个比较，有几个比较的标准，通货膨胀水平首先是最基本的，然后包括大盘指数，巴菲特比较喜欢和标准普尔的股指上涨幅度作比较，他要求自己投资的回报要超过标普指数的投资回报水平。

对那种认为投资风险是股价相对波动性造成的观点，巴菲特嗤之以鼻。他说这些学院派的老学究们，通过精确计算每只股票的波动值，然后搞出一大堆谁也搞不懂的所谓资本组合的理论，实在是无聊到极点。他说因为大家忘记了一条基本原则，就是模糊的正确要胜过精确的错误。这是我见到的很多投资高手经常会讲的一句话。你想把未来搞得一清二楚，然后去找到胜利的机会，是很难的一件事情，我们只能大体上估量，我们并不能够准确判断，但是我们知道我们做这件事情几乎是可以保证确定是胜利的，只是胜利多少不知道。

巴菲特说，很多人认为把所有的资金集中投资几只股票的风险太大，他不同意这样的观点。他说如果你根据自己对这只股票的了解程度来投资，你对它越了解，把握越大，你在这只股票上的投资比重就应该越大。相反，对自己把握不是很大的股票，就应当减少资金投入。这种情况下，投资风险怎么会大呢？他说这种集中投资策略实际上是迫使投资者在买入股票前，必须要深入考察公司的经营状况，以一个非常审慎的态度来进行考察，这反而可能降低投资风险。

巴菲特认为股票投资盈亏虽然与买进、卖出的股价高低有关系，可是从根本上看，并不是股价波动造成的。如果该公司业务稳定发展，收益稳定增长，无论股价如何波动，投资该股票都没有什么风险可言。所以总的来说，巴菲特对于整个市场的判断，跟我们Ａ股投资人差别比较大，巴菲特认为投资者要把股价波动看作是一种好事，因为只有股价波动，你才能够从中拥有更多的买入或卖出的机会。需要切记的是，当别人都认为大牛市即将到来的时候，反而意味着是你暂别股市的时候了。

1986年，巴菲特在写给股东的信中说，事实上他从来都不知道股市接下来是涨还是跌，不过能够肯定的是，股市当中贪婪和恐惧两种传染病会不断发生，只是什么时候发生很难准确预测。作为投资者来说要做的事情很简单，那就是在别人都很贪婪的时候，自己去恐惧；别人都很恐惧的时候，自己去贪婪。他说他在1986年写这份报告的时候，整个华尔街上闻不到一点点恐惧的气氛，到处都是欢乐的气氛。他就想为什么不兴高采烈呢？还有什么事情能够比大牛市当中股票大涨获得更多的钱让人更高兴的呢？他说很不幸，股票价格的表现，不可能永远超过内在价值的表现，而且股票的频繁交易所造成的交易成本会促使投资者所获得的报酬不可避免地远远低于公司的内在价值。所以从历史上来看，每当股票波动接近顶峰的时候，巴菲特就会选择提前退出股市，把一些在他看来不值得永久持有的股票变成现金，伺机等待下一个抄底的机会。当然对于巴菲特来说，下一个抄底的机会可能需要等待好几年。

下一个问题,大熊市意味着你要格外地冷静。这句话对于我们当下的A股市场可能会非常重要。巴菲特认为投资者要把股价的波动当作是一件好事,不过即使当股票下跌显现出投资价值的时候,投资者也应该保持清醒的头脑。只有当他投资该股票时,发现至少能够获得10%的投资回报率,并且这种机会还非常高,才会去投资该股票,否则宁可站一旁旁观,宁可资金短期闲置。巴菲特自己盘算过,他说10%的投资回报率,再扣除掉必要的所得税之后,能够净得是6.5%到7%。这是在具有投资风险条件下应该得到的风险报酬,如果连这点回报率都得不到,那还是不要去冒这个险。

归纳起来,巴菲特在面对股市暴跌的时候,有这样几个应对方法:第一个是冷静,要避免惊慌失措。比如1987年的股灾,美国罕见的暴跌,这一天,巴菲特的个人财富损失是3.42亿美元,而伯克希尔·哈撒韦公司的股票在一个星期内暴跌25%,巴菲特却好像这些都跟他没有关系似的,每天在公司看报纸,看财务报表,并没有四处打听消息,也没有抛售股票。第二个就是谨慎决策,避免终身后悔。股市暴跌总是会发生的,如果过去没有发生过,今后也是会发生的,只是不知道什么时候发生而已。如果在股市暴跌之前具备了必要的心理准备,那么提前调整持股战略,不但会减少损失,恢复起来也比较容易。比如2000年到2003年的3年时间里,美国股市累计跌幅超过50%,巴菲特在此期间的投资获利却超过30%。什么法宝呢? 关键一点,他原来根据价值投资所选择的传统性行业,比如说可口可乐、运通、吉利,虽然这些年这些股票在暴涨当中表现不佳,可是也避免了股市暴跌当中的一泻千里,很好地表现出了它的内在价值。第三个耐心,要等到刀子落地。每当股市暴跌的时候,很多人着急去抄底,希望在股灾当中发一笔灾难财,但是大多数人是偷鸡不成蚀把米,反而被套牢。所以巴菲特说,下跌中的股票就像是一把刀在往下掉,掉的过程当中千万不要去接,一定要等它落地,停稳之后再去拿。

总结： 如果你每时每刻都在关心股价的涨跌，最好的股票你也卖不出好价钱，很可能是股价略有上涨你就抛掉了。相反如果股价略有下跌你就补仓了，也买不到最低价位的股票。巴菲特认为真正的价值投资人是欢迎股价波动的，因为他能从这种股价波动当中捕捉到买卖股票的机会，所以当你每时每刻都在关注股价波动的时候，心情就会受影响，反而不利于股票的投资，更无助于长期持股。

第十五章
巴菲特 A 股生存法则
——进阶级

一、长期持股，耐心等待

现在到了相对偏总结回顾的一个阶段了，所以看标题，你会觉得似曾相识——长期持股，耐心等待。因为我们在学巴菲特，就需要再次总结和强调巴菲特和其他投资人的区别。

这世界上有两种投资人，一类投资人叫其他投资人，另外一个就叫巴菲特。这一节我们要再次强化一下巴菲特本人所特有的投资逻辑。我相信，我们百分之百做到和巴菲特一样的理念，很难，但至少我们在内心深处要有这样一个意识和目标。

众所周知，巴菲特投资逻辑当中有一个最为大家所关注的习惯，那就是一旦看中了某只股票，他就会坚定地建仓，之后还要长期地持股。熟悉巴菲特的人都知道，他是一个非常喜欢棒球的球迷，他非常喜欢美国的著名棒球运动员威廉姆斯。巴菲特对这位参加过"二战"的伟大球星非常推崇，因为他发现威廉姆斯的击球原则和自己的投资原则有着异曲同工之妙。威廉姆斯在他的传记《我的生活故事》当中说：要成为一名优秀的击球手的关键是，你必须等到出现好球时才去击打。巴菲特说，这个击球手原则也就是他投资的第一原则。查理·芒格和他都是同样的观点，一定要尽量等待那些正好落入到我们幸运区的投资机会。

我们在A股市场当中经常会遇到这样的投资人，他们信誓旦旦地要学习巴菲特，但是他们只想获得巴菲特一样的投资收益，并不想真正去学习巴菲特的投资理念。买入一只股票，一个涨停板赶紧卖掉，若开始下跌了，赶紧割肉抛售。巴菲特说其实投资股票很简单，你所需要做的就是以低于其内在价值的价格买入，同时确信这家企业拥有正直、能干的管理层，如果这个词再加一个限定词的话,那就是最正直、最能干的管理层,然后你永远地持有这些股票就可以了。所以在巴菲特看来,投资股票就是要长期持股,前提是要么按兵不动,要么就看准机会大胆出击。巴菲特喜欢对自己熟悉的股票长期持股不动。巴菲特把投资股票的行为分为两类:一类是以长期投资、理性投资为主,相信股价会反映公司的内在价值,或者最终会反映公司内在价值。另一类投资,确切地说就是投机,以赌博的方式来买卖股票,看不到公司的内在价值。很显然,巴菲特只属于第一类。

举个耳熟能详的案例。巴菲特1989年开始用6亿美元买入了9900万股吉列公司的股票,帮助吉列公司挡住了投机者的恶意收购。从那以后,巴菲特就没有做任何事情,而是静静地去持有这些股票。即使到20世纪末,吉列公司的股票大跌的时候,他没有像其他投资者一样去抛售股票,因为他相信吉列公司的自身价值。巴菲特曾经开玩笑说,就算公司股价暴跌了,我还可以睡得很香,因为我知道在我睡觉的时候,全世界25亿的男人在长胡子,一旦我睡醒了,他们马上会用吉列的产品去剃胡子。2000年,吉列公司推出了女用的敏感型的脱毛刀片,而且推出的是女用三刀片,之前女用的是一片刀,这让巴菲特对自己长期持有的观点更加坚定不移。巴菲特持股不动16年之后,因为宝洁公司的并购,他手中的股票大涨,巴菲特持有的股票总值超过了51亿美元,这样来算的话,平均每年的收益率达到了14%。比当年的标准普尔500指数(SPX)收益率高了1倍还多。巴菲特持有一只股票达到10年以上的情况是非常常见的。比如说运通公司14年,花旗银行15年,麦当劳18年,《华盛顿邮报》是他最早持有的股票,已经持有35年,吉列公司、可口可乐公司现在还持有。所以说精选股票长期持有,是巴菲特投资制胜的法宝。当然了,这个逻辑跟巴菲特自身的性格有关系,其实投资会受内心的本性的影响。巴菲特是一个沉着冷静的人,他不管遇到什么事情,总能够以静制动,看准时机再动手。

想起一个中国非常著名的商人,就是徽商的代表人物胡雪岩。胡雪岩在杭州创办了现在大名鼎鼎的胡庆余堂,当时在杭州已经有两家老字号的中药店了,为了应对胡庆余堂的挑战,他们就发动价格战,希望打赢胡雪岩。价格战一开始,胡庆余堂出售的高丽参每两2钱银子,他们降价到每两1钱7厘,胡庆余堂的淮山药每两是5厘纹银,他们就降价至4厘,两家老字号的药店的降价确实拉回了很多顾客。如果是一般的商人,肯定会以牙还牙,你降价我也降,看谁干得过谁,而且要降得更厉害。

可胡雪岩却是按兵不动,药店价格从来不降。等另外两家药店的价格降得差不多了,胡雪岩找准了机会,打出一个招牌,招牌上写着四个大字,叫——真不二价。这句话有两层含义:第一个我这儿就不降价,你要想降价你到别处去;第二个我这儿为什么不降价,因为我这药是真的。这既表达了自己的价格策略,又把竞争对手一拳打倒在地。胡雪岩自己想过,降价只会亏自己,还没等到击垮别人,自己可能就已经倒掉了,而且降价的话会选择劣等货,最终是以次充好,导致药品质量下降,砸了自己招牌,毁了自己名声。所以"真不二价"这个大招牌一打出来,在市场竞争当中的差别就出现了,以静制动。

> **总结**:这个故事跟股票投资看起来没有直接关系,但是我们仔细想想看,能够有所成就的企业家、投资人都需要有耐心,都不能够急躁,遇到任何的问题都要以静制动,所以或多或少对于我们股票投资的方法提供了一些有意义的参考。总的来说,要像巴菲特一样在股票投资上去实现长期的巨大收益,就一定要拿得住。股票投资不是闪电战,而是持久战。对于最终胜利的取得,靠的就是坚持、坚持、再坚持。

二、做一个基本面的信徒

从内容整体的架构上来讲,现在已经到了查漏补缺以及在基础知识上再提高的一个阶段。所以这个阶段有两种方法,一种方法就是把之前讲过的要点再摘出来,给大家重复强化,不断地洗脑;另外一个方法就是把我观察到的一些案例、历史性的经验教训,结合我们A股市场状况,给你做一些专题性的讲解。

在这里我特别想强调的一个就是基本面。什么是基本面？如果去百度百科,经常会有一些误导。我身边一些做医疗行业的朋友经常会说,现在给病人看病特烦。为什么烦呢？就是以前你看出他这个病,检查出来问题,立马就开药,这就完事了,现在病人要麻烦很多,他们会马上去网上搜索,还会提出他们的不同看法或者各种不需要病人知道的一些问题。信息太多是好事也是坏事。比如百度百科关于基本面的阐述：基本面就是对宏观经济行业和公司的基本情况的分析,包括公司的经营理念的策略、公司报表的分析等等。

在说基本面之前,首先谈一下技术面。什么是技术面呢？就是我们资本市场经常说的量价分析,量价分析再简单点就是看K线图。一根K线,两根K线,三根K线,一堆K线,看K线的趋势,以及每根K线所对应的下面的成交量,以及在这两个指标的基础上延伸出来的所有的指标。所有的这些指标其实都是在量价分析的基础上做出来的。有很多所谓技术派高手,会根据自己操盘的习惯来设计自己的价位。现在的软件都可以自己去调,自己去设指标,高手都会自己去设。这个就是基本面最大的一个对立面。所以除了基本面之外,另外一个就是技术面。

技术面,我觉得对于我们确定短期的买点和卖点,具体去执行的那个时间确实是有一点参考价值的。因为最简单的技术分析,我觉得归根到底就两点：一个是价格,一个是量。价就体现在K线图上,量就体现在下面的成交量上。价和量的配合,以及价和量之间的不配合,一致还是背离,确实反映出市场短期当中的一个交易心态。这个心态确实能够相对地帮助我们确定,比如你要买,是不是找到了一个相对的低点；比如你要卖,是不是找到了一个相对的高点,这个毋庸置疑。但是基本面要解决的问题,就是你确定要买它,或者卖它。从这个意义上来讲,基本面是前提,技术面最多只是随从。你只有根据基本面的判断来决定要买入或者卖出,然后才需要去找买入时的低点，或卖出时的高点。所以基本面才是根本，没有基本面的话，就根本谈不上技术面，这是第一个要表达的。

很多技术面的投资人相信技术面给他的信号，比如各种指标出现了金叉之类，然后就觉得可以买了，完全不考虑市场的特点和个股的基本面，就选择买入或者卖出。有成功的吗？在整个资本市场当中，无数的案例告诉我们，技术面的东西，庄家或者控盘的人，是完全可以虚造出来的。案例非常多，德隆的案例，康达尔的案例，这些案例已经无数次地告诉我们，所谓的这些技术派关心的一些指标形态，在庄家的手里就是一块白板——我想怎么画就怎么画。

德隆的三驾马车在当时 A 股市场不断下跌中，就保持一个横向的走势，个股涨跌完全不受大盘指数的影响。大家可以把那个时间的交易记录找出来，这一看就知道有人在故意控盘。康达尔更是如此。康达尔当年最经典的案例就是庄家吕梁，在 2 月 18 日结婚，为了讨彩头，他命令手下的交易员将前一个交易日康达尔的收盘价做成 72.88 元。所以，对于技术面观察者来说，你所期待的那个成交的价格，你所期待那个成交的形态，你所期待的所谓的金叉、死叉等等所谓技术派的东西，对于那个控盘的人来说，都是可以易如反掌地做出来的，凭什么就据此来判断未来的股价涨跌呢？

很多时候技术派会有一个说法叫做"骗线"，就是欺骗你，做出来一个形态，让你误以为要涨或者要跌，目的就是骗你的钱而已。所以技术派的分析逻辑在我看来，作为一个价值投资者来说，绝对是要从骨子里面、从内心深处一脚踢开的，否则你就根本做不了一个价值投资者。

所以，为什么德隆系、康达尔（就是中科创业）最终还是崩盘了呢？很简单，你可以鼓吹无数的消息，你可以拼命地把股价往上拉，你可以把所谓均线系统做得很漂亮，K 线的形态做得非常非常漂亮，但是最终的结果，上市公司最终实打实的要求就是你的业绩到底增长了没有。从 2019 年开始，我在《上海证券报》开了一个新的节目，叫作《直面掌门人》，就是采访上市公司董事长。之前一直和我们导演在阐述这个节目的采访理念。因为节目导演刚刚接手这个节目，整体的采访理念还没有明确。我跟他讲，假如我们有机会去跟上市公司董事长聊的话，我会跟他聊两方面的事情，其中有一方面可以固定下来，就比如2017年的报表已经出来了，可以问他怎么来看这份年报，未来公司业绩预期如何，等等。但这部分我认为是一个没有创意性的东西。

第二方面我会聊董事长的一些经历和个人属性。它包括四点：第一你为什么要做这个公司，当初你做这个公司是什么样的决策、什么样的契机，来知道他的创业初心。第二就是他遇到最大困难时如何去解决。第三个就是能够支撑他继续把这个事业做大做强的动力是什么。第四就是他未来的人生愿景是什么。这是关于人的采访内容，我会定这四个方面。

对于公司的未来发展交流的核心点就是两个内容。第一个就是你将来这家公司要做出什么样的突破，比如你可以去讲我要做互联网＋，我要去做大数据，我要去做区块链。随便你，可以描述你的梦想。然后我追问的第二个问题就是你在实现公司基本面管理的发展战略目标的同时，要投入多少钱，做这些事情有没有盈利。这两个问题是紧紧关联在一起的。前一个问题就是描述那些企业家的梦想和故事：我要成为中国的伯克希尔·哈撒韦等等。请问你的业绩到底有没有保障，你的业绩保障是今年就体现，还是明年，还是后年，还是5年之后才能够体现？这个过程当中，如果5年之后才能够体现的话，请问在未来的四五年时间当中，你的现金流会不会紧张，你的业绩会不会太差以至于融不到资，融不到资的话是不是你的梦想就实现不了等等。

> **总结**：以上这几个问题是关联在一起的，这些具体问题，没有任何一个是和所谓的技术面有关系。因为那些画K线、画趋势、画均线系统，其实对于价值投资者来说实在是毫无意义。

三、耐心等待买入价格出现

今天这节讲的观点,之前我们多次提到过,今天是再次强化。这个观点叫作耐心等待买入价格的出现。巴菲特认为一定要在一个低价买入,做一个熊市抄底的投资人。包括之前提到的,像可口可乐、富国银行,这些案例都是为人津津乐道的。最简单来说,巴菲特说别人恐惧我贪婪,别人贪婪我恐惧,关于这件事情,我们会延伸出几个问题来。第一个重要的问题,所谓等待低价买入,是不是价格越低越好,低到什么程度是最好的;第二个实现低价抄底的伟大梦想是所有投资人共同的愿望,为什么在实际操作过程当中会那么难。

我觉得这两件事要倒过来讲。为什么巴菲特会不断地重复,不断地去讲低价买入?恰恰是因为这是件很难的事。从我的研究上讲,有大概几个方面,为什么低价买入那么难。

第一个,准确地说当市场处于真正低价的时候,往往你手头没钱了。所有市场的低点,一定是持续不断地跌出来的。市场不断下跌的过程可能非常漫长,有可能半年一年,甚至两年三年。像中国股市来说,你如果把2006年、2007年的6124点当成顶点的话,那已经十几年没有重新回到顶点了,所以一直处于一个对比顶点来说是一个下跌的阶段。

在这个过程当中,你可能会不断地加仓,这个加仓导致的结果就是,当市场真正的低点出来的时候,你可能已经没钱了。巴菲特不同于我们的最大的优势就是,他有保险公司来为他提供投资的资金,这部分资金可以说源源不断地提供了低成本的浮游现金,来保证当所有人都没钱的时候,他依然有渠道融到资。换句话说你也一样,当已经跌到没钱的时候,你是否还有渠道去融到资?这是第一个我们说低价买入并非像想象中那么容易的客观因素,大多数人都是栽在这上面。

第二个重要的因素,当市场真正的低点出现的时候,绝大多数投资人已经被吓破胆了。就算出现了无数多的利好,市场依然在不断地下跌,让你对自己也失去了信心。在这种情况下,哪怕你内心深处有这种灵感告诉你,现在市场可能是低点了,哪怕你身边有高手告诉你,现在市场可能已经是低点了,你不要再恐惧了,但是你可能已经没有投资的勇气了。巴菲特说"别人恐惧我贪婪",而对你而言,真实的状况往往是别人恐惧的时候你也很恐惧,当大家一起恐惧的时候,没有人敢去贪婪。所以所谓低点,所谓低价买入,说说很简单,实际操作却非常难。

第三个,是隐含在这两个要素背后的问题,就是你有没有能力去判断,或者你用什么样的标准去判断,现在的指数到底是不是低点。这就延伸到我们今天要讲的第二大问题了,巴菲特所讲的耐心等待的买入价格——这是一个什么样的概念呢?这就提到了一个所谓标准的问题,这个标准在巴菲特看来,主要是这只股票的价格已经跌破了它的合理价格。换句话说,如果当这个市场的价格已经明显地针对投资公允价格出现了下跌的时候,你就可以去选择买入。但这个判断也并不是那么容易。之前曾经讲过巴菲特师承的渊源,巴菲特的老师是著名的投资大师格雷厄姆,如果"价值投资"这四个字看作是一个专有名词的话,这个专有名词提出的人是格雷厄姆。所以论到这个辈分,论到资深,论到拜祖师爷,格雷厄姆比巴菲特还要牛。但是从价值投资的真正实践和技术提升上来讲,巴菲特其实超越了他的老师。格雷厄姆的所谓价值投资固然基本原理是对的,就是当价格低于,特别是严重低于它的合理价值的时候,就可以选择买入,这点当然是市场真理或者是投资界的公理,不用讨论。

但是在价格判断方面,巴菲特超过了格雷厄姆。格雷厄姆喜欢用"烟屁股理论"来说明低价的标准。什么叫烟屁股理论呢?就是别人吸烟,吸到了后面,烟蒂要烧到过滤嘴那个位置的时候,很多人觉得烫,就把烟蒂扔了。然后格雷厄姆说,我们干的事就是把剩的烟屁股捡起来再抽两口。这事听着就挺恶心,当然这只是一个比喻。他的意思就是当一只股票的价格明显大幅度地低于最基本的标准——低于它的净资产,就到了价格的底线,这就意味着这家公司如果全部被卖掉的话,你买到的股票也能够回本。所以格雷厄姆的抄底标准就是低于净资产买入。低于净资产,哪怕这家公司破产,依然不亏钱。

但是作为学生的巴菲特觉得不对,因为他发现其中有两个问题是错误的。第一,低于净资产就买入的公司未必是好的公司。第二,净资产是动态的。换句话说这家公司你现在看净资产是1000万,你按照900万的市值买入这家公司的股票,全部变现了,你还能够赚钱,但是动态来讲,你测算的这个1000万净资产是会变化的。这家公司继续经营下去,比如经营到明年,经营到后年,它可能继续亏损。今年1000万,明年就可能缩到900万了,到后年可能就缩到800万了。如果你持有两年的话,就意味着你按照900万市值买入的这家公司的股票也会被套牢。这就是巴菲特摒弃了净资产逻辑的一个重要的原因,他认为除了价格低之外,很重要的一点是这家公司的趋势应该是向上的。

好,接下来就是重要的核心点了。所以巴菲特对于所谓的买入低价格,核心是两个标准。第一个标准就是这家公司的价格应该真的是被低估的,最好是在整体市场出现了大幅度下跌、人气涣散、大熊市的时候去买入。大熊市的时候,肯定会有被低估的股票,在将来会强势反弹,这个时间点肯定是好的买入时间点。

第二,即便是在这个时间点买入,也不能称之为低价,它还需要一个重要的前提,那就是这些股票未来的趋势是向上的,未来的业绩能继续提升,以至于它的净资产能够不断增加。不断缩水的净资产是毫无意义的,即使价格便宜,你也有很大可能亏钱。所以耐心等待买入价格的同时,应该是寻找那些有增长潜力、被大熊市错杀的公司,才是真正的低价原则。对比A股市场,很多投资人说,我就买最便宜的,比如大熊市的时候,跌破2块钱的该不该买,跌破1块钱的该不该买。在中国A股市场当中确实有跌破了2块钱、1块钱的公司,它们的股价会出现快速反弹的,但是即便如此,它也不符合巴菲特的投资逻辑。这是我要跟大家特别分享的,所谓"耐心等待买入价格出现"的核心含义。

粉丝答疑互动

提问

有网友说，我们喜欢买不为人知的好公司，这样的公司是不是能够有捡漏的机会？什么样的机会是捡漏的机会呢？什么时候才知道股票是最低的价格？怎么知道刀子已掉到地上了？

回答

怎么知道刀子掉到地上了？这个问题从某种意义上来讲，不存在所谓的低价。作为一个价值投资者，你说我找的这个公司价格低。错！不存在低价格，只存在好价格。为什么呢？因为低价格有可能意味着差公司，所以我们寻找的应该是一个好的价格。好的价格的概念，在价值投资理念当中，我觉得有两个点：

第一个，作为一个真正严格意义上的价值投资者，也许他买的股票永远都是你所熟知的这些白马股，比如贵州茅台、格力电器等等。买入并长时间持有，无论公司发生什么样的波动，都坚定不断地去买入。每次下跌，特别是跌得狠的时候，都是再次建仓的机会。我觉得这是一个比较坚定的价值投资者的基本特征。这类股票其实绝大多数投资人是不会参与的，甚至很多投资人会觉得很傻，但是论到长期的投资回报来说，这类质优白马股其实是大家中长期投资的很好的一个品种。价值投资人选择的股票大概分为两大类：第一大类其实就是傻子选股法，A股市场当中，5年以上长期的蓝筹、白马股，总数在20家到30家之内，再挑选你熟悉的公司，可能也就十几家，一直持有它就行了，这是第一类的价值投资标的。

第二类投资标的就是这些公司不被大家所关注，有可能是一些有拐点性的公司或者隐形冠军类的公司。这种公司会有什么样的特点呢？第一，表面上看一大堆问题，但是这类公司有难以被竞争对手所超越的资源禀赋；

第二，从财务指标上来看，毛利率很高，但是它的净利润可能并不很高；第三，按估值看价格是有点贵的；第四，有可能公司的管理层出现了变化；第五，公司正在回购或者增持股票。大家可以按照这几个标准去选。再具化一点，有些公司你可能不了解，是一个非常细分的领域，公司的名字和业务都比较乏味，根本就搞不明白，公司从母公司当中分拆出来，公司的机构并不持有公司的股票，分析师也不进行跟踪，但是公司有可能会是一个被大家所忽视的细分市场。按照这个逻辑去找一些所谓的黑马板块，黑马板块当中的黑马个股是有可能的。

但是必须告诉你的是，期待着所谓捡漏的机会，在股市当中几乎是不可能的事情。简单来说，与其买一个垃圾股期待着它乌鸡变凤凰，还不如直接去买一只凤凰。

提问

用贴现方法去倒推这个公司的价值投资，这种测算方法适合不适合散户？如何利用这种方法去寻找到自己合理的投资方式？

回答

第二个问题其实是关于估值。估值按照金融学的说法很简单：公司未来若干年预期的收入或者利润，按照一定的贴现率进行折现，把这些折现加起来就是它现在的现值。按照这个折算出来的现值跟公司现在的股票价格做一个对比，如果股票价格比这个低，买；如果股票价格比这个高，卖。这个算法其实有两大不靠谱：第一就是没有任何一个人能够准确地预测一家公司未来5到10年，甚至这家公司一辈子的每年利润状况；第二，你选择什么样的贴现率来进行折现，这是一个非常有弹性的事情。

比如100年后给你100块钱，如果按照6%来折现的话，这100块钱只相当于你手头现在的3毛钱；如果按照4%来折现的话相当于现在手里的2块钱，所以看起来只是两个点的贴现率上的差别，但实际的影响非常巨大。所以这样一个价值估算的方法，在现实当中的意义和价值并不存在。因为无论是贴现率还是未来的预期利润，基本上都是算不清楚的，所以真正去做的价值评估，必须要回到当下的逻辑上来讲。

我个人的看法是，定性跟定量必须要严格地做一个结合，就是公司既有的利润的趋势以及未来能够延续，来测算它的利润，加上这家公司管理层能足够的稳定，再加上这家公司的竞争优势能够足够地持续下去。换句话说，定量的要素和定性的要素要结合在一起来做分析，才能够得出相应的结论。这是一个比较好的逻辑和判断的方法，以此去推所谓的价值和估值才是更加靠谱的。若有人跟你说，他能够测算未来10年、20年的利润，那最好，但实际上根本做不到。这是关于价值评估。比较明确告诉你的是，所谓现金流贴现法或者利润贴现法是一个参考，要知道它的局限性。

【提问】

有人说按照公式算了几只个股的估值，但是在熊市背景当中，这种估值测算是不是跟你的这个标准会有所不同？不同市场当中，相同的标准会不会做调整？

【回答】

熊市确实和牛市完全不一样。为什么不一样呢？我们叫作戴维斯双杀。如果股市处于熊市的话，一般意味着宏观经济也处于熊市，如果宏观经济也处于熊市的话，意味着绝大多数公司的收益率的状况都比较差。所以在这种情况下，所谓的戴维斯双杀，就是公司的业绩也比较差，所以它本身按照业绩的状况来讲，给的同样估值情况下，它的合理价值也会比较低。在熊市当中，大家给的估值同样是大幅度缩减。同样一只股票在牛市当中可能估值能够达到100倍，比如创业板股票，但它在熊市当中估值可能只有20倍，中间相差5倍。5倍估值上的差别，再加上巨大的基于公司利润水平上的一个巨大变化，所以它的整个市值变化是非常大的。

这就是为什么到了熊市的时候，很多人发现我原来去评价一家公司的逻辑和状况全部都已经被打乱了。这就是整个市场的大势涉及具体个股评估的标准，像是一根橡皮筋。而巴菲特的逻辑要素就是在熊市当中，要把那根很紧张的橡皮筋拉伸开来，再看一下假如未来到了牛市，这根橡皮筋会是什么样的。这其实就是一个动态的眼光。而大多数人到了熊市之后，认为这个市场的估值就应该是5倍、10倍，忽略掉了未来牛市时这家公司的估值可能会到20倍、30倍。所以，估值和整个市场的大势状况是紧密地结合在一起的，这并不是数据靠不靠谱，而是估值标准和经济基本面的标准。在某种意义上来讲，和人的心理是联系在一起的，一定会放大波动。

第十六章
巴菲特 Ａ 股生存法则
——大师级

一、判断失误就要果断止损

这句话用我们刚刚进入 A 股市场炒股的人来说,就要用另外一句话来表达,叫作"会买的不是高手,会卖的才是高手"。今天把它改成另外一个表达,就是首先要考虑到的是止损。为什么要止损呢?在我们行为金融学当中,有一个心理学账户,这是芝加哥大学教授理查德·塞勒提出的,他说:每个人看到的钱都是一样的,比如人民币 100 元都一模一样,但是实际上这 100 块钱在每个人心里的分量是不一样的。

塞勒讲了他亲身经历的两件事。第一件事,他去瑞士讲课,瑞士给他的报酬很高,讲课完之后他去旅行了一次,非常愉快,很开心,觉得特别划算。第二次在英国讲课,也给了他差不多相同的课酬。事后他怀念起当年瑞士的旅游,于是决定用这笔课酬再去瑞士玩一圈。到了瑞士之后,他发现同样的地方,同样的环境,同样的消费,但怎么着都不爽。怎么不爽呢?就是觉得什么都特别贵。回来之后他反思,同样是去瑞士旅行,花同样的钱,为什么我上次就一点没觉得贵呢?想来想去,是他的心理账户在起效用,在作祟。什么意思呢?

第一次去瑞士讲课,他把瑞士讲课的课酬费放到了瑞士开支的这部分账户当中,是同一账户进,先获得收入然后同一账户再支出,所以觉得还行,开支能够承受。第二次去,他是英国拿的讲课费,所以他心里把这个收入放在了英国的账户当中,开支却在瑞士,这样就变成了英国账户在心理上有盈余(英国只赚钱不花钱),瑞士账户在实际交易过程当中出现了负债(只花钱不赚钱),所以特别不舒服。但实际上不都是一回事吗?这就是心理账户的问题。

很多投资人也是，我们很容易把自己的每一只股票视为一个单独的账户，一定要保证每个账户都要盈利，但是却不去看总账。什么叫看总账呢？理论上来讲，你做的每一个投资决策跟历史上账户的亏损和盈余没有一毛钱的关系，你现在需要做的事情就是判断未来你手头的股票，哪只会涨哪只会跌，判断你所关注的其他的股票，未来哪只会涨，哪只会跌，你需要做的就是把那些此时此刻判断将来还会继续跌的股票卖掉，把将来要会涨的股票买进来。但实际上，多数人看不到总账，却一味关心具体个股的亏损，我把它割掉好像很心疼，正是这种心痛，成为止损失败的一个重要原因。

什么时候要止损？我们大概有三种情况要考虑卖出股票：第一个是基本面发生恶化，用白话来说，基本面恶化就是股票没有想象中那么好；第二个是价格达到了你的目标价格位置；第三个是有更好的投资需要用资金。

这三个理由都是我们卖出的理由，这三个卖出的理由跟你账户本身账面究竟是盈利还是亏损其实没有任何关系。所以成为大师级的投资人，第一步要做的事情就是忘掉成本。忘掉成本，就不存在所谓亏损还是盈利的问题；忘掉成本，你也就不存在是否要去止损的问题；忘掉成本，就让你只关注未来，不关注既往。大多数人投资股票的时候，只关心某只股票亏了钱，总想从这只股票上赚回来，结果却不遂人愿，不仅这只股票没有赚回来钱，反而可能会错失其他挣钱的机会，这就是止损时遇到的最深刻的问题。如果各位说我就不想止损，我就想一直拿着它，那么不止损的公司应该是一个什么样的公司呢？必须是避开了各种的价值陷阱，有足够的安全边际，还能够承受价格风险，这种情况下，你才能考虑不止损。

好，回到A股市场当中来。在A股市场中什么样的股票应该下决心去做止损呢？换句话说，什么样的股票它未来下降的趋势会比较大？从基本面上来说，大概分为这么五类：

第一类，有可能会被技术进步淘汰掉的，比如说胶卷。当你身边已经开始有越来越多的人用数码相机的时候，胶卷行业必然会被淘汰；当你身边越来越多的人开始用手机去拍照的时候，做数码相机的人必然会被淘汰。这个其实是完全可以观察到的,一个新技术的启动,一个新技术的应用,以及一个新技术市场的逐步拓展,这种情况下就应该断然离开那些仍以旧技术为主业的企业。

第二类,是在一个所谓"赢家通吃"的行业当中,你所投资的行业,属于行业当中的小公司。比如互联网行业,投老大、老二最多了,投老三根本活不下去,如果你投资的是老四、老五,那就不要再期待这家公司将来还有什么翻身的机会,如果能有止损的机会,赶紧离开。

第三类,是分散的、重资产类的夕阳行业。夕阳行业意味着行业的需求没有增长了。重资产意味着需求不增长的情况下,产能没有办法有效地退出。分散则意味着供过于求时,公司可能没有办法参与到激烈的价格战当中去。所以说这些股票的便宜是假象,因为它们的利润可能是每况愈下。

第四类,是达到景气顶点的周期股。在经济扩张的晚期,低于 PE 的周期股通常是价值的陷阱。因为这个时候顶峰利润是不可持续的,所以周期股可以参考 PB 和 PS 等估值的指标,把买卖行为结合宏观分析,这就是这个行业的分析特点。所以我一直建议大家在 A 股投资的时候,一定要关注中国宏观经济,读懂中国宏观经济。

第五类,就是有那种会计欺诈问题的公司。巴菲特曾经也吃过药、上过当的。如果公司有欺诈的惯例和嫌疑的话,这样的公司应敬而远之。比如说大名鼎鼎的獐子岛,这家公司的主要产品是扇贝,一会儿说跑了一会儿又回来了。关键是审计师根本没能力潜入海底去把扇贝数量都数清楚,所以就只能任由公司解释了。当然獐子岛到底是不是财务做假我们不可能给出定论,但至少这样的不可靠的业绩变化公司,投资人还是要规避的。这样的公司如果股票出现了亏损,你就要及时止损。

到底是止损还是继续持有,说白了其实也并没有那么难,只要能够躲避价值陷阱,投资也是很轻松的。找到便宜的好公司,买入并持有,直到股价不再便宜时,或者发现公司的品质没有你想象的那么好的时候,或者你又发现了其他更好的公司的时候,就可以选择卖出。

> **总结**：既然大家已经进阶到了所谓的大师级的投资环节，大家操作的基本技能也就没有什么太多问题了。这时候，更需要关注的是心理层面，因为很多投资的输赢不是因为看错了，而是因为你看错之后没有调整自己的心态，及时采取措施补救。至于采取什么样的措施，说白了都是心理因素来决定的。

二、股市"小道消息"怎么分辨真假

比如乐视网，又发生了一个变化。什么变化呢？就是继任的董事长——融创公司的孙宏斌正式宣布辞职，离开乐视。乐视网这事后面看来故事还是比较多的。看乐视股价的涨涨跌跌、起起伏伏，故事不断，各种信息的确让人云山雾罩，难辨真假。

乐视最早在上市之初的时候就备受质疑。当时质疑的点就是，这家公司在全中国的视频行业当中排名并不靠前，但是却得到了监管部门的认可，迅速实现 IPO 上市了。当时很多机构，包括研究机构、学术机构都质疑这件事：它凭什么呢？这种质疑我觉得对于我们投资人来说就是应该关注的一个点。

事实上，作为投资人，你很难去对某家公司的信息真实性快速地做出准确判断，但是如果它是一家本来就令人生疑的公司，最起码心里应该多画上一个问号。我觉得互联网时代有一个好的地方，就是当你看到任何一个消息的时候，你至少可以通过各种渠道，通过互联网端的海量信息，听到不同的声音，而不像以前只能听到一方面的声音。任何一条利好或者利空的消息，都会引发股价的涨或跌。在中国这种消息会更加多。以我自己的经验来讲，中国股票市场的小道消息主要来源是来自所谓的大户室。大户室就是一个消息集中的地方。我是很多年没去过了，不知道现在的大户室跟当年有没有什么变化,因为现在信息技术大大提高了。

当年之所以大户室消息多有几个原因。一个是大户室环境和条件比较好,家里面没有电脑的能去那儿直接炒股。第二个,大户室那边还有免费的食物和饮料。第三个,据说大户室的交易速度比散户厅或者你自己用电话委托要快。所以那时候大户室存在有它的客观条件,现在大户室可能大家用得不多了,但是小道消息往往是从类似这样的一些渠道传出来的。

关于小道消息,从我的经验上来讲,第一个特别重要的点就是:你首先要清楚地告诫自己,我就是一个普通人,所以天上掉馅饼的那种大好事很难掉到我头上。但同样也不会有那么多厄运主动找到你,什么电话打给你,说法院有传票,你们家欠钱等等。

这是投资人面对小道消息时最重要的心理前提。经常会有人跟你说,告诉你一个内部消息,这个千万不要往外传:某公司要并购了;某公司要业绩暴增了;某公司有庄家要炒作了;某公司马上要签大订单了;这公司今天交易后就停盘了,明天就要连续涨停了,你再不买就傻了,就后悔了等等。

当你听到这些消息的时候,你要想,我是一个普通人,告诉我消息这个人也是个普通人,当我们两个普通人都能够拿到这个消息的时候,这个消息肯定不太值钱了。有了这个心态之后,所有的事情都顺理成章了。

如何去判断这个消息是真或者假的?首先看一下这消息的来源。这消息是权威媒体报道的,还是来自什么乱七八糟的出处?现在大家有一个习惯,喜欢以讹传讹,不大喜欢去官方的网站查证,其实现在的政务公开已经非常到位了,你去相关的网站查一查,就一清二楚了。

当然有人会跟你说,这是个内部消息,你查不到。这种情况下,你就要做后一步的推理了:这消息有没有违反常理。比如小道消息说将会出一个什么样的政策。你要思考,这个新政策跟我们之前的政策在逻辑上是不是一致?如果一致的话,是不是真的会执行?如果不一致的话,改变的原因是什么?可以从这些逻辑方面去判断推理。

然后有些细节,比如真新闻和假新闻,真的消息还是假的消息,我觉得还应该了解一下真新闻的特点。新闻学教材把它们概括为"5W+1H",也就是:谁(Who)、何时(When)、何地(Where)、何事(What)、为何(Why)、过程如何(How)。如果把这六要素串起来,概括成一句话,就是一句通俗易懂的句子:某人某时在某地由于某种原因做了某事出现了某种结果。掌握住这个规则,如果有些要素明显缺失,特别是人物缺失、起因缺失,基本上可以判断它是一个假新闻。

举个时间的例子。现在因为互联网资料长期存留在网端,很多人会故意把几年前发的帖子重新翻一遍。所以一定要查的就是,这个帖子原来的时间。比如2018年某天出了个帖子,说,银行又要降息了,若你点开仔细看时间,可能其实是2016年或者2015年的事情。所以大家一定要仔细观察。所以总的来说,在地点、人物和具体事件当中出现一些问题的话,那往往就是假新闻。

回到市场层面。真消息和假消息最大的区别就是看市场的成交量。比较好的方法就是,如果成交量比较明显地出现放大的话,真消息的概率可能会大一点;如果假消息的话,这个量可能是比较难放大的。这是要提醒大家的。

还有关于上市公司具体的消息,完全可以直接去咨询上市公司的董事会。董事会是有回答你提问的责任和义务的。还有对公司整个的信誉度进行一下查询,比如公司管理层是不是被处罚过,公司是不是有过什么样的问题,公司之前有没有讲过对于财务方面的预期增长等等,否则那些突然出现的天上掉馅饼式的消息往往都是假的消息。

咱们来总结一下:第一,来自正规渠道的消息可信度高,不要相信道听途说的消息;第二,真消息往往会导致成交量放大价涨,假消息则是虚涨虚跌,很快就会打回原形;第三,重大消息会引发股票的大幅度波动,一般的新闻则不会。所以大家要防范和化解这个所谓假的消息,不要听风便是雨。当然,更多的还是回到理性中来,告诉自己两点:我是一个普通人,不会有什么意外的好运降到我头上;我们要做的是价值投资,短期即便有些消息变化也不会影响我们的实质性判断。

反过来讲,现在市场监管部门对于散布假消息操纵股价的监管越来越严了。说句实在话,在大牛市中,跟风听消息确实能赚到钱,但在一个相对比较平衡的市场当中,交易量并不是很活跃的市场当中,你即便跟的消息是真的,赚钱也是比较难的。更何况现在监管非常严,监管部门可以通过大数据的技术跟踪,一旦发现了有操纵股价的行为,监管随时可能会出手。一旦出手的话,你跟风进去的资金就颗粒无收了。

> **总结**:如果听到某一个重大的、有影响的消息,不着急,耐心等一等,看一看。要相信,在这个市场当中,你哪怕真的错过了某些机会,依然会有更多的机会等着你。原因就是你应该是一个价值投资者,而不是一个跟风炒作的消息主义者。

三、投资是为了什么

我经常会思考:为什么有些人被称为大师?比如前段时间有人说现在"大师时代"结束了,而且是四个大师时代结束了。第一个是霍金的时代,霍金是天文物理学家,他的离世象征着科学时代终结。第二个是设计师纪梵希,对此我是无感的,但对时尚界的人来说,他的去世是一个时代的终结。第三个是李嘉诚,李嘉诚在自己90岁的时候正式宣布退休,有人说这是属于香港白手起家创业者的历史时代结束了。第四个是李敖的时代,有人说这是属于嬉笑怒骂式的白话人时代的结束。

当然这都是外人的评价,或者喜欢他们的人的评价,认为文学的时代、物理的时代、时尚的时代、商业的时代,四个时代都结束了。我想引申出来的就是:为什么这些人会成为大师,而我们总是凡夫俗子?当然也有很多人说我就不想成为大师,我就想做凡夫俗子。这是另外一个问题。这些人能够成为大师,能够成为大家敬仰、仰慕、尊崇的偶像式人物,肯定跟我们这些凡夫俗子有不同的地方。这些不同,你可能不愿意去学,但是至少应该知道他们能够成为大师的独特之处。这些独特之处,恰恰就是如果我们愿意的话,也可以去尝试成为大师的奋斗方向。

这些大师给我们的感悟都非常深。比如说霍金,身体瘫痪还在研究天体物理,想象着宇宙飞船、航天飞机如何去外星球。李嘉诚,到了香港白手起家,一直干到今天,90岁才正式退休。他12岁开始工作,整整工作了78年。早在他三四十岁的时候,已经挣够了几辈子花不完的钱。后面50年为什么还要拼命奋斗?这也许就是大师的人生,永远有我们读不懂、读不透的独特之处,但是值得我们去了解,值得我们去学习。

投资是为了什么呢?巴菲特也是大师,他赚钱的目的是什么,或者投资的目的是什么?巴菲特喜欢打桥牌,大家都知道,他曾经开过玩笑说:如果一个监狱的房间里有三个会打桥牌的人,他宁愿进去做第四个囚犯,因为桥牌是他最大的业余爱好。在巴菲特看来,投资其实跟打桥牌是一样的,它们之间有很多相似的地方。因为我自己不会打桥牌,所以我无法准确地对比出来。但是我们需要理解的是,面对财富你需要一种比较平和的心态,一种玩游戏的心态。

关于财富,有很多人问过巴菲特,他的回答是:金钱很有用,但是它买不到两样东西,第一样东西叫时间,第二样东西叫爱。他说我这一生当中只有一样东西可以说是奢侈品,那就是私人飞机,其他的东西都跟你们一样。在超过某个特定的数字之后,金钱就失去效用,而慈善反而会改变很多人的生活。他还说:我和我的太太都认为,我们应该把金钱用在解决社会问题上,比如美国的大学有很多资金,而非洲的疾病治疗资金却非常短缺。巴菲特本人其实是一个对物质需求极低的人,用着老式的手机,开着老式的汽车,住着一幢几十年没有换的房子。他爱赚钱,但他赚钱的目的不是为了花钱,不是为了过那种金钱能够带来的奢靡生活,他享受的是投资的过程,享受的是投资过程所带来的有趣体验。

所以，我们要跟大师学什么？

我们可能一辈子都学不成大师，但想问大家，我们做投资是为了什么？很多人第一反应——赚钱、发财，然后可以买我想买的房子，买我想买的车，可以全世界去旅游，可以住最好的酒店等等。当然确实这样，投资是为了赚钱。但是正因为我们的具体诉求不同，以至于我等凡夫俗子会患得患失。

举个例子。比如说投资亏了1万块钱，对于投资大师来说，会觉得这1万块钱是我之前没有做好投资判断造成的损失，所以这1万块钱是我的成本，是我应该承担的责任。然后认真地反思，下次不要再犯类似的错误，让类似的成本不要再出现。对于我们凡夫俗子来说，这亏掉的1万块钱本来是准备旅游的，本来是想去马尔代夫的，这下去不了了。或者本来能坐头等舱，现在只能买打折机票了。还记得我们讲过的心理账户吗？如果你赚了1万块钱，想这1万块钱取出来，就可以马上去吃一顿大餐，现在这1万块钱输掉了，你就会想——我那顿大餐没了，好难过。其实那顿大餐本来就是想象的。这样一些细节之所以跟大家聊，在于我们太多人把投资赚钱和具体的物化诉求捆在一起，导致的结果就是，你会在投资过程中患得患失，自我形成心理上的压力。一旦赚了就马上物化起来，一旦亏了就马上悲伤起来。投资失去了它本身应该有的真正价值和乐趣。这种心态同样会导致你在投资过程当中判断失据，就跟赌徒一样，把投资变成了赌博，整个投资变得完全混乱。这个其实是大师和普通投资人最大的区别。

这样也许有人会问，没有物欲和押注心态的投资，又有什么样的好处呢？

我觉得这样的投资会有几个好处：第一，你会不断地学习。我一直在讲投资人永远年轻，关注投资的人每天要学很多新东西，只要你学就是一个人生乐趣积累。投资过程本身就是一个快乐学习的过程。第二，是学以致用，你学到东西之后，可能会对你有帮助。比如你最近在学5G，学完5G之后，哪个上市公司有5G的相应项目，这个项目到底有没有价值，你都会形成自己的判断，形成这种判断之后，你还会去投资相关的上市公司。假如你投资的股票股价上涨了,那就是学以致用带来的快乐。第三,快乐就是交流。由于我的投资,大家有很多共同语言,包括我们建立的多个交流群,很多投资人在里面结交新的朋友,线下喝喝茶、见见面、聊聊天,多好!整个交际面也扩大了。

总结:投资是为了赚钱,这个基本出发点是没有错的,没有人会傻到用亏钱去买乐子。但是大家不要忽略投资过程当中所获得的其他价值。我刚才列举了几个,你也可以再去列举几个。旅游不是为了到了旅游目的地才会觉得快乐,从旅游酝酿,出发行程,甚至中间遇到一些波折,这都属于你去做这个事情的快乐。买股票赚钱了很开心,伴随的学习过程本身也是值得我们去享受的。更重要的是,正是由于你的关注点和精力放到过程本身所带来的快乐,会让投资带来的负面影响降低,让你的心态更健康。

粉丝答疑互动

问题

请问马博士,你一直在讲巴菲特的护城河理论,这是巴菲特的价值投资理念当中判断公司好坏的一个基本概念。想问的是,他说大企业的护城河我们能理解,中小盘当中的科技类企业,它的护城河如何去定义?看起来盈利能力并不强,似乎没有办法和片仔癀、贵州茅台之类的企业相媲美。希望得到你的解答。

回答

客观来讲,你这问题其实是一个自相矛盾的问题。其实按照巴菲特的投资逻辑来讲,他本来就不会去投科技类的中小盘公司。首先科技类的公司他基本上不投,当然现在投苹果这是另外一个问题。即便投苹果,他也投的是科技类非常大盘的公司，就是非常成熟的公司，所以严格按照巴菲特个人的投资逻辑来讲，他压根儿就不会去投科技类的中小盘公司。既然巴菲特不去投科技类中小盘公司，就是他认为这样的公司还没有形成护城河。你现在问我说中小盘企业的护城河在哪里，其实中小盘的科技类企业根本就不具备严格意义上的护城河，这是我要讲的第一点。

换句话说，如果我们按照巴菲特的投资理念，中小盘科技企业也许压根儿就不是我们研究的目标。你要探讨的问题，我可以这样来理解，就是对于中小盘的科技类企业，我们怎么去发掘其中好的公司？

既然是中小盘，说明公司规模和品牌影响力还没有到位。但是如果某个中小盘的科技企业在一个细分领域当中有突破，那就有可能快速形成自己的护城河，比如大疆科技和科大讯飞。大疆是做无人机的，科大讯飞做语音人工智能为主的相关产品，它们就在一个相对比较细分的领域当中拥有了明显的品牌影响力和市场优势地位，或者说拥有了一定的竞争优势，这同样也能起到护城河效果。德国企业讲过所谓"隐形冠军"的概念，就是指在一个细分的行业当中，外界不太知道的行业当中，某家公司是老大。这行业虽然规模不大，但是，它就是一家无法超越的老大，这同样也是一个护城河，这是我要讲的关于中小盘科技企业的第一个护城河。

第二，科技行业最大的特点就是一直在变，所以科技类企业要想形成所谓的护城河，我认为这家企业就要不断地面对变化，迎合变化，顺应变化，在变化中寻找机遇。讲一个细节，百度、阿里、腾讯，最近这些年显然百度掉得最厉害了，阿里和腾讯上得很快。阿里和腾讯为什么能够上得很快呢？原因就是他们迅速地发现了一个最大的基础设施的变化，这个基础设施的变化就是4G时代的到来。4G时代到来，让之前3G时代很多不可能完成的事情变成可以完成了，顺应这样一个趋势，才产生了比如说移动支付这样的技术和服务，让中国人基本上告别了现金交易。这我觉得是顺应基础设施变化所产生的一个重大影响。

举个简单的例子，大家可能就有感觉了。比如我们春节回老家。过年的时候，各个群里都会发红包，然后我经常会看到有朋友抱怨，说回老家之后手机信号不好，只有 3G，然后导致的结果就是抢不到红包。换句话说，3G 的技术基础是不支持你快速抢红包的。阿里、腾讯这两家公司能够给我们带来新的商业模式的契机，推出了移动支付，至于移动支付如何在过程当中完善，那是另一个问题。所以科技类企业，我觉得有一个重要的考察点，就是一定要有高速应变的能力，以及从变化中寻找机遇的能力。这个是我觉得科技类企业最大的特征。

问题

巴菲特说买一只股票就准备一辈子不卖出，那我怎么赚钱？我的钱不是一直在股票里，不能变成真实的钱了吗？

回答

这问题特别逗。巴菲特这句话要分两个层面来理解。第一个巴菲特说买一只股票就准备一辈子不卖出，是说你一定要长期持股，买一只股票可能准备持 30 年、40 年，巴菲特说至少要持有 10 年以上。他其实是在讲价值投资，就是做任何一次买入的选择时，都必须要对这家公司做深入的研究，你要对这家公司了如指掌，就像你选一个老婆或者老公一样，你选的那个时候，最起码你想要跟他过一辈子。这是巴菲特的基本逻辑。但是你买了股票不卖，这好像也真的不对。巴菲特其实也是在进行调仓的，历史上即便是持有比较长的公司股票，他也是不断地在仓位上进行调整的。你真的赚了钱了，你家要买房子了，咱也不至于死守着不卖股票，不买房子吧？我觉得这个问题还挺有意思，你赚了钱还是要花的，赚钱花了之后也挺好，不是给你带来快乐了吗？然后继续去赚钱。

问题

巴菲特那么多钱，他持股数量也不算太多。对于我这种富余资金不多的小散来说，是应该集中投资还是分散一点？

回答

这个问题我觉得到我们全书结尾的时候还问，就有点遗憾。巴菲特的价值投资逻辑的核心点就是,你必须要对你所投资的公司非常了解。巴菲特是职业投资人,也只持有10家左右的公司。但是你回过头来看看你自己的经历,我们更多的不是职业投资人,我们白天要上班,晚上还要加班,平时还要被老板骂,对吧?我们真正能够拿出来研究个股的时间其实非常有限。所以在这种情况下,各位,客观来讲,严格按照巴菲特逻辑,那就是只能集中投资。巴菲特不超过10家,你,我觉得就不要超过5家了。大多数散户是听到消息,快买;明天要停盘了,快买;马上就要重组了,快买;庄家很快就要拉升了,快买……人家一分钟前给你的建议,一分钟之后你就已经建仓了。这种情况下,会使你的整个持仓的个股数量变得非常庞大,导致的结果就是你的投资风险也变得很高。这是完全不符合巴菲特的投资理念的。

【问题】

我先来感谢一下马老师。去年你们推荐的"谁是下一只茅台"的那几只股票我全都买了,赚了一些钱,非常开心。我有个疑问,现在这些股票,我是不是还应该继续拿在手里呢?

【回答】

这事有两个点。第一,关于这些个股投资,其实我们是按照巴菲特的价值投资逻辑,持有两到三年去做介绍的。第二,也做一个非常开心的预告,类似于"寻找下一只茅台"这样的活动,我们正在酝酿当中,所以你稍安毋躁,我觉得大家不用太过着急。

简单来说,很多人都跟我说,我曾经买过格力,我曾经买过茅台,我曾经买过片仔癀,等等。但是我要问的是,你"曾经"两个字,你是什么时候离开它的?为什么要离开它?离开它的时候,有没有认真用价值投资的逻辑去做评判?就是说,各位不要简单地问我这些股票是不是应该继续拿在手里,如果你这样简单问我,说明你没有对它的基本面去做认真分析和评价。如果说你希望真正提高自己的投资水平,就应该去对这几只个股的基本面和发展趋势做出自己的评价,独立做出自己的结论,然后把结论拿出来与我分享。

结束语
我们距离巴菲特究竟有多远

扫码免费收听最新解读

  天下没有不散的宴席，此时此刻的感觉就像我们以前读书的时候，带你的班主任教了大家三年，然后你们要毕业离校了，这时候班主任都会讲一些特别感动人心的话，我印象当中，老师会把自己批评比较多的同学，进步比较大的同学，三年有重大改变的同学，都很认真地讲一遍，然后大家都感动得稀里哗啦。当然大多数情况下是老师很感动，学生急着放学回家玩。

  我们就不去那么矫情了，最后一篇结束语也是干货，讲的就是我们离巴菲特究竟有多远。

  首先要恭喜大家，一直看到最后一节，这其实也是件挺辛苦的事。但我还是要建议大家，如果之前有漏掉的，没能理解的，你还可以反过头去复习，多看几遍，反正不吃亏。

  今天还是讲理性的，讲干货。所以开个玩笑，如果之前你都没看的话，就看我们这一节也就行,我会把整本书的核心告诉大家。巴菲特的核心投资理念其实就那么一点点,但是前面得把这些核心内容拆开来,嚼烂了告诉你,今天只不过要用一节长度的短文来总结。其实就是三个"好"。以后有人问你巴菲特投资理念有哪几个关键词,你可以回答他,就是三个"好":第一个叫作"好企业",第二个叫作"好价格",第三个叫作"好心态"。

什么叫好企业?要有护城河、财务指标的分析方法、市场占有率高、管理能力强等等。对你来说,最重要的就是只选择好企业投资,不选择那些所谓坏企业,也不要跟风选择。看完我的书之后,如果有人给你打电话,说给你一个消息,某公司业绩要提升了,公司要重组了,马上要停盘了,要有大订单了等等,你理都不要理。一定要找好企业,这个好企业源自一系列复杂的指标,基本面的研究、财务指标的研究、行业趋势的研究、管理层人员素养的考察等等。没有列入这个好企业名单的企业,你压根儿不要把它作为你潜在的投资标的。这是我总结给你的第一个关键词。

第二个叫好价格。在你列出了10个到20个好企业之后,然后接下来要干两件事:第一个是继续不断地丰富和调整你的好企业名单,进入你名单的好企业是需要做不断调整的。比如可口可乐是个好企业,但在我写这本书时,可口可乐发布了年报,2017年的利润居然暴跌了80%,原因可能是年轻人都不喝可乐了。为什么不喝可乐呢?因为长期喝可乐有几大坏处:第一个就是糖分太高,很多朋友健完身一瓶可乐下去,健身都白练了。还有说可乐喝多了会骨质疏松,老年人不能喝。第三个据说可乐喝多了杀伤精子。就是说中年、老年、少年喝可乐都没一个好的。当然这只是一个有趣的解释而已。但无论如何,可口可乐最近几年销售和利润下滑明显,具体原因大家可以自己去判断。总之,所谓好公司的名单要不断地去研究,这份名单是要不断调整的。

第二个就是列入你名单的企业,你还要观察它,关心它们的交易价格,等待它价格低估的时候出现。这其实就是我要讲的第二个关键词了,那就是"好价格"。什么时候这些企业价格出现了暴跌,那就是你的春天来了。

换句话说,当别人看到市场暴跌开始痛骂,开始懊悔,开始"关灯吃面",开始"滴蜡复盘"的时候,其实就是你最好的介入机会。但是一定要注意,首先有好企业,然后才是有好价格。所谓好价格就是你需要对这个公司未来成长的预期做一个预判,然后判断在什么价格以下买入是非常安全的,当它的市场交易价格明显低于这个价格的时候,果断地买入,这就是所谓好价格。

所以对于价值投资者来说,市场暴跌肯定是件好事,而且我们期待着市场价格暴跌。当然如果你觉得它一直跌不下来,你又着急去建仓的话,就一定要小幅度慢慢地建仓。

第三个关键词就是"好心态"。讲一个我身边的人。2015年大牛市的时候,我身边这位小伙子,以前其实从不炒股,但听说大家都买股票赚钱了就跟着入市了。结果当然很是走背运,入市之后没多久就赶上牛市终结。后面的事大家知道,股价惨烈暴跌,这基本上是中国资本市场有史以来最惨烈的一次快速暴跌。我身边很多老股民都已经恐慌了,而这哥们儿乐观,他说都跌成这样了,干脆就不管了,大不了等着下一个牛市,5年,10年,咱等。结果没成想,一年之后他就解套了。为什么呢?原来,他买的品种完全符合我们讲的第一个"好企业"的标准。他买了谁呢?格力电器、万科、工商银行,你说厉害不厉害?

所以当你买的是好企业的时候,哪怕你买的价格高,买了之后又出现了股灾,你被套牢了,你照样笃定。就以这个小伙子为例,他符合我们的几个要点,第一个投资好企业,买的是好企业,所以不怕跌。第二个他投资这些企业的钱用的是闲钱,不着急用,不会因为股市下跌就方寸大乱。第三个就是在下跌过程中,他心态好,选择了淡定地等待。

所以我们觉得第三个要素就是好的心态,当你有了好的企业之后,一定要坚信自己对基本面的判断是靠谱的。第二个你觉得自己买入价格最起码不会是很高的价位,那么风险就不会很大。第三个你的心态又比较好,当然最好建议你还是用闲置资金,或者在买入的时候心理上告诉自己,假如这笔钱全部打水漂了,一分钱收不回来了,你也不生气,不后悔,不影响你日常的生活。在这种情况下，我觉得你基本上就是一个成熟的投资人了。所以巴菲特这一套说了一整本书，其实说到底，就是三个要素：好企业，好价格，好心态。

世界上只有一个巴菲特，你也不需要成为一模一样的巴菲特。现在的巴菲特拥有无穷无尽的资金，他有一家保险公司可以为他源源不断地输入资金，这是我们任何一个普通人都不具备的。更重要的是，巴菲特还有他的哲学造诣、心理学造诣，以及他洒脱的财富观，我觉得这才是最难学的。他视金钱如粪土，所以说要想真的成为巴菲特还是挺难的。但是讲到底，作为一名普通投资者，需要的是随时提醒自己要投资好企业，要好价格买入，要有好心态。这样努力去做，超越自我是必然的结果。

最后，祝大家都能够在投资上有所成就！也欢迎大家继续关注我的节目！

图书在版编目(CIP)数据

读懂巴菲特的投资逻辑 / 马红漫编著.—上海：文汇出版社,2019.8
ISBN 978-7-5496-2956-5

Ⅰ.读… Ⅱ.①马… Ⅲ.巴菲特(Buffett, Warren 1930-)—投资—经验 Ⅳ.F837.124.8

中国版本图书馆 CIP 数据核字(2019)第 157105 号

读懂巴菲特的投资逻辑

马红漫 ◎ 编著

责任编辑 / 竺振榕
封面装帧 / 李嘉茹

| 出版发行 / 文汇出版社 |
| 上海市威海路 755 号 |
| （邮政编码 200041） |

经　　销 / 全国新华书店
排　　版 / 南京展望文化发展有限公司
印刷装订 / 启东市人民印刷有限公司
版　　次 / 2019 年 8 月第 1 版
印　　次 / 2021 年 4 月第 5 次印刷
开　　本 / 787×1092　1/16
字　　数 / 357 千字
印　　张 / 25.75

ISBN 978-7-5496-2956-5
定　　价 / 68.00 元